"十二五"国家重点图书
出版规划项目

国家出版基金项目
NATIONAL PUBLICATION FOUNDATION

陕西出版传媒集团
2011年重大出版项目

中国少数民族法史通览

ZHONGGUO SHAOSHU MINZU
FASHI TONGLAN

总主编
张晋藩
本卷主编
方　慧

第七卷

白　族·纳西族·独龙族
傈僳族·怒　族·普米族

陕西出版传媒集团
陕西人民出版社

丛书主编

张晋藩

张晋藩，男，汉族，1930 年 7 月出生，辽宁省沈阳市人。1952 年中国人民大学研究生毕业，历任该校法律系讲师、副教授、教授。1983 年至 1994 年任中国政法大学副校长兼研究生院院长、中国法律史研究所所长。现为中国政法大学终身教授、法律史学研究院名誉院长。

1983 年被评为中国法制史博士生导师，1988 年被评为国家重点学科法制史学带头人，1991 年享受国务院特殊贡献津贴。曾兼任：国务院学位委员会第二届法学评议组成员，中国法律史学会常务副会长、名誉会长，中国老教授协会副会长，全国人大常委会内务司法委员会特约研究员，中国法学会理事，等等。现兼任：中国法律史学会专业顾问，中国教育家协会名誉会长，最高人民检察院特约研究员，等等。

曾出版《中国法制史》《中国法律史论》《法史鉴略》《中国古代法律制度》《中国古代政治制度》《中国法律的传统与近代转型》《中国近代社会与法制文明》《中国宪法史》《中国监察法制史稿》《中华法制文明史》等 30 余部学术专著，主编《中国法制通史》（十卷本）大型学术著作。其中，有的已译成英、日、韩等国文字出版。迄今已发表专业论文 200 余篇。

2012 年，被中国法学会授予“全国杰出资深法学家”称号。

本卷主编

方　慧

方慧，女，蒙古族，1947 年 11 月生，中共党员，教授，博士，博士生导师，云南省培养的第一位女博士，云南大学第一批女博士生导师。

1982 年 2 月云南师范大学历史系毕业，获学士学位，并考取云南大学历史系民族史专业硕士研究生。1985 年 2 月硕士研究生毕业，获硕士学位，并考取云南大学历史系民族史专业博士研究生，研究方向为中国民族关系史。1987 年 9 月博士研究生毕业，获博士学位。

数十年从事民族史和少数民族法制史的研究工作，主持国家社科基金项目 2 项、云南省社科规划项目 3 项，均顺利结题。出版有关民族史、少数民族法制史方面的著作 9 本，在国家级刊物和省级核心刊物发表学术论文 70 余篇。获省部级科研奖励 5 项。2001 年被教育部表彰为全国优秀教师；2006 年被全国总工会、教育部授予师风师德标兵称号，同年被云南省教育厅授予云南省十佳师风师德标兵称号。

《中国少数民族法史通览》
总 序

早在公元前2世纪，中国便初步形成了多民族的统一国家，无论国家疆域、社会的物质文明和精神文明，都是由各民族共同开发、共同创造的，其中也包括辉煌的法制文明。在20世纪80年代中国法律史年会上，我首次提出了研究民族法史。在我的倡导与主持下，法史界的一些同道发宏愿纂修一部信而有征的少数民族法制史。希望借此传承与弘扬各民族法文化的优秀传统，展示少数民族的法律智慧，保存存在于少数民族地区的珍稀法制史料，进一步巩固以汉族为主体的中华民族大家庭。同时也可以充实中国法制史学的内容，提高中国法制史学的世界地位。

一、中华民族是统一的、多样性的伟大民族

在世界历史上的文明古国中，由于种种原因，多已失去独立自主的民族生命，或已沦丧其固有的文化传统，唯有中国历经五千多年的历史发展过程，始终绵永其独立的民族生命与文化。这和以汉族为代表的先进文化为基础所形成的统一的中华文化是分不开的。虽然古代有过华夏文化中心论的华夷之辨，有过“非我族类，其心必异”的狭隘民族观，也有过按民族划分社会等级的民族等级观，但并没有妨碍自秦汉以来中华民族便已形成的稳定共同体的绵延与发展。正像发源于巴颜喀拉山下的涓涓细流一样，中华民族也都发源于一个共同的文化传统，尽管血缘上有异，地域上有别，但不存在严格对立的民族隔阂与阻止交流的壁垒。

“中华民族”作为一个整体，不仅有着同源的文化，而且在漫长的发展过程中，不同程度地进行着相互渗透、相互亲和、相互同化。只是由于所处的地域不同、生产过程与方式不同、习俗不同而表现出“族”的特有的形式而已。

数千年来，各民族经过不断的迁徙、杂居、通婚、互市，在文化上互相学习，在血统上互相融合，你中有我，我中有你，民族畛域逐渐消弭，统一的民族精神日益凸现，这个民族精神，早已超越了一族的界限。正是这种超越一族的磅礴之气，以及各民族在文化同源的背景下的多样性发展，才形成了绚烂多彩的中华文明，凝聚成厚重的“中华魂”。法律作为中华文化的一部分，也有其源与流、干与支的相互关系及内在联系，并由此形成了多样性的统一体。这是我们在探究中华少数民族法制历史时首先应该注意到的。

二、中华法系是集各族法律智慧共同缔造而成的

中国是世界法制文明的古国，具有四千余年从未中断的法制历史。中华法系是世界公认的特色鲜明的一大法系，其中也汇聚了中华各族的法律智慧。早在法律形成时期便表现出了民族间的相互吸收与传承。根据史书记载，上古时期，华夏族以外的苗民，便已开始制定法律，所谓“苗民弗用灵，制以刑……爰始淫为劓、刵、椓、黥。越兹丽刑，并制罔差有辞”①。其后黄帝灭其族而用其刑，使苗民的刑制发展成为整个夏商周三代通行的奴隶制五刑：墨、劓、刖、宫、辟，并沿用至汉初。

特别需要指出的是由战国末期至秦汉逐渐兴盛的匈奴族，是中国历史上北部游牧民族建立的第一个统一的军事政权，并且适应游牧民族调整内部生活与秩序的需要，开始设范立制。史书说：其法，拔刃尺者死，坐盗者没入其家；有罪小者轧，大者死。狱久者不过十日，一国之囚不过数人。②

自秦汉迄南北朝，在中华民族的大家庭中，又融入匈奴、鲜卑、氐、羌、羯等诸民族。从西晋末年开始的“五胡内迁”，到东晋时期与江南东晋政权抗衡的北方“十六国”，再到南北朝时期的北方五朝，少数民族相继在广大的中原地区建立了政权。同时根据统治广大地区的需要，结合本民族的习惯，制定了使用范围不同的法律，丰富了中华法文化的内容，甚至创造了为隋唐时期所直接取法的法律范本。例如，鲜卑族统治的北魏时期，自道武帝拓跋珪至孝文帝拓跋宏，都较为注重法制建设，经历了从习惯法过渡到成文法，再发展到引礼入法的几个阶段。在儒家思想的引导下，并经过汉族律学家的具体帮助，以“齐之以法，示之以礼”③ 为指导思想，终于在太和五年（481）颁布了著名的《太和律》。这部律典既融汇了汉魏晋以来法制建设的成果，同时也保留了某些元魏旧制，可以说是这个时期游牧文化与农耕文化大融合的产物。从程树德先生辑录的魏律遗文中可以看出儒家人本主义对魏律的影响：“世祖定律，

---

① 《尚书·吕刑》。

② 《史记·匈奴列传》。

③ 《魏书·刑罚志》。

妇人当刑而孕，产后百日乃决，盖本元魏旧制。”① 至于鲜卑后裔建立的北齐王朝，其在法制上的贡献具有承前启后的历史地位，程树德先生评论说：“南北朝诸律，北优于南，而北朝尤以齐律为最。”②《北齐律》开创的新体例，与隋唐律的传承关系十分明晰：“盖唐律与齐律，篇目虽有分合，而沿其十二篇之旧；刑名虽有增损，而沿其五等之旧；十恶名称，虽有歧出，而沿其重罪十条之旧。”③由于各民族坚持不懈地进行法制的创造和法文化的交流，才有隋唐时期中华法系的定型。历史雄辩地说明了中华法系是以汉族为主体，各族共同缔造的。

隋唐时期中国的法律文化、典章制度远播海外，中华法系成为相邻国家和地区的母法。而建立在祖国边陲的吐蕃、突厥、南诏等地方民族政权，各自有着一套行之有效的法律体系。尽管这些法律带有浓厚的地域色彩，并杂有民族习俗和宗教规条，但是不可否认，它们都包括在中华法文化的大法苑中，都是中华法制文明的重要组成部分，都体现了当时少数民族对法制的重视和思考。

唐朝统治者对少数民族的法律和习俗也持认同态度，《唐律疏议》在处理化外人相犯时就提出这样的原则，“诸化外人，同类相犯者，各依本俗法，异类相犯者，以法律论。”在此条的疏议中就特别提出：“‘化外人’谓蕃夷之国，别立长君者，各有风俗。制法不同。其有同类自相犯者，须问本国之制，依其俗法断之。”④ 由此开创了在统一的多民族国家中，不同的民族在特定条件下可以适用本民族法律的先河。这条规定也从一个侧面反映了各族法律的发展状况，以及在互相交流中不断地得到演进的原因。近年来随着考古的发现，隋唐时期各少数民族政权的法律文件已部分地公之于世，为我们认识这一时期少数民族法制状况提供了第一手资料。

由于唐朝对边疆少数民族实行“恩惠抚和”的政策，使众多的少数民族相继内附，而且由于统治者开明的民族观念，使得各民族关系更为和谐，唐太宗曾提道：“夷狄亦人耳，其情与中夏不殊。人主患德泽不加，不必猜忌异类。盖德泽洽，则四夷可使如一家。”⑤ 以致有唐一代，在内附的民族区域建立的羁縻府州县多达856个，“羁縻，犹言维系也”⑥。在这些羁縻府州县中，政权事务由当地少数民族首领世袭管理，原有风俗一概保留，中央政府不加过问。地方仅在军事上“奉征调”，在赋税上

①②③ 程树德著：《九朝律考》，中华书局2003年版，第383、391、391页。

④ 《唐律疏议》卷六“化外人相犯”条。

⑤ 《资治通鉴》卷一九七，贞观十八年十二月。

⑥ 《纲鉴易知录·唐纪》卷四十三，中华书局本。

纳贡。许多民族还制定了地方性法规。

宋朝是面对民族问题最多的朝代，宋朝统治者运用法律的手段调整与西北蕃族的关系，制定了《蕃官法》、《蕃兵法》、《蕃丁法》、《茶马法》等法规。在宋朝统治期间，契丹族、党项族、女真族先后崛起，建立了辽、西夏、金等国，分别制定了既吸收中原地区传统法律文化，又具有本民族特色的辽《重熙新定条例》、金《泰和律义》、西夏《天盛改旧新定律令》等。辽金律已佚，只有西夏国天盛年间制定的《改旧新定律令》保存完好。①《天盛改旧新定律令》是中国历史上第一部用少数民族文字印行的法典，其详细程度为现存中古法律之最。法典总计二十余万言，没有注释和案例，全部是律令条文，其内容包括刑法、诉讼法、民法、经济法、军事法，多方位地反映了西夏社会生活的各个方面。②

至元代，在蒙古族的统治下，天下又合而为一，元朝统治的疆域空前辽阔，其法制的创造性则更加明显，譬如独具特色的刑罚体系，平反律目的创立、民事诉讼的程序化、行政法律规范的细化等等，都反映了法制的民族性与创新性。目前存留的《大元通制条格》，既是中华民族法制史上一部重要的法典，又是蒙古族法制文化所达到的高度的表征。

综上可见，隋唐以来各民族的融合和文化上的交流，为封建社会后期法律体系的趋于完备和法律制度的不断完善创造了条件。至清代，民族立法已臻于完备和成熟。

至清代发源于白山黑水的满族早在关外开国肇基时期，便通过颁布《盛京定例》的形式，与蒙古结成巩固的联盟，并促使蒙古族社会关系的法律调整。此外，还采用“参汉酌金”的立法路线，创造了民族特色鲜明而又迅速封建化的关外法制。1644 年入关以后，更将“参汉酌金”的立法路线推向全国。顺治三年的《大清律集解附例》其实是大明律的翻版，随着汉满法文化交流的深化，至乾隆五年修订的《大清律例》已经成为与唐明律相同的正统封建法典。

清朝统治者为了统治疆域辽阔的统一多民族国家，实行“因族制宜、援俗而治”的政策，一方面确认各族的习惯法在该民族地域内继续发挥效力；另一方面，为了巩固多民族统一国家，制定了一系列民族立法，如《蒙古律例》、《理藩院则例》、《回疆则例》、《青海蕃夷成例》、《西藏章程》以及适用于苗疆地区的条例等。《大清会

---

① 《天盛改旧新定律令》（史金波、聂鸿音、白滨译注，法律出版社 2001 年版），该法典从俄国引至国内，原文献藏于俄国科学院东方研究所圣彼得堡分所写本部。

② 史金波、聂鸿音、白滨译注：《天盛改旧新定律令》，法律出版社 2001 年版，第 3—4 页。

典》里也汇编了有关适用于少数民族的诉讼、审判、定罪、量刑等方面的律例近百条。这都标志着民族立法进入了前所未有的辉煌时期。

以上可见，自从中华民族进入文明时代起，在中华大地上便孕育了包括汉族在内的众多民族。尽管他们在不同的时代由于文化、经济、政治发展的差别而处于不同的历史地位，对于缔造中华法系所起的作用也有所不同，但无论如何，中华法系是各族人民共同缔造的，凝聚了各族人民的法律智慧，是各民族法律文化与法制经验相互交流与吸收的综合结果。

三、习惯法和民间法是少数民族法律体系中的重要组成部分

在悠久的历史长河中，建立独立政权的少数民族毕竟是少数，而建立全国性政权的少数民族也仅有元清两朝而已。绝大部分的少数民族依然固守在世代生活的一隅之地，遵循着传统的习俗和共同推崇的权威，维持着社会的秩序。在政治、经济和文化发展不平衡的统一多民族中国，这种状况是较为普遍的。这些民族的生产和生活如何维持，相互间的矛盾与纠纷如何解决，对财产的侵犯与人身的伤害如何制裁等，都需要依靠约定俗成的规则。这些规则有些是成文的习惯法，有些是不成文的习俗。虽然简陋，但却具有很高的权威性与约束力，发挥着对该族内部生活的调整作用，这是我们研究与撰写少数民族法制史所不可忽视的。事实上在国家大法难以完全覆盖到的角落，家族法、习惯法、民间法，或者其他风俗习惯都对建立与维持一定的秩序起了重要的乃至主要的作用。韦伯在论中国传统皇权治理模式时说："出了城墙以外，统辖权威的有效性便大大地减弱，乃至消失。"① 这论断虽然稍嫌绝对，但却揭示了一个现象：在乡土中国，确实存在王法难以达到的真空，何况在少数民族聚居的边远地区。所以在研究与撰写少数民族法制历史的时候，需要探究在该民族地区起着实际作用的法源；需要了解在该民族生活秩序中，法与情、法与理是如何统一的；尤其是需要掌握具有共同性的法律意识的生成、发展及其作用。毕竟一部法典的生命力是有限的，而内蕴在少数民族内心的法律意识是世代相沿的，尤其是在相对闭塞的角落中更是如此。

在20世纪50年代以前，独龙、怒、傈僳、德昂、阿昌、景颇、阿瓦、拉祜、纳西、基诺、黎、布朗、赫哲等十几个民族或这些族群所在的部分地区，原始社会色彩还相当浓厚。不仅不可能拥有成文法，甚至连本民族文字都没有，它们的法律还处在

---

① 韦伯著，洪天富译：《儒家与道教》，江苏人民出版社1993年版，第109页。

世代相传的祖先训谕与原始宗教规条以及部落首领的训诰层次上。如景颇族的“通德拉”，即属于早期习惯法的范畴，对于这些习惯法的解释和执行，由部族头人和巫师负责。正如前文所阐明的各少数民族之间的发展是不平衡的，譬如凉山的彝族在新中国成立初期还处于奴隶社会，头人作为奴隶主行使着处罚大权，运用习惯法（彝语称“节威”），来维护奴隶主的特权和对奴隶的剥削压迫。较之彝族发达的西藏的藏族、云南西双版纳的傣族在当时已经处于农奴制社会。

藏族是一个具有悠久历史的古老的民族，从吐蕃初期制定的教法戒律，到松赞干布根据佛教“十善”制定的“法律二十条”称为吐蕃成文法的母法，无论是《王朝准则之法》还是《伤人赔偿律》、《盗窃追赔律》，都以它为基准，逐渐形成了在历史上典型的地方少数民族的成文法体系和丰富的法律内容。至清朝统治时期，清政府还通过制定“则例”“章程”“条例”等部门法的形式对西藏进行全面的管理。与中央立法相对应，西藏地方政府也制定了一些重要的法规，主要有五世达赖时期的《十三法》、青海果洛地区的《红本法》、德格土司的《法律十三条》，毛垭土司的《十三条禁令》等。藏族法律形成的多样性以及宗教戒律、道德规范与法律规范的结合，构成了藏族独具特色的、多元的法律文化。

聚居在西南边陲的傣族，长期以来就适用本民族习惯法。远在12世纪，首领叭真统一各部建立勐泐政权，随后历代宣慰司和勐泐土司为了维持封建领主的地位，颁布了一系列封建法规，如西双版纳傣族的民刑法规、礼仪规程和孟连宣抚司法规等。此外，壮、布依、侗、苗、瑶、土家、畲、白、回、维吾尔、蒙古、满等30多个民族则处于封建社会的中前期。如在苗族地区，基本上是按宗支建立自己的社会组织，即所谓“立鼓为社”，各鼓社均有自己的民主议事制度，并根据古礼和传统习惯制定规约。明清时期，苗疆各民族的习惯法经过长期的演化，逐渐丰富起来，成为具有普遍约束力的“苗例”。它涉及社会生活各个方面，内容相当广泛。经过历代中央政府的认可，苗例在苗疆地区长期适用。

再如侗族，其习惯法为“约法款”，其中的法律条文成为“款词”。款词原本是靠侗族人民口耳相传，后来采用汉字记录语音的方式辑录下来，成了现在的成文形式的侗族习惯法。

总之，少数民族习惯法和民间法的数量是众多的，形式是多种多样的，其内容主要是对贼盗犯罪的惩治和以罚牲畜作为刑罚的主要手段；在审判上运用多种形式的神明裁判。① 这些少数民族的习惯法与民间法，历史悠久，特色鲜明，它密切联系社会生活，服务于社会生活，具有深厚的群众基础和较高的权威，起着相当有效的调整作用。它们的存在有其必要性与合理性，是需要以理性的态度对待的。

需要指出的是，有些少数民族经过一番斗争，才获得了适用本民族习惯法的法定权利。以苗疆各族为例，苗疆各族人民多次进行争生存、反压迫的武装起义，迫使清朝在立法中确认苗疆少数民族习惯法的法律效力。据《清高宗实录》卷一三九载："若苗与苗非聚众而自相杀伤、偷盗，苗人愿照苗例完结者，免其相验解审。""一切（苗人）自相诉讼之事，俱照苗例完结，不治以官法。"《大清律例》卷三七"条例"："苗人与苗人自相争讼之事，俱照苗例归结，不必绳之以官法，以滋扰累。"

随着社会的发展进步，少数民族间的习惯法与民间法也处于由粗俗趋向细密，由野蛮趋向"文明"的进步过程中。正因为如此，整理少数民族固有的习惯法、民间法对于保存传统的法文化资料是十分紧迫的。

四、"通古今之变"是研究少数民族法制史应有的态度

由于历史的发展具有连续性，所以研究少数民族法制史时不能只局限于特定的历史时期，还需要纵向地考察法律内容的嬗变与联系、法律思想的传承与发展，总之要通古今之变。但绝不意味着仅仅是为了叙述其发展过程，厘清其发展轮廓。首先，是为了抽象各少数民族法制历史发生发展的规律性。譬如，秦汉以降在统一多民族的中国，各个民族大小不同、强弱不同、语言不同、居住环境不同、经济类型不同、文化和社会发展程度不同，这些都必然反映在各族群的实际生活与思想意识当中，由此形成了不同民族的法观念和立法的特点，它们在共同性中又存在着明显的差异性。又如，少数民族在取得政权以后（无论是全国性的还是地方性的），法制建设都会出现跳跃式的发展，往往从简单、落后的习惯法跃升到封建性的成文法典，北齐律可以看作是一个最明显的典型。这不是偶然的，是适应先进的汉族的生产方式与社会生活借以存在的需要，同时也和法文化的交流融合分不开。恩格斯说："文明较低的征服者，在最绝大多数的场合上，也不得不和那个国度被征服以后所保有的较高的经济情况相

---

① 民族志研究者根据田野调查，发现时至今日，在我国一些少数民族地区，对一些纠纷仍然保留传统神判方法，如景颇族，村里的仲裁者在证据不足又不能排除犯罪可能的情况下，就运用神判，目的是借助于神的意志来判定告发人和嫌疑者谁是谁非。其常用的办法有闷水、捞沸油锅、煮米、鸡蛋清卦、斗田螺、捏鸡蛋、诅咒、叫天等等。

适应；他们为被征服的人民所同化，而且大部分甚至还采用了他们的语言。"① 法律的发展也是如此，中华民族内部法文化的交流与融合一直未曾停止过。

其次，是为了总结中央政府在处理民族关系上的历史经验与借鉴。譬如在汉族中原王朝"大一统"思想的主导下，从少数民族政治、经济、文化的差异性以及与内地发展水平的不平衡性出发，采取一定的因族因俗制宜的自治方式或原则。强调"修其教不易其俗，齐其政不易其宜"②，"以其故俗治"③，"各依本俗治"④，"天子之于夷狄，其义羁縻勿绝而已"⑤，"荡佚简易，宽小过，总大纲"⑥，"临时制宜，略依其俗，防其大故，忍其小过"⑦。既强调其因俗制宜，赋予一定的民族自治权，又强调中央政权的管辖与法律的统一适用。这两者结合，是中国古代治理少数民族地区成功的经验，对于今天加强民族关系的法律调整都有历史的借鉴意义。

除此之外，为了维护和巩固统一的多民族国家，中央政府还采取必要措施保证国家对少数民族地区的立法权和司法管辖权，从而形成了中国各民族多元一体的法律发展格局。如何发掘和利用民族法文化的本土资源，使民族的习惯法与国家法律有效地衔接并逐渐一体化，将会促进依法治国的方略在广大疆域的实施。

最后，通过深入挖掘整理民族法文化遗产，将会极大地丰富中华民族的法律文化宝库，繁荣民族法学。由于少数民族发展本身具有不平衡性，无论法律意识、法律思想、法律实践、法律表达在不同的少数民族间存在很大的差距。有的少数民族没有自己的文字，民族的形成又比较晚；而有的民族虽然显赫一时，如契丹族，却早已经消亡以至难觅其踪迹。所以要编写出少数民族法制史，必须要进行广泛的田野调查，收集散失在民间的珍稀法律史料，由今及古复原出少数民族最真实的法制发展进程中的图景。法国史学家马克·布洛赫提到历史学家的技艺时曾谈道："史学家所要把握的正是它在每个阶段中的变化，但是在历史学家审阅的所有画面中，只有最后一幅才是清晰可辨的。为了重构已经消逝的景象，他应该从已知的景象着手，由今及古地伸出

① 恩格斯：《反杜林论》，载《马克思恩格斯选集》第3卷，人民出版社1972年版，第222页。

② 《礼记·王制》。

③ 《汉书》卷四二。

④ 《唐律疏议·刑名》。

⑤ 《史记》卷一一七。

⑥ 《资治通鉴》，卷四八。

⑦ 《后史记》卷八七。

掘土机的铲子。”①

系统地编纂中国少数民族法制史是一项前无古人的事业，它的出版必将深化已有的民族法制史研究成果，全面弘扬中华民族的法律文化，使原先隐藏在历史烟尘中的明珠能够在世界法制舞台上熠熠生辉！由于中国少数民族传统法律文化内容极其丰富，而且处于不断发展变化之中，所以编纂这套《通览》并不意味着对少数民族法制史研究的结束，而只能说是一个阶段性成果。“路漫漫其修远兮，吾将上下而求索。”屈子的吟唱同样适用于我们对于少数民族法制历史的探求。

早在 1983 年，我于中国法律史学会西安年会上第一次提出编写中国少数民族法制史的意见，其后在论及中华法系的特点时，也一再强调中华法系是由汉族为主体的中华民族共同缔造的，但是编纂少数民族法制史的想法一直未能落实。直到 1999 年岁末，在时任中共云南省委常委、政法委书记秦光荣同志的支持下，我于昆明召开了全国相关学者参加的编写《中国少数民族法史通览》研讨会，后又争取到多项基金的支援，才使得这个计划得以逐步实现。

编写这样一部卷帙浩繁的、前人所未做过的文化工程，困难是很多的。我们虽然勉力以赴，但缺点与不足之处，甚至错误都难以避免。敬请读者批评指正。

张晋藩

2014 年 9 月

① 〔法〕马克·布洛赫著，张和生、程郁译：《历史学家的技艺》，上海社会科学出版社 1997 年版，第 38 页。

[目 录]

第一章

第一节

白族法制的起源和早期法制状况

白族是中国的少数民族之一，主要聚居于云南省大理白族自治州，其余分布于云南省各地、贵州省毕节地区、四川省凉山彝族自治州及湖南省桑植县。据2000年全国第五次人口普查数字，云南省共有白族人口1505644人。白族大多使用白语，属于汉藏语系藏缅语族白语支。白族历史悠久，先后被称为“滇僰”、“叟”、“爨氏”、“西爨”、“白蛮”、“白人”、“僰人”、“那马”、“勒墨”、“僰子”、“僰儿子”、“白民”、“白伙”等。① 白族是从事农耕的民族，历史上曾经经历了“各有种姓”的部落时代，汉武帝时曾在白族先民聚居的滇池地区建立益州郡，出土文物表明，包括白族先民在内的滇人此时已经进入奴隶社会，有了奴隶制的法律出现。蜀汉时期，洱海地区设置云南郡。两晋南北朝时期，中原混战，无暇顾及云南，当地大姓爨氏势力坐大，成为当地的实力派。而爨氏与唐代的“白蛮”有着一脉相承的族属关系。唐代，云南出现以白族为主体民族的南诏政权。宋代，云南又出现以白族为统治民族和主体民族的大理国政权。元代，白族聚居的大理地区作为元代云南行省的一个重要部分，大理国的国主段氏被任命为云南最大的土官。明清时期，中央王朝在大理地区实行改土归流，对当地的白族人民进行与内地相同的流官统治，白族与中央王朝的关系进入了一个新的发展阶段。

历史上，白族人民用自己的聪明才智和辛勤劳动，为祖国的光辉历史和灿烂文化贡献出自己的力量。在历史的进程中，白族人民也创造了别具特色的法律文化。这些法律文化既有自己的民族特点，又体现了与其他民族法律文化的交融。既完成了历史上维持本民族生活秩序的功能，又是中华法系不可缺少的一部分。

一、白族法制的起源

白族人民崇尚自由，追求公平正义。白族先民的法律起源和意识，可以从白族人

① 马曜：《大理文化论》，云南教育出版社2001年版，第192页。

民的民间传说中找到踪迹。

大理白族人民中广泛流传着"观音伏罗刹"的故事。故事中罗刹是邪恶的象征。在白族人民的口头传说中，有的说它是一条盘踞在洱海的孽龙，口吐黑气，使得日月无光，兴风作浪，淹没人畜；有的说它是鸟头人身，长着两只翅膀的妖怪，飞翔在苍山洱海之间；也有的说他是统治大理一带的暴君，人们一见他都胆战心惊。总之，罗刹是一个吃人肉、吸人眼的大恶魔。而观音则是正义的代表，他同情百姓的不幸，化身为一个老僧，去见罗刹，要求罗刹给他袈裟一披，同意他去黄狗一跳的地方修炼，罗刹同意。观音怕罗刹反悔，又说："按照规矩，我们还是请中人立个文约吧。"于是请了张敬老人、一位勇敢的金甲神和村里许多父老来做中人。大家一起在枣子上鸡邑的大石桌上，用石砚、石笔写了文约，并定于阴历三月十五这天在苍山中和峰下举行仪式。结果，观音袈裟一披，从东山披到西山，黄狗一跳，从上关跳到下关，把罗刹霸占的地盘全占了。罗刹失地后，想悔盟，逃到海东，观音下铁雨追它说："我别有好地方给你住。"把罗刹压在苍山下，说除非铁树开花，罗刹才能出来。① 掀开这个传说神秘的面纱，可以从中看出白族先民的一些理念。首先，罗刹是邪恶的化身，白族先民创造了一个观音制伏它，反映了白族人民追求正义、追求自由的美好愿望；其次，这个传说很有意思的是观音通过和罗刹订立盟誓而取得胜利，而罗刹则因为违背誓约，被永远压在苍山下。从这个传说中也透露出白族先民已有立契盟誓解决问题，违约者要受到惩罚的理念。②

生活在怒江地区的白族人民中间，流传着"阿布帖和阿约帖"的传说故事。阿布帖和阿约帖是兄妹，洪水泛滥之时二人躲在一个大葫芦里，得以逃生。由于只剩他们俩，为了人类传宗接代，兄妹俩分别从两座山头滚下磨盘，磨盘合在一起，象征着天神同意二人结为夫妻。后来他们生了五个女儿，分别嫁给熊氏族、虎氏族、蛇氏族、鼠氏族、毛虫氏族。③ 从中可以看出白族的先民也和其他民族一样，经历了由族内婚到族外婚的发展过程。怒江地区的白族还传说，天神之所以发洪水，是因为有一个善

---

① 云南省民族民间文学大理调查组编写：《白族文学史》，云南人民出版社 1959 年版，第 53—54 页。

② 大理白族自治州《白族民间故事》编辑部编：《白族民间故事》，云南人民出版社 1982 年版，第 64—67 页。

③ 大理白族自治州《白族民间故事》编辑部编：《白族民间故事》，云南人民出版社 1982 年版，第 81—82 页；云南编辑组编：《白族社会历史调查》（二），云南人民出版社 1986 年版，第 62—63 页。

于种麻纺织的寡妇，种植的麻长得太高，快要接近天了，得罪了天神。天神为了惩罚大胆的寡妇，于是制造了洪水。还有一个传说是很早很早以前，有一位老妈妈，她的本领很大，能管理很多人，大家都听她的话，她说什么，大家就干什么，而且一干就成。① 从这些传说中也可以看出，白族先民经历过母系氏族社会，后来随着生产力的发展，才逐渐过渡到父系氏族社会，而白族先民公平、正义的理念也随之产生和发展。

二、白族早期法制状况

（一）早期设置状况

据《史记·西南夷列传》和《史记·司马相如列传》所载，秦代曾在云南设治“置吏”，白族先民聚居的大理、丽江地区应在其中。只是由于文献过于简单，无法对这方面的情况做进一步考证。汉武帝元封二年（前109）“发迁蜀兵击灭劳浸、靡莫，以兵临滇……滇王离难，西南夷举国降，请置吏入朝。于是以为益州郡”②。益州郡所属的24个县中楪榆（今大理、洱源、剑川、鹤庆及宾川部分地区）、云南（今祥云、宾川、弥渡等地）、邪龙（今漾濞南及巍山、南涧等地）、比苏（今云龙）等县，大多是白族先民聚居区域。东汉永平十二年（69）增置博南县（约当今永平、漾濞县一带），并将上举原属益州郡的各县改隶永昌郡。永昌郡辖地相当于今大理地区、保山地区、德宏州及临沧地区和西双版纳州的大部分地区。当时永昌地区设置8县，在今大理地区就有5县。③ 现存“楪榆长印”和东汉“楪榆右尉印”④ 印证了汉代大理地区是在中央政权的范围之内。

三国时期，云南是蜀国的一部分，同时也是蜀、魏争夺之地。诸葛亮于建兴三年（225）平定南中后，在南中设置7郡。其中新增设的云南郡，把东汉时益州郡的梇栋县（今姚安、南华、楚雄、牟定、广通），越嶲郡的青蛉（今永仁、大姚）、姑复（今丽江、宁蒗、永胜）、遂久（今华坪、盐边至永仁北部），以及永昌郡的云南（今

---

① 云南编辑组编：《白族社会历史调查》（二），云南人民出版社1986年版，第68页。
② 司马迁：《史记》卷一一六，《西南夷列传》，中华书局标点本，1959年版。
③ 马曜：《大理文化论》，云南教育出版社2001年版，第81页。
④ 肖明华：《云南少数民族官印集》，云南民族出版社1989年版，第17页。

祥云）、邪龙（今巍山、南涧）、楪榆（今大理、宾川、洱源）等县划出，并为云南郡，以永昌大姓吕凯为太守。① 此时白族先民多属云南郡。

西晋时将原属益州（驻成都）的南中7郡中的建宁、兴古、云南、永昌4郡划分出来，设立宁州，为全国19州之一。

南北朝时期，宁州名义上由刘宋、齐、梁，以及北朝的魏、北周先后遥领管辖，实际上是西爨大姓爨氏割据称雄，但仍奉中原王朝为正朔。

隋朝曾在越嶲（今西昌）以西设越析州（今宾川县）。唐初先后设置南宁州总管府和都督府，所辖地区包括今大理白族自治州在内。后废除南宁州都督府，以所督之州、县隶属于戎州都督府，滇西地区64个羁縻州，皆由戎州都督府管辖。武德四年（621）设立姚州都督府，白族先民居住的大部分地区在其管辖之下。② 天宝十三载到十五载（754—756）唐朝征大理失败，唐朝势力退出云南。

（二）早期法制状况

对于白族先民的生活状况的记载，最早见于司马迁的《史记·西南夷列传》。据司马迁的描述，先秦时期，西南地区生活着众多的部落群体，有“椎结，耕田，有邑聚”的农耕部落和“编发，随畜迁徙”的游牧部落。从民族分布地和自然条件来看，白族的先民应属于从事农耕的部落群体，当时还处于互不统属的分散状态。由于史料过于简略，难以对这段时期白族先民的法制状况做进一步的分析。如结合考古材料，则可略见端倪。

从白族先民分布地剑川海门口、楚雄万家坝、祥云大波那、晋宁石寨山、江川李家山等地出土的文物来看，春秋战国时期，这一地区包括白族先民在内的农耕民族群体，已开始了原始公社解体和奴隶社会形成的过程。其中楚雄万家坝遗址为春秋时期遗址，从出土的大量青铜生产工具和兵器来看，当地白族先民的生产力发展水平有了一定提高。特别值得一提的是，万家坝出土5件据测定为世界上最古老的铜鼓和一套中原地区所没有的“羊角纽编钟”，这些都是奴隶主用以标明身份等级的铜器，说明此时当地居民已进入奴隶社会的初期。③ 而祥云大波那遗址的年代为春秋晚期或战国

① 马曜：《大理文化论》，云南教育出版社2001年版，第181页。

② 欧阳修：《新唐书》卷四三，《地理七》下，中华书局标点本，1975年版。

③ 云南省博物馆文物工作队、四川大学历史系考古专业七四级学员：《云南省楚雄县万家坝古墓发掘简报》，《文物》1978年第10期。

初期，遗址出土完整的木椁和精美的铜棺。棺内除有丰富的随葬品外，特别引人注目的是还有一面象征权力的铜鼓和一支铜“权杖”，由此推断墓主人不仅是一个大奴隶主，而且是当地少数民族的首领。① 而汪宁生教授认为，祥云大波那和楚雄万家坝主人应是与“滇王”同姓的“靡莫之属”，都是定居的“椎结”民族创造和遗留的。②

春秋战国之际，居住在滇西和滇中的白族先民进入阶级社会以后，维护统治阶级统治的法律随之产生。这方面的情况，虽然文献记载阙失，但考古资料，特别是晋宁石寨山和江川李家山出土的滇国文物，在青铜贮贝器上众多人物中，栩栩如生地反映了当时的法制状况。滇国是春秋至汉代在云南出现的一个少数民族王国，其主体民族是包括白族先民在内的“靡莫之属”，他们过着“椎结，耕田，有邑居”的农耕生活。从出土的“滇王之印”可以证实，滇国已有最高统治者——滇王。在滇国的出土文物中，还有各种杖头饰物多件，据李昆生教授研究，应为“权杖”。③ 和祥云大波那出土的权杖联系起来看，此时已出现等级森严的统治集团。统治阶级过着不劳而获的生活，对被统治阶级进行残酷的压迫和剥削。从晋宁石寨山 12 号墓出土的贮贝器腰部所刻的画面中可以看到，一个女奴隶主坐在四人抬的轿子里，旁边有女仆侍候，后边还有保镖跟随，可见这个奴隶主是过着人上人的生活。文物中还反映出众多滇国平民的生活状况。他们从事农业、手工业生产和简单的贸易活动，在战争中则充当士兵。处境最为悲惨的是奴隶，他们在奴隶主的监视下从事种地、放牧、纺织和各种家务劳动，甚至作为祭祀活动的牺牲，或与野兽搏斗以供奴隶主取乐。奴隶被当作会说话的工具，和牛马一样可以随意买卖。奴隶主为了维护他们的统治，对平民和奴隶进行血腥的镇压。从出土的滇国武器上看，种类繁多，有铜戈、矛、钺、戚、斧、剑、镞、啄、狼牙锤、锤等等，这些武器除了作为战争中的兵器外，还有一个重要的用途，就是镇压被统治阶级的反抗。从文物上表现出来的情况看，有的奴隶被裸体反手吊打，也有的被裸体散发钉在木板上，即将被斩首，还有的脚手被缚，拽于地上，奴隶主对奴隶惨无人道的酷刑可见一斑。为了防止奴隶逃跑，奴隶主还将奴隶的衣服脱光，戴上木枷、桎梏。④ 显然，滇国的法制是支持奴隶主对奴隶的镇压的。

---

① 云南省文物工作队：《云南祥云大波那木椁铜棺墓清理简报》，《考古通讯》1964 年第 12 期。

② 汪宁生：《云南考古》，云南人民出版社 1980 年版，第 32—40 页。

③ 李昆生：《权杖 · 驯象长钩 · 图腾柱》，载《云南师范大学学报》1987 年第 5 期。

④ 张增祺：《滇国与滇文化》图 45，云南美术出版社 1997 年版，第 219 页。

从文物中反映出的滇国时期的刑罚看来，生命刑有斩首、喂蛇、牛践踏等等，身体刑有赤身反缚双手下跪、左足戴枷坐地、赤身伏卧于两段木板之中、双足双手被缚被人牵拽、双手缚于高处后吊打，耻辱刑有受刑者皆被脱光衣服，赤身于大庭广众之下，以示羞辱。此外，还有训诫。

从文物中看出滇国使用的刑具有：斩首用的腰刀、长剑和其他兵器，食人的蛇，践踏人的牛，缚人立于上的木牌，缚人卧于上、用以牵拽的木板，捆人的绳索，施用于受刑者的桎梏、木枷。①

虽然滇国的法制缺乏文献记载，但从出土文物反映的状况分析，此时包括白族先民在内的滇国民族群体已进入阶级社会，维护奴隶主阶级利益的法律已经出现，这种法律和原始社会中维护社会秩序的规范不同，充满了统治阶级对被统治阶级血腥的镇压，法律成了维护阶级压迫和阶级剥削的工具。奴隶主享有各种特权而不承担任何义务，平民则只承担义务而没有任何权利。至于奴隶，则成了法律关系的客体，可以被任意买卖和屠杀。

三国两晋南北朝时期白族的法律制度，由于文献资料的阙如，尚难以做较为深入的探讨和研究。

第二节

南诏国的法律制度

一、法制概况

南诏是在云南建立的第一个统一的民族政权，时间是公元752—902年。学术界一般认为，南诏国的统治阶层是彝族的先民，而主体民族是白族的先民。南诏的法律制度颇具云南民族的特色，同时又受唐律和吐蕃法律的影响。由于南诏的主体民族是白族，同时南诏国的中心地区在白族聚居区，因此，可以说南诏的法律制度在某种程

① 方慧主编：《云南法制史》，中国社会科学出版社2005年版，第16—19页。

度上也是当时白族先民适用的法律制度。

二、行政法律

在南诏国范围内至高无上的南诏王和“官设百司，列尊叙卑，位分九等”① 的各级南诏官员们也有一套服务于他们，并为他们所遵守的规则。

（一）南诏王

1. “诏”、“王”考。《旧唐书·南诏传》说：“蛮谓王为诏，自言哀牢之后。代居蒙舍州为渠帅。”② 以诏为王，实不始于南诏。方国瑜先生考证说：“称王为诏，盖出羌语。《晋书·苻坚载记》说：‘坚强盛之时，国有童谣曰：河水清复清，苻诏死新城。’又《桓玄传》：‘玄左右称玄为桓诏，桓胤谏曰：诏者，施于辞令，不以为称谓也。汉魏之主皆无此言，唯闻此虏以苻坚为苻诏耳。愿陛下稽古帝制则，令万世不可法。’羌语以诏称王，六诏、八诏、南诏之用诏字，即用羌语。”③ 乌蛮源于古羌，袭用其古制，此论很有说服力。究其源头，古羌人或许也是借用汉语之诏字称其王者。在中国古汉语中，诏字主要有三义：其一，告诫、教诲。如《庄子·盗跖》：“若子不听父之诏。”其二，皇帝的命令、诏书。《史记·秦始皇本纪》：“遵奉遗诏，永承重戒。”《史记·文帝本纪》：“于是诏丞相罢官。”专用于皇帝命令下属。其三，召见。如《后汉书·冯衍传》：“诏伊尹于郊兮。”④ 诏字代表着权力、庄严、正规，是个用于借称王者的好字。

到唐代，诏字的用法和含义就更多了，特别是在唐代云南史料中，由于“六诏”、“南诏”的出现而变得更为复杂。⑤诏字可以指部落、部落联盟或国家。《云南志校释》卷三：“六诏并乌蛮，又称八诏。”⑥ “诏”为部落名，言当时洱海区域有6个或8个乌蛮部落。“蒙巂一诏最大”是指其中的蒙巂是最大的一个部落或部落联盟。“蒙舍，

---

① 《南诏德化碑》，载方国瑜主编：《云南史料丛刊》第2卷，云南大学出版社1998年版。

② 刘昫：《旧唐书》卷一九七，《南诏传》，中华书局标点本，1975年版。

③⑤ 方国瑜：《南诏名号考》，载《方国瑜文集》第2辑，云南教育出版社2001年版，第209页。

④ 古汉语常用字字典编写组：《古汉语常用字字典》，商务印书馆1985年版，第319页。

⑥ 樊绰撰：《云南志校释》卷三，《六诏第三》，赵吕甫校释，中国社会科学出版社1985年版。

一诏也。居蒙舍川，在诸部落之南，故称南诏也。”① 其中诏字皆为部落名，“诸部落”指的便是其他五诏。在蒙舍诏兼并张乐进求之后，仍称其为南诏，此时为部落联盟之名或酋邦之名，应无疑义。迁都太和城，统一洱海滇池区域之后，可为国名，以后史料称“南诏”者，多为此意。本节标题用“南诏王”亦有此意，但其指范围更广，可由其部落、部落联盟、酋邦直到国家一直沿用之。诏字也可指地名。本文前引吐蕃文献中多次出现之南诏，从上下文可知，不得指南诏这一部落，多为地名，与其“姜地”或“绛域”是一致的。陈楠认为：“吐蕃以‘绛’泛指云南丽江、大理一带，实指吐蕃人心目中的云南即可称之为绛。”② 也有人译为姜，藏族史诗《格萨尔王传》有《姜岭大战》一章，写姜国与岭国争夺盐池的故事。《新唐书·南蛮上》言“南诏，或曰鹤拓、曰龙尾、曰苴咩、曰阳睑”，指的也是地名，与鹤拓等相对应，在唐代云南史料中，这样的用法很多。③ 诏字还可以指部落首领或国王，这是其第三种用法。《旧唐书·南诏传》所说“其先渠帅有六，自号六诏”④ 之诏即与“渠帅”相对应，为部落首领之自称。《南诏德化碑》所载，用诏字称阁罗凤者 8 次，用王字者 7 次；又用先诏称皮逻阁者 2 次，用先王者 1 次；诏与王之意相同。⑤ 此处之“诏”，便是“蛮谓王为诏”之诏也。

“王”在古代汉语里用法更多，但主要有三种：其一为帝王。如《荀子·王霸》“故百王之法不同”。其二，自秦始皇以后，帝王改称皇帝，王成为封爵的最高一级。如柳宗元《封建论》“制其守宰，不制其侯王”，其守宰为郡县长官，而侯王均为封爵。其三，为动词，指称王，统治天下。如《商君书·更法》“三代不同礼而王”，即指夏、商、周三代采用不同的礼法制度统治天下。在云南古代史料中，三种用法都有。但史料中凡指云南当地少数民族头人、首领、酋长等为“王”时，指的是封爵或统治，少有帝王之意。因此，中央王朝不排斥云南地区的地方头人称“王”，中央王朝也赐不同规格的各种王号，如汉代便有“滇王之印”，即为中央王朝所赐封，唐代更多。中央王朝对少数民族地方，特别是羁縻统治下的少数民族头人所赐之“王”是

---

① 樊绰撰：《云南志校释》卷三，《六诏第三》，赵吕甫校释，中国社会科学出版社 1985 年版。

② 陈楠：《唐、吐蕃与南诏关系研究》，载《民族史研究》第三辑，民族出版社 2002 年版。

③ 欧阳修：《新唐书》卷二二二，《南蛮传》，中华书局标点本，1975 年版。

④ 刘昫：《旧唐书》卷一九七，《南诏传》，中华书局标点本，1975 年版。

⑤ 方国瑜：《南诏名号考》，载《方国瑜文集》第 2 辑，云南教育出版社 2001 年版，第 209 页。

否是其封爵的最高一级，则要视其具体情况，通常是对其自称的一种认可，而非最高一级封爵。由上可知，唐代初年云南地区的“王”、“诏”，乃部落首领而已，其法律上之地位和权限有极大的差异性，与其统治地域、社会经济发展状况和当地部民的组织化、制度化程度相联系。唐初部分酋长自称“诏”，其地位和权威主要来自“争”，即战争，但也不排除其他因素。这些人物，在其统治的小范围内，经常自称或被称为“王”。在羁縻统治下，为了充分利用当地的“本土资源”，达到低成本控制社会的目的，中央王朝经常对其自称以各种方式加以认可，以充分发挥其权威的社会控制功能，名目和名称均可多元化，但目的和宗旨是相同的，从中央政府的角度看，其法律地位也一样。但从其内部看，其地位和权限会随其统治地域的扩大、人口的增长、组织化和制度化程度的提高、个人权威的强化和神秘化而发生变化。南诏王在统一了洱海区域后，特别是迁都太和城后，这些要素都得以增长，真正意义上的“王权”逐渐形成，其内部的法律地位和权限迅速扩展，这与其国家化进程是同步的。

经过皮逻阁、阁罗凤和异牟寻的扩张，特别是天宝战争之后，南诏的国家意识进一步增强。异牟寻与唐王朝之苍山会盟，增强了其与唐朝对等的观念，出现了不满足于称“王”的兆头。“元和三年，异牟寻死，诏太常卿武少仪持节吊祭。子寻阁劝立，或谓梦凑，自称骠信，夷语君也。”① 这种看起来并不重要的称谓的变化，实际上是其国家意识增强的外在表现形式，也不可避免地会引起其规则方面的一系列变化。到世隆时，这一时隐时现的称号便被挑明了。“世隆遂僭号称皇帝，改国号大礼，改西京曰中都，东京曰上都。”② 改王为帝、立国号、定都等行为，无疑与国家意识的增强相联系。

2. 南诏王的职权。南诏是大国边缘后起的民族国家，正处于国家化进程中，因此其“国王”的身份复杂。其与唐朝和吐蕃之间错综复杂的关系导致了其身份的多重性与复杂性，其法律关系也就十分复杂。南诏王的职权，在不同身份和不同法律关系之下是有区别的。如作为南诏王与作为唐之边官云南王的职权，由于身份和法律关系的变化而有极大的差异性。同是南诏之王，由于南诏正处于国家化进程之中，其身份、地位和职权也有区别，如在与白子国联盟之前、统一洱海区域以后和统一云南全境，建立和健全了其地方官制之后，身份有变化，职权也不一样。

就其内部而言，南诏国是在唐王朝直接支持下，并不断与唐王朝交流过程中逐渐形成的，因此，受唐朝影响，其君王制度必然效法唐朝，其政体形式应为绝对君主

① 欧阳修：《新唐书》卷二二二，《南蛮传》，中华书局标点本，1975 年版。
② 冯甦：《滇考》（上），（台湾）商务印书馆 1986 年影印本。

制。国王有至高无上的权力，国家的一切重大事项都由其决定，国王控制着最高行政权、最高军事指挥权、最终立法权和最终司法权。

南诏国首先是统一洱海、滇池区域，之后便不断向四面扩张，是一个军事色彩很浓的国家，因此军权在南诏国中显得极为重要。从现有史料看，南诏王一直牢固地控制着南诏的最高军事指挥权，只有到了王嵯巅时代，才出现了短暂的军权旁落现象，并被认为是不正常的。据《云南志》载，南诏军制为“各据邑居远近，分为四军；以旗幡色别其东南西北，每面置一将，或管千人，或五百人。四军又置一军将统之。如有贼盗入界，即罪在所入处面将。”① 这种军制，是南诏在其长期征战过程中逐渐形成的。张晓辉教授认为：“从四军所辖的兵员数量来看，四军只是庞大的南诏军队中的一种建制，它遍布南诏境内各地，逢敌入侵，即从四方御敌，若遇征讨，各地四军则组成联合军团，由南诏王和大军将统一指挥。”② 据此，南诏王的最高军事指挥权是确定的。

从现有史料看，南诏王几乎直接参与了南诏的所有重大军事行动。从并五诏，破河蛮，逐吐蕃，西开寻传，统一爨部，寇西川，攻播州，陷安南等，均是在南诏王直接指挥下进行的。《云南志》说：“归义稍从江口进兵，胁其部落。无几，施望欠众溃，仅以家族之半，西走永昌。”③ “初闻归义又军于兰沧江东，去必取永昌，不能容。”④ “阁逻凤攻石和城，擒施各皮，讨越析，枭于赠，西开寻传，南通骠国。”⑤《南诏德化碑》载：“洎先诏与御使严正诲谋静边寇，先王统军打石桥城，差诏与严正诲攻石和子。父子分师，两殄凶丑。”⑥ 南诏王都直接统兵作战，牢牢控制军权，此类记载甚多。根据史料，南诏军队的组建、征调、训练等都是在南诏王的直接指挥下进行的。

后期，南诏国开疆拓土，国家要素不断增长，事务日渐繁多，每战不必亲征，但仍牢牢控制着军队行动。《云南志》载：“每战，南诏皆遣清平官或腹心一人在军前监视。有用命不用命及功大小先后，一一疏记回具南诏，凭此为定赏罚。”⑦在整个南诏国时期，军权旁落仅见两例。其一为王嵯巅。《南诏野史》说：“是年，丰佑卒于东京，在位三十五年。子世隆立，以王嵯巅摄政。”⑧ 王嵯巅摄政时，曾率大军攻成都。

① 《云南志》卷九，《云南条教第九》。

② 张晓辉：《南诏国法律制度研究》，载《比较法研究》1992 年第 2、3 号合刊。

③④⑤⑦ 《云南志》卷三，《六诏第三》。

⑥ 《南诏德化碑》，载方国瑜主编《云南史料丛刊》第 2 卷，云南大学出版社 1998 年版。

⑧ 木芹：《南诏野史会证》，云南人民出版社 1990 年版，第 136 页。

《新唐书》载："嵯巅乃悉众掩邛、戎、巂三州，陷之，入成都。"① 其二为郑买嗣。《南诏野史》载："郑买嗣，又名昶。唐巂州西泸令陷南诏臣蒙氏，为清平官郑回之七世孙。隆舜时历官侍中，权势日重。隆舜巡幸无度，留买嗣守国，遂专权柄。"② 两次军权旁落，南诏王室均蒙难，代价甚高。《新唐书》载："劝龙晟立，淫肆不道，上下怨疾。十一年，为弄栋节度王嵯巅所杀，立其弟劝利。"③《南诏野史》说："（郑买嗣）舜化贞时为相，化贞卒，嗣贼杀其子，篡蒙国……。开平三年，铸佛一万尊，送寺祈福，为杀蒙氏八百人故也。"④由此可见，军权在南诏是一项极其重要的权力。总结南诏兴亡史，可谓成也军权，败也军权。此重权依法依例为南诏王所握，旁落为例外，为违法。

南诏王之最高行政管理权，从比较研究角度看，应无争。南诏王效仿唐皇帝有诸多史料为证。《新唐书》载："王坐东向，其臣有所陈，以状言不称臣。王自称曰元，犹朕也；谓其下曰昶，犹卿、尔。官曰坦绰、曰布燮、曰久赞，谓之清平官，所以决国事轻重，犹唐宰相也。"⑤从上述史料看，其官僚机构的组织形式、运作模式与唐制相同或相近，其职权也基本一致。《南诏德化碑》载为："坐南面以称孤，统东偏而作主。然后修文习武，官设百司，列尊叙卑，位分九等。"⑥ 修文习武，其武为军权，其文为行政管理权。从理论看，制度越健全，其对个人的限制和制约也越大。唐王朝和南诏均为绝对君主制国家，但唐王朝的官僚制度显然远较南诏成熟，因此其限制也会更大。虽然唐代皇权无所不包，皇权至重，但也受到一定限制。郭绍林认为，唐代社会对皇权的制约主要有：（1）昊天上帝对皇帝的监临，主要是把各种自然灾变理解为上天对皇帝的警戒和惩罚；（2）中央机构的一些职能对皇帝的制约，主要表现在中央机构在决策上对皇帝的制约；（3）修史制度对皇帝行为的约束；（4）臣僚谏诤对皇帝的限制。⑦ 而这些限制，对官僚制度尚不成熟，正处于国家化进程中的南诏王来说，或根本没有，或刚刚起步，未形成制度规则。因此，南诏王在南诏内部的行政权可能大于唐皇帝。《云南志》载："大军将一十二人，与清平官同列。每日见南诏议事。"⑧ 大军将每日见南诏议事，应与唐之上朝相似，其职责为上奏议事，无决断权，决断权为南诏所持。《云南志》又言："清平官六人，每日与南诏参议境内大事。其中

①③⑤ 欧阳修：《新唐书》卷二二二，《南蛮传》，中华书局标点本，1975 年版。
②④ 木芹：《南诏野史会证》，云南人民出版社 1990 年版，第 188 页。
⑥ 《南诏德化碑》，载《云南史料丛刊》第二卷，云南大学出版社 1998 年版。
⑦ 参见郭绍林：《论唐代社会皇权的制约机制》，载《中国史研究》1995 年第 3 期。
⑧ 《云南志》卷九，《云南条教第九》。

推量一人为内算官，凡有文书，便代南诏判押处置，有副两员同勾当。”① 清平官一样参与讨论国之大事，但其权力则大于大军将。其中内算官可代南诏“判押处置”，这有点儿像唐王朝的中书省。唐代，唐政府的一切最高命令，均由中书省发出，通常由中书省批定诏书，皇帝阅后如同意下发便批上“敕”字，然后由门下省颁布通行。《新唐书》载为：“有内算官，代王裁处；外算官，记王所处分，以付六曹。”② 从这些史料看，南诏王掌握南诏国境内最高行政管理权当无争，但随其官僚制度的健全，同样受到一定的制约，清平官也有一定程度的分权。詹全友先生曾言：“南诏最高统治者是南诏王，既掌握最高行政权，也掌握着最高军事指挥权。”③ 从上述分析看，南诏王这两项职权基本上是清楚的。

关于南诏王的立法权，从比较研究和理论层面看，也应当是确定的，但史料支撑则难找。《南诏野史》有一载：“蒙盛逻皮，唐玄宗开元元年立。年十五岁。立差法，收商税，立省城土主庙，又立文庙。”④ 此言立差法，收商税。其中差法何指，难以考证，但为立法则无争。南诏未形成统一的法典，其法律主要来自三个方面：一是对唐律、吐蕃律和东南亚诸国法律的移植；二是对当地传统习惯法的认可和适用；三是根据其国家化进程和日益复杂的管理需要而进行创制。因此，其立法方式也有认可、选择和创制三种形式，上述史料所言“立差法，收商税”为创制，这类法律规则在整个南诏法律体系中所占的比例估计不大，因为这方面的史料极少见。选择、认可、创制的最终决定权在南诏王，这是绝对君主制政体的共同特征。从理论和史料看，南诏王都有这样的权力。在前述南诏与唐和吐蕃的结盟中，是否与之结盟、与谁结盟、通过什么方式结盟，南诏王都有绝对的发言权。而通过结盟和结盟的具体形式，便赋予了结盟者法统在南诏的部分效力。因此，虽然法律文化、规则在南诏地区的传播是一个历史过程，选择本身也是渐进完成的，形成独特的社会控制模式则是多种立法形式有机整合的结果，但关键的赋予其强制实施保障的是南诏王，因而得出其控制了选择方式立法的立法权之结论是合乎逻辑的。

在绝对君主制政体下，认可通常是由国王来行使的，南诏国也是这样。通过这种方式进入南诏国法律体系的规则应占很大比重。在南诏国，这一认可权由南诏王或其

---

① 《云南志》卷九，《云南条教第九》。

② 欧阳修：《新唐书》卷二二二，《南蛮传》，中华书局标点本，1975年版。

③ 詹全友：《南诏大理国文化》，四川人民出版社2002年版，第189页。

④ 木芹：《南诏野史会证》，云南人民出版社1990年版，第48页。

授权的机构行使，它构成了南诏法律体系的主体。

通过创制方式立法，在南诏国并不多见，史料仅见上述所引。通过上述分析可知，尽管影响和制约南诏王立法权的具体因素很多，但无论是选择、认可，还是创制，最终的立法权至少在理论上由南诏王行使。

上述南诏王的三项主要职权，是对南诏内部而言。然南诏国处于唐帝国和吐蕃两大强国的夹缝中，在政治、军事和法律制度方面均受其影响或支配，形成复杂的法律关系，南诏王的地位和身份也具有多重性。南诏王是正处于国家化进程中的南诏国国王，又是唐王朝的边疆封臣，也曾是臣属于吐蕃的“赞普钟”和“日东王”，南诏又通过其相对强大的军事力量迫使骠国等中南半岛诸部落向其称臣纳贡，形成了错综复杂的法律关系。在不同的法律关系中，南诏王的地位和职权也不一样。

南诏王对内是南诏的最高统治者，对外则长期为唐王朝之边郡封臣，兼有南诏国王和唐边郡封臣双重身份。自细奴逻到舜化贞，历代南诏王中，共有10个南诏王被唐朝封为刺史、台登郡王、越国公、云南王、南诏和滇王等不同称号，是唐王朝统治云南地区的地方官。关于唐王朝的目的，有学者归纳为：“其一，对羁縻府州之外的民族进行册封，是双方臣属关系的要求，目的在于维系或加强这种所属关系；其二，对一些势力强大且对唐王朝边疆安定带来威胁的边疆民族首领进行册封，目的是改善双方的关系，有时也具有分裂该边疆民族的目的；其三，对已经纳入府州管理体系的边疆民族实行册封政策，目的是安抚边疆民族，以保持边疆民族的稳定。”① 唐王朝对南诏首领的册封始于细奴逻，《南诏野史》载：“永徽癸丑四年，遣罗盛炎入唐朝，诏授奴逻为巍州刺史，赐以锦袍。”② 皮逻阁被封为越国公、云南王，阁罗凤继之。异牟寻册封为南诏王，以后数代南诏王得以承袭。《南诏野史》载：“贞元三年，异牟寻归唐。八月，节度韦皋使崔佐入滇，蕃使先在。王令佐更夷服入，佐曰：‘天朝大使，岂衣夷衣！’王不得已夜迎之。佐大宣诏，王惧失色。佐劝王斩蕃使，复南诏，从之。六月，唐遣使立王为云南王。王命使献地并吐蕃金印于唐，唐遂赐滇王银窠金印，印文：贞元册封南诏印。”③ 此类记载甚多，见诸多种史料。

唐王朝对南诏王的册封，上述三种目的均有，除此之外，还有与吐蕃争夺西南地

---

① 李大龙：《唐王朝派往边疆民族地区进行册封的使者》，载《民族史研究》第3辑，民族出版社2002年版。

② 《南诏野史》。

③ 木芹：《南诏野史会证》，云南人民出版社1990年版，第84页。

区的控制权的目的。作为唐王朝的边郡封臣和地方官，南诏王主要有三项职责。其一，向唐王朝称臣纳贡，缴纳税收。关于南诏向唐王朝称臣纳贡之史料，诸书载之甚多，此不复述。关于赋税，无正面记录，但有反证。《南诏德化碑》历数张虔陀罪名说："重科白直，倍税军粮，征求无度，务欲弊我。"① 由此可知，唐朝在南诏统治区是有赋税的，有赋有税是合法的，张虔陀之罪在于"重科"、"倍税"和"无度"。其二，执行唐王朝的法律。南诏在统一洱海区域和滇池周边地区之时，均慎重地处理与唐朝之关系，执行唐王朝之法律。在兼并越析诏时，南诏王利用唐律取得了越析诏之地。《云南志》说："有豪族张寻求，白蛮也。开元中通诏主波冲之妻，遂阴害波冲。剑南节度巡边至姚州，使召寻求笞杀之。遂移其诸部落，以地并于南诏。"② 笞杀张寻求用的定为唐律。此外，南诏王在接受唐王朝册封时，在官秩、品级等方面也以唐之法律为依据。其三，服从唐之军事征调。《新唐书》载："有两爨大鬼主崇道者，与弟日进、日用居安宁城左，闻章仇兼琼开步头路，筑安宁城，群蛮震骚，共杀筑城使者。玄宗诏蒙归义讨之。"③ 玄宗之所以能命南诏蒙归义讨之，是因为蒙归义乃唐之地方官云南王。

南诏在与吐蕃结盟之时，接受吐蕃册封，分别被封为赞普钟、东帝、日东王等称号。《旧唐书·南诏传》称："阁罗凤北臣吐蕃，吐蕃令阁罗凤为赞普钟，号曰东帝，给以金印。蛮谓弟为钟，时天宝十一年也。"④《南诏德化碑》则载为："赐为兄弟之国，天宝十一载正月一日，于邆川册诏为赞普钟南国大诏。"⑤《云南志》："与吐蕃洽和，为兄弟之国，吐蕃赞普册牟寻为日东王。"⑥ 新、旧唐书及《资治通鉴》亦有载。关于南诏与吐蕃之关系，史料虽言兄弟之国，实际上南诏乃吐蕃之附属国而已。《敦煌本吐蕃历史文书》便言："南方之东部，南诏地面，有谓白蛮子者，乃一不小之酋长部落，赞普以谋略封诏赐之，南诏王名阁罗凤者遂来归降，前来致礼。赞普乃封之曰钟，民庶皆旧附庸，地域增长一倍。以南诏王降归吐蕃为民之故，唐廷政权大为低落，且极为不安。"⑦

作为吐蕃封臣的南诏王，其职责也为三：一是贡纳致礼；二是执行其法令；三是

①⑤ 《南诏德化碑》，载方国瑜主编：《云南史料丛刊》，云南大学出版社 1998 年版。
② 木芹：《云南志补注》，云南人民出版社 1995 年版，第 32 页。
③ 欧阳修：《新唐书》卷二二二，《南蛮传》，中华书局标点本，1975 年版。
④ 《旧唐书》卷一九七，《南诏传》。
⑥ 《云南志》卷末附录。
⑦ 王尧、陈践译注：《敦煌本吐蕃历史文书·赞普传记篇第七》，民族出版社 1992 年版。

服从其军事征调。由于吐蕃也处于扩张过程中，军事征调尤为重要。《旧唐书》载："然吐蕃责赋重数，悉夺其险立营候，风索兵助防，异牟寻稍苦之。"① 又言："初，吐蕃与回鹘战，杀伤甚，乃调南诏万人。"②从这些史料看，南诏王仍要向吐蕃纳贡致礼，服从征调，执行法律，特别是军令军法。

3．南诏王的选任和继承制度。关于南诏王的选任制度和规则，主要讨论的是南诏第一代王细奴逻的选任。关于细奴逻王位的取得，有神授说、禅让说、胜者为王说、部落酋长蜕变说等几种。《白古通纪浅述》载："唐太宗时，仁果三十代孙张乐进求朝觐，封云南镇守将军，太宗贞观三年己丑，天师观星曰：西南有王者起。上命永昌酋长弥芮忽访之。彼有九降族第五牟苴笃三十代孙细奴逻者出，本名独逻消，居永昌哀牢山。其母摩利羌，往龙泉浣衣，若有所感而娠，生九子，八子皆随其父龙伽独化龙而去，唯独逻消以母所爱而乞归。"③ 此乃细奴逻天生为王，王为神定之神授说。不仅如此，其传十三代王之事实也早有神定，不得更变。《白古通纪浅述》又说："父子一日耕于巍山，妻炊麦饭将馌之。观音所化梵僧来家乞食，蒙织以饭饭僧。再炊而馌夫男，僧又至，蒙织喜而复斋之。夫男饥而放牛卧于树下，问曰：何晏也？妻告以饭僧之由，细奴逻甚悦。正食间，前僧又至。细奴逻见其貌相非常，趋而迎之。僧曰：今日得汝家斋多矣，不必再饭。我此一来，为救民除逻刹，请汝为王。细奴逻惊惧。僧乃取刀砍犁耙已，数有十三痕。僧曰：自汝至子孙，为王一十三代。我乃观音化身，奉天命记汝也，汝其勉哉！"④这里不仅细奴逻为王是神授，其使命、为王之时代都已神定。通过这种君权神授之说，强化王者已有之权威，使其神圣化，是古代君王常用之术，在生产力和科学技术水平很低的古代，效果十分显著，因此在历史上多有记载。

关于南诏王位得于禅让，史料亦有载。《南诏野史》载："奴逻素有祥异，会唐封首领大将军建宁国王张乐进求，以诸葛武侯所立白崖铁柱，岁久剥蚀重铸之。因社会祭柱，柱顶故有金镂鸟，忽能飞，集奴逻左肩，相诫勿动，八日乃去。众骇异，谓天意有属。进求遂妻与女，举国逊之。于唐太宗己酉，贞观二十三年即位，年三十二岁，建号大蒙国，称奇嘉王，据南诏。"⑤《白古通纪浅述》载为："闻观音命细奴逻为国王，其心不怿，乃嘱诸部酋长，同约细奴逻，具九鼎牺牲，诣白崖铁柱，观效于

①② 《旧唐书》卷一九七，《南诏传》。

③④ 《白古通纪浅述》，载《南诏野史会证》。

⑤ 木芹：《南诏野史会证》，云南人民出版社1990年版，第36页。

天，卜其吉者王之，众皆悦而从之。祭毕将卜，忽有布谷飞在细奴逻左肩，连鸣大鸣于细奴逻者三，返于白檀香树上。众皆惊服，不复占卜，而咸顿首请细奴逻登国位。时张乐进求知天命有德，遂避位于逻，而以其女妻之。”① 关于此事，《南诏史画卷》、《记古滇说集》、《滇云历年传》等均有载，大同小异。从中可清楚地看到，张乐进求顺天意逊位于细奴逻。这与中国古代帝王禅让的传说颇为相似，同时也与君权神授相联系。

关于王源于战争，胜者为王之说。南诏王权的确立，确实充满了征战。从并五诏，破河蛮，逐吐蕃，西开寻传，到兼并爨部，开拓四疆，无一不与战争相联系。在战争取得节节胜利的同时，南诏王的王权也逐步得以确立。就连诸史料言之凿凿的张乐进求禅位于细奴逻之事，方国瑜先生也认为：“细奴逻兼并张乐进求，当经过激烈斗争。李京《云南志略》说：‘至乐进求，为蒙氏所灭。’应是事实。而传说让位，可能因哀牢族征服白蛮，后来南诏造成势力，白蛮起了主要作用。于是说白蛮不是被征服，而是让位。因此战争的事迹也没有记录下来。所说祭铁柱可能是战败以后受降的仪式。”② 胜者为王，败者为寇，古今中外例子甚多。

关于部落酋长蜕变为国王之说，应无疑义。细奴逻之家庭长期为哀牢夷诸多部落中的一个，传至细奴逻因故迁到蒙舍川，并发展成为一颇有实力的部落联盟。之后，随着其国家要素的增长，部落酋长逐渐蜕变为国王。关键是什么力量促使其实现这种转变？何时实现了这种转变？又以何为标志？这些问题需进一步研究。一般认为，如汉族从禹传子，家天下为标志进入国家一样，南诏也以细奴逻称“奇嘉王”，位传子，建都龙山于城为标志。蜕变可能因多种因素的合力所致。

绝对君主制政体下的王位继承都是世袭制，南诏也一样。在南诏历代王中，除第一任细奴逻之产生方式仍有待进一步讨论之外，其余12代王为：“嫡长子继承9例，是王位继承的基本原则，兄终弟及2例，代位继承1例，是嫡长子继承原则的补充，通常发生在非正常王位更替之情形。”如《云南志》载：“凤迦异先死。大历十四年，阁罗凤卒，伽异长男异牟寻继立。”③《南诏野史》亦载：“代宗戊午大历十三年，阁罗凤卒，在位三十年。因子凤伽异先死，孙异牟寻立。”④ 此例便是祖死孙继的代位

① 《白古通纪浅述》，载《南诏野史会证》。

② 方国瑜：《南诏之兴盛》，载《方国瑜文集》第2辑，云南教育出版社2001年版，第107页。

③ 《云南志》卷三，《六诏第三》。

④ 木芹：《南诏野史会证》，云南人民出版社1990年版，第78页。

继承。之所以发生代位继承，是因为阁罗凤长男凤伽异先于阁罗凤死亡，不立次子，乃由凤伽异长男异牟寻代位继承。《资治通鉴》载："元和十一年二月，劝龙盛淫虐不道，上下怨疾，弄栋节王嵯巅弑之，立其弟劝利。劝利德嵯巅，赐姓蒙氏，谓之大容。容，蛮言兄也。"①《南诏野史》也说："宪宗丙申元和十一年，盛淫虐失道，弄栋节度使王嵯巅弑之，时年仅十九岁，唐命少监李铣祭吊，在位七年，弟劝利立。"②此例为兄终弟及。为何不用代位继承？因为劝龙盛年仅 19 岁，应无成年之子，故取兄终弟及之制。从史料看，代位继承的对抗效力应高于兄终弟及，只有在无人代位时才适用兄终弟及之制，这也是维护嫡长子继承原则的必然选择。当时唐王朝遣使祭吊，唐之祭吊使一般兼有册封之使命，在册封之前，对继任者的资格要求审查，唐使此行，定有此意。《册府元龟》载："元和十一年五月，南诏蒙龙盛卒，遣使请册立其君长，命少府少监李跣兼御使中丞持节册立，左赞善大夫许尧佐副之。"③ 南诏遣使请册立其君长，是因为出现了非正常情况，要求得到唐王朝的认可。也正是因为破例，继位者劝利才会"德嵯巅"。此为南诏王位传承兄终弟及第一例。《南诏野史》又言："穆宗甲辰长庆四年，赐南诏王金印。是年王卒于东京，在位八年，弟丰佑立。"④二者在位时间相差一年，据木芹先生考证，应以《通鉴》所记为是。而立其弟丰佑，《通鉴》言为"国人请立"。国人真有这样的发言权吗？想来未必，当时也无相关制度安排，国人通过什么渠道"请立"？事实是，劝利 15 岁就位，至其卒时也仅 22 岁左右，无嫡长子以继，故仍取兄终弟及之制。由上可知，南诏之王位继承以嫡长子继承为基本原则，代位继承和兄终弟及为补充，在非正常情况下视具体情形而选择适用。

（二）南诏国的中央官制

在绝对君主制政体下，君主的权力至高无上。但由于政事繁多，每一个君王都会选择一些忠于他的人在其身边工作，服务于君王。这些人会随国家化进程的推进而增加，他们有分工，有规则，有组织形式，这便逐渐形成绝对君主制下的中央官制。对于尚处于国家化进程中的南诏国来说，由于处于强大的唐王朝和吐蕃之边缘，面对的是错综复杂的关系。要处理好这些关系，并准确地对形势变化做出判断，利用各种矛

---

① 司马光：《资治通鉴》卷二四一，《元和十一年》，中华书局 1956 年版。

②④ 木芹：《南诏野史会证》，云南人民出版社 1990 年版，第 114、118 页。

③ 王钦若等编：《册府元龟》卷九六五，中华书局 2003 年版。

盾发展壮大自己，一个良好的选拔用人制度显得更为重要。从史料看，南诏做到了这点。是一个什么样的官僚制度支撑并担当了这一使命呢？南诏通过学习和模仿唐朝之官制，结合自身实际，建立了一个精简、高效的中央官僚制度。

影响南诏中央官制的因素很多，但总体看，有两个因素起着决定性的作用：一是南诏国建立前的氏族部落组织；二是唐朝之官制。从这个制度，我们或许可以下这样的结论：南诏的中央官制是其部落组织在唐官制影响下的蜕变形式。此外，是否还受佛教经典的影响尚待进一步考察。

1．清平官。《云南志》载："清平官六人，每日与南诏参议境内大事。其中推量一人为内算官，凡有文书，便代南诏判押处置，有副两员同勾当。"①《新唐书·南蛮上》说："官曰坦绰、曰布燮、曰久赞，谓之清平官，所以决国事轻重，犹唐宰相也。"② 今巍山、大理一带流传着南诏有"把国事八人"的传说，由南诏部落中最有威望的族长、族老组成。部落原有公共组织与唐官制结合而组成南诏国的清平官，在这里似乎是比较清楚的。清平官为文职官员。李京《云南志略》说："其称呼国王曰骠信，太子曰坦绰，诸王曰信苴，相国曰布燮。知文字之职曰清平官。"③ 从大军将"有事迹功劳殊尤者，得除授清平官"④可知，清平官地位高于大军将，是南诏仅次于南诏王的重臣。樊绰说清平官为6人，非定数，一般为6—8人组成。《白氏长庆集》中有《与南诏清平官书》："敕：南诏清平官段诺突、李附览、爨何栋、尹辅首、段谷普、李导傍、郑蛮利等。"⑤ 此为异牟寻去世时唐王朝之敕文。当时异牟寻已死，新诏王未册封，因此敕文致清平官，可见清平官之地位。此处所说的清平官为7人。清平官中又择一人为内算官，其地位最高。《旧唐书·南诏传》载："阁罗凤以回有儒学，更名曰蛮利，甚爱重之，命教凤伽异。及异牟寻立，又命教其子寻梦凑。回久为蛮师，凡授学，虽牟寻、梦凑，回得棰挞，故牟寻以下皆严惮之。蛮谓相为清平官，凡置六人。牟寻以回为清平官，事皆咨之，秉政用事。余清平官五人，事回卑谨，或有过，回辄挞之。"⑥ 此言郑回为清平官，得授内算官，位在其余五人之上。

南诏的清平官由南诏王根据其才能和功劳在大军将中指定，也有不经大军将直接仜清平官的，如郑回。大军将又从其下级官员中择其能者而选任。清平官一般不世

①④ 《云南志》卷九，《云南条教第九》。

② 欧阳修：《新唐书》卷二二二，《南蛮传》，中华书局标点本，1975年版。

③ 王叔武校注：《云南志略辑校》，云南民族出版社1986年版，第88页。

⑤ 白居易：《白氏长庆集》卷四〇，北京文学古籍刊行社1955年版。

⑥ 《旧唐书》卷一九七，《南诏传》。

袭。这是明智之举。清平官的主要职责，总体说是“佐天子、总百官、治万事”①。具体来说：

其一，代南诏判押处置。《云南志》说：“其中推量一人为内算官，凡有文书，便代南诏判押处置，有副两员同勾当。”②《新唐书》亦言：“有内算官，代王判处。”③由此可见，清平官中的内算官有代南诏王批阅判处各种文书的职责。此项职权，与唐宰相的职权相似。唐宰相的职权“就其最重要的而言，可归纳为两点，即决策权与人事权。决策权是指宰相可以用天子的名义决议天下大政，政事堂会议就是重要的决策形式。人事权是指宰相可任免三品以下、五品以上的高中级官员和郎官、御史等六品以下重要官员”④。内算官“代南诏判押处置”，当然是以南诏王的名义决定南诏大事。关于官吏选拔任用方面，尚无史料证明。

其二，决国事轻重。《新唐书》载：“谓之清平官，所以决国事轻重，犹唐宰相也。”⑤《云南志》也说：“清平官六人，每日与南诏参议境内大事。”⑥正如唐制。“宰相的权力是皇帝赋予的，要对皇帝负责。宰相的决策只有经过皇帝的认可，以皇帝制敕的名义颁行，才能发生效力。因此，沟通与皇帝的联系，面议政事，便成为宰相行使其职权的最重要的条件。”⑦每天一次的参朝议政，是清平官辅佐南诏最重要的形式，也是清平官的主要职责所在。除了每日一次的参朝方式之外，南诏王在遇到重大事务时，也会临时召集清平官议论，但少见于史料，仅《南诏德化碑》载联吐蕃抗唐时有之。而唐之宰相除每日参朝议政之外，尚有入阁议政和召对延英议政两种固定形式，宰相能更有效地参与皇帝的重大决策活动。这或许是南诏这样的小国简政促效的选择，或者是正处于国家化进程中的南诏中央官制不太完善的表现。

其三，代表南诏出使唐朝、吐蕃等周边国家和部落。《南诏德化碑》：“遂遣男铎传，旧大酋望赵佺邓、杨传磨侔及子弟六十人，赍重帛珍宝等物，西朝献凯。”⑧《新唐书》亦言：“乃遣弟凑逻栋、清平官尹仇宽等二十七人入献地图、方物，请复南诏号。帝赐赉有加，拜仇宽左散骑常侍，封高溪郡王。”⑨《云南志》亦言：“其年十一月七日事毕，发阳苴咩口芋城。云南王蒙异牟寻以清平官尹辅酋十七人，奉表谢恩，

---

① 欧阳修：《新唐书》卷四六，《百官一》，中华书局标点本，1975年版。

②⑥ 《云南志》卷九，《云南条教第九》。

③⑤⑨ 欧阳修：《新唐书》卷二二二，《南蛮传》，中华书局标点本，1975年版。

④⑦ 张国刚：《唐代官制》，三秦出版社1987年版，第13页。

⑧ 《南诏德化碑》，载方国瑜主编：《云南史料丛刊》第2卷，云南大学出版社1998年版。

进纳吐蕃赞普钟印一面。”① 清平官代表南诏出使，通常与南诏王室成员同行，一般有重大事件或重要使命时才派遣。其他常规朝贡及往来少见派清平官。

其四，充任外算官。《云南志》说：“又有外算官两人，或清平官大军将兼领之。六曹公事文书成，合行者一切是外算官，与本曹出文牒行下，亦无商量裁制。”②《新唐书·南蛮上》亦言：“有内算官，代王裁处；外算官记王所处分，以付六曹。”③ 方国瑜先生考证说：“内算官与外算官，盖如唐制之中书令与尚书仆射。中书者掌机密文书，尚书有统六部，而中书、尚书统摄百僚，为帝国辅相。”④ 樊绰《云南志》卷五：“阳苴咩城，第二重门，门屋五间。两行门楼相对，各有牖，并清平官、大军将、六曹长宅也。盖议事之所集于此。”⑤ 类似的机构，唐代有政事堂。“政事堂制度是宰相制度的一个重要方面，是唐代宰相集体议政的机构。”⑥ 杨友庭先生在《三省六部的形成及其在唐代的变化》一文中认为：开元十一年改政事堂为中书门下，并列五房于其后，这是尚书六部之外另设的行政机构。五房议定的决策，六部授纳执行。⑦ 这种职能与南诏外算官上述职能极为相似。《宋朝事实类苑》又载：“中书有制敕院，院内五房：第一曰孔目房，次吏房、户房、刑房、礼房。旧每房堂后官三人，一人主生事，第二人主熟事，第三人发敕向下。逐房有主事、守当官名目，行遣文书。”⑧ 南诏外算官制敕行文，以付六曹，分工未必尽详，但其职能极为相似，应受此制影响。

其五，外出监督军队作战，赏罚军功。《云南志》载：“每战，南诏皆遣清平官或腹心一人在军前监视。有用命不用命及功大小先后，一一疏记回具南诏，凭此为定赏罚。军将犯令，皆得杖，或至五十，或一百。更重者徙瘴地。诸在职之人，皆以战功为褒贬黜陟。”⑨《南诏德化碑》也说：“遣大军将洪光乘、杜逻盛、段附克、赵附于望、罗迁、王迁、罗奉，清平官赵佺邓等，统细于藩，从昆明路。”⑩ 此为南诏攻巂州之役，其中清平官赵佺邓即为监军。但由于清平官位重于大军将，因此谓“奉清平官赵佺邓”，所以也不排除其统帅职能。清平官此职能类于唐制之御史台，御史台常

① 《云南志》卷末附录。

②⑨ 《云南志》卷九，《云南条教第九》。

③ 欧阳修：《新唐书》卷二二二，《南蛮传》，中华书局标点本，1975 年版。

④ 方国瑜：《南诏名号考》，载《方国瑜文集》第 2 辑。

⑤ 《云南志》卷五，《六睑第五》。

⑥ 胡戟等主编：《二十世纪唐研究》，中国社会科学出版社 2002 年版，第 90 页。

⑦ 杨友庭：《三省六部的形成及其在唐代的变化》，载《厦门大学学报》1983 年第 1 期。

⑧ 江少虞：《宋朝事实类苑》卷二五，《中书五房》，上海古籍出版社 1981 年版。

⑩ 《南诏德化碑》，载方国瑜主编：《画南史料丛刊》第二卷，云南大学出版社 1998 年版。

被形容为“人君耳目”、“天子鹰犬”，是唐代举察百官的专门监督机构。由于御史台在举弹之前需要“推覆理尽，然后弹之”①，因此也有推鞫狱讼的职能。对于南诏这样一个正处于国家化进程中的后起民族国家，其中央官制也处于完善过程中，脱胎于部落公共权力组织的中央官制分工不明确，兼有多种职能是合乎进化发展规则的。

2. 大军将。《云南志》卷九载：“大军将一十二人，与清平官同列。每日见南诏议事。出则领要害城镇，称节度。有事迹功劳殊尤者，得除授清平官。”此史料记载了大军将的人数、地位和主要职责，是现有的关于大军将的史料中最为全面的一则，然大军将的诸多问题仍不十分清楚。《新唐书》言为：“曰酋望、曰正酋望、曰员外酋望、曰大军将、曰员外，犹试官也。”② 此言“犹试官也”当有所指，但不得其义。按唐制，试官为候补官员。想必是平时参朝议政，有军事行动时则根据需要任命为领军将帅或出任节度等职方为正式任命，待考。《云南志》载苍山之盟誓中有：“与清平官、大军将、大首领等密图大计”、“与清平官洪骠利时、大军将段盛等，请全部落归顺汉朝。”③ 詹全友先生认为：“南诏军官有大军将、军将、诏亲大军将等名目，表示出名位和职位上的差别。大军将是武职中最高的，主管军事，其中 12 人的官阶与清平官同列，经常参与南诏王的议事活动，清平官或曹长往往兼领大军将衔。”④ 根据《南诏德化碑》碑阴题名，当有所据。唐制中无与南诏大军将相对应的中央机构，此乃南诏军事色彩的表现形式之一，以表示军事对于扩张中的南诏国的重要地位。根据现有史料，大军将的职能主要有：

其一，参与南诏国大事之讨论决策。《新唐书》说：“大军将十二，与清平官等列，日议事王所，出治军壁称节度，次补清平官。”与《云南志》所载相同，即大军将每日与清平官同列参朝，讨论南诏国境内大事，其职权则低于清平官。清平官有代南诏王处置文书的权力，大军将仅是参与议论，无决定权。

其二，外出充任节度。南诏国地方建制中，在新辟边疆地区常设节度，南诏境内共有六节度或七节度，其辖境较大，驻军也较多，因此由大军将领之。节度有时权势很重，如王嵯巅曾以弄栋节度之身份秉国用政，左右南诏。关于大军将充任节度，《云南志》、《新唐书》、《旧唐书》等诸史料均有载。《资治通鉴》也有“南诏酋龙遣

---

① ［唐］杜佑：《通典》卷二四，《御史台》，中华书局 1988 年版。

② 《新唐书》卷二二二，《南蛮传》，中华书局点校本，1975 年版。

③ 《云南志·附录》。

④ 詹全友：《南诏大理国文化》，四川人民出版社 2002 年版，第 189 页。

阐节度使杨缉安助安南节度使段酋迁守交趾”① 之语，当时杨缉安为南诏大军将。在《南诏德化碑》碑阴题名中，领大军将衔的官员很多。推测，大军将外出充任节度之后，仍领大军将衔，但不在每日与清平官同列与王议事的 12 人内，不可能“日议事王所”。

其三，迁升清平官。《云南志》言：“有事迹功劳殊尤者，得除授清平官。”②《新唐书·南蛮上》也有“次补清平官”之语。大军将有功得迁升为清平官，与大军将和清平官同列有矛盾，疑“同列”为大军将清平官每日同列于南诏王前参朝议事，而非诸多学者所言的其地位与清平官并列。③ 南诏的很多清平官，都是从大军将迁升上来的。如段宗榜等原先都是大军将，后迁升清平官。大军将迁升清平官后，仍领大军将衔，但亦不应在 12 人内。

其四，带兵征战。《南诏德化碑》：“遂差军将王兵各绝其粮道；又差大军将洪光乘等，神州都知兵马使论绮里徐同围府城，信宿未逾，破如拉朽。贾瓘面缚，士卒全躯。”④ “令大军将杨传磨侔等与军将欺急历如数道齐入。”⑤大军将为武职，带兵打仗为其主要职责。此外，大军将也经常被派遣出使唐王朝、吐蕃等周边国家和部落部族，见诸史料甚多，此不详述。

3. 六曹和九爽。《云南志》载：“其六曹长即为主外司公务。六曹长六人，兵曹、户曹、客曹、刑曹、工曹、仓曹，一如内州府六司所掌之事。又有断事曹长，推鞫盗贼；军谋曹长，主阴阳占候；同伦长两人，各有副都，主月终唱。诸曹稽逋如录事之职。曹官文牒下诸城镇，皆呼主者。六曹长有功效明著，得迁补大军将。”⑥南诏之六曹，无疑是对唐六部之移植，名、职都相近。《新唐书》说：“六部尚书，兵部吏部为前行，刑部户部为中行，工部礼部为后行。”⑦ 六曹之兵曹即唐之兵部，户曹乃户部，客曹为礼部，刑曹为刑部，工曹为工部，仓曹与唐之吏部似不对称，待考。唐制之六部，每部之下又辖四司，共为二十四司。“尚书省六部二十四司的任务，是上承皇帝和宰相等最高决策集团所颁布的诏令，把它们拟定为具体实施的政令，再颁发给朝廷的九寺五监及地方各府、州、县具体执行。另外，六部诸司还负责检查和处理朝廷各

① 《资治通鉴》卷二五〇，《咸通七年》。
②⑥ 《云南志》卷九，《云南条教第九》。
③ 前引方国瑜《南诏名号考》，詹全友、邵献书《南诏和大理国》等，均持此观点。
④⑤ 《南诏德化碑》。
⑦ 《新唐书》卷四六，《百官一》，中华书局点校本，1975 年版。

部门和地方府州向尚书省申报一般行政事务。”① 这与樊志所言“诸曹稽逋如录事之职。曹官文牒下诸城镇”是一致的。

按唐制，吏部冠六部之首，吏部尚书朝班位在中书令、侍中之上。《通典》说：“魏晋以来，凡吏部官属悉高于诸曹。”② 其最主要的职能是选、课、封。选为官员的铨选、任用；课为官员考课、定级；封为对各级官员根据考课和皇帝、宰相的命令进行封爵、勋赏。开元二十四年以前，科举考试由吏部主持，开元二十四年以后，改由礼部主持。吏部选拔任用官员的职能，在南诏是由清平官来行使的。

唐之户部掌全国户口、田赋、仓贮、婚姻等民政、财政方面的政令。南诏户曹之职略与唐同，但另设仓曹。唐制也有仓部司，附属于户部，是户部四司之一。其主要职能是“掌判天下仓储，受纳租税，出给禄廪之事”③。

礼部在南诏为客曹。礼部之主要职能为“掌礼仪、祭享、贡举之政”④。礼部下设礼部司、祠部司、主客司和膳部司四司。其主客司的主要职责是“掌二王后，诸蕃朝见之事”⑤。其二王后乃指后周宇文氏和隋杨氏皇族后裔。《唐六典》说：“凡二王之后及夷狄君长之子袭爵者，皆辩其嫡庶，详其可否，以上尚书。”⑥

兵部即南诏兵曹，主要负责军籍、军官的选拔任用和军训讲武。南诏军训课考严格而繁杂，皆兵部之职责。《云南志》载：“凡试马军，须五次上。射中片板为一次上；中双庶子为一次上；四十步外走马掳颇柱中斗子为一次上；盘枪百转无失为一次上；能算能书为一次上。试过有优给。步卒须为五次上，点苍山顶立旗，先上到旗下为一次上；蓦一丈三尺坑过一次上；急流水上浮二千尺为一次上；弄剑为一次上；负一石五斗米四十里为一次上。已上一一试过，得上次者，补罗苴也。”⑦ 其中负一石五斗米之语，木芹认为乃“一斗五升”之误，因樊志有“每出军征役，每蛮各携粮米一斗五升”之句。⑧ 罗苴子为南诏常备军中的精兵，战时以罗苴子为先锋。《云南志》载：“罗苴子皆于乡兵中试入，故称四军苴子。戴光兜鍪，负犀皮铜股排。跣足历险

---

① 史念海主编：《中国通史》第6卷，《中古时代·隋唐时代》（上），上海人民出版社1997年版，第941页。

② 《通典》卷二三。

③ 《旧唐书》卷四三，《职官二》。

④⑤ 《新唐书》卷四六，《百官一》，中华书局点校本，1975年版。

⑥ ［唐］李林甫等：《唐六典》卷一八，中华书局1992年版。

⑦ 《云南志》卷九，《云南条教第九》。

⑧ 木芹：《云南志补注》，云南人民出版社1995年版，第124页。

如飞，每百人罗苴佐一人管之。”① 他们是南诏军队战斗的源泉，兵曹之考试功不可没。《云南志》载：“每岁十一、十二月，农收既毕，兵曹长行文书境内诸城邑村谷，各依四军，集人试枪剑甲胄腰刀，悉须犀利，一事阙即有罪。其法一如临敌。布阵，罗苴子在前，以次弓手排下，以次马军三十骑为队。如此次第，定为常制。临行交错，为犯令。”②

刑部在南诏为刑曹，“掌天下刑法及徒隶、勾覆、关禁之政令。”③《唐会要》也说：“刑部掌律令定刑名，按覆大理及诸州应奏之事。”④ 南诏无成文法典，但刑事习惯法是存在的，另述。

工部在南诏为工曹，唐制下设工部司、屯田司、虞部司、水部司四司，其主要职责是“掌天下百工屯田山泽之政”⑤。其工部司“掌经营兴造之众务，凡城池之修浚，土木之缮葺，工匠之程式，咸经度之”⑥。南诏从建龙山于城、大厘城、大和城到佛塔庙宇，应为工部之职。其屯田司“掌天下屯田之政令”。《云南志》载：“蛮治山田，殊为精好。悉被城镇蛮将差蛮官遍令监守催促。如监守蛮乞酒饭者，察之，杖下捶死。每一佃人佃，疆畛连延或三十里。浇田皆用源泉，水旱无损。收刈已毕，蛮官据佃人家口数目，支给禾稻，其余悉输官。”⑦ 此应为工曹之一职能。其虞部司“掌京城街项种植，山泽苑囿，草木薪炭，供顿田猎之事”⑧。南诏史料中，未见相应之职能。其水部司“掌天下川渎陂池之政令，以导达沟洫，堰决河渠”⑨。水利在南诏极为重要。《南诏德化碑》所说：“通三才而制礼，用六府以经邦；信及豚鱼，恩沾草木。遏塞流潦，高原为稻黍之田；疏决陂池，下隰树园林之业。”⑩ 或为南诏工曹功。

而《新唐书》不载南诏六曹，但有九爽：“幕爽主兵，琮爽主户籍，慈爽主礼，罚爽主刑，劝爽主官人，阙爽主工作，万爽主财用，引爽主客，禾爽主商贾，皆清平官、酋望、大军将兼之。爽，犹言省也。督爽，总三省也。”⑪ 樊志所载六曹，应为南诏早期的官制情况。之后，南诏乃改六曹为九爽。《新唐书》虽言“爽，犹言省也”，其实，九爽为六曹之调整和扩展。与六曹之职能比较，增设了主官人的劝爽、

---

①②③ 木芹：《云南志补注》，云南人民出版社1995年版，第124页。
④ 《唐六典》卷六。
⑤⑥ 《唐六典》卷七。
⑦ 《云南志》卷七，《云南管内物产第七》。
⑧⑨ 《旧唐书》卷四三，《职官二》。
⑩ 《南诏德化碑》。
⑪ 《新唐书》卷二二二，《南蛮传》。

主工作的阙爽和主商贾的禾爽，其他各爽之职能与六曹对应，但也略有调整。所增劝爽，其职能相当于唐制之吏部，阙爽和禾爽应为根据南诏社会经济文化的发展需要而增设，特别是禾爽，表明南诏商品经济和对外贸易的发展。

根据樊志，六曹长之职位低于大军将。因为“六曹长有功效明著，得迁补大军将”①。但《新唐书》则说：“皆清平官、酋望、大军将兼之。”② 或许樊志是对的，而《新唐书》所言乃因得迁之曹、爽长在不同史料中出现而得出之错误结论，待考。

4. 南诏的其他中央职官。其一，羽仪长8人。《云南志》载：“羽仪长八人，如方内节度使衙官之属。”③羽仪长为仪羽军长官，仪羽军负责禁卫南诏王及王室成员，多由贵族、高官子弟充任。南诏之羽仪军，类于唐王朝之禁军，后期为左右羽林军所取代。“唐代的禁军有南衙禁军与北衙禁军的区别：专门屯驻长安北面宫城的称北衙禁军；分布在宫城南面的府兵称为南衙禁军。”④ 陈寅恪先生全面地考证其职能后认为，北衙禁军“即卫宫之军”，南衙禁军“即卫城之军”。⑤南诏仪羽军更接近于唐之北衙禁军，但已把唐之十六卫和十率府的职能统一其中。唐之十六卫直接由皇帝指挥，负责宿卫宫禁，是最亲近皇帝的军队。南诏之羽仪军也一样，名称也类似。《云南志》说：“羽仪无员数，皆清平官等子弟充，诸蛮不与焉。常在云南王左右。羽仪长帐前管系之。”⑥羽仪军无定员，由高官子弟充任，数量不会太少。而羽仪长为8人，由南诏王直接指挥，有佩剑见南诏王的特权。《云南志》载：“清平官以下，每见南诏，皆不得佩剑，唯仪羽长得佩剑。出入卧外，虽不主公事，最为心腹亲信。”⑦《新唐书》亦言：“凡出兵，以望苴子为前驱，以清平子弟为羽仪。王左右为羽仪长八人，清平官见王不得佩剑，唯羽仪长佩之，为亲信。”⑧与樊志所载同，但其中“望苴子”不见于其他史料，从樊志看，应为“罗苴子”，但诸书均未言及，存疑。

其二，同伦判官二人。《云南志》载：“又有同伦判官两人，南诏有所处分，辄疏记之，转付六曹。”从其职能看，类于唐制之“秉笔宰相”。唐制之秉笔宰相位高权重，往往形成专权，因此“令宰相分直政事笔，承旨，旬日而更”⑨。即其位不固定，

①③⑥⑦ 《云南志》卷九，《云南条教第九》。
②⑧ 《新唐书》卷二二二，《南蛮传》。
④ 胡戟等主编：《二十世纪唐研究》，中国社会科学出版社2002年版，第129页。
⑤ 陈寅恪：《唐代政治史述论稿》，上海古籍出版社1982年版。
⑨ 《资治通鉴》卷二一八，《至德元载十月》。

由宰相轮流担任，“旬日而更”。南诏的同伦判官是固定的，且职位低于唐制之秉笔宰相。秉笔宰相“有诏旨出入，非大事不欲历抵诸相，许令直事者假署同列之名以进”①。南诏之同伦判官亦有此特权，为南诏亲信。其所记文书，未经内、外算官处分，直接记录南诏王之决定，并转付六曹执行。有重要的外事活动，如苍山会盟等，同伦判官常参与，充当南诏耳目。

其三，断事曹长、军谋曹长、同伦长。《云南志》载：“又有断事曹长，推鞫盗贼；军谋曹长，主阴阳占候；同伦长两人，各有副都，主月终唱。”此三者不属于六曹，但职位与六曹相同，其中断事曹长为司法官，但史料不载其职能。从“推鞫盗贼”看，类似于唐之大理寺。唐代之大理寺为中央最高审判机关。中国古代地方行政机关与司法机关不分，这是中华法系的显著特征之一。因此，大量的地方民事、刑事案件，皆由地方州、县官审理，唐代也一样，因此大理寺专门负责京师及重大疑难案件之审理。在南诏，贼盗之罪也应为重罪，由断事曹长“推鞫”。

其四，督爽三省及其他职名。《云南志》未载督爽之职，应为南诏中后期新设之职官。《新唐书》载：“督爽，总三省也。乞托主马，禄托主牛，巨托主仓廪，亦清平官、酋望、大军将兼之。”② 由此可知，督爽位同九爽，但不在九爽之列，督爽下辖乞托、禄托、巨托，此三托谓之三省。而此三省与唐之三省不一样。此三托为阁罗凤背唐投蕃之后所设，疑为受吐蕃官制影响，但找不到相关史料，待考。

此外，南诏还设有其他一些职官。《云南志》说：“近年以来，南蛮更添职名不少。”③这说明南诏官制与其国家化一样，正处于形成和逐步完善阶段，因此不断新设、调整其官制也是正常现象。《新唐书》则成书于南诏灭亡之后，所记之职官更为详细。除上所列，还有：“曰爽酋、曰弥勤、曰勤齐，掌赋税。曰兵獳司，掌机密。大府主将曰演习，副曰演览；中府主将曰缮裔，副曰缮览；下府主持曰澹酋，副曰澹览；小府主将曰幕抣，副曰幕览。府有陀酋，若管记；有陀西，若判官。”④此即为樊志所言新添职名。尽管如此，南诏职官数量仍不大，说明其从崛起至灭亡，仍处于国家化进程之中。《礼记》说：“有虞氏官五十，夏后氏官百，殷二百，周三百。”⑤ 南诏中央官员，总数不过百人。

---

①③ 《云南志》卷九，《云南条教第九》。

②④ 《新唐书》卷二二二，《南蛮传》。

⑤ 《礼记》卷一四，《明堂位》。

（三）南诏的地方行政区划

关于南诏的中央官制，史书记载较为详尽。而关于南诏地方官制，史料记载十分有限。而且随着南诏边境的不断扩张，其地方建制，尤其是其边疆地区的建制也不断变迁，其地方机构设置并不稳定，因此很难全面把握南诏地方建制的全貌，其地方官制也具有很大的不确定性。据史料记载，南诏地方行政区划主要分为十睑、八节度、二都督，但在不同时期，又有一定的调整和变化，现择其主要而述之。

1. 十睑。"睑"在关于南诏的不同史料中，分别写为睑、瞼、赕、睒，并为译音，其义类似唐制之州。《新唐书》"有十瞼，夷语睑若州"，应有据。南诏之十睑，诸史料所载出入较大。《云南志》仅载六睑："大和谓之大和睑，阳苴咩谓之阳睑，大厘谓之史睑，邆川谓之赕睑，蒙舍谓之蒙舍睑，白崖谓之勃弄睑。"① 此为南诏早期之情形。《新唐书》载为："有十睑，夷语睑若州，曰：云南睑、白崖睑亦曰勃弄睑、品澹睑、邆川睑、蒙舍睑、大厘睑亦曰史睑、苴咩睑亦曰阳睑、蒙秦睑、矣和睑、赵州睑。"② 其中云南、蒙秦、品澹、赵州四睑不见于樊志，应为南诏后期所新设。

十睑是南诏统治的核心地带，是南诏国的政治、经济、文化最发达的地区。其中又根据南诏控制方式不同而分为内六睑和外四睑。内六睑为史睑、阳睑、白崖睑、赵州睑、蒙舍睑和赕睑，这六睑由南诏中央政府直接统治，其上不设节度或都督。外四睑为云南睑、品澹睑、蒙秦睑和矣和睑，外四睑分别置于附近节度管辖之下。内外十睑全部分布在今天大理州境内。其控制范围不到南诏总面积的20%，这也从反面证明了尤中先生的推测是有道理的。尤中先生认为："南诏节度的设置也和唐朝一样。然而，在当时的唐朝内地，各节度使、都督的军事防守范围之内，除了节度和都督军事机构的设置之外，仍然有作为政区的府、州、县等政权机构的设置，此种设置《新唐书·地理志》等的记载甚为明确。但南诏却没有，这显然是问题。按照'亦称节度'的语气，不仅说明南诏节度的设置类似唐朝，而且政区的划分情况亦与唐朝大致相同。"③ 其内六睑上无军事机构节度或都督，首先是因为其为南诏统治中心，直接置于中央统辖之下，无必要。其二，其统治也相当稳定，一般无驻军之必要，因此不设。而外四睑则由于地理或其他原因，分别置于不同的节度和都督辖区内。这些都督或节度，除这四睑之外，定还有其他府、州、县存在。这也就容易解释为何诸史料所

① 《云南志》卷五，《六瞼第五》。

② 《新唐书》卷二二二，《南蛮传》。

③ 尤中：《云南地方沿革史》，云南人民出版社1990年版，第141页。

载之十睑在数量和名称上都有较大出入。实际上，见诸史料的睑远不止十。尤中先生说："命大军将充节度、都督，出为城镇使，筑城驻兵以守四方；仿唐制置府、郡、州、县，而各节度、都督亦兼所在州刺史，其余州、郡、城镇皆隶焉。各部落则隶之于附近城镇。计先后建置节度十一，都督二、府四、郡十、州六、县三、睑二十五，部落分隶城镇者四十二，城三十。"① 此为尤先生据史料列出具体名称、设置时间和地理位置者，根据常识，定有不少未载入史料者，因"县三"等明显与其上一级之行政区划数目不符，此类问题尚待详考。

上述所载诸睑首领，特别是内六睑首领往往为南诏要员，常参与南诏大事。异牟寻与崔佐时苍山盟誓说："愿牟寻、清平官、大军将等福祚无疆，子孙昌盛不绝，管诸睑首领永无离二。"② 可见，诸睑首领与南诏王、清平官、大军将同时受到祝福，一样受重视。

2. 六节度和二都督。节度之制，显然移植于唐朝。《云南志》云："云南、柘东、永昌、宁北、镇西及开南、银生等七城，则有大军将领之，亦称节度。贞元十年掠吐蕃铁桥城，今称铁桥节度。其余镇皆分隶焉。"③ 此有八节度之数。《新唐书》载为："外则六节度，曰：弄栋、永昌、银生、剑川、柘东、丽水。"④ 尤中先生认为南诏先后共设"节度十一"，因此所载有较大出入。除节度外，南诏还于会川和通海设立了两个都督府。据《新唐书》，南诏之府又分为大府、中府、下府、小府，各配正副官员掌管。

唐制，节度为地方军事长官，同时也兼行政长官。《新唐书》说："自高宗永徽以后，都督带使持节者，始谓之节度使，然犹未以名官。景云二年，以贺拔延嗣为凉州都督河西节度使，自此而后，接乎开元，朔方、陇右、河东、河西诸镇，皆置节度使。"⑤ 张国刚先生也说："周边节度使是在行军制度的基础上发展起来的。所谓行军，是唐代前期为了某一特定的军事意图而派出的野战军队，长官为行军总管，总管数支行军的称行军大总管，在支军者称子总管，一般由边州都督或卫府将军担任。行军总管可以节度边防诸军，故亦称节度使。开元天宝之际，在沿边陆续设置了安西、

① 尤中编著：《云南地方沿革史》，云南人民出版社 1990 年版，第 150—151 页。
② 木芹：《云南志补注》，云南人民出版社 1995 年版，第 143 页。
③ 《云南志》卷六，《云南城镇第六》。
④ 《新唐书》卷二二二，《南蛮传》。
⑤ 《新唐书》卷五〇，《兵志》。

北庭、河西、朔方、河东、范阳、平卢、陇右、剑南节度使和岭南五府经略使。”① 节度使主要节度军队，并设于驻军较多的边疆地区，南诏也如此。南诏长期与唐之剑南节度打交道，在建制上又采用其名称，不可避免地会受其影响。因此，尤中先生说：“善阐府、晋宁州、江川县，都在柘东节度的军事管辖区范围之内，但它们都不是军事机构，而是政权机构；它们的辖境是政区，而不是军区。可见，在南诏境内，作为地方军事长官的节度使，在其军事防守的范围之内，同样存在府、州（郡）、县的政区建置。”② 在节度辖区之内，尚存在大量的部落，也都纳入节度的管辖之下。江鸿所著《南诏兴亡之追踪》列为：

①永昌　驻军一万，管西爨、金齿、漆齿、银齿、绣脚、穿鼻、裸形、磨些、望苴子、外喻等部。

②银生　管茫乃、黑齿、朴子、长鬃、茫蛮等七族。

③剑川　驻铁桥，管浪加萌、施浪、传哀、长裤、磨些、朴子、河人、弄栋等十余族。

④柘东　管东爨三十七部。794 年击败吐蕃后，移民数十万户到柘东。

⑤丽水　管金齿、漆齿、绣脚、绣面、雕题、僧耆等十余族。

⑥弄栋　尽徙汉族至别处。③

除六节度以外，南诏还于会川和通海两个军事重镇设了两个都督府。会川都督驻会川，主要是对西川用兵的大本营；通海都督驻通海，是对安南用兵的大本营。都督均由清平官或大军将兼任。《云南志》卷一载：“六十里至会川镇，差蛮三人充镇。五十里至目集馆，七十里至会川，有蛮充刺史，称会川都督。”④ 尤中先生说：“会川不仅有作为军事机构的都督府，而且还有会川州政权机构的设置，首长亦称为刺史。会川都督不仅掌管会川州的军队，同时也掌管邻近其他州的军队；会川州刺史由会川都督兼摄，其他州亦设有刺史掌管政务。会川州邻近必然还有一些作为政区建置的州、郡（睑）存在，只是《蛮书》没有加以全面记录而已。”⑤南诏后期，此二都督都改设为节度。

南诏地方组织中，除了十睑、节度和都督这些大行政区之外，也建立了其基层组

---

① 张国刚：《唐代官制》，三秦出版社 1987 年版，第 130 页。

②⑤ 尤中：《云南地方沿革史》，云南人民出版社 1990 年版，第 146、145—146 页。

③ 江鸿：《南诏兴亡之追踪》，（台湾）商务印书馆 1986 年版，第 63 页。

④ 《云南志》卷一，《云南界内途程第一》。

织。《云南志》载："百家以上有总佐一，千人以上有理人官一；人约万家以来，即制都督，递相管辖。"① 由此可知，南诏在赕、节度和都督下还有总佐、理人和制都督三级基层组织。根据樊志，我们无法判断此种基层组织在南诏辖区的普遍性和实际运作情况。从南诏政治经济发展不平衡的实际情况看，此种设置主要应在南诏统治中心洱海区域和滇池周边地区，在其他通过大规模的人员迁徙冲破传统的部落和氏族组织之区域也可能存在。而在广大少数民族地区，由于政治、经济、文化发展的不平衡性，部落氏族组织还十分顽强，如北部乌蛮地区存在着家支组织，东部苗瑶地区则有溪洞组织，南诏政权的深入程度十分有限，这样严密的行政组织制度恐难介入。上述万人一设的制都督，其规模和性质都与军事机构会川、通海都督不一样，是典型的行政组织。

南诏在合六诏为一，统一洱海区域和兼并爨部，统一滇池区域，陷巂州，得大渡河以南之地后，并未取消唐在这些地方设置的州、县组织。南诏在一定程度上也继承了这些地方设置的州、县组织和行政组织系统，但史料载之不详，故难知其详。

三、刑事法律

（一）刑事法律规范的渊源

在南诏的法律体系中，刑法无疑占有极其重要的地位，这也是中华法系的共性。总的看来，南诏刑事法律规范的渊源如下：

1. 进化的刑事规则。南诏的刑事规则，有不少便是南诏氏族部落的禁忌和习惯变迁而来的。南诏辖境内其他民族的禁忌和习惯也会进入南诏的刑事规范中，它们也可称之为进化的规则。从这个层面看，进化的就是本土的、本地民族的传统规范。需要说明的是，这些本土规范有可能完整地进入南诏的刑事规范体系中，也可能只是部分或是包含着传统规范的一些元素。

关于南诏本土的刑事法律规范的产生，有几个途径可以讨论：

第一，刑起于兵。刑起于兵是关于刑法起源的一个传统理论，具有普遍性。南诏在其国家化进程中发生了大量的征服战争，产生不少刑法规范。张晓辉教授说："南

① 《云南志》卷九，《云南条教第九》。

诏国的刑法与军法有着密切关系，大部分刑法方面的规定，都起源于民族征服与掠夺战争。在征战讨伐中，南诏为了师出有名，往往将被征讨者确定为犯罪者，而用军队加以讨伐。”① 刑起于兵，从战争中产生刑事规范具有普遍性，南诏也不例外。

第二，血亲复仇也是产生刑事规范的一个重要途径。血亲复仇在古代民族中一样具有普遍性，当这种形式得以认可或合法化以后，它便是一种刑罚方法，其规则便是刑事规范。

在南诏，这样的例子也不少。如在张寻求案中，由于可通过公力救济方式解决，并未出现血族复仇的行为。在东爨诸蛮复仇案中也一样，先寻求公力救济，在得不到圆满解决之后才使用此方式。通过血亲复仇方式形成刑事法律规范，《通典》、《新唐书》等史料均有记载。李京的《云南志略》载：“磨些蛮善战善猎，挟短刀，以砗磲为饰。稍不如意，鸣钲鼓相仇杀。两家妇人中间和解之，乃罢。”② 梁建方的《西洱河风土记》亦言：“其两杀者死，家族乃即报复，力不能敌则援其部落举兵相攻之。”③ 类似以上所列的血族复仇中，定会产生相关规则，它们也是南诏刑事规范的组成部分之一。

第三，古老的禁忌也会发展成为刑事规范。禁忌在古代社会普遍存在，大量的禁忌可能发展演变成宗教规范、道德规范或其他习惯法规范。为数不多的禁忌可以演变为刑事规范。《册府元龟》载：“有夫而淫，男女俱死。男子不跨夫女之衣。若妇淫之人，其族强者，输金银请和，妻则弃之。”《云南志》亦言：“既嫁有犯，男子格杀无罪，妇人亦死。”④ 这些刑事规范，应与乱伦禁忌有关。

2. 移植的规则。在古代，只要有交流的条件，法的移植便会大量地进行，从而形成我们所说的法系。南诏与唐王朝、吐蕃及东南亚诸国均有接触，特别是与唐朝交流较多，因而不可避免地会大量移植相关规则。比如，无故杀人，不论在南诏还是在唐朝都是犯罪行为，“杀人偿命”也是各种法律体系下的一个基本理念。问题是：如何处罚杀人者？采用什么样的量刑标准和量刑制度？怎样行刑？都是可以移植的。几乎所有的法律体系都规定了刑事责任年龄，是以身高体重来定还是以年龄大小来定，若用年龄确定，定为多少岁合适，都是可以借鉴的。

---

① 张晓辉：《南诏国法律制度研究》，载《比较法研究》1992 年第 2、3 号合刊。
② 王叔武校注：《云南志略辑校》，云南民族出版社 1986 年版，第 93 页。
③ 梁建方：《西洱河风土记》，载《云南史料丛刊》第 2 卷。
④ 《云南志》卷八，《蛮夷风俗第八》。

不仅如此，当一个国家和民族进行重大改革或重大政策调整时，移植法往往成为改革或调整的有力手段，以保障改革和调整的顺利进行。南诏国建立以后，事实上面临着类似的问题。一方面是传统的部落组织蜕变成国家机构之后，支出大幅上升，原来的赋制已不能保障这种支出。另一方面，传统的部落、氏族组织严重地阻碍着国家政策的推行。南诏统治者们轻易便会发现，比南诏部落组织更为庞大的唐官僚机构是如何得到财政支撑的，比南诏更为广大得多的唐帝国的政令是如何得以贯彻执行的。至此，我们便不难理解南诏每征服一个地方之后，便会大规模地迁移人口，这种人口的迁出迁入，对实现其上述目的具有根本性的意义，而新制度的建设同样需要移植相关法律法规。唐律在南诏国的刑事规范中大量存在，吐蕃律和东南亚诸国之相关规范则见之不多，但其影响仍然存在。张晓辉教授认为："唐律在南诏国传播、适用和移植的现象，有历史和文化的原因。从历史上看，南诏国原为唐王朝所管辖的区域，唐王朝对这些地区的直接管理，使唐律中的很多内容被当地的部族和部落接受。从文化上看，南诏国与唐王朝有着密切的文化交流，被作为质子或被派遣到内地学习的贵族子弟，以及已成为南诏政权的官吏的被俘汉官，都很熟悉唐律，这些人充当了传播、适用、移植唐律的媒介。"①

3. 功能的规则。功能的规则亦即南诏统治者为维护其统治而制定的各种刑法规范。刑法一向被认为是极为有效的阶级统治工具，为维护其统治的有效进行和长期延续，镇压试图颠覆和妨碍其家族统治的行为，南诏统治者必然要制定一系列的刑事规范为其实现统治职能和社会公共管理职能服务。南诏王既然懂得在制度和军队方面打牢其统治基础，肯定也会利用法律这一手段。通过刑法来实现其统治功能，可通过移植方式，也可通过传统刑事习惯法规则认可的方式达到其部分目的。但要维护其统治，镇压来自南诏内外威胁其王权的势力，要有相当强的针对性和现实性，因此现实立法便成为主要的途径。因此，我们必须强调其历史渊源。《南诏德化碑》中载有很多这方面的规则，异牟寻致韦皋书中，历数其对吐蕃之四忍四难忍时也列举了不少这方面的规则，由于在南诏刑法主要内容部分还要列举，此处不详述。

（二）主要犯罪

1. 危害南诏政权方面的犯罪。南诏的法律与其他法律一样，其本质是统治阶级

① 张晓辉：《南诏国法律制度研究》，载《比较法研究》1992 年第 2、3 号合刊。

意志的体现，南诏刑法也把惩罚危害其统治和政权安全的犯罪放在首要位置。

其一，私通吐蕃罪。南诏是唐王朝为在西南牵制吐蕃而扶植起来的一个地方割据政权，除在阁罗凤时期短暂地与吐蕃结盟，接受吐蕃“赞普钟”的封号之外，大部分时期与吐蕃处于对抗状态，吐蕃是南诏对外最主要的敌国，因此私通吐蕃列为南诏主要的犯罪之一。如《云南志》、《资治通鉴》、《新唐书》等均记载的梦冲案中，“数其罪而斩之”，“声其罪”而斩之，我们从史料上仅见的是“潜通吐蕃，扇诱群蛮，隔绝云南使者”①，“内附吐蕃”，“内受恩赏于国，外私于吐蕃”② 等。斩梦冲的主要理由均是“通吐蕃”。此罪在主体上应是有限制的，对梦冲处以斩刑，不仅因为其通吐蕃，更为重要的是他是三姓蛮鬼主。因之，私通吐蕃的主体是特殊主体，其他部属和部众一起投向吐蕃并不为罪，仅是“披为六部”而已。《云南志》载的时傍案，罪名亦同。“及剑川矣罗识与神川都督言语交通，时傍与其谋，俱求立为诏。谋泄，时傍被杀害。矣罗识北走神川。”③当时神川为吐蕃都督，通神川亦即通吐蕃，因而斩杀之。《南诏德化碑》历数张虔陀罪名：“吐蕃是汉积仇，遂与阴谋，拟共灭我，一也；城节王之庶弟，以其不忠不孝，贬在长沙，而彼奏归，拟令间我，二也；崇道蔑盟构逆，罪合诛夷，而却收录与宿，欲令仇我，三也；应与我恶者，并接官荣，与我好者，咸遭抑屈，务在下我，四也；筑城收质，缮练甲兵，密欲袭我，五也；重科白直，倍税军粮，征求无度，务欲弊我，六也。”④ 张虔陀所犯六条罪状，皆为危害南诏政权的犯罪，于是阁罗凤用“大刑用甲兵”之刑讨伐之。

此外，南诏用兵五诏，合六诏为一的借口均有私通吐蕃一条，可见此为危害南诏统治的一条重罪。

其二，结彼凶渠，敢逆大邦。《南诏德化碑》数越析诏主于赠之罪为：“而越析余孽于赠恃铎鞘、觽泸江、结彼凶渠、扰我边鄙。飞书遣将，皆辄拒违。诏弱冠之年，已负英断。恨兹残丑，敢逆大邦。因请自征，志在扫平，枭于赠之首，倾伏藏之穴。”⑤ 于赠的主要罪名为结彼凶渠、敢逆大邦，于是“大刑用甲兵”，枭于赠之首。

其三，称王立诏。阁罗凤杀时傍的另一条罪状是：“时傍与其谋，俱求立为诏。谋泄，时傍被杀害。矣罗识北走神川。”⑥指的即是时傍与矣罗识求立为诏，引来杀身

①⑥ 《新唐书》卷二二二，《南蛮传》。
②③ 《云南志》卷三，《六诏第三》。
④ 《南诏德化碑》。
⑤ 樊绰撰：《云南志校释》，赵吕甫校释，中国社会科学出版社 1985 年版，第 101—102 页。

之祸。《云南志》载："望次弟望千，当矣苴和城初败之时，北走吐蕃。吐蕃立为诏，归于剑川，为数众万。"① 由吐蕃立为诏，当然是南诏法律不容的，于是也"讨平之"。

其四，欺孤背约，招降纳叛。南诏遗韦皋书曰："吐蕃欺孤背约。神川都督论讷舌使浪人利罗式眩惑部姓，发兵无时，今十二年。此一忍也。天祸蕃廷，降衅萧墙，太子兑弟流窜，近臣横汙，皆尚结赞阴计，以行屠害。平日功臣，无一二在。讷舌等皆册封王。小国奏请，不令上达。此二忍也。又遣讹适逼城于鄙，弊邑不堪。利罗式私取重赏，部落皆惊。此三忍也。又利罗式骂使者曰：'灭子之将，非我其谁？子所富当为我有？'此四忍也。"② 利罗式乃三浪残余，得吐蕃庇纳，乃成气候，南诏数其罪，欲叛蕃归唐。

其五，祭祖不到罪。《南诏野史》载："求合六诏为一。朝命许之，使人谕五诏。六月二十四日，祭祖不到者，罪。"③ 除此之外，尚有"唆使离间、媚敌恶我、缮练甲兵、谋袭南诏、征求无度"④ 等罪名。此外，谩骂诏王及使者、对诏王不敬等有损南诏王权的行为均构成犯罪。

2. 违反南诏军法方面的犯罪。军法是南诏刑法的一个重要组成部分。南诏的军法，全面而系统地规定了军队的征召、训练、征战、奖罚等军队行动的全过程每一环节的制度，违反者即构成相应犯罪。根据史料和相关研究成果，南诏违反军法方面的犯罪主要有：⑤

其一，不能抵御入侵罪。《云南志》载："各据邑居远近，分为四军；以旗幡色别其东南西北，每面置一将，或管千人，或五百人。四军又置一军将统之。如有贼盗入界，即罪在所入处面将。"⑥ 每一面将均对自己防守的方位负责，贼盗从什么地方进入，负责该面之将即构成此罪。这是一种责任制，带有一定的牵连性。

其二，年终考核兵器准备不周罪。《云南志》卷九云："每岁十一、十二月，农收既毕，兵曹长行文书境内诸城邑村谷，各依四军，集人试枪剑甲胄腰刀，悉须犀利，一事阙即有罪。"⑦ 此谓南诏每年进行一次练兵考核，凡考核内容，由兵曹长行文书确定，一般包括枪、剑、甲胄、腰刀，其中一项有失缺，便构成此罪。

---

① 《云南志》卷三，《六诏第三》。
② 《新唐书》卷二二二，《南蛮传》。
③ 木芹：《南诏野史会证》，云南人民出版社 1990 年版，第 54 页。
④⑤ 张晓辉：《南诏法律制度研究》，载《比较法研究》1992 年 2、3 号合刊。
⑥⑦ 《云南志》卷九，《云南条教第九》。

其三，违制罪。《云南志》卷九载：“其法一如临敌。布阵，罗苴子在前，以次弓手排下，以次马军三十骑为队。如此次第，常为定制。临行交错，为犯令。”① 此为每年一次的实战演习，在演习中，违背定制，如“临行交错”等，均构成此罪。

其四，作战犯令罪。《云南志》卷九载：“每战，南诏皆遣清平官或腹心一人在军前监视。有用命不用命及功大小先后，一一疏记回具南诏，凭此为定赏罚。军将犯令，皆得杖，或至五十，或一百。更重者徙瘴地。诸在职之人，皆以战功为褒贬黜陟。”②此为作战犯令之处罪程序。在战时，由南诏王派出的清平官监视，如有犯令等，回白南诏后惩处，而不由监军临阵惩处。在作战过程中，劫掠不为罪，但有一个分界，即在南诏境内劫掠为罪，出南诏境界后，劫掠不为罪。《云南志》载有：“蛮军忧粮易尽，心切于战。出界后，许行劫掠，收夺州溪源百姓禾米牛羊等辈。”③由此可见，劫掠是否犯令，要看是否“出界”。

其五，临阵退却罪。《云南志》卷九云：“用军之次，面前伤刀剑，许将息。傥背后伤刀箭辄退者，即刃其后。”④《新唐书·南诏传》亦云：“以二千五百人为一营。其法，前伤者养治，后伤者斩。”⑤ 此为南诏鼓励作战的一严厉军法，其主体须为军人，客观方面以伤在前后为标准，即“前伤者养治，后伤者斩”。

3. 违反日常社会管理秩序方面的犯罪。其一，强盗罪。南诏的强盗罪与今之抢劫罪相类似。《通典》卷一八七载：“其俗，有盗窃杀人淫秽之事，酋长即立一长木，为击鼓警众，共会其下，强盗者共杀之。若贼家富强，但烧其屋宅，夺其田业而已。”⑥ 这里实际上出现了三种犯罪：强盗、杀人、淫秽。但其处罚方式则仅记强盗一种，对杀人与淫秽之事是否一样处罚，无其他史料佐证，因此不敢妄断。

其二，弑主罪。《新唐书·南蛮传》载有一案：“有豪酋张寻求通其王波冲妻，因杀波冲。剑南节度使召寻求至姚州杀之。”⑦《云南志》亦载：“有豪族张寻求，白蛮也。开元中，通诏主波冲之妻，遂阴害波冲。剑南节度巡边至姚州，使召寻求笞杀之。”⑧《滇史》记载更为生动详细：“越析诏，波冲也，地最广，兵最强，素为南诏畏忌。而波冲妻美而淫，豪酋张寻求私通之，为波冲所觉。寻求惧诛，遂与妻谋杀波冲王。南诏使归陈其事，皮罗阁曰：此弑逆大敌，朝廷当自讨之，无庸吾力。即以闻

①②③④　《云南志》卷九，《云南条教第九》。

⑤⑦　《新唐书》卷二二二，《南蛮传》。

⑥　《通典》卷一八七。

⑧　《云南志》卷三，《六诏第三》。

之王昱，且曰，请节度至姚州召而诛之，一夫力耳。王昱用其策，严兵临姚，召寻求至镇，数其罪杀之。”① 此案是个连环案：首先是张寻求通波冲妻，已构成通奸罪。在《滇史》的记述中，说“寻求惧诛”，才谋杀波冲。因此，张寻求在此案中构成通奸罪和弑主罪，剑南节度使王昱“数其罪而杀之”。这是唐律在南诏国直接适用的一个案例，对南诏的司法制度的了解也有一定的意义。

其三，诛豪杰，掠子女为奴罪。《南诏野史》载：“知古诛豪杰，掠子女。蛮怨，引吐蕃攻杀知古。”② 杀李知古后，“断其尸，以祭天。”③ 在此案中，李知古的罪名诸史料记述一致，均为“诛豪杰，掠子女为奴”，对其处罚不仅斩杀之，还断其尸祭天，这在南诏的刑罚方式中极为少见，由此可见此亦为南诏重罪。

其四，仇杀罪。《云南志》载：“及章仇兼琼开步头路，方于安宁筑城。群蛮骚动，陷杀筑城使者。玄宗遣使敕云南王蒙归义讨之。归义师次波州，而归王及崇道兄弟、爨彦章等千余人诣军门拜谢，请奏雪前事。往返二十五日，诏书下，一切释无罪。”④此为杀唐朝官员之罪。此罪因归义露章上闻而得赦免。但接着便发生了一系列仇杀案。《云南志》载：“无何，崇道杀日进，又阴害归王。归王妻阿姹，乌蛮女也，走投父母。”⑤ 又载：“崇道内怀忿惋，外示和平，犹与守隅母子日相攻伐。阿姹又诉于归义，兴师问罪。”⑥结果是“归义尽俘其家族羽党，并杀辅朝而取其女。崇道俄亦被杀”⑦。在此案中，爨氏家庭内部发生了一系列仇杀案，由南诏“兴师问罪”而得以平息。

其五，通奸罪。《云南志》载：“俗法：处子、孀妇出入不禁。少年子弟暮夜游行闾，吹葫芦笙，或吹树叶，声韵之中，皆寄情言，用相呼召。嫁娶之夕，私夫悉来相送。既嫁有犯，男子格杀无罪，妇人亦死。或有强家富室责资财赎命者，则迁徙丽水瘴地，终弃之，法不得再合。”⑧ 此记录把通奸罪的主体、客观表现及处罚记述得很清楚。由上可知，通奸罪的主体是有夫之妇或有妇之夫，处子、孀妇则出入不禁，不构成通奸。客观方面主要表现为“既嫁有犯”，即以出嫁作为评判标准，未出嫁或孀妇可自由往来，不加禁止，一旦出嫁，便不得自由往来。此罪的处罚，男女同罪，皆

---

①④⑥ 赵吕甫：《云南志校释》，中国社会科学出版社 1985 年版，第 100、129、129 页。
② 木芹：《南诏野史会证》，云南人民出版社 1990 年版，第 46 页。
③ 《旧唐书》卷一九六，《吐蕃传》。
⑤ 《云南志》卷四，《名类第四》。
⑦ 《云南志》卷三，《六诏第三》。
⑧ 《云南志》卷八，《蛮夷风俗第八》。

处死，但可赎为流刑。

《南诏野史》亦载有一神案："僧咒沙成米，咒水成酒，士卒各醉饱。一日僧化蝶回国乱宫，世隆妻以书达隆。隆答曰：妖若再来，令宫人于其衣背绣蝶。后僧复至，宫人绣之。隆见僧衣有蝶，令斩之。刑七次，首不殊。僧自云：用茅锯之乃断。"①其所记之事纯属子虚乌有，荒诞不经，但这并不影响该案在南诏法律制度上，尤其是程序方面的意义。首先，通奸，构成通奸罪，要处以斩刑；其次，通奸要有证据，衣蝶是也；再次，南诏王世隆有最高审判权，不管是神僧还是凡人，他一言可断刑案。最后，军队参与行刑，凡斩首等重刑，均由军队执行之。

（三）刑罚制度

南诏国的刑罚方式，主要受唐制影响，但也受其以前各代刑罚方式的影响。见诸史料的主要刑罚方式有杖刑、徒刑、流刑、死刑等四种主刑和迁、分、赎、夺几种附加刑。

其一，死刑。死刑是南诏刑罚中最严厉的一种刑罚方式，具体执行方式又有枭首、刀刃其后、共杀、陷杀、杖下捶死、笞杀等行刑方式。从现有史料看，死刑在南诏很少出现，这与唐王朝是一致的。据《新唐书·刑法志》载："（贞观）四年，天下断死罪者二十九人。六年亲录囚徒，闵死罪者三百九十人，纵之还家，期以明年秋即刑；及期，囚皆诣朝堂，无后者，太宗嘉其诚信，悉原之。"② 同书又说："玄宗初励精为政，二十年间，刑狱减省，岁断死罪才五十八人。此见政治虽难，勉之则易，未有为而不至者。"③这些说明两个问题：其一是唐代不滥用刑法，死刑的适用更是慎之又慎，因此偌大一个国家，每年判处死刑者，仅几十人而已；其二，也可以从反面推知，直至唐代，法典在现实生活中的实现程度仍十分有限，民间秩序特别是广大少数民族地区秩序的实现，仍主要依靠民间规则和传统社会控制方式来实现。

自北周以后，死刑执行方式大量采用了绞、斩两种方式，南诏有斩无绞。《云南志》载："梦蛮三姓，皆在邛部台登城东南散居。梦冲内受恩赏于国，外私于吐蕃。贞元七年，节度使韦皋使巂州刺史书隗杀梦冲。"此案说明，其一，唐律在南诏可直接适用，可由唐王朝之边官管辖；其二，私通吐蕃为重罪；其三，处死的执行方式为斩。此处之杀为斩。《资治通鉴》言之甚明："贞元八年春，二月壬寅，执梦冲，数其

---

① 木芹：《南诏野史会证》，云南人民出版社 1990 年版，第 148—149 页。

②③ 《新唐书》卷五六，《刑法志》。

罪而斩之。”① 斩应为南诏执行死刑的主要方法。

枭首也是南诏执行死刑的方式之一。唐制死刑无枭首，《南诏德化碑》说：“恨兹残丑，敢逆大邦。因请自征，志在扫平，枭于赠之首，倾伏藏之穴。”② 于赠之罪为重罪，故行枭首之刑。

笞杀。唐律无笞杀之刑，南诏则有。《云南志》载：“有豪族张寻求，白蛮也。开元中，通诏主波冲之妻，遂阴害波冲。剑南节度巡边至姚州，使召寻求笞杀之。”③ 张寻求犯通奸和谋杀二罪，处死刑，方式是笞杀之，即先笞后杀。

杖下捶死。《云南志》载：“如监守蛮乞酒饭者，察之，杖下捶死。”④《新唐书·刑法志》载：“故时，别敕决人捶无数。宝应元年，诏曰：凡制敕与一顿杖者，其数止四十；至到与一顿及重杖一顿、痛杖一顿者，皆止六十。”⑤ 这是一个类于今之司法解释的规定。此时，在敕文里“一顿杖”、“重杖一顿”、“痛杖一顿”等无具体杖数，不好执行，因此由皇帝通过“诏”的形式进行了解释。由此可知，杖下捶死仍为死刑，在执行死刑前附加杖刑，分止四十、止六十两等。

刀刃其后，为一军刑。《云南志》载：“用军之次，面前伤刀剑，许将息。傥背后伤刀箭辄退者，即刃其后。”⑥ 刃其后即从背后杀死。此外，有关南诏的史料中还有共杀、陷杀等执行死刑的方式，也有其特别用意，此处不详述。

其二，流刑。《新唐书·南蛮下》载：“邓逻颠死，子颠之讬立。南诏破剑川虏之，徙永昌。”⑦《云南志》亦载：“既嫁有犯，男子格杀无罪，妇人亦死。或有强家富室责资财赎命者，则迁徙丽水瘴地，终弃之，法不得再合。”⑧ 证明南诏有流刑，但未形成等级定制，因南诏无成文法典。流刑为以罪轻重定远近，一般役一年后编入所在户籍，无固定地点和固定工作。中原王朝虽有成文法典定流刑等级定制，实施中也是灵活处之，历代刑法志有载。

其三，徒刑。南诏之徒刑，类于唐制，但亦未有定制，为一灵活适用之刑种。

---

① 《资治通鉴》卷二三四，《贞元八年》。
② 《南诏德化碑》。
③ 《云南志》卷三，《六诏第三》。
④ 《云南志》卷七，《云南管内物产第七》。
⑤ 《新唐书》卷五六，《刑法志》。
⑥ 《云南志》卷九，《云南条教第九》。
⑦ 《新唐书》卷二二二，《南蛮传》。
⑧ 《云南志》卷八，《蛮夷风俗第八》。

《新唐书·南蛮下》载："河赕法，男女犯罪多送丽水淘金。"① 此为徒刑甚明，因为不论男女，不分罪行轻重，一概送固定地点丽水，而且只能按要求淘金。

其四，杖刑。《旧唐书·南诏传》载："回久为蛮师，凡授学，虽牟寻、梦凑，回得棰挞，故牟寻以下皆严惮之。蛮谓相为清平官，凡置六人。牟寻以回为清平官，事皆咨之，秉政用事。余清平官五人，事回卑谨，或有过，回辄挞之。"② 这就是说，郑回在为师授学还是为官为宰，都可以扑挞学生和下属。此谓扑挞，不是刑罚方式，类于今之行政处罚。《云南志》也说："军将犯令，皆得杖，或至五十，或一百。"③ 这与唐律中杖刑的上下限一致，唯不明是否与唐律一样以每十杖为一等的五等刑，但其移植唐律的特征是十分明显的。

此外，南诏刑罚方式中还存在有附加刑。见诸史料的附加刑有迁、分、赎、夺几种方式。《通典》卷一八七载："其俗，有盗窃杀人淫秽之事，酋长即立一长木，为击鼓警众，共会其下，强盗者共杀之。若贼家富强，但烧其屋宅，夺其田业而已。"④ 由此可知，对强盗者处死以"共杀"的刑罚方式，类似于"弃市"的处罚方式，但对"富强"者，仅处以"夺其田业"的附加刑，类似今之"没收财产"。《云南志》卷八载："既嫁有犯，男子格杀无罪，妇人亦死。或有强家富室责资财赎命者，则迁徙丽水瘴地，终弃之，法不得再合。"⑤ 此处规定了"资财赎命"的赎刑。需要说明的是，此处"格杀无罪"不通，据《新唐书·南蛮传》为"皆抵死"，应是格杀勿论之误。但向达、赵吕甫、木芹等校释者均未改之，因此依旧照录。在上述史料中，"烧其屋宅"的处罚方式是南诏法制中最独特的处罚方式。但中国封建法典和其他法律中未见类似的记载，或为中国上古之世象刑的变化形式，兼具从单纯的象刑向财产刑过渡的特征。因为财产刑是没为官或向受害人补偿，象刑不具有实际的损害性，而烧其屋宅不仅是其犯罪的标识，而且有实际的损害。因此既不完全符合象刑的特征，也不完全符合财产刑的特征，也不同于今天之销毁作案工具，因屋宅与其犯罪无关。

（四）量刑制度

在南诏国刑法的量刑制度中，并未形成涵盖一切方面、具有普遍意义的量刑制

---

① 《新唐书》卷二二二，《南蛮传》。

② 《旧唐书》卷一九七，《南诏传》。

③ 《云南志》卷九，《云南条教第九》。

④ 《通典》卷一八七。

⑤ 《云南志》卷八，《蛮夷风俗第八》。

度。其量刑原则多是有区别、有选择地适用于某些方面的具体制度。在南诏刑法的量刑制度中，我们也找不到关于刑事责任年龄方面的规定和案例。这是令人遗憾的。从前面我们分析的一些案例和刑事规范分析，南诏国刑法量刑时主要考虑以下几个原则：

其一，贫富有别。《通典》卷一八七载："其俗，有盗窃杀人淫秽之事，酋长即立一长木，为击鼓警众，共会其下，强盗者共杀之。若贼家富强，但烧其屋宅，夺其田业而已。"① 在此规范中，贫富有别的量刑原则体现得十分明确：穷者共杀之，富者仅烧其屋宅、夺其田业而已，即以类似于财产刑的"烧其屋宅"代替了死刑。但不能因此而认为在南诏的一切刑事处罚中都存在这样贫富有别的原则。除此之外，我们还可在通奸罪中看到富者可用"资财"把死刑赎为流刑的规定。但在私通吐蕃等严重危害南诏统治的犯罪中，这种差别便不存在，有时甚至是相反的。

其二，官民有别。如在樊志所载的乞食酒饭规定中，对蛮官规定得十分严格，有扰民或乞食酒饭者便要杖下捶死，而一般百姓则不因此而构成犯罪。在一些军人违反职责的犯罪中，要求比老百姓要严格，体现了南诏国吏治简严的特点。而军纪严明则要区别对待，如军人作战过程中的"劫掠"就分界内界外，界外"许行劫掠"，这一特点也可归纳为内外有别。对通奸罪的认定则是以"出嫁"为标准的，未嫁娶之前或孀妇是不会构成通奸罪的，体现了保护婚姻家庭关系稳定的目的。

其三，主从有别。在私通吐蕃、招降纳叛、称王立诏等严重危害南诏政权的犯罪中，南诏统治者十分重视主从有别的原则。如在梦冲案和于赠案中，对主谋者杀无赦，而对其部民部属则仅是"披为六部"、"安抚之"、"徙之"等，并不一概斩杀之，即便对其家属也不"斩草除根"，往往是"给食养之"。

其四，罪名有别。在强盗罪的规定中，贫者共杀之，富者仅烧其屋宅、夺其田业而已，存在明显的贫富不平等。但在乞食酒饭案中，则区别了官民，对官要求较民严格。在通奸罪中，可以"资财"赎减，而在梦冲案和于赠案这样严重威胁南诏政权的案件中，则绝对不许赎减或以财代刑，这些均体现了不同罪名的量刑制度不一样，凸现了南诏国刑法维护南诏王统治这一功能。

其五，民族有别。在爨氏的相互仇杀案中，蒙归义亲自"兴师问罪"，斩杀罪犯，决不姑息。而据《云南志略》载，"磨些蛮善战善猎，挟短刀，以砗磲为饰。稍不如

① 《通典》卷一八七。

意，鸣钲鼓相仇杀。两家妇人中间和解之，乃罢。”① 同样是相互仇杀，对于爨氏采用的是“兴师问罪”，而对于磨些蛮，则“两家妇人中间和解之，乃罢”。这体现了民族有别的量刑原则。因为南诏辖境民族、部族众多，不同民族和部族间经济文化发展差异很大，这种区别对待原则体现了法律多元的特点。

量刑也可根据情况奏请赦免。在爨氏攻杀安宁筑城使案中，由于“归王及崇道兄弟、爨彦章等千余人诣军门拜谢”，由蒙归义奏请朝廷赦免，结果是“诏书下，一切释无罪”。这也是唐律在南诏适用的一个案例。唐律中的赦，分为太赦和特赦，此为特赦，但其决定权在中央，即唐皇帝，史料中未见南诏王自行赦免的案例。

归纳南诏刑事法律，有以下几个特点：

第一，刑起于兵，兵刑结合。张晓辉教授认为：“南诏国的刑法与军法有着密切的关系，大部分刑法方面的规定，都起源于民族征服和掠夺战争。在征战讨伐中，南诏为了师出有名，往往将被征讨者确定为犯罪者，而用军队加以讨伐。”② 这跟中国古代“大刑用甲兵”的做法是一致的。这些军法规定有的停留在军法的范围里，而有的则被广泛地运用到南诏日常管理的各个方面，有了普遍性。在南诏的司法机构方面，也体现着军刑结合的特点。如南诏的大军将、都督、节度使等身兼地方军政一把手，同时也对本辖区的刑事案件有审定之权。

第二，罪责自负，互不株连。在中国古代刑罚制度中，株连是一个基本的特征，有的甚至可以“株连九族”。但在南诏的刑罚制度中，未发现株连的案例。在于赠案、张寻求案和张虔陀案中，都不牵连其属下，仅是把其属下“驱散”、“遣返”、“强迁”而已，并未因其犯“重罪”而牵连处罚其亲属、部属。

第三，宽严相济，注重实效。南诏国的刑罚方式有死刑、杖刑、流刑等，未见十分残忍的酷刑。在吏治及军法方面，采用了严厉的刑罚方法，而对一般部属、百姓的处罚，则宽严适中，起到教育民众、防止犯罪和维护社会秩序的目的即可，不以行刑为威，不行苛法。

第四，诸法合体，刑民不分。南诏国的法律传统深受中原文化的影响，因此从法律体系上说属“中华法系”，与中原封建王朝的法律制度拥有共同的历史传统和特征，其中之一便是诸法合体，刑民不分。这在南诏法制的方方面面均有体现。

---

① 赵吕甫：《云南志校释》，中国社会科学出版社 1985 年版，第 155 页。

② 张晓辉：《南诏国法律制度研究》，载《比较法研究》1992 年 2、3 号合刊。

四、土地法律

（一）影响南诏土地法律制度的诸因素

1. 农耕文明与南诏的土地制度。文明类型对土地制度的影响也许远较我们想象的要大，对于类似于南诏这样一个政治、经济、文化发展极不平衡的多部族国家来说，其影响甚至比社会形态还要大。以往研究南诏土地制度者，更多的是从社会形态的角度考察南诏的土地制度的，由于掌握史料和观察角度的差别，其结论也不一样，于是有了学术上的争论也就不足为奇。因为在南诏辖境内生产力发展水平差异很大，以生产力为基础的社会生产关系也必然有很大的差异性，于是便产生了封建领主制、封建地主制、奴隶制或亚细亚生产方式等多种观点，这些观点都有一定的史料和理论依据。当然，研究土地制度，生产关系的性质是无法回避的，因为土地制度最基本的所有制问题便是生产关系的基本内容，而生产关系的性质决定着生产关系的内容，从这个角度看，确定生产关系的性质是研究南诏土地制度的理论前提。

本节以南诏的土地制度为研究对象，不回避其生产关系的性质，但首先要从文明类型角度看南诏的土地制度。农耕文明及由此而导致的重农主义倾向对南诏的土地制度产生很大影响。从整体上看，南诏国便是建立在农耕文明基础上的一个发展极不平衡、正处于国家化进程中的多民族国家。与南诏形成密切的地缘文化关系的是唐王朝、吐蕃和东南亚诸部落。唐王朝就其核心部分而言是典型的农耕文明，但其边疆地区则情况十分复杂，存在着典型的游牧文明和程度不同的混合模式：吐蕃是建立在游牧文明基础上的政权；南诏以农耕文明为主，但不论文明的传统上还是现实中，都存在有游牧文明的影响，与中原王朝又略有区别。这里我们要进一步指出的是，典型的农耕文明一般行重农主义，典型的游牧文明则多行重商主义，而南诏是农商并重，但仍以农为本。这与农耕文明、游牧文明的生产生活特征联系在一块儿。从根本上说，与农耕文明产品的多样性和游牧文明产品的单一性有关。农耕文明由于产品具有多样性，对生活的独立支撑能力便强。因此，鸡犬之声相闻，可以老死不相往来，其生活的大部分需要都可从土生土长的土地上获得，土地便成为其赖以生存的最重要的生产资料，人们对土地的关心也就远较游牧文明强，土地问题便会成为国家和人民所共同关注的核心问题。但建立在此基础上的文明模式一旦形成，其心理惰性又反过来影响着文明特征本身，形成一种心理惯性，这种心理惯性在其赖以产生的物质条件发生变化甚至是根本性变化之后还会长期存在并发挥作用。如建立在农耕文明基础上长期形成的保守性便是这种惯性的产物。而游牧文明由于其产品的单一性和对人民生活独立支撑的有限性，迫使其进行广泛的贸易与交流，这便会导致其开放性的心理惯性，这种惯性在古代集中地表现在其对外扩张和征服上，可在相对较短的历史时期内形成大帝国，但其对土地的经营无论从制度上还是技术上说都是粗放的，因此其统治根基并不牢固。以这种理论观察，吐蕃应具有更强的扩张性和征服性，南诏在中间，唐朝则更趋于保守。

关于南诏的重农主义，史料也是具体明确的。《南诏野史》说："唐太宗贞观年间，其父舍龙，又名龙伽独，将奴逻自哀牢避难于蒙舍川，耕于巍山。"①《白古通纪浅述》也说："细奴逻自在襁褓，至于蒙舍，日渐成长，娶蒙织，生男逻盛。既长，父子一日耕于巍山，妻炊饭将馌之。"《万历云南通志》："巍宝山，在府城东南二十里，峰峦高耸，冠于群山，细奴逻微时耕牧之地。"② 现巍宝山下有前新村，"新中国成立后中国历史学家、西北大学教授马长寿，中央民族学院教授刘尧汉曾专程去巍宝山和前新村进行考察，确认前新村为南诏始祖细奴逻的敕牧地。"③ 这与中国古代"天子亲耕"之传说相近，其时虽未立国，但应为部落首领，表示对农事的重视。《南诏德化碑》在颂扬阁罗凤的功绩时也说："遏塞流潦，高原为稻黍之田；疏决陂池，下隰树园林之业。易贫成富，徙有之无，家饶五亩之桑，国贮九年之廪。"④《云南志》亦言："从曲靖州以南，滇池以西，土俗唯业水田。种麻豆黍稷，不过町疃。"⑤ 又说"蛮治山田，殊为精好"⑥等。都表明其以农为主，农业生产发达、重视农业的事实。而且从前述"乞酒饭"案中也可看到南诏对于扰民行农事的行为进行严惩，与《周礼·月令》之"行罪无赦"一致。但与中国古代之王朝相较，南诏又有游牧传统，游牧文明对南诏也有直接或间接的影响。

基于这样的传统和南诏本身的社会现实，南诏重农并不抑商，而是积极推动内外商业贸易的发展。詹全友先生认为："南诏时期，商品交换有了长足的发展，货币流

① 木芹：《南诏野史会证》，云南人民出版社1990年版，第35页。
② 邹应龙修、李元阳撰：《万历云南通志》卷三，《地理志》。
③ 编委会编：《巍山彝族回族自治县志》，云南人民出版社1993年版，第820—821页。
④ 《南诏德化碑》。
⑤⑥ 《云南志》卷七，《云南管内物产第七》。

通也有长足前进。原来本已流通的贝币取得了法定货币的地位，缯帛、盐、黄金等实物也从商品交换中分离出来，成为较为稳定的货币。多种货币并存，这是南诏货币流通的最大特点。"① 南诏曾多次对东南亚诸部落用兵，试图打通出海口，发展海外贸易。林旅芝先生说："八世纪中叶，南诏统一了六诏，不久国势遂蒸蒸日上，蔚然成为东南亚之一强国。其国土虽大为扩展，仍然为一内陆国家，始终未能拓展至滨海之区域。故对海外贸易，必须假途别国，方能出海。"② 为打通直接的出海口，南诏反复对骠国、弥诺国、弥臣国等用兵，因为"弥诺国、弥臣国皆边海国也"③。这也从一个方面促进了南诏的开放性特征的形成。南诏开放性的特点在很多方面都有表现，如在文化上，不论对内地的，还是外国的，只要对自己发展有利，南诏总是兼收并蓄。其宗教，不仅有本民族的本主教④，还有儒、释、道并存。就佛教而言，也存在许多门派。唐王朝的西泸县令郑回，竟然也做了南诏"兼政用事"的清平官。南诏还先后派出了上千人到成都和唐都学习汉文汉字，先前所述在官制、法律等方面大量移植唐制唐律本身也是其开放性的表现。"这种对外来文化无所畏惧无所顾忌地引进和吸收，无所束缚无所留恋地创造和革新，也就成为南诏文化一个非常突出的特点。"⑤这便更多地与南诏的游牧文明传统相联系，南诏重农而不抑商的基本政策取向是与其文明类型相联系的。

2. 南诏国的迁徙、移民与土地开发。古代国家由于生产力发展水平不高，人口数量有限，大多数国家都是地广人少，劳动力匮乏，南诏也不例外。南诏立国以后，通过各种方式进行大规模的人口迁徙和移民。"南诏进行大规模的移民，除了巩固统治和易于控制等政治方面的目的之外，通过移民来增加农业地区劳动力，也确实是南诏移民的一个重要出发点。在南诏的统治下，洱海地区和滇池地区的社会生产力水平有明显的提高，与南诏的移民政策有密切关系。"⑥

南诏这种大规模的人口迁移政策，对南诏土地制度的影响是显而易见的。《云南志》载："时傍母，蒙归义之女，其女复妻阁逻凤。初，咩逻皮既败，时傍入居登川，

---

① 詹全友：《南诏大理国文化》，四川人民出版社2002年版，第176页。

② 林旅芝：《南诏大理国史》（上），香港大同印务有限公司1981年版，第461页。

③ 《云南志》卷一〇，《南蛮疆界接连诸蕃夷国名第十》。

④ 本土主教还竟然有天宝战争败将李宓为本主者，表现了其极大的宽容性和开放性。

⑤ 禹驰：《南诏文化的特点及其在云南历史上的地位》，载《南诏文化论》，云南人民出版社1991年版。

⑥ 方铁、方慧：《中国西南边疆开发史》，云南人民出版社1997年版，第158—159页。

招诱上浪，得数千户。后为阁逻凤所猜，遂迁居白崖城。”① 把居登川之数千户人口迁至白崖，土地关系将发生重大变更。邓川之地收为国有，而其到白崖之后，土地关系变得复杂化，有可能按授田制授予土地，也有可能变为隶农。六诏之一的越析，是南诏借助唐之力量兼并的，结果也是“遂移其诸部落，以地并南诏”②。此不言把其诸部落移往何地，但越析之地“并南诏”甚明。《新唐书·南蛮传》亦载：“阁逻凤遣昆川城使杨牟利以兵胁西爨，徙户二十余万于永昌城。东爨以语言不通，多散居林谷，得不徙。自曲靖州、石城、升麻、昆川南北至龙和，皆残于兵。日进等子孙居永昌城。乌蛮种复振，徙居西爨故地，与峰州为邻。”③ 南诏并两爨，统一了滇池周边地区，然后把该地区西爨20余万户迁往永昌，其至永昌之后，形成了怎样的土地使用关系，史料不载。而待东爨复振，又把其迁入西爨故地，这西爨故地，已为南诏国家所有，其土地使用关系亦不清楚。

为了填“徙户二十余万于永昌城”形成的空白，南诏从几个方面向永昌城迁入了大量人口。《云南志》载：“及南诏蒙归义攻拔大厘城，河蛮遂并迁北，皆羁制于浪诏。贞元十年，浪诏破败，复徙于云南东北柘东以居。”④ 此其一。其二为东爨乌蛮种复振，徙居西爨地。其三为“南诏既袭破铁桥及昆池等诸城，凡虏获万户，尽分隶昆川左右，及西爨故地”⑤。其四，“又从永昌以望苴子、望外喻等千余户分隶城傍，以静道路”⑥。其五，“蛮贼太和六年劫掠骠国，虏其众三千余人，录配柘东，令之自给”⑦。其六，从西川、安南、邕管等地掠得数十万人口，部分落籍洱海区域，部分落籍滇池区域。有史家认为一次迁20余万居永昌不大可能，但从上述史料看，迁入者也不少于20余万人，应有其据。这些迁入者情况复杂，身份地位也不一样，有些史料已载明为“令其自给”，有些为“以静道路”，大多未载如何安置，但定有区别，其土地法律关系十分复杂，今已无法详考。

3. 农村公社与南诏的土地制度。木芹先生认为，考察南诏前期的社会经济制度，应注意：“自今贵州毕节、云南昭通地区至曲靖地区，昆明至楚雄、大理二州地，以

---

① 《云南志》卷三，《六诏第三》。

② 禹驰：《南诏文化的特点及其在云南历史上的地位》，载《南诏文化论》，云南人民出版社1991年版。

③ 《新唐书》卷二二二，《南蛮传》。

④⑤ 《云南志》卷四，《名类第四》。

⑥ 《云南志》卷六，《云南城镇第六》。

⑦ 《云南志》卷一〇，《南蛮疆界接连诸蕃夷国名第十》。

农业生产为主，耕地以水田为主，普遍用牛耕，农业作物以稻谷为主，一岁两熟，生产力水平较高。其次，农业生产者称为佃人。而佃字应是赕或甸字的音写，赕或甸意为平坝，故佃人不宜作佃农解释。若然，则说的是小平坝的自然村落，大都方圆约30里，作为自然村落成员的农民个人，就在村落的土地上劳动生产。第三，每到播种季节，南诏地方民族割据政权的城镇首领便派官吏下到农村，督促农民及时播种，并管理农田。”① 在此，他并未得出明确的结论。他只是说：“南诏、大理辖境的大多腹里地区，即洱海地区，其社会经济发展水平基本一致，但其他民族区域则发展很不平衡，有的是属于同一社会形态，而有程度上的不同，并各有自己的特点，有的是属于社会形态上的差别。”②但在《云南志补注》里，他说得比较清楚：“在当时的南诏社会中，既有掠夺人口财物的奴隶制色彩，也能看到农村公社成员农奴化的封建成分，同时，还保存着原始社会的痕迹。又丽水、开南二节度辖区及永昌节度部分辖境内的各民族大抵仍处于原始社会末期。因此，是奴隶制，抑或是封建制，大局未定。走向何方取决于其后的发展，因此，过渡无疑是南诏前期社会的基本特征。”③ 在此，他认为当时是什么社会定不了，乃是一种过渡形态，向何方过渡，取决于后来的发展。社会形态的确立，是一个十分复杂的问题，全面地、动态地看问题十分重要，还应坚持社会经济发展水平这一客观条件和统治者主观愿望相统一的标准。当然客观条件是决定性因素，但不能因此而否定主观因素的作用。用主客观条件相统一标准来看，就要考虑当时蒙氏统治集团究竟希望建立一个什么样的社会，什么样的统治对其最有利。以上是影响南诏土地法律制度的主要原因，除此之外，南诏的法律制度本身也反过来影响着南诏的土地制度。文化传统，周边国家和部落的土地制度、政策、宗教等也会从不同侧面影响土地制度，此处不详述。

（二）授田制及其实施范围

研究土地制度法律问题最核心的内容是土地所有权、土地的封授方式及土地租税役问题。

1. 土地所有权的起源和土地的封授方式。在南诏，从南诏王细奴逻开始，通过一系列的战争取得了最初的土地所有权，他是南诏第一个设桩掘壕者，其后继者巩固和扩大了土地所有权的范围。

---

①② 木芹：《南诏野史会证》，云南人民出版社1990年版，第3—4、13页。
③ 木芹：《云南志补注》，云南人民出版社1995年版，第16—17页。

"文明社会的真正奠基者"取得了土地所有权之后，要按一定规则将其进行合理封、授，以便充分发挥土地的统治职能和经济功能。土地的政治职能和经济功能是指通过把土地及土地上的人民分封给不同的统治者或统治者集团管制这些人民，使人民按照其要求进行生产和贡赋，从而实现其不劳而获的经济功能。

2. 南诏的授田制。南诏的授田制与唐均田制之间定有渊源关系，因此要认识南诏授田制，必先了解唐之均田制。重农是中国历代统治者相沿承袭的传统，唐代也不例外。唐太宗就特别强调："凡事者皆须务农，国以人为本，人以食为天，凡营衣食，以不失农时为本。"① 这与南诏"无贵贱皆耕"有相似之处。由于农业生产的恢复和发展，唐王朝的人口数量迅猛增长，这种人口的增长，使原有土地关系不适应社会生产发展需要，于是推行均田制，把国有土地授给农民耕种。有了土地、授田规则和实施机构，授田便可付诸实施了。唐代授田的具体内容为："凡天下之田，五尺为步，二百有四十步为亩。凡给田之制有差，丁男中男以一顷，老男笃疾废疾以四十亩，寡妻妾以三十亩，若为户者则减丁之半。凡田分为二等：一曰永业，一曰口分。丁之田二分永业，八为口分。凡道士给三十亩，女冠二十亩，僧尼也如之。凡官户受田，减百姓之半。凡天下百姓，给园宅地者，良口三人以上给一亩，三口加一亩；贱口五人给一亩，其口分永业不与焉。若京城及州县郭下园宅不在此限。"② 这里已详细列举了授田的对象和数量等级。此外，其他王公贵族及官僚、工商业者也授田，"亲王一百顷，职事官正一品六十顷，最低的男爵及职事官从五品五顷，九品官一顷五十亩，工商者宽乡减半，狭乡不给。"③

其授田办法为："诸应收授之田，每年起十月一日，里正预校勘簿，历十一月，县令总集应退应受之人，对共给授，十二月完毕。"④ 里正在实施均田制过程中负有重要职责。《唐律疏议》规定："诸里正，依令：授人田、课农桑。若应受而不授，应还而不收，应课而不课，如此事实违法者，失一事，笞四十。"⑤ 县令也负有责任。《唐律疏议》规定："县失十事，笞三十；二十事，加一等。州随所管县多少，通计为罪。州县以刺史、县令为首，其长官阙者即次官为首，佐职及判户曹之司为从。各罪

① 吴兢：《贞观政要》卷八，《务农》，四川人民出版社 1987 年版。

② 《通典》卷一，《田制》。

③ 张中秋：《唐代经济民事法律论述》，法律出版社 2002 年版，第 10 页。

④ 〔日〕仁井田陞：《唐令拾遗》，长春出版社 1989 年版，第 566 页。

⑤ 长孙无忌等：《唐律疏议》，中华书局 1983 年版，第 249 页。

止徒一年，故者各加二等。”① 可见政府对均田制之实施十分重视，官员层层连带，互相牵制，以保证此制顺利实施。具体操作步骤为：“先课役后不课役，先贫后富，先无后少。”② 即先授给守法纳税的，不纳税的在后，优先授给贫者和无地者。“凡州县内部所授田，悉足者为宽乡，不足者为狭乡。”③ “诸田乡有余，以给比乡；县有余，以给比县；州有余，以给比州。狭乡田不足者，听于宽乡遥授。”④ 对于超限占田，也规定了严格的惩罚措施。

由上可知，唐之均田制，国家有土地保障，相关规则十分完备，拥有县令、里正等官员的机构保障，因此得以推行，而且该制度也建立在原耕种土地基础之上。

关于南诏的授田制，史料载之甚略。《新唐书》载：“凡田五亩曰双，上官授田四十双，上户三十双，以是而差。”⑤《云南志》载之稍详：“上官授田四十双，汉二顷也。上户三十双，汉一顷五十亩。中户、下户各有差降。”⑥ 除此之外，未见记载。近人著作中出现者，皆来自上述史料。与唐之均田制相较，有几个方面不同：

其一，唐均田制是以均田为主，授田为辅。《通典》说：“先有地非狭乡者，并即回受，有剩追收，不足者更给。”⑦ 这称之为“簿籍授受”，仅是对其原有之田按簿核授，多退少补，人口变更时，依例变更，由里正负监管职责，如有差错，追究刑事责任。唐律规定：“诸里正不觉脱漏增减者，一口笞四十，三口加一等；过杖一百，十口加一等，罪止徒三年。诸州县不觉脱漏增减者，县内十口笞三十，三十口加一等；过杖一百，五十口加一等。州随所管县多少，通计为罪。”⑧ 由此可以证明，其所核定之田随人口变动而不断增减。《通典》亦言：“自外及有勋田者，并听回给，有剩追收。”⑨可以肯定地说，唐代耕种农户无土地所有权，只有土地使用权，不能继承，不能买卖。而南诏实行的是授田制，不是均田制，也不像唐制那样经常性地变更。在南诏这样一个脱胎于部落公共权力组织的国家机构，其组织化、制度化程度远低于唐朝，其户口籍簿不健全，因而这样的变动既无必要，也不可能。

其二，唐均田制是以口计田，即便是官田授受也是按口计授。唐代也存在真止的

①③ 长孙无忌等：《唐律疏议》，中华书局 1983 年版，第 249 页。

② 《唐六典》卷三，《尚书户部》。

④ 〔日〕仁井田陞：《唐令拾遗》，长春出版社 1989 年版，第 557 页。

⑤ 《新唐书》卷二二二，《南蛮传》。

⑥ 《云南志》卷九，《云南条教第九》。

⑦⑨ 《通典》卷二。

⑧ 长孙无忌：《唐律疏议》，中华书局 1983 年版。

授田，即把国家控制的荒田、籍外田授给无地或少地的民户耕种，主要有鼓励垦荒、官田授受和括田括户三种形式。① 鼓励垦荒即把国家所有的荒地让给农户垦殖，并给优惠条件。《通典》载："诸人居狭乡乐迁就宽乡者，去本居千里外，复三年；五百里外，复二年；三百里外，复一年。"②即分别免征赋税三年、二年和一年，且不受均田制之数量限制。《唐律疏议》说："依令：受田悉足者为宽乡，不足者为狭乡。若占于宽闲之处不坐，谓计口受足以外，仍有剩田，务从垦辟，庶尽地利，故所占虽多，律不与罪。仍须申牒立案，不申报而占有，从应言上不言上之罪。"③ 占荒地不构成占田过限罪，但要上报立案入籍簿，如不上报，构成应言上不言上罪。官田授受为把政府所有所占之地直接授给逃户、贫下户耕种。《全唐文》说："特给复业并无籍贯浮逃人，仍据丁口，量地好恶，均平给授。"④括田括户为通过按簿核授方式，把超限占田之田收回之后回授给无田、少田之口、户。通过上述三种方式得到授田者，拥有的肯定也是使用权，这是不言而喻的，他们的权利不会高于原使用者。而南诏较为粗放，不按口计授，而是按户计授。除上官之外，户又分为上户、中户、下户。这上、中、下户，一般都理解为富者为上户，贫者为下户。其实从授田的出发点和常理都可推知，上户为人口大户，即人口较多，中户次之，下户人口最少。唐均田制之实施非常清楚，要"多退少补"，括田括户，以充分利用土地，岂有田多者多授田、田少者少授田之理？且在授田之前，怎知谁上谁下？南诏按户授田之后，不存在随口变动的问题，家庭可长期使用，因此是使用权还是永佃权不清楚，但既为国家所授，处分权在国家，国家（国王）才是真正的所有权主体应无争。

其三，南诏的授田数量远较唐之授田数量为低。唐制：亲王 100 顷，正一品 60 顷，从五品 5 顷，九品 1 顷 50 亩。而南诏上官"四十双，汉二顷也"⑤，上户"三十双，汉一顷五十亩"⑥，中、下户各有差降。从户分上、中、下及民族学资料都证明，其上户，户口数应在 10 人左右，按唐制应授田 5 顷左右。这也从一个侧面说明南诏是"授田"而不是"均田"。否则，与南诏地处边远、人少地多的实际情况不相符。

南诏授田制实施的范围，也远低于唐均田令实施之范围。唐之均田令，有完整的制度、法令保障，最大的问题是国家是否拥有足够的官田给授。但通过籍簿授受方

---

①②④ 《通典》卷六。

③ 长孙无忌：《唐律疏议》，中华书局 1983 年版。

⑤⑥ 《云南志》卷九，《云南条教第九》。

式，土地问题便解决了，于是就有了充分的保障，因此，其实施范围应较广，但不可能扩及其羁縻州县和附属国。这从《唐律疏议》和其赋税制度中也可以得到证实。

相对于唐朝而言，南诏是一个地广人稀之国，除洱海区域、滇池周边地区和永昌城附近地区之外，土地资源应十分丰富，没有授田的必要性。南诏统治者更关心的是人口不足的问题，因此授田的目的可能也是要民众安于土地，为一劝农方式。如前所述，授田制的实施除要求国家控制大量的荒闲之地之外，还要有完备的规章和制度保障，有实施机构具体操作。授田是一个操作性、技术性、制度性很强的系统工程，没有完备的法律法规、充分的制度保障是很难推行的。因此，南诏授田制实施的范围，笔者认为不会超出洱海区域、滇池周边地区和永昌城附近，而且授田制也不会在这些地区普遍推行。授田制可能与人口迁移和汉族等外来人口落籍相联系。

南诏统治者为了实现其政治、经济双重目的，征服一个地方和部落部族之后，便实施大规模的人口迁移。方铁教授在《中国西南边疆开发史》中归纳了南诏移民的五种情形：其一是南诏通过武力兼并各地，把战败的部落迁离故土至他地安置；其二是将边疆地区的民族迁徙于云南腹地经济先进地区，做一些修整道路一类的工作，或安置在有待开发的地区，以补充劳力；其三是征讨中南半岛诸国时，除掠夺财物外，还掳掠其国人口为奴，或遣柘东等城，或送金沙江淘金；其四为南诏攻下云南境内曾被唐朝控制的城镇，亦将当地汉民迁往他处安置；其五为多次对唐朝割地用兵，大量掠夺人口，这些汉人大部分在洱海等地落籍。① 伴随这种人口迁移，定会出现由国家向其授田的情形。如对“静道”、“淘金”之人授以田地，令其自给。

在天宝年间，唐与南诏在南诏腹地发生了三次大规模的战争，结果都是唐朝大败，片甲不存，不少士兵便在当地落籍为民。为了发展生产，解决劳动力不足问题，南诏授之以田，并征收赋税。除这两种情形之外，可能就是对提拔为官之人及其家口授之以田，充作其官俸之补充。其他情形下无须授田，也不可能操作。在全国范围内进行核田授田，是一项技术性、规范性极强的系统工程，土地的丈量、造册、划界、日常管理等，工作量很大。对于南诏这样一个地广人稀、册簿不全的后起民族国家来说，这项工作比古埃及建造金字塔还要困难，是很难做到的。

分析南诏的土地法律制度，我们大致可以得出以下几个结论：

其一，南诏土地所有权不存在地主占有或奴隶主所有的情况，整个南诏的土地所有权有两种情况：一种是属于南诏国所有，由王室代表国家所有。这些土地包括蒙舍

① 方铁、方慧：《中国西南边疆开发史》，云南人民出版社 1997 年版，第 155—158 页。

诏原有的土地、历次与唐朝和吐蕃等的战争中所取得的土地。《云南志》载：“蒙归义密有兼吞之意，推恩啖利，源众归焉。据数月，俘照源及源罗遂并其地。”此谓南诏取得了蒙嶲诏之地。又载：“南诏既破剑川，收野共，俘颠之托，徙永昌。”此谓南诏取得了剑川、野共之地。另一种是由南诏国内的一些部落和部族所有，这主要存在于南诏统治的边缘地带和一些与南诏结成婚盟关系，南诏认可其地位的部落、部族中。一旦南诏国认为有必要，南诏国便会以各种借口“征讨之”，而后并其地。这在南诏史料中也多有记载。在这两种土地所有制度中，南诏国所有是主要的、稳定的土地所有权形式。而部落、部族集体所有是从属的、特殊的和不稳定的土地所有权形式。广大部民百姓拥有的都是土地使用权或承租权，无土地所有权。

其二，南诏土地使用权的形式复杂多样，有由王室直接控制、直接使用的；有由战俘和其他无地者直接耕种的；也有无偿或有偿地交由自由“佃人”① 等耕种的。《云南志》卷七载：“收刈已毕，蛮官据佃人家口数目，支给禾稻，其余悉输官。”②这是一种对南诏国国有土地的使用形式。这种形式下，“佃人”耕种的一般是平坝之地，是南诏国最好的农地，多为有偿使用。

其三，南诏国为提高土地利用和生产效率而进行过土地制度改革。在南诏国土地制度改革中，最有名的是仿唐均田制的授田。《云南志》卷九载：“上官授田四十双，汉二顷也。上户三十双，汉一顷五十亩。中户、下户各有差降。”③ 这是南诏国有土地分给官员和农户耕种的一种土地改革措施，但从史料上不知授的是使用权还是所有权，亦不知有无年限限制，抑或是一种承包，也不知其范围。但可以肯定的是这一制度的实施范围十分有限，这为南诏方面的很多史料所证明。

其四，南诏国中心地带建立了发达的水利灌溉系统，这是亚细亚生产方式的一个显著特征，与土地国有和共有制密切联系在一起，也与亚细亚的社会组织形态相联系。因为大型水利工程需要集中大量的人力、财力、物力，而亚细亚生产方式的社会组织模式有利于组织这种大规模的公共工程。《南诏野史》载：“武宗乙丑会昌元年(841)，祐遣军将晟君筑横渠道，自磨用江至于鹤柘，灌东皋及城阳田，与龙佉江合流于河，谓之锦浪江。又潴点苍山玉局峰顶之南为池，谓之高河，又名为冯河。更导

---

① 木芹先生认为，“佃人”即“佃人”，指居住于平坝之地的部民。
② 《云南志》卷七，《云南管内物产第七》。
③ 《云南志》卷九，《云南条教第九》。

山泉共泄流为川，灌田数万顷，民得耕种之利。”① 时至今日，大理不少地方还残留着南诏时期的一些水利工程，有些还发挥着重要作用。

五、赋税、货币和农业生产方面的法律

（一）关于赋税的法律制度

南诏国的赋税有三个层次：一是南诏国向唐廷纳贡，有的直接贡入中央，有的贡入西川或剑南节度，有时也贡入姚州；二是南诏、吐蕃等相互贡纳及南诏下属的部族向南诏纳贡；最重要的是南诏普通部民百姓向南诏政府的纳税。所有这些，最终的承受者都是最底层的部民百姓。

1. 南诏国向唐中央政府的纳贡。南诏国向唐中央政府纳贡是南诏臣属于唐王朝的一种表现形式，通常其政治意义大于经济意义。而且纳贡时，唐朝也要进行赏赐。通常又认为是一种古老的国际贸易形式，可起到互通有无的作用。但南诏给朝廷的贡纳有时会由地方政府如剑南节度、西川节度或是更低一级的姚州都督来进行，这时就会因官吏贪婪而成为沉重的负担。如姚州都督张虔陀便因“征求无度”而引起南诏国的强烈不满。关于南诏与唐王朝的贡纳关系，史书多有记载，略举一二为例。《册府元龟》卷九七五：“开元二十二年（734）三月……癸丑，西南蛮大酋率蒙归义遣使献麝香、牛黄，降书慰勉，赐绢二千匹、杂彩二百匹、衣一副以酬之。”②《新唐书·南蛮传》：“乃遣弟凑罗栋，清平官尹仇宽等二十七人入献地图，方物，请复号南诏。帝赐赉有加。”③《云南志》附录亦载：“其年十一月七日事毕，发阳苴咩城。云南王蒙异牟寻以清平官尹辅酋十七人，奉表谢恩，进纳吐蕃赞普钟印一面。并献铎鞘、浪川剑、生金、瑟瑟、牛黄、琥珀、白叠纺丝、象牙、犀角、越赕马、统备甲马、并甲文金，皆方土所贵之物也。”④ 在《新唐书》、《旧唐书》、《册府元龟》、《唐会要》、《资治通鉴》等史料中，记有大量南诏向唐朝纳贡的记录，证明朝贡是经常性发生的，是南诏臣属于唐王朝的象征。南诏向唐王朝纳贡的一般是南诏的地方特产，有时也献仅

---

① 木芹：《南诏野史会证》，云南人民出版社 1990 年版，第 135 页。

② 《册府元龟》卷九七五。

③ 《新唐书》卷二二二，《南蛮传》。

④ 木芹：《云南志补注》，云南人民出版社 1995 年版，第 155 页。

有政治意义的如“赞普钟印”、“地图”等，通常情况下，唐朝会“赏赐有加”，因此也不妨视为一种互通有无的特殊贸易方式。

2. 南诏下属各部族向南诏纳贡。南诏各部族及周边国家不时也会向南诏纳贡，其方式与意义一如南诏向唐王朝纳贡，是表示接受南诏管辖、臣属于南诏的一种表示，有时也有宗教、文化交流的意义。《白古通》载：“段宗牓凯回缅国。缅王喜，以佛舍利及宝财玩物，谢之而还。”《新唐书·礼乐志》载：“贞元中，南诏异牟寻遣使诣剑南节度使韦皋言：欲献夷中乐曲，且令骠国进乐章。”① 此时，这种相互纳贡，除具有上述政治意义和特殊的对外贸易方式之外，也是一种文化交流方式。在南诏与周边国家和部族的纳贡关系中，这一意义显得更为重要，因此今之大理有“文献名邦”的称号。

3. 南诏国的正常赋税。南诏国吏治简严，官僚机构不大。军队实行乡兵制，因此其开支不大。南诏国的税收主要有农税和特产税两种。

（1）农税。关于农税的征收方式，史料少有记载。《云南志》有一条相关记录，或可作为参考。“收割完毕，蛮官据佃人家口数目，支给禾稻，其余悉输官。”② 这是否属实物税的一种征纳方式，尚无相关史料佐证。《新唐书·南蛮传》也有一条史料：“然专于农，无贵贱皆耕。不徭役，人岁输米二斗。一艺者给田，二收乃税。”③ 这里对南诏向部民征收农业税做了较为清楚的记述，但不知其在南诏实施的普遍程度。

（2）特产税。南诏史料中未见盐税的明确记载。《云南志》载：“其盐出处甚多，煎煮则少。安宁城中皆石盐井，深八十尺。城外又有四井，劝百姓自煎。”④ 这里有“劝百姓自煎”，为何“劝”，与盐税有无关系，不得考证。《云南志》又载：“升麻、通海以来，诸爨蛮皆食安宁井盐，唯有览赕城内郎井盐洁白精美，唯南诏一家所食取足外，辄移灶缄闭其井。”⑤这里也只讲南诏控制特殊井盐的煎煮，不得多煎，亦体现了南诏王室的特权。又载：“剑川有细诺邓井，丽水城有罗苴井，长傍诸山皆有井盐，当土诸蛮自食，无榷税。蛮法煮盐，咸有法令。颗盐每颗约一两二两，有交易即以颗计之。”⑥由此可知，“土诸蛮自食，无榷税”⑦，而一旦交易，肯定要收税。自食无榷税本身便蕴含着“榷税”的存在，而且是“以颗计之”。这可理解为交易量以颗计，

---

① 《新唐书》卷二一，《礼乐志》。

② 木芹：《云南志补注》，云南人民出版社 1995 年版，第 96 页。

③ 《新唐书》卷二二二，《南蛮传》。

④⑤⑥⑦ 《云南志》卷七，《云南管内物产第七》。

榷税也以颗计。

金，南诏王室大量地用来纳贡、装饰、奖赏等，用量大，课税也高，且可用金代替其他赋税。《云南志·云南管内物产》载："有得片块，大者重一觔，或至二觔，小者三两五两，价贵于麸金数倍。然以蛮法严峻，纳官十分之七八，其余许归私。如不输官，许递相告。"① 这里，所有采金者，均须纳税，是不争的。但这十分之七八的高额税收，笔者的理解是仅指块金。这样才有"许递相告"的程序保证。采金是不用"相告"的，但"有得片块"就可"相告"了。《云南志》又载："长傍川界三面山并出金，部落百姓悉纳金，无别税役、征徭。"②这是指这一带的部民用纳金代替其他税役和征徭。

瑟瑟，不知是否征税，但《云南志》言："瑟瑟，山中出，禁戢甚严。"③为何"禁戢甚严"，有可能是出于特权方面的考虑，是否出于赋税方面的考虑也不可知。

此外，南诏实行乡兵制，在军役中附带赋，也是一种特殊形式的税。《云南志》所载："每出军征役，每蛮各携粮米一斗五升，各携鱼脯，此外无供军粮料者。"④ 有马之家，定为马军，马也是由服军役者出。军役税是与南诏兵制并存的一种特殊赋税制度。

（二）关于货币的法律制度

南诏的经济形式，基本上是以自给自足为特征的自然经济。从四川等地掳掠来的手工业者和工匠生产的产品大部分供南诏王室和上层统治者享用，很少作为商品流入市场，因此其商品经济的总体发展水平不高。但南诏地处南方丝绸之路和茶马古道的交会处，其地又盛产瑟瑟、麝香等特产，因此商业也有一定发展。特别是今喜州等地，也曾有商旅云集的繁荣景象。《云南志》卷八载："本土不用钱，凡交易缯帛、毡毯、金银、瑟瑟、牛羊之属，以缯帛幂数计之。云某物色值若干幂。"⑤ 根据上述记录，其价值形式已发展到一般价值形式阶段，但尚未达到马克思所说的"货币形式"阶段，但这并不证明南诏的交易没有货币规则。詹全友论述说："南诏时期，商品交换有了长足发展，货币流通也长足前进。原来早已流通的贝币取得了法定货币的地位，缯帛、盐、黄金等实物也从商品交换中分离出来，成为较为稳定的货币。多种货

①②③ 《云南志》卷七，《云南管内物产第七》。

④ 《云南志》卷九，《云南条教第九》。

⑤ 《云南志》卷八，《蛮夷风俗第八》。

币并存，这是南诏货币流通的最大特点。"① 根据其论述，南诏已形成了较完备的货币体系。

1. 贝币。按詹全友先生之说，贝币是南诏的法定货币。《新唐书·南诏传》载："以缯帛及贝市易。贝之大若指，十六枚为一觅。"② 此已明确记载缯帛、贝为货币，贝币的基本计量单位为觅，1 觅为 16 枚。这与《云南志》之"本土不用钱"的记载似有矛盾。查之，《云南志》卷七又载："麝香出永昌及南诏诸山，土人皆以交易货币。"③ 此述与"本土不用钱"的记载同时出现。疑樊绰指的"钱"为金属货币，或金、银之类，而不包括缯帛及贝等其他币材的货币。奇怪的是，南诏盛产金、银，却不以金、银做货币，而以外来的"贝"做"法定货币"，这是为什么？我们前面曾分析过，南诏社会本身是以自给自足为特征的自然经济为主体，商品经济不发达，南诏贸易的繁荣是由外部条件推动的，与其处于南方丝绸之路与茶马古道交会处的特殊地理位置有关联。因此，贝币的使用明显不是南诏本土"进化"的结果，而是在文化交流过程中"传播"的结果，这在人类学理论上是一个很有意义的个案。从货币法律制度的角度看，这也是法律移植的一个案例。在货币规则中，其比较特殊的四进位制值得关注。李京《云南志略》说："交易用棋子，俗呼作巴。以一为庄，四庄为手，四手为苗，五苗为索。"④ 而《新唐书·南诏传》载为"十六枚为一觅"⑤，可知苗即觅，80 贝为 1 索。在货币单位中，以四为进位制，不知起源于何处，亦找不到相关史料。但与中原的 16 两为 1 斤有近似之处。《汉书·食货志》说："朱提银重八两为一流，值一千五百，它银一流值千。"⑥ 谓朱提银（昭通银）纯度高。这种进位制的起源、流行及含义有待进一步考释研究。

2. 缯帛。《云南志》卷八载："凡交易……以缯帛幂数计之，云某物色值若干幂。"⑦ 又说："帛曰幂，汉四尺五寸也。"由此可见，缯帛在当时的南诏充当着一般等价物的角色，也是南诏的货币之一。而且，樊绰《云南志》记载的是南诏初期的情况，在他的记述里，缯帛的地位高于贝币。在《云南志》中，并未出现贝币的记录，而以缯帛做一般等价物则言之确凿。

---

① 詹全友：《南诏大理国文化》，四川人民出版社 2002 年版，第 176 页。

②⑤ 《新唐书》卷二二二，《南蛮传》。

③ 《云南志》卷七，《云南管内物产第七》。

④ 李京：《云南志略·诸夷风俗》。

⑥ 《汉书》卷二四，《食货志》。

⑦ 《云南志》卷八，《蛮夷风俗第八》。

3. 盐与麝香。《云南志》载："蛮法煮盐，咸有法令。颗盐每颗约一两二两，有交易则以颗计之。"① 又载："麝香出永昌及南诏诸山，土人皆以交易货币。"② 可见，在南诏早期的一些地方，盐和麝香也作为一般等价物，充当过交易媒介，但仅仅以交易媒介的身份出现。已有史料表明，贝币不但取得了"法定货币"的地位，还出现了贮藏手段的职能，其流通的范围及职能都较缯帛、盐、麝香等广。李京《云南志略·诸夷风俗·斡泥蛮》载："家有积贝，以一百二十索为一窖，藏之地中。将死，则嘱其子曰：我平日藏若干，汝可取几处，余勿动，我来生用之。"③ 时至今日，哈尼语中仍以"缯"称财产和货币。在这里，贝币已不仅仅是交易媒介，而且作为财富的象征贮藏起来了，已具备了贮藏手段的职能，因此它们的地位不一样。

（三）关于农业生产的法律制度

农业是南诏主要财政来源和兵源的所在，是南诏社会最重要的部门。从南诏立国之前的历史便看到，南诏十分重视农业生产，细奴逻祖、父曾躬耕于巍山之南。

1. 南诏农业的管理机构。农业是南诏主要的基本经济部门。但在南诏的六曹里，无专管农业之曹，后扩六曹为九爽，出现了"禾爽"，查之，乃主商业贸易，与"禾"无关。商业、礼宾等均设置专门管理机构，未见专管农业之机构，这着实令人费解。后来出现了督爽，下设乞托、禄托、巨托"三省"分别掌管马、牛、仓廪，与农业生产有较密切关系，但亦非专管农业之机构。

原来，南诏是军农结合、实行乡兵制的国家，因此以农养军，以兵管农，所以六曹之兵曹便管农业。南诏王作为南诏的最高军政长官，也在直接或间接地管农。在十睑、六（或八）节度、二都督的地方机构中，均为军农结合之地方长官，掌军亦管农，这才符合南诏这样一个农业国的相关机构设置。

2. 南诏农业生产管理方面的法律制度。

（1）实行授田制。《新唐书·南蛮传》载"凡田五亩曰双，上官授田四十双，上户三十双，以是而差"④，与《云南志》所载"上官授田四十双，汉二顷也。上户三

①② 《云南志》卷七，《云南管内物产第七》。

③ 李京：《云南志略·诸夷风俗》。

④ 《新唐书》卷二二二，《南蛮传》。

十双，汉一顷五十亩。中户、下户各有差降”① 一致，唯不知其上官、上户、中户、下户之分之根据为何。南诏实行的是乡兵制，战时为兵，平时为民。南诏一般根据军功大小进行奖惩，其奖励形式可能是多种多样的。唯平时耕作，战时出战，且征战时要自备粮草，别无军给。疑授田不是根据其原有地位，而是根据军功大小来进行，但亦无史料证明之。

（2）南诏国奖励耕织。《新唐书·南蛮传》载：“然专于农，无贵贱皆耕。不徭役，人岁输米二斗。一艺者给田，二收乃税。”② 这是南诏奖励耕织的一项有力措施，因此出现了“无贵贱皆耕”的局面，以至于形成《南诏德化碑》所载的“遏塞流潦，高原为稻黍之田；疏决陂池，下隰树园林之业。易贫成富，徙有之无。家饶五亩之桑，国贮九年之廪”③。这是南诏国通过奖励耕织，形成了国殷民富情形的写照。

（3）南诏派官吏监督农业生产过程。《云南志》载：“蛮治山田，殊为精好。悉被城镇蛮将差蛮官遍令监守催促。”④ 此指在部民“治山田”过程中，南诏均派官吏监督其劳动过程及至农作物的分配。在金等的生产过程中，允许相递告，以便监督。南诏监督、管理农业生产是顺理成章的。一方面，在收割完毕后，要把一定量的禾稻输官；另一方面，要按节令播种、收割，以便即时进行军事训练和相关考课。另外，部民们有充足的收入，才能在征战时自备粮草参加战斗。

（4）采用先进的二牛三夫耕作方式。《云南志》卷七载：“每耕田用三尺犁，格长丈余，两牛相去七八尺，一佃人关前牵牛，一佃人前按犁辕，一佃人秉耒。”⑤较为详细地描述了当地的耕作方式。《新唐书·南蛮传》载为：“犁田以一牛三夫，前挽、中压、后驱。”⑥考释者多认为，此处“一牛”应为“二牛”之误。畜耕在今大理和云南很多地方尚普遍存在。笔者了解的结果是水牛、黄牛有别，如用水牛，因其力大，仅用一牛，古今都如此；如用黄牛，则用二牛，这在北方很多地方尚存二牛抬杆的耕作方式一致。因此，《新唐书·南蛮传》之记述未必有误。

六、司法

关于南诏国的司法制度，史书无专门记载，亦无人进行过专门的研究，是南诏史

① 《云南志》卷八，《蛮夷风俗第八》。
②⑥ 《新唐书》卷二二二，《南蛮传》。
③ 《南诏德化碑》。
④⑤ 《云南志》卷七，《云南管内物产第七》。

研究的一个空白点，因此给我们描述南诏的司法制度带来极大的困难。

要了解南诏国的司法制度，必须与南诏政治、军事制度相联系。南诏国与中国古代的行政司法体系有相似之处，其最大特点是行政与司法不分，其次是刑民不分，即刑法与民法不分，诸法合体。南诏还有一个重要特点是军事与行政不分，因此较中国的司法制度更加复杂，相关史料又很少，因此要把南诏的司法制度描述清楚几乎是不可能的，我们只能了解个大概。

（一）南诏王享有最高审判权

南诏王是南诏的最高统治者，掌握着南诏最高立法权、最高行政权和最高军事指挥权。由于南诏司法行政不分，军事行政不分，因此南诏王也掌握着南诏的最高审判权。在前述僧蝶案中，诏王世隆不仅断案，同时也直接指令行刑。南诏的一些重大刑事案件，如张寻求案、于赠案、时傍案、张虔陀案、两爨仇杀案等，南诏王都亲自介入，史料载为“亲征之”、“亲讨之”等。

（二）刑曹和罚爽

南诏仿唐制，设立了六曹，即兵曹、户曹、客曹、工曹、仓曹、刑曹，其职能“一如内州府六司所掌之事”①。其中，刑曹在《南诏德化碑》碑阴题名中为“法曹”，出现两次均写为“法曹”。根据《唐六典》卷三〇载，其职能为：“掌律、令、格、式，鞫狱定刑，督捕盗贼，纠逖奸非之事，以究其情伪而制其文法。”② 因为南诏六曹掌之事“一如内州府六司所掌之事”，因此南诏刑曹或法曹之职亦应以此为是。到异牟寻之时，“六曹”扩为“九爽”，九爽中之“罚爽”仍执行此职能，是南诏专门的中央司法机关。其具体设置及内部分工，无史料记载，故无从了解。

（三）断事曹长、同伦判官和陀西

《云南志》卷九载：“又有断事曹长，推鞫盗贼。”③ 与六曹长并列，知在刑曹之外，尚有专门的断事曹长。樊志说其职责为“推鞫盗贼”。言断事曹长只有“推鞫”之权，而无审判定罪之权，估计是“捕会”之属，其职责是侦查盗贼之罪并向“刑曹”、“罚爽”提起诉讼。其具体情况也无史料记载。

---

①③ 《云南志》卷九，《云南条教第九》。

② 《唐六典》卷三〇。

《云南志》卷九载："又有同伦判官两人，南诏有所处分，辄疏记之，转付六曹。"① 如前所述，南诏王处理南诏境内军政大事，同时也享有最高审判权。同伦判官的任务是把南诏王所有这些"处分"进行"疏记"，以"转付六曹"。由此可知，同伦判官不是专门的司法人员，其职责是综合性的，但包括司法之"处分"。

《新唐书·南蛮传》载："府有陀酉，若管记；有陀西，若判官。"② 方国瑜先生认为"此军府之属官"③。军府里专门设判官之职，也足见在南诏国，由于军行不分、军民不分，因此军队也行使司法管辖权，而且是主要的执法机关，中央、地方均如此。

此外，南诏的清平官、大军将、地方诸睑首领、节度使、都督在本辖区内行使司法权，与内地府、州、县一样进行审判和侦查工作。值得一提的是，由于南诏是唐之属国，与唐保持着臣属关系，唐律也是南诏法的主要渊源之一，因此唐之节度使、都督等也行使南诏的司法管辖权，如张寻求案就是一个很好的例子。

南诏还有一些相对独立的部落、部族，有些部落、部族享有自己独立的终审权，大量的民事、刑事案件通过部落、部族的习惯法解决。

七、主要习惯法

（一）父子连名制

南诏境内的不少民族或部族属于氐羌系统，普遍存在着父子连名制。但不同民族或部族的父子连名制略有差异。

1. 南诏的父子连名制。《新唐书·南蛮传》载："王蒙氏，父子以名相属，自舍龙来有谱次可考。"④ 言南诏取名为冠姓父子连名制，并有谱次可考。方国瑜先生认为："南诏有姓，仿自汉族，父子相传，则用连名制。关于父子连名，古籍记录及近十余年的调查报告，所见资料已甚多，亦不乏论文发表。大抵，属于羌语系各族，多有此俗。以父子连名辨别亲属关系，对于民族史的研究颇为有益，近人亦多有列论。然此种辨法，主要为统治者继承之用，尚非所有取名如此，故尚不能认为民族之主要

---

① 《云南志》卷九，《云南条教第九》。

②④ 《新唐书》卷二二二，《南蛮传》。

③ 方国瑜：《南诏名号考》，载《方国瑜文集》第 2 辑。

特征。”①

从史料看，南诏王的父子连名，是得以严格执行的，从舍龙到舜化贞，其演化过程为：

舍龙——龙迦独—— 独罗（细奴逻）—— 罗盛 ——盛罗皮——皮罗阁——阁罗凤——凤伽异——异牟寻——寻阁劝——
- 劝龙晟
- 劝利
- 丰佑——世隆——隆舜—— 舜化贞

其中独罗又名细奴逻、蒙细奴罗，有复名，独罗连，其他不连。丰佑非寻阁劝长子，因此不连名，这在南诏王室常见。但其为王后，也有人称其为劝丰佑的，此为附会，无史料证明之。丰佑长子名为世隆，也不连名，《新唐书·南蛮传》言“慕中国不肯连父名”②，是故意不用父子连名制。但次子不连名，则常见。《云南志》卷三载：“长男阁罗凤，授右领军卫将军兼阳瓜州刺史……。次男诚节，蒙舍州刺史。次男崇，江东刺史，次男成进，双祝州刺史。”③ 由此可以看到，除长子阁罗凤连名外，其余三子都不连名。阁罗凤有三子，长男凤伽异，次男铎传，又次男阿思，其中长男凤伽异，与其父连名，其余不连名。凤伽异，见诸史籍的有二子：长男异牟寻，次男凑罗栋，次男亦不连名。因此方国瑜先生认为：“南诏王族连名以表示世系，尤重要者为确定承袭，此属于政治性，仅限于袭职连名，而非普遍，不得为民族特征，质言之，不能以连名与否来决定其族属。”④综上，南诏王室的父子连名制是冠姓，以长子为主的父子连名制，与王位继承相联系，带有很强的政治性，用来巩固和维系嫡长子继承制。

2. 南诏其他民族或部族的父子连名制。南诏境内的很多民族和部族，从族源上都属于氐羌系统的民族。氐羌系统民族的南迁部分多有父子连名制传统。据《云南志》载，蒙嶲诏有父子连名制，其传承过程为：

——
- 辅首
- 佉阳照——照源——源罗

①④ 方国瑜：《南诏名号考》，载《方国瑜文集》第2辑。

② 《新唐书》卷二二二，《南蛮传》。

③ 《云南志》卷三，《六诏第三》。

从以上可以看到，辅首与佉阳照按兄终弟及的原则继承诏位，从其名看，长子辅首可能与其上辈连名，而弟则不连名，其弟佉阳照继承诏位后，则按嫡长子继承原则传袭诏位，属于不冠姓的父子连名制，但连名可能主要也是长子。

据《云南志》卷三载，浪穹诏也有父子连名，其连名：

丰咩(袭邓赕诏有之)——咩罗皮——皮罗登——登罗颠——颠之托

丰时——时罗铎——铎罗望——望罗偏——偏罗矣——矣罗君

从上述看，丰时、丰咩为兄弟，都有父子连名，但丰时、丰咩是各有一诏，不属兄终弟及的继承原则，亦非“袭邓赕居之，由是各有一诏”① 之后才改的名，因此是长次子都连名，不冠姓的父子连名制。值得注意的是，丰时之后的名中都有一“罗”字，不知为何含义，在白语或彝语中“罗”之意也不得而知，疑是长子的标识。

据《云南志》载，施浪亦六诏之一，有父子连名：

施望欠

施望千——千傍——傍罗颠

其中，望欠、望千为兄弟，按兄终弟及原则继承诏位，同与其父连名。望千后按嫡长子继承原则承袭诏位，亦有严格连名。

另外，从民族学资料看，今天云南的彝族、哈尼族等原属氐羌系统的民族中，一般百姓人家也普遍存在父子连名制，从其谱系中一直可上溯至唐代甚至更远，一般情况下长子、次子都连名，此类资料甚多，此处不详述。

（二）日常生活中的习惯法

《云南志》卷八载：“蛮其丈夫一切披毡。其余衣服略与汉同，唯头囊特异耳。南诏以红绫，其余向下皆以皂绫绢。”② 从中可以看到，头囊是南诏服饰的一大特征，其他用皂绫；③身份上仅限于南诏及其高官，羽仪长以下有特殊功勋者“然后得头囊”，而“子弟及四军罗苴以下，则当额络一髻，不得戴囊角”。④ 由此可见，南诏的头囊是身份和地位的象征。杨郁生先生认为：“头囊除了与一般的帽子具有相似的实用价值之外，还有一个更神

① 《云南志》卷三，《六诏第三》。

②③ 《云南志》卷八，《蛮夷风俗》。

④ 《云南志》卷九，《云南条教第九》。

秘、更重大的象征意义，其分量不亚于一个民族的图腾崇拜。"① 不论是在剑川石宝山石窟还是在"南诏图传"中，头囊都在传递着一种信号：身份和地位。

《云南志》载："俗皆跣足，虽清平官、大军将亦不以为耻。曹长以下，得系金佉苴。或有等弟战功褒奖得系者，不限常例。"② 此史料指"跣足"是一传统，从"清平官、大军将亦不以为耻"可知，"跣足"不是因为无鞋可穿，而是一种习惯或风俗。关于金佉苴，也有严格的习惯法规定：曹长以下得系。根据史料，此"以下"疑为"以上"。《白氏长庆集·蛮子朝》载："大军将系金呿嗟"、"清平官系金呿嗟"。③《南诏野史》亦言："自大军将以至曹长皆系金佉苴。"根据南诏官制，清平官、大军将皆为曹长"以上"。《云南志》卷七又言："负排罗苴以下，未得系金佉苴者，悉用犀革为佉苴，皆朱漆之。"④

《云南志》又言："贵绯紫两色。得紫后，有大功则得锦。又有超等殊功者，则得全披波罗皮。其次功，则胸前背后得披，而缺其袖。又以次功，则胸前得披，并缺其背。"⑤此言披虎皮也是南诏身份的象征之一，地位越高，得披越多，依次递降，皆有法制。

女子服制，较男子简单，相关规定少一些，但贫贵仍有区别。《云南志》言："妇人，一切不施粉黛，以酥油泽发。贵者以绫锦为裙襦，其上仍披锦方幅为饰。"⑥ 妇人披锦，不受限制，男子有锦，乃是身份和地位的象征。

关于饮食，亦有定制，有习惯法规。《云南志》卷八载："每饮酒欲阑，即起前席奉觞相劝。有性所不能者，乃至起前席扼腕抵颡，或挽或推，情礼之中，以此为重。"⑦这种以劝酒作为敬人之礼，至今仍在云南很多少数民族中流传，成为定俗。

关于食具，也有习惯法规。《云南志》载："南诏家食用金银，其余官将则用竹箪。贵者饭以筋不匙，贱者搏之而食。"⑧此制为金银、竹箪、筋不匙、搏之而食以次递降，不得僭越。

关于丧葬，贵者贫者，不同民族不完全一样，但亦有习惯法定制。《云南志》言："西爨及白蛮死后，三日内埋殡，依汉法为墓。稍富室广栽杉松。蒙舍及诸乌蛮不墓葬。凡死后三日焚尸，其余灰烬，掩以土壤，唯收两耳。南诏家则贮以金瓶，又重以

---

① 杨郁生：《南诏服饰》，载《南诏文化论》，云南人民出版社 1991 年版。

② 《云南志》卷八，《蛮夷风俗第八》。

③ 《白氏长庆集》卷三，《蛮子朝》。

④⑤ 《云南志》卷七，《云南管内物产第七》。

⑥⑦⑧ 《云南志》卷八，《蛮夷风俗》。

银为函盛之，深藏别室，四时将出祭之。其余家或铜瓶铁瓶盛耳藏之也。”① 此谓乌蛮、白蛮葬俗不同：白蛮土葬，依汉法；乌蛮火葬，贫富有别，以金、铜、铁瓶以别。

第三节

大理国的法律制度

一、法制概况

南诏灭亡之后，在原南诏疆域内先后出现了大长和国、大天兴国和大义宁国三个短暂的过渡政权，这是从以乌蛮贵族为主的政权向以白蛮封建主政权过渡的势力消长阶段，最后以代表新兴的封建地主或封建领主经济的段氏的胜利而告终。段氏建立的政权称为大理国，其历史进程基本上与中原的宋王朝相始终，并与宋王朝维持着臣属关系。大理国建立之后，为了调整其内外部关系，也建立了自己的法律制度。这个以白族为主的地方性政权，与南诏国有连续性和继承性的关系，在法律制度方面也是如此。同时，大理国与宋王朝一直通过各种渠道保持着密切的联系。在史料上，大理国向宋王朝朝贡，接受宋王朝封赐的史料颇为丰富。《宋会要辑稿》卷一九七政和七年(1117)载：“二月五日诏：大理国王段和誉，可云南节度使、金紫光禄大夫、检校司空、上柱国、大理王，加食邑一千户，实封五百户。制曰：朕绍承先烈，绥御多方，唯声教之所加，俾克畏慕，固舟车之所至，靡不和宁；彼外蕃奠居南服，能向风而慕义，宜孚号以示恩。”此言大理国王为宋朝廷的云南节度使、金紫光禄大夫、检校司空、上柱国，因此宋朝关于官秩之法，其他“声教”之法，当然在大理国适用。大理国与南诏国一样，是一个民族、部族众多的国家。与南诏相比，其民族关系发生了一些变化。首先，白族不仅成为大理国的主体民族，而且控制了大理国王室。其次，经过南诏长期的开发、战争和民族迁徙，各民族、部族间的政治、经济、文化发展不平衡的情况有所改善，在南诏统治中心的洱海周围、滇池周围、永昌一带的民族和部

---

① 《云南志》卷八，《蛮夷风俗》。

族，其社会、经济、文化发展水平逐渐趋于平衡，但一些边缘地带各民族发展的不平衡性在大理国时期仍然存在，而且各民族和部族的民族、政治意识也在增强，这给大理国的统治者带来了新的挑战。在段思平推翻杨氏政权、建立大理国的过程中，段思平便重视利用少数民族和部族的力量，通过与滇东三十七蛮部会盟的形式取得了三十七部的支持。尤中先生论述道："及至杨干贞受到各方面力量反抗的时候，段思平在通海地区已造成了自己的势力，且与东爨乌蛮三十七部的贵族之间改善关系，得到三十七部贵族们的拥护，显示了他能够解决南诏时期遗留下来的民族问题的才能。"① 因此，段氏建立大理国政权之后，特别重视通过法律和其他各种手段调整其境内的民族、部族关系。

二、行政法律

（一）官制

1. 国王。大理国王由段氏家族世袭，总揽大理国的最高军事、行政和司法大权，是大理国的最高统治者。根据史料，其又与宋王朝保持着臣属关系，又是宋王朝的"云南节度使"等边官。因此大理国王具有双重身份，存在着对内和对宋朝双重法律关系。

大理国王的承袭过程，较南诏复杂，但基本原则是一致的。根据《南诏野史》、《滇云历年传》等史料记录，其具体传袭过程为：

段思平——段思英——段思良——段思聪——段素顺——段素英——段素廉——段素隆——段素贞——段素兴——段思廉—…杨义贞…—段廉义——段寿辉——段正明——段正淳—…高升泰…—段正严——段正兴——段智兴——段智廉——段智祥——段祥兴——段兴智

从段思平建立大理国至忽必烈灭后理国，段氏家族共传22世，历315年，中间有杨义贞和高升泰两代非段氏王，其传袭过程较为复杂，有以下几种情况：

（1）嫡长子继承。大理国和后理国的王位继承比较复杂，且形式较多，但其基本原则仍为嫡长子继承制。在上述段氏家族22代王中，有16代遵循了嫡长子继承原则，占其全部继承形式的70%。非嫡长子继承通常发生在王位的非正常更迭过程中。

① 尤中：《云南民族史》，云南大学出版社1994年版，第219页。

（2）叔侄相互继承。在上述段氏22代王位承袭过程中，包括争夺所得和正常继承在内，叔侄相互继承的共4例，其中两例为非正常继承，两例为正常继承，也算是经常性采用的一种继承方式了。

（3）兄终弟及。在上述王位传承过程中，出现了两例兄终弟及之现象。其中一例是段正明传段正淳，中间经过了高升泰篡权，又由高氏立其弟段正淳为王，史书亦称段正淳创或复后理国，属于非正常传承的情况。另一例为段智廉传段智祥，属于正常继承。

综上，大理国王位继承规则为：以嫡长子继承为主，以叔侄相互继承和兄终弟及为补充。

大理国王位继承的原因有卒、禅、废、弑几种情况。其中，卒（正常死亡）11例，禅为僧等8例，废2例，弑1例。其中，因卒而继承在中国古代和世界各地均很普遍。而通过"禅位为僧"的形式而发生的继承是大理国王位继承的一大特点，其中有7例史料明确记载"禅位为僧"，由此可见佛教在大理国的地位及其对大理国法律制度的影响。

大理国王都有年号，少的一个年号，多的达五六个年号，一般在位时间长的年号多一些，在位时间短的年号少一些。且大理国王平均在位时间都不太长，史书记载最长的为段正严，在位39年，最短的仅1年。其年号的应用，中间几代大理王年号较多和复杂。从上可知，使用年号乃大理国之法定制，但使用什么年号和几个年号则无定制，也无规律可循。

特别值得注意的是：大理国王的命名制度有"重名制"和冠姓父子连名制两种情况，以"重名制"为主。"重名制"是徐嘉瑞先生创造的新概念，他说："重名制不见前人著作，乃余就已有资料，提出之名词。"① 在大理国和后理国22代段氏王中，重"思"的有六，分别为开国者段思平，其子段思英，其弟段思良，其侄段思聪，其曾孙段思廉。以"素"重名的也有六代，分别为段素顺、段素英、段素廉、段素隆、段素贞、段素兴。此命名制度既不同于南诏的父子连名制，也不同于汉族以辈分排名制，是一种特殊的命名制度。徐嘉瑞先生认为："古代姓氏，姓表母系，氏表父系，而烧当羌父子祖孙重名，不但表父亲，亦且表祖系也。"②在段氏家族里，段表母系，而"思"、"素"、"正"等重一字表示父系，而不代表辈分，这在上述列举中已可清楚看到。

---

①② 徐嘉瑞：《大理古代文化史稿》，中华书局1978年版，第330、330页。

此外，在大理段氏王室里，也出现冠姓的父子连名制，如段思廉传段廉义，段为姓，廉为父子连名。又如其最后三代王为段智祥、段祥兴、段兴智，为冠姓父子连名制，与南诏蒙氏的命名制度一样，亦代表父系。对此，徐嘉瑞先生认为："段氏最初，盖用重名制，乃烧当羌之制，至智祥以后，始改用连名制，乃先零羌，亦南诏之制也。段代表母姓，而子孙之名，或与父祖重一字，以代表父氏，又或与父连名，亦代表父氏，而段氏之姓氏制度，则兼用重名与连名者也。"① 由此可见，这是段氏自古传下来的习惯法，其制应以重名制为主，兼采父子连名制。

2. 中央官制。关于大理国中央官制，史料甚少，且极为分散，无系统记录，但知其与南诏之中央官制大体一致，略有差别。

首先，大理国有"相国"。《南诏野史》载："天福三年封董伽罗为相国，封高方为岳侯，分治成纪、巨桥等地。封爨判为巴甸侯。"②《滇考》、《滇云历年传》等史料有相同的记载。上述三人乃帮助段思平得国者，是大理国之开国元勋，其中又以董伽罗为最重，因此封为相国，即中原王朝之宰相。而"侯"似为一封号，非中央常设之官制。

其次，大理国有布燮、坦绰。前述《宋会要辑稿》载："今先遣臣布燮、臣李紫琮、臣杨苛祥，坦绰臣李百祥。"知大理国与南诏一样，设有布燮、坦绰之职官。《桂海虞衡志》亦言："坦绰、酋望、清平官，皆其官名也。"方国瑜先生认为："凡称坦绰、布燮、久赞、彦贲，品位较高，清平官多领此诸号。"③ 关于大理国的史料中，这些称号多次出现，且地位很高。

再次，大理国中央与南诏一样设爽。南诏国之初，设六曹，后期改六曹为九爽。大理国亦设爽，但史料未载设几爽，但知有天驷爽。《宋会要辑稿》第一九七册载："二月十三日，大理国进奉使天驷爽彦贲李紫琮，副使坦绰李伯祥见于紫宸殿。"④ 但史料不记天驷爽之职权。

此外，在大理国的一些碑刻如《大理国段氏与三十七部石城会盟碑》等和《南诏野史》中，还出现彦贲、判官赞卫、侍内官久赞、贴侍内官赞卫、幕览、敞宇览、缮览、演习、将军等称号，史料无其职位和职能之载。

① 徐嘉瑞：《大理古代文化史稿》，中国图书刊行社 1985 年版，第 330—331 页。

② 木芹：《南诏野史会证》，云南人民出版社 1990 年版，第 210 页。

③ 方国瑜：《南诏名号考》，载《方国瑜文集》第 2 辑。

④ 《宋会要辑稿》卷一九七。

（二）行政区划

1. 首府。大理国以大理为首都，而以鄯阐为陪都，称“东京”。《南诏野史》载：“思平即位，时天福丁酉二年也，年四十四岁。建号大理国，建元文德，仍都大理。”① 李京《云南志略》亦言：“思平，蒙氏清平官忠国六世孙布燮保隆之子。国号大理，改元文德，都苴咩城。”② 由上可知，大理即南诏之羊苴咩城，此为大理国之固定都城。

《南诏野史·素兴伪谥天明皇帝》又载：“素兴性好游狎，广营宫室于东京，多植花草，于春登堤上种黄花，名绕道金棱，云津桥上种白花，名萦城银棱。”③此言鄯阐为大理国之东京，段素兴在此“广营宫室”，春季花开之时常住此处。由此可知，大理国以大理为定都，鄯阐为陪都，实行主、陪都制。后理国最后一王段兴智在大理危急之时，便“奔鄯阐”避难。

2. 地方行政区划。大理国早期的地方行政区划，基本上沿袭南诏的地方行政区划设置，仅是对一些名称和辖区做了调整，所不同的是在节度之下设了郡一级行政区，但具体郡名及设置的普遍程度则不得而知。到大理国中后期，其地方行政区划经过一个漫长的演变过程，形成了八府、六郡、四镇及三十七部组成的地方行政区划体系。

（1）八府。府由南诏和大理国早期之节度、都督等行政建制演变而来，其具体名称及辖区为：鄯阐府，以鄯阐为治所，辖滇池周围地区，鄯阐同时为大理国别都，因其在大理东部，称“东京”；威楚府，治所在今楚雄，其辖区是今楚雄州大部；姚府，又称弄栋府、统夭府，治所在今姚安，辖今四川会理、盐源一带；建昌府，治所在今四川西昌，辖境为今大渡河以南至西昌一带；谋统府，治所在今鹤庆，管辖鹤庆、剑川、兰坪、沪水等地；永昌府，治所在保山，管辖保山、龙陵、德宏和临沧等地；腾冲府，治所在今腾冲，管辖腾冲以西至缅甸东北部一带。

（2）六郡。郡是八府下属机构，主要设于经济、文化较发达的地区，一些少数民族聚居区则根据具体情况设大小不等的“部”。六郡之具体名称和辖区为：天水郡，治所在天水，管辖洱海南部地区；凤羽郡，治所在今大理凤羽，辖洱海北部地区；东川郡，治所在今会泽，辖东川、会泽、巧家等地；河阳郡，治所在今玉溪，辖玉溪、江川、澄江及今石林等地；石城郡，治所在今曲靖，辖今曲靖市大部及贵州西部一部

①③ 木芹：《南诏野史会证》，云南人民出版社1990年版，第212、214页。

② 李京：《云南志略·诸夷风俗》。

分地区；秀山郡，治所在今通海，辖今通海和红河州一带。

（3）四镇。大理国的四镇，类似于南诏时期的都督，属于军事重地，地位较高，应与府并列，管辖边远的少数民族地区。四镇的具体名称和辖区为：成纪镇，治所在今永胜，管辖大理国西北部的少数民族地区；蒙舍镇，治所在开南（今景东），管辖大理国西部的广大少数民族地区；金齿镇，治所在今盈江，管辖大理国西南部的广大少数民族地区；最宁镇，治所在今开远，管辖大理国南部的少数民族地区。

（4）部。部也是大理国管理少数民族聚居区的一种行政区划，但部的大小因时因地而异，一般置于府、镇、郡之下。其中见诸史料最多的是三十七部。除此之外，还有勿邓诸部、乌蒙诸部及罗殿诸部等。其中三十七部史料记录甚详，限于篇幅，此处不细述。

三、刑事法律

（一）主要罪名

从现有史料看，大理国时期的主要犯罪有：

1．弑主罪。在杨干贞案中，杨干贞的直接罪名为：“贞在位，贪暴特甚，中外咸怨。”① 根据其他史料，杨干贞之罪有三：首先，《白古通纪浅述》载：“隆亶立。隆亶僭称恭惠皇帝，后唐明宗天成元年即位，改元天应，丁亥，杨干贞杀之。”② 杨干贞时为剑川节度使，此为弑君之罪。其次，杨干贞自立为王。《南诏野史》载：“杨干贞，唐明宗天成四年篡赵氏自立，国号大义宁，改元先圣，又改大明，伪号肃恭皇帝。”③此应构成自立为王罪。而贪暴是其在位时之罪名。根据此三罪，段思平讨之。后赦其死罪，废为僧。

另，胡蔚本《南诏野史》又载：“神宗庚申元丰三年，杨义贞杀廉义而自立。计义在位五年。自义贞弑其主廉义而自立，篡位仅四月，鄯阐侯高智升命子清平官升泰起东方爨僰兵，讨而诛之，立廉义之侄寿辉。”④《白古通纪浅述》亦言：“子廉义立，在位六年，杨义贞弑而立，是为广安皇帝，改元德安，篡位四月半，段臣高智升命升

①③④ 木芹：《南诏野史会证》，云南人民出版社1990年版，第216、214、217页。
② 《白古通纪浅述》，载《南诏野史会证》。

泰起东方兵杀之。"①《滇考》载为："子连义立六年，为其臣杨义贞所弑，凡四月，升泰讨灭之。"② 上述史料大同小异，均载杨义贞弑君之罪，由高升泰讨诛之。可知弑君之罪为死刑，方法为诛。

《南诏野史》还有一弑主之案例，言："泰明生八子，高智昌以罪流死。其下伊、何二人谋为报仇，乘誉入寺进香，图弑逆，事露被收。誉嘉二人之义，赦之，为立义士冢。"③ 上述史料涉及大理国的诸多法律制度问题，唯无其他史料详记之，所以知之甚略简。但可确知，伊、何二人犯"弑主"之罪被收，并处以死刑。

弑主之罪应为大理国之重罪，一般处死刑，但大理国刑罚宽松，因此常被赦免死罪。

2. 荒淫无度罪。《滇考》言："子思英立，二年，淫戏愈甚，其臣废为僧，而立其叔思良。"④《南诏野史》亦言"废"段思英的原因是其"淫戏无度"。在前述素兴案中，国人废他的罪名亦为"荒淫日甚"。可见，荒淫、淫戏之罪在大理国较为普遍。

3. 反叛罪。胡蔚本《南诏野史》言："仁宗甲辰皇祐四年，广源州蛮侬智高反朗州，伪号大南国，自称仁惠皇帝，僭元启历。九月，宋以枢密副使狄青为荆湖宣抚使，督诸军讨之。十二月，狄青到广南，合孙沔、余靖之兵，进次宾川。皇祐癸巳五年正月，至邕州。上元节，狄青破昆仑，大破侬智高兵。智高烧城遁，由合江口入大理，思廉杀之，函首送京师。"⑤此案很有意思。首先，侬智高反叛是反叛宋王朝，而不是反叛大理国，此罪为叛宋之罪。其次，段思廉杀侬智高，罪名为叛宋之罪，其法律依据也应为宋朝廷之法，由此可证明宋朝法律在大理国之效力。第三，思廉杀侬智高之后的处置方式是"函首送京师"，此亦证明大理国与宋朝廷之间的臣服关系。唯"函首送京师"之案例，见诸史料的仅此一例，因此不知其在大理国的普遍性。

另外，《滇云历年传》载："皇祐三年，命高智升伐允贤，克之，以白崖和甸赐之。"⑥《白古通纪浅述》亦载："八年，高智升伐杨允贤，克之，赐白崖和甸地方。"《宋辽金时期民族史》则载为："宋仁宗嘉祐八年，大理境内爆发了以杨永贤为首的各族人民大起义。段思廉派高智升率兵前往镇压，起义失败。"⑦ 此言起义，是现今之立场观点。查史料，只有杨允贤而无杨永贤，从时间推之，乃杨允贤之误。对大理国

---

① 《白古通纪浅述》，载《南诏野史会证》。
② 冯甦：《滇考》（上），商务印书馆 1986 年影印本。
③⑤ 木芹：《南诏野史会证》，云南人民出版社 1990 年版，第 214、219 页。
④ 冯甦：《滇考》（上），商务印书馆 1983 年版。
⑥ 倪蜕辑、李埏校点：《滇云历年传》，云南大学出版社 1992 年版，第 156 页。
⑦ 陈佳华等：《宋辽金时期民族史》，四川民族出版社 1996 年版，第 321 页。

法律而言，此为反叛罪。

此外，胡蔚本《南诏野史》载："三十七部叛，高相国泰明讨平之，使四子高明清居鄯阐镇守……徽宗已亥宣和元年正月，彗星出，慕宁、远、矣、空、破、马等叛，陷鄯阐，高明清死之。"① 由上可见，反叛或叛逆，也是大理国常见的犯罪之一。

除上述犯罪之外，大理国时期还有暴虐无道、强盗、贼杀、仇杀、通奸、不肖等罪名，但因史料阙如，难以进行更深入的分析。

（二）刑罚方式

与南诏国一样，大理国也有死刑、徙边、流刑、徒刑、杖刑等。这可从民族学资料和相关史料推知。除此之外，大理国还有几种刑罚方式不见于南诏国史料。

1. 废为僧。大理国王为僧者不少，但有两种情况，一种是自愿禅为僧，另一种是被动的，是一种处罚，但是否为一刑罚方式尚需进一步研究。《南诏野史》载："祠秀山神，免东方三十七蛮部徭役，赦国中凡有罪无子孙者。天福四年，赦杨干贞罪，废为僧。"②《南诏野史》又言："贞在位，贪暴特甚，中外咸怨。"③其构成犯罪无疑，但处罚，各书略有出入。《南诏源流纪要》言为："国号义宁。段思平讨干贞，废为僧。"未言赦其罪，直接处罚是"废为僧"。《滇载记》言为："改国号曰大义宁，改元尊圣。贪虐无道，中外咸怨，通海节度使段思平兴师问罪，杨氏仅立三年。"④此言杨干贞罪状，但未言处罚。从以上三则史料看，"废为僧"似为一刑法处罚方式。《南诏野史·段思英》载："晋开运二年立，改元文经。叔思良争立，废英为僧。"《白古通纪浅述》载为："子思英立，后晋开运二年即位，改元文经，叔思良争立，废为僧，法名弘修大师。"《滇考》亦言："子思英立，二年，淫戏愈甚，其臣废为僧，而立其叔思良。"胡蔚本《南诏野史》记为："思英素不肖，思平在日，常欲废之，不果。迨即位，愈淫戏无度，群臣废之，而立思良。"上述史料大同小异，唯从法律角度观之，废为僧是肯定的，但有的史料未言罪状，有的列举了一条罪状"淫戏无度"，有的列了两条罪状："不肖"和"淫戏无度"。

另外，《南诏野史·素兴伪谥天明皇帝》载："仁宗甲申庆历四年，素兴在位，荒淫日甚，国人废之，而立太祖曾孙智恩之子思廉。"废素兴之罪状仍为"荒淫日甚"。从上述史料可知，"废为僧"疑是大理国一种常用的刑罚方式，这与自愿、主动地

---

①②③ 木芹：《南诏野史会证》，云南人民出版社1990年版，第217、221、219页。

④ 杨慎：《滇载记》丛书集成本，商务印书馆1936年版，第49页。

"禅为僧"不一样。

2．流死。流和死是中原封建王朝两种主要的刑罚方式，在南诏和大理出现不足为怪。但死流并称，这有如南诏的"杖下捶死"，疑为一独立的处罚方式。《南诏野史·段正严》载："泰明卒，封国师。泰明生八子，高智昌以罪流死。其臣伊、何二人谋报仇，乘王入寺杀之。事露，王嘉为义士，欲用之。曰：愿死，以封后人。王命立义士冢，今存。"王崧本和淡生堂亦有载，但均言为"以流罪死"。上述史料，或可解为高智昌罪该流，但处以死刑，于是有其臣"谋报仇"亦未可知。由于史料单一，无其他佐证，无从具体考证。

3．赎刑。《宋史》卷四九六载："土热，多霖雨，稻粟皆再熟。无徭役，将战征乃屯聚。刻木为契。其法，劫盗者，偿其主三倍；杀人者，出牛马三十头，与其家以赎死。"① 大理国统治下的一些少数民族地区，存在着自己的习惯法。在《宋史》该史料中，"劫盗"、"杀人者"皆为犯罪，但劫盗仅"偿其主三倍"，而杀人可"出牛马三十头以赎死"。南诏的法律制度中也有"偿赃"与"赎死"，但偿赃是九倍，赎死仅适用通奸罪，这里把赎死的范围扩大到杀人罪，是一特点。

4．大赦和特赦。《南诏野史》载："祠秀山神，免东方三十七蛮部徭役，赦国中凡有罪无子孙者。天福四年，赦杨干贞罪，废为僧。"上述史料"赦国中凡有罪无子孙者"，为大赦，而"赦杨干贞罪"为特赦。胡蔚本《南诏野史》又载："泰明生八子，高智昌以罪流死。其下伊、何二人谋为报仇，乘誉入寺进香，图弑逆，事露被收。誉嘉二人之义，赦之，为立义士冢。"此言伊、何二人为其主高智昌报仇而谋杀国王，为弑君之罪，但段和誉以义赦之，亦为特赦。上述两则史料，大赦和特赦之权，均由大理国王行使。

由于史料阙如，大理国时期其他刑罚方式以俟再考。

四、经济法律

（一）关于土地的法律

1．实行土地分封制。《南诏野史》言："天福三年封董伽罗为相国，封高方为岳

① 脱脱等：《宋史》卷四九六，《蛮夷四》，中华书局标点本，1977年版。

侯，分治成纪、巨桥等地。封爨判为巴甸侯。”胡蔚本《南诏野史·思廉太祖元孙伪谥光宗孝德皇帝》载：“仁宗嘉祐八年，命岳侯高智升讨杨允贤，克之，加智升太保，封德侯，赐白崖茹甸之地，寻晋封鄯阐侯，子孙世袭。”上述史料，记述了大理国分封的大体情况。方国瑜先生对其中高氏之分封做了详细考证。①

对高氏分封之情况，木芹先生总结说：“高氏子孙分封郡邑，所可考者已如上述。从世系言，高智升之二子，升泰子孙在今滇西，而升祥子孙在今滇东。自南诏居大理，以鄯阐为东京，段氏时以此两地为大都会，故智升之二子分而治，一居大理，二居鄯阐。而升泰有四子，泰慧子孙在大理以北，泰运子孙在大理以西，其余则属泰明之孙。泰明以嫡派为相国，后之任相国者皆泰明之子孙也。而泰明生三子，封明清于姚安，明量于威楚，明顺为相国，然或因让位，或因攘夺，嫡传不能保。又封建昌、会川、姚安之地时，明清裔孙得为相国，以姚安让之，自居于副贰，高氏分封土地，大略如此。段氏疆域有八府，悉委高氏子孙统治之也。”② 从上述情况看，段氏分封之根据原则是以功为主，而以皇族近亲为辅。因此出现了大理国段氏为王、高氏为主的局面。

邵献书先生亦言：“大理国的建立，标志着封建领主生产关系在其主要地区的确立。与南诏一样，以大理国王为首的大理政权，对全境土地有最高所有权。如前所述，当大理国开国主段思平建国之初，除洱海地区大部分土地和人民直接属于大理国主及其段氏王室，并承认封建主原有的土地和农奴仍为其占有外，段思平在主要地区进一步实行封建分封制，将土地和人民重新分封或扩大分封给其下属。”③

2. 复杂多样的土地所有权法律关系。从土地法律制度角度看，土地分封制决定了大理国土地制度的基本构架：整个大理国的土地名义上属于大理国王室所有，王室再根据功劳和亲属关系把土地层层分封下去，形成了金字塔形的土地所有者结构，但实际情况远比这一框架复杂，在大理国疆域范围之内，还存在着原土地所有者、生产关系较落后的原始和半原始状态的部族部落，以及大量的平民家庭，他们的土地所有状况十分复杂多样，这种复杂多样的土地所有制形式与大理国的土地分封制交错并存，使得大理国土地所有权的特征显得极为复杂。其主要现象有：

（1）一地多主。从名义上，整个大理国的土地都归大理国王所有，因此他可以任

---

① 方国瑜：《高氏世袭事迹》，《方国瑜文集》第2辑，第504—505页。
② 木芹：《南诏野史会证》，云南人民出版社1990年版，第226—267页。
③ 邵献书：《南诏和大理国》，吉林教育出版社1990年版，第102页。

意地把土地和土地上的人民分封给有功之臣和其亲属。但在其分封一地之后，其土地所有权主体是不明确的，各受封者的情况也有差异，这样，该幅分封之地便有分封者和被封者两个主体。在分封的该幅土地中，也可能会包含有一些生产关系较落后的部落村社组织，他们亦是土地所有权主体；而在该村社中，也可能游离出一些自由平民家庭，他们亦会主张以先占原则取得他们所使用或耕种的土地所有权。这样便出现了复杂的一地多主、权能含混的复杂情况。

（2）一地多权。由于存在上述一地多主、权责不清的复杂的土地所有权的情形，也就必然会产生其一地多权的特征。在大理国的一幅具体土地上，可能同时有多个所有权主体，由于其土地的经营方式不同，就会出现所有权、使用权、管理经营权、占有权、地上权、租赁权、典权等多种法律权利并存的情形。

由上可知，大理国的土地法律制度复杂多样，相关史料有限，与我们今天的土地制度差异很大，因此要完全了解大理国土地制度的实际情况实属不易，有待进一步研究。

（二）关于赋税的法律

大理国的贡纳有三个层次：一是大理国向宋朝廷的贡纳；二是昆仑国等大理国的臣属国向大理国的贡纳；三是大理国的内部的封臣、部落、部族向大理国王和中央政府的贡纳。每一种贡纳都有政治象征、贸易和赋税三方面的意义。

1. 大理国向宋中央朝廷的贡纳。大理国向宋中央朝廷的贡纳，史书多有记载，其主要意义：一是表明大理国与中央王朝之间的臣属关系，具有很强的政治象征意义，往往是史书记载的重点；二是大理国与宋王朝之间一种互通有无的特殊贸易方式，同时通过这种独特的贸易方式加强双方的政治、经济、文化联系，具有很强的交流功能；三是通过贡纳方式向中央交纳赋税，中央从中得到税收的经济利益。从史料看，大理国向宋中央朝廷贡纳的政治意义大于经济意义，象征意义大于实际意义。

关于大理国与宋王朝之臣属关系，史书多有记录，但“宋挥玉斧”之说也颇为流行。胡蔚本《南诏野史·素顺》载：“宋太祖丁卯乾德五年春，王全斌平蜀，还京师，请取云南，负地图进。太祖鉴唐之祸，以玉斧画大渡河为界，曰：‘此外非吾有也。’”① 李京《云南志略》亦言：“宋太祖建隆三年，王全斌克蜀，因取云南，太祖

① 木芹：《南诏野史会证》，云南人民出版社1990年版，第226页。

止之曰：‘德化所及，蛮夷自服，何在用兵！’于是开边之衅息矣。”① 而《滇载记》则言：“王全斌既克蜀，欲因兵威取滇，以图进于上；太祖鉴唐之祸基于南诏，以玉斧画大渡河曰：‘此外非吾有也。’由是云南三百年不通中国，段氏得以睨临爽、爨以长焉。”② 上述史料言之凿凿，谓有宋太祖以玉斧画大渡河国界之事，今昆明大观楼长联“唐标铁柱，宋挥玉斧”之据是矣。

但从情理言，宋太祖欲取之而不能可信，而径言“此外非吾有也”不可信。而李京《云南志略》所言“德化所及，蛮夷自服，何在用兵”较为客观可信。从史料看，绝无大理国“三百年不通中国”之事。因此，宋太祖对云南的策略是攻心，是文通，是“德化”，而不是“此外非吾有也”。因此，李焘《续资治通鉴长编》卷三〇言：“太平兴国四年（979）十一月，初，西南夷不供朝贡，寇钞边境，刑部郎中许仲室为西川转运使，亲至大渡河，谕其逆顺，示以威福，夷人皆率服。”此为宋朝廷主动索贡，结果也是“夷人皆率服”。同书卷二三又载：“太平兴国七年三月丁未，诏黎州造大船于大渡河，以济西南蛮之朝贡者。”也为宋朝廷为方便大理国贡纳而主动提供之便利。对此，方国瑜先生评价说：“宋初未尝不欲得云南。张道宗《纪古滇说集》：‘宋兴，北有大敌，不暇远略，使传往来，不通于中国。’但宋未积极经略，而大理主亦多庸懦，故声闻疏稀。迨大理高氏辅政，求通中国，屡使至大渡河，而西川疆吏唯恐生事，严为拒绝，乃托词宋太祖恐边患，放弃大渡河以南之地。”此论很精辟。

《宋史·大理传》载：“大理国，即唐南诏地也。熙宁九年（1076），遣使贡金装碧玕山、毡毯、刀、剑、犀皮甲、鞍辔。”《宋会要辑稿》亦载，大理国王段和誉奏：“臣累年以来，尝遣磨中罗道等处乞修朝贡，至政和五年五月，已奉圣旨，差广州观察使黄璘充第一等奉使，于宾州置局，接纳入贡，今先遣臣布燮、臣李紫琮、臣杨苛祥、坦绰臣李百祥管押马三百八十疋，内有五十疋系特进，麝香、牛黄、细毡、碧玕、衣甲、弓箭等，诣阙进献。”上述史料所载大理国向宋朝进贡之物，多为大理之特产，数量不少，且大理国王自称“臣”。宋朝廷封大理国王段和誉为金紫光禄大夫、检校司空、云南节度使、上柱国、大理国王。此朝贡之政治意义，大理国与宋朝廷均十分清楚。

关于其贸易功能，《宋会要辑稿》卷一一九有载：“大理、蒲甘国所进方物，除更不受外，余令广西经略司差人押赴行在，其回赐令本路转运提刑司于应管钱内取拨

① 李京：《云南志略》，《诸夷风俗》。
② 杨慎：《滇载记》丛书集成本，商务印书馆1936年版，第50页。

付，本司依自来体例计价优与回赐，内革表等先次入递投进，令学士院降款敕书回答。”在此史料中，其贸易功能体现得十分突出，并且所朝贡之物还可以根据需要与否“除更不受”，而“回赐”要按体制计价。当然，这里也有政治意义，“降敕书回答”便是其体现。

2. 属国和内部封臣、部落、部族向大理国的贡纳。《南诏野史·后理国·段正淳》载：“鄯阐高观音来朝，进金杖八十节，人民三万三千户。赐八章礼衣，龙头剑，擢为安东将军。缅人、昆仑、波斯三夷同进白象、香物。”上述史料中的高观音，胡蔚本《南诏野史》作李观音得。另据木芹先生考证，上述波斯为今缅甸之勃生，昆仑为今缅甸之地那悉林，① 时为大理国之臣属国。另外，《南诏野史》还载：“政和五年，缅人进金花、犀象。”该史料所述之贡纳，其意义也有三：一是表明其对大理国统治的臣服和与大理国的臣属关系；二是一种特殊的贸易形式，因大理也要厚赐之，是一种特殊的互通有无的交流形式；三是其下属向其交纳的一种赋税，这在大理国内部的贡纳关系中尤为突出。胡蔚本《南诏野史·段和誉》载：“七月中元节，各方贡金银、罗绮、珍玉、犀象万计，牛马遍点苍。”

另外，《南诏源流纪要》又载：“子泰明遵遗言，立政明之弟正淳，而段氏复兴，号后理国。高泰明为相，赏罚、政令皆由之，国人称为高国主。诸蛮来贡者，皆先谒相国。”上述史料言高氏位高权重，一个重要的表现是“诸蛮来贡者，皆先谒相国”。这说明诸蛮来贡之事，是经常发生的。同时也说明贡纳在政治上和经济上的重要性。正因为如此，邵献书先生认为：“在大理国时期，统治阶级是以大理国王为代表的封建领主，包括段氏王室成员和大小臣属及高级师僧。从大理国主手中获得领地的封建领主制，他们要通过朝贡的形式，向大理国主交纳实物贡纳。”②

詹全友先生也认为：“大理国以封建性质的分封制为基础。历代大理国王对权贵多有分封，并赐予封地，受封者世袭。受封的诸侯，有义务向国王贡纳产品，并提供服劳役的人力。”③

3. 其他形式的徭役和赋税。直接记录大理国徭役和赋税的史料甚少，但反面的记录却不少，我们可以从这些偏证中推知大理国赋税的一些情况。

《滇云历年传》载：“后晋天福二年，思平号大理国，改元文德，以董伽罗为相

---

① 木芹：《南诏野史会证》，云南人民出版社 1990 年版，第 271 页。
② 邵献书：《南诏和大理国》，吉林教育出版社 1990 年版，第 103 页。
③ 詹全友：《南诏大理国文化》，四川人民出版社 2002 年版，第 163 页。

国。晋齐王开运元年，免黑爨、松爨等三十七部差役。”《南诏源流纪要》亦言“尔等协力，我得国必报之。减尔税粮半，宽尔徭役三载”。《滇考》言：“后晋天福二年十二月二十一日，思平立，国号大理，改元文德。尽逐杨氏邪臣，除苛令。以董伽罗为相国，封高氏为岳侯，分治成纪、巨桥等地。封爨判为巴甸侯。分治成纪、巨桥等地。封爨判为马甸侯，祠秀山神，加恩三十七部。于是远近归心，诸彝君长，各来贡献。”《南诏野史》亦载有“免东方三十七蛮部徭役，赦国中凡有罪无子孙者”之语。这些史料均从反面证明大理国徭役和税粮的存在。在上述史料中徭役是免三年，但仅限于东方三十七部；而税粮是减半。既使减半，也要交纳另一半。段思平与东方三十七部会盟的一个重要内容是免其粮税和徭役，三十七部因此而愿“借兵”支持段氏，由此可见他们对赋税的关心程度。

至于大理国时期粮税和徭役的征纳方式、税率和徭役的苛重程度等，无具体史料记录，但有一些由于条令苛重而反叛的历史资料。在大理国史料中，我们至今找不到一条关于违反其赋税制度而受处罚的案例，这是件遗憾的事，不知以后在一些碑刻中是否会发现相关史料。

五、农业生产法律

与南诏时期相比，大理国的农业有了进一步发展。詹全友先生认为：“大理国农业迅速发展的原因之一是统治者重视经济建设。段思平建国后颁布了一系列有利于农业发展的法令，使南诏后期以来严重衰退的农业经济得以恢复和发展。在洱海和滇池等地，统治者广治农田水利。在滇池地区，大理国经常维修金棱河与银棱河，既保证了滇池周边地区农田的用水，又收到分洪之效。”①

（一）鼓励农业生产方面的法律

段思平建立大理国之后，采取了一些鼓励农业生产的措施，农业生产方面有了一定的发展。首先，他通过一些法令，采取轻徭薄赋的政策，调动农民和部民的生产积极性。《南诏野史》言：“免东方三十七蛮部徭役。”《南诏源流纪要》亦言：“尔等协力，我得国必报之。减尔税粮半，宽尔徭役三载。”《滇云历年传》亦载：“晋齐王开

---

① 詹全友：《南诏大理国文化》，四川人民出版社2002年版，第169页。

运元年，免黑爨、松爨等三十七部差役。”这些措施，在很大程度上减轻了部民和农民的徭役负担，有利于提高部民、农民的生产积极性。

其次，大理国还通过分封制和移民垦荒等政策、法令发展农业生产。段思平得国后，首先对有功之臣进行分封，如“封高方为岳侯，分治成纪、巨桥等地。封爨判为巴甸侯”。这种分封制，相当于把原属于王室公有的土地承包给了大封建领主，他们又层层分封，把原公有、效率很低的土地经营方式变为类似于“承包制”的有利于调动生产积极性的经营方式，极大地刺激了农业生产的发展。

再次，段氏还采取了迁徙实边、释放奴隶和有罪之人从事农业生产等有利于扩大耕地和增加农业生产劳动力的一些政策法令，也起到了鼓励农业生产发展的作用。经过施行一系列的措施，大理国的农业生产有了一定的发展。郭松年《大理行记》言：“又山行三十里至白崖甸，其地形南北袤，大小略与云南、品甸相埒。居民凑集，禾麻蔽野。”① 又言：“又山行四十里至赵州甸，即赵睑也。山形四周回抱，有藏风蔽气之势。川泽平旷，故稼乔木犹有存者。神庄江贯于其中，溉田千顷，以故百姓富庶，少旱虐之灾。”②这些记述粗略地说明了大理国农业的发展情况。

（二）水利灌溉方面的法律法规

《白古通纪浅述》载：“贞子素兴立，广营宫室东京，筑春台、云津二堤，分种黄白花于上，有绕道金棱、萦城银棱之名。”《滇云历年传》亦言：“康定元年，段素兴立，改元圣明，又改天明。段素兴广营宫室于东京，筑春登、云津二堤。”③《滇云历年传》又言：“春登，今东门外里名，金汁河之所经。则春登堤，金汁河堤也。云津河即盘龙江，则云津堤乃盘龙江堤也。此二堤，捍御、蓄泄、灌溉，滋益大，有殊功。或素兴为之亦有深意，不仅仅为游观设也。”④南诏、大理国均重视对此二河之管理，形成了严格的分排定时轮灌制。清代黄仕杰的《六河总分布图说》载：“又自金棱闸南流七里设军民沟洞，引水入下五排、三塘、九围，乃积水堰塘。每年自正月起至三月初旬，沿河田亩，不需河水之时，将水收入堰塘之内，以资灌溉。”⑤ 从上可知，金棱河在蓄水、用水、分水方面已形成较为合理的制度。

---

①② ［元］郭松年：《大理行记》，王叔武校注：《大理行记校注》，云南民族出版社 1986 年版，第 12、14 页。

③④ 倪蜕辑、李埏校点：《滇云历年传》，云南大学出版社 1992 年版，第 166、167 页。

⑤ 木芹：《南诏野史会证》，云南人民出版社 1990 年版，第 240 页。

金棱河的分水制度，《六河总分布图说》言之甚详："至放水次第分为五排：自松花坝起至韩冕闸为头排；自韩冕闸起，至波萝村为二排；自波萝村起，至小堤闸为三排；自小坝闸起，至地藏寺为四排；自地藏寺起，至燕尾闸为五排。先自五排轮起：五排放水五日，四排放水四日，三排三日，二排二日，头排一日，半月一周，周而复始。"① 这种分排轮灌制科学合理，并能从源头上防止争夺水源之类社会纠纷的发生，也有利于下游各用水者根据既成之制度调整其农事安排，不致临时调整而引起混乱。

此外，为了保证灌溉用水，还形成了按季节蓄水、放水制度，规定"其松花大坝，每年系于腊月下旬封闸，逼水入金棱河，以资灌溉，至次年栽插毕，开闸放水入盘龙江，以泻水势"②。银棱河的管理制度稍有不同："此河情形，水高田低，开沟灌溉，分为三排：自黑龙潭起至王公堰为上一排；自王公堰起至龙王娘娘堰，为中四排；自龙王娘娘堰起至童子桥下入盘龙江，为下六排。"③此为银棱河分排之制。而其蓄灌之制为："每年腊月初一日封闭黑龙、白龙两潭闸口，收入银棱河，以资灌溉。次年惊蛰日，放河水半月入惊蛰堰，春分时放河水三日入王公堰，嗣后昼夜长流，沿河秧水已足，余水尽放在古城堰，其龙王娘娘堰蓄积冬水。"④

大理国手工业比较发达，其制茶、冶铜、铸剑、佛像、犀象甲、铁柱等，工艺先进，在史书中多有记载，但其管理制度则鲜有史料，从民族学和考古学材料亦不得其详，有待进一步研究。

六、对外贸易法律

到了大理国时期，白族地区与宋王朝及周边国家和地区之间的贸易更为繁荣。大理国首府大理是大理国的商贸中心，大理国沿袭南诏制度，专设禾爽管理商贸；铁桥城是大理国与吐蕃进行贸易的中心，鄯阐（今昆明）是广西、贵州和安南往来的通道；而银生和永昌则是大理国对东南亚诸国进行贸易活动的中心。

（一）大理国与宋朝的贸易

大理国与宋朝之间的贸易，见诸史料最多的是战马。除此之外，尚有一些土产方物，但史料记述不详。

---

①②③④ 木芹：《南诏野史会证》，云南人民出版社1990年版，第240、240—241、241、241页。

1. 贸易机构。大理国官制，基本继承了南诏晚期的官制，因此大理国应有专管商贾贸易的禾爽和专管马的乞托。禾爽和乞托应是大理国与宋朝市马的主要中央机构。宋朝方面，也设立了与大理国市马的专门机构。倪蜕《滇云历年传》言："中国都秦，则滇云贡道由蜀，西汉、隋唐是也；中国都洛，则滇云贡道由粤，东汉及宋是也。"宋初，西川地方官吏以鉴南诏之祸为词，以大渡河为界闭关，西川之路不通。及至南宋，都城南迁杭州，从西川入贡及贸易已非近道，于是开邕州之道，南宋与大理之贸易得到了大发展。因此，宋朝的地方市马机构多设于此道。

周去非的《岭外代答》载："自元丰间，广西帅司已置干办公事一员邕州，专切提举左、右江峒丁同措置买马。"《宋会要辑稿》亦载："韩萧胄擢工部侍郎时，川陕马纲路通塞不常，萧胄请于广西邕州置司互市诸蕃马。诏行之。"洪迈《容斋随笔·续笔》卷五亦云："国家买马，南边于邕管，西边于岷黎，皆置使提督，岁所纲发者，盖逾万匹。"所买之马大部分都产于大理。上述史料均言宋朝十分重视与大理国市马，并在邕州专置市马之司。其组织和职能，周去非《岭外代答》有记："绍兴三年，置提举买马司于邕。六年，令帅臣兼领。令邕州守臣提点买马经干一员，置廨于邕者不废也，实掌买马之财。其下则有右江二提举，东提举掌等量蛮马，兼收买马印，西提举掌入蛮界招马。有同巡检一员，亦驻扎横山寨，候安抚上边，则率甲兵先往境上，警护诸蕃入界。有知寨、主簿、都监三员同主管买马的钱物。"这则史料较为详细地记录了宋邕管买马司的设置、组织结构、分工和职能等。

2. 贸易规则。宋朝廷鼓励与大理国市马。《续资治通鉴》言："高宗绍兴三年冬十月甲午，大理国请入贡且卖马。帝谕大臣曰：令卖马可也，进奉可勿许。安能利其虚名而劳民呼！朱胜非曰：异时广西奏大理入贡事可为鉴。帝曰：遐方异域，何由得实？彼云进奉，实制贾贩。第令帅臣边将偿其马值，当价则马当继至，庶可增诸将骑兵，不为无益也。"① 这则史料说明：大理国常以朝贡方式与宋朝进行贸易；宋王朝鼓励市马，限制其他贸易。

《宋会要辑稿》第一八三册亦载："乞指挥买马司选差使臣效用有智术之人入大理国鄯阐府，重宣朝廷恩信，说谕接引前件马一千匹。如蕃蛮能备战马三百匹赴官中卖者，赐予锦袍一领、银带一条，仍令效用遍谕诸蛮，各令通知。由此蛮情慕赏，有不待其招而自来者。递年蕃马之来，其间有出格马，厥直太高，蛮人不肯一概售之，有司亦不敢违格收买，溪洞主将或有力之人搭价交易。乞指挥买马司如有出格马，并依

① ［清］毕沅：《续资治通鉴》卷一一三，岳麓书社1992年版。

溪洞两平价数收买，不可循其旧例。西南诸蕃并大理国分遣效用，遍谕买马不可无币帛以将其厚意。乞下买马司相度每去一蕃，约用彩帛几段以为人信用，提举官御位封题，付与效用使臣，前去所贵，外蕃见得朝廷礼厚，钦奉其赐，愈加忻慕，则尽招马之术。自来官司差人入蛮干办，须赍盐一二百斤，彩一十匹，与招马人充入蛮开路结托人信。乞指挥买马司如差效用入蛮招马，许借官钱充买盐彩，俟招到马数，乞依大观买马格销破折会。诏：札与提举广南西路买马，条划措置由枢密院。”这条史料内容丰富，涉及大理国与宋贸易的诸多内容，故详列于此。首先，宋朝采取一些措施鼓励市马；第二，买一些“出格马”，即特别好的马时，不可限制太死，“不可循其旧例”；第三；买马应与“蛮”订约，并付订金，以表诚信；第四，宋朝买马方面的法令，由枢密院统一制定。

关于交易规则，《建炎以来系年要录》有载：“绍兴四年二月乙巳，监察御使明橐言：臣讲究买马之术有七：深入蛮国诱之，不惜其直，一也；厚有缯彩、盐货之本，二也；待以恩礼，三也；要约分明，四也；禁止官吏侵欺，五也；信赏必罚以督之，六也；马蕃归朝而后付于将帅，七也。七说若行，西南诸国产自至。”依此七说，首先要不惜其直，即应按价付酬，不折不扣；二是要有本钱，不拖欠，不打白条；此外，还有诚实信用、赏罚分明等。

关于马之质量，亦有定制。《宋会要辑稿》第一八三册载：“马必四尺二寸以上乃市之，其直为银四十两，每高一寸增银十两，有至六七十两者。”又言：“广马例以五十匹为一纲，每年过三十纲许以推赏。”以上两则史料记述了马的质量标准与计量单位“纲”。

3. 贸易中的违法与处罚。《宋会要辑稿》第一八三册载：“以士庶封事言市马之弊，每与蕃蛮博易则支与铤银或要器皿，以铤银打造，今者多集银匠，以铤银钚销夹入赤铜。元法每盐一箩计一百五斤，算银五两，折与蕃蛮，今则以二箩分作三箩，折银一十五两。元每马四尺一寸算银二十六两，每高一寸加一十两，今市马作两样尺度等量。旧每银一两折钱二贯交足，唯特磨不晓银价低昂，只取见钱，以高补低，是以每岁有出剩之数，暗将入己”。这则史料列举了宋官吏在市马过程中四种常见的贪污方式：一为以铜充银；二为“二箩”变“三箩”；三为“市马”作两样尺度等量；四为“以高补低”。“出剩之数”均“暗将入己”。这是贪污的几种表现形式，但不见定为何罪的史料。但《宋会要辑稿》第一八三册载有“马场官吏作弊，遂别差经干一员兼提举，逐司公吏取善织水细，又买典没旧锦支与蕃蛮”之语，这实际上仅仅是由于官吏作弊而给卖马一方造成损失的一种补偿，而不是对贪污官吏的处罚。

（二）与其他国家和地区的贸易

《宋史》卷一九八载："自杞诸蕃本自无马，盖转市之南诏。南诏，大理国也。乾道九年，大理国人李观音得等二十二人至横山寨求市马，知邕州姚恪盛陈金帛示之。其人大喜，出一文书，称'利贞二年十二月'，约来年以马来。所求《文选》、《五经》、《三史》、《初学记》及医、释等书，恪厚遗遣之，而不敢上闻也。岭南自产小驷，匹直十余千，与淮湖所出无异。大理连西戎，故多马，虽互市于广、南，其实犹西马也。每择其良赴三衙，余以付江上诸军。"① 这则史料说明，由于宋朝与大理市马的繁荣，大理国也从西戎市马，转卖给宋朝。此外，大理国也与周边如自杞等市马，再由"自杞诸蕃"转市宋朝。

大理国还与昆仑国、波斯和今缅甸的一些小邦有贸易关系，但其具体情况由于无相关史料而不得其详。

大理国时期其他法律制度、司法制度和习惯法，因史料阙如，尚难以做深入研究。

第四节

元朝统治时期的法律制度

一、元政权对白族地区的统治

（一）蒙古统治者征服大理地区时实施的法令

宋代大理地区是在白族建立的大理国的统治之下，虽然在政治、经济、文化方面

① 《宋史》卷一九八，《兵志·马政》。

和内地保持着密切的联系，但与中原王朝的关系却是若即若离，并不直接在其统治之下。此时，一代天骄成吉思汗崛起于蒙古高原，几十年间，先后灭掉西夏、西辽、金，与南宋对峙，志在灭宋以统一中国。蒙古统治者十分关注远在西南的大理国。太祖向郭宝玉询问夺取中原之策时，郭宝玉说："中原势大，不可忽也，西南诸蕃，勇悍可用，宜先取之，藉以图金，必得志焉。"① 这种思想得到太祖的认可。蒙古军队在巴蜀地区向南宋的进攻受到南宋军民的坚决抵抗后，对进攻宋地的战略部署进行了新的调整，决定远征大理，作为对南宋进行"斡腹"之举的突破口。在进攻大理之前，蒙古人曾三次派使者到大理劝降。第三次劝降时蒙古使者曾对大理统治者说："祖宗之法，杀诏使者，城拔必屠。"但大理统治者不以为然，"至彼以为诞，皆杀之，悬尸于树"②。很显然，如果按照蒙古族原有的习惯法，杀害蒙古使者的民族要受到屠城的惩罚。忽必烈率领蒙古军队于1252年夏奉命出师，十二月渡黄河，1253年春经盐州（今陕西定边），出萧关（今宁夏固原东南），八月至临洮，九月进入吐蕃地区，到达忒剌（今甘肃省迭部县与四川省若尔盖县接壤之达拉沟），渡过大渡河，十一月进至金沙江，经丽江地区到大理。一路上遇到的艰难险阻是难以想象的，忽必烈把当年随他征大理的将领们比作成吉思汗时同饮黑河水、共过患难的勋旧。③ 攻下大理城后，忽必烈做的第一件事就是寻找三位被害的蒙古使者的遗体，果然找到，但他没有按照蒙古的习惯法对大理城进行屠城的报复。他改变蒙古族习惯法，并非出于个人的喜恶，而是受到儒家思想和汉族法文化的影响。在筹划进攻大理之时，忽必烈曾向汉族儒生徐世隆询问对策，徐世隆向他讲了"不嗜杀人，天下可定"的儒家思想，忽必烈说："诚如卿言，吾事济矣。"④ 在进攻大理的途中，大儒姚枢也向忽必烈讲了宋太祖遣曹彬取南唐不杀一人、市不易肆的事，对忽必烈的触动很大，"明日，世祖据鞍呼曰：'比昨言曹彬不杀者，吾能为之，吾能为之。'"⑤ 攻入大理城后，世祖又命姚枢"尽裂橐帛为帜，书止杀之令，分号街陌，由是其民、父子完保，军士无一人敢取一钱直者"⑥。因而是"民欢呼满道"⑦。成吉思汗攻打花剌子模时，因花剌子模

---

① 宋濂：《元史》卷一四九，《郭宝玉传》，中华书局标点本，1976年版。
② 姚燧：《提举太原盐使司徐君神道碑》，《牧庵集》卷一八。
③ 《元史》卷一二〇，《札八儿火者传》。
④ 《元史》卷一六〇，《徐世隆传》。
⑤ 《元史》卷一五八，《姚枢传》；姚燧：《中书左丞姚文献公神道碑》，《牧庵集》卷一五。
⑥ 姚燧：《中书左丞姚文献公神道碑》，《牧庵集》卷一五。
⑦ 天启《滇志》卷一一，《官师·大理府》。

统治者杀了蒙古使者，蒙古军队攻下花剌子模后，“蒙古军将居民全部赶出城外，命工匠别聚一处，押送到蒙古，其余人分配各军，除青年妇女和儿童掳为奴婢外，尽数屠杀。杀掠之后，又决阿母河堤，放水灌城，藏在城中的人也被淹死。往昔繁华富庶的花剌子模首都，竟成了一片水乡泽国”①。忽必烈的做法与此已经形成鲜明的对比。当然，此时忽必烈并没有完全放弃蒙古人惩治杀死蒙古使者的习惯法，而是做了变通。抓到逃到姚州的大理国实权派，死不投降的丞相高祥后，“斩以徇”②，但并没有牵连广大的白族群众。应该说，蒙古人攻下大理后的做法，对保护大理地区广大白族人民的生命安全、保护白族地区的经济发展和传统文化都起到很大作用。

（二）任命原大理国主段氏为当地土官

蒙古军队进攻大理之前，就对大理国的内情进行了认真的调查了解，深知“大理主段氏微弱，国事皆决于高祥、高和兄弟”③，所以对破城后出奔善阐的大理国主段兴智虏而赦之，并委以重任，“命主国事”④。段兴智对此当然是感激涕零的，他主动进献云南地图，“请悉平诸部，并条奏治民立赋之法，得到蒙古统治者的欢心，赐命摩诃罗嵯，命悉主诸蛮白爨等部”⑤。按摩诃罗嵯系梵语 maharaja 的对音，此云“大王”。段兴智本人死在招讨云南少数民族的途中。中统二年（1261），段兴智的族弟段实入觐，“复赐虎符，诏领大理、善阐、威楚、统矢、会川、建昌、腾越等城，自各万户以下，皆受其节制”⑥。可见，元朝对原大理国主段氏采取了拉拢、利用的策略，任命其为云南最大的土官，云南历史上独立的地方政权到此结束。从元宪宗三年（1253）忽必烈攻下大理，到洪武十五年（1382）继梁王把匝剌瓦尔密自杀后，大理总管段氏被俘，元朝在云南的统治结束，凡 129 年。虽然作为云南最大的土官，整个元代白族段氏与蒙元政权的关系有起伏，有波折，这与全国政局的推衍变化息息相关、一脉相通，但在元代白族的法制历史中，段氏和蒙元统治者都扮演了重要的角色。最后，段氏是“与元氏共为存亡”⑦ 的，云南从此再未出现过少数民族独立的地方政权。应该说，元代在大理白族地区实行的土官制是成功的。

蒙古统治者攻下大理后，大理国宣告结束，云南成为中央王朝直接统治的一部

---

① 韩儒林主编：《元朝史》上册，人民出版社 1987 年版，第 149 页。

② 程文海：《世祖平云南碑》，《新纂云南通志》卷九二，《金石考》。

③ 《元史》卷四，《世祖纪》。

④⑤⑥ 《元史》卷一六六，《信苴日传》。

⑦ 顾祖禹：《读史方舆纪要·云南一》，中华书局 2005 年版。

分，所实施的法律也随之发生巨大变化，不再适用大理国的法律规定，而是适用元朝的法律规定，而又针对云南各少数民族地区的具体情况有所变通。同时，各民族固有的习惯法也在一定程度上发挥作用，白族地区的情况也是如此。

二、白族地区的社会组织

南诏、大理国时期白族人民聚居的大理地区是这两个政权的中心地区，各有一套独特的社会组织结构。蒙古军队攻下大理后，当地的社会组织形式几经变动。首先，忽必烈率军攻下大理后，于次年北返（元宪宗四年，1254），留大将兀良合台经略云南。兀良合台历经两年时间，平息了云南各族人民的反抗，“平大理五城，八府四郡，洎乌、白蛮三十七部”①，大部分白族聚居区已在蒙古军队的控制之下。朝廷授予兀良合台银印，加封为大元帅，命其还镇大理，对包括白族地区在内的云南绝大部分地区实行军事管制，在云南设立万户、千户、百户等军事机构进行统治。兀良合台在大理政权行政区划的基础上，建立了19个万户府，万户下面又设千户、百户，实行蒙古贵族的军事统治。据《元史·地理志》记载，白族聚居的大理地区，设了两个万户府，分为上下万户府：上万户府领太和上、中、下千户，谋统二千户，永昌三千户，永平千户，德原千户，浪穹千户，蒙舍千户，义督千户；下万户府领赵睑千户、统矢千户、大姚堡千户、品甸千户等。千户下面又设百户。这样，万户、千户、百户大小统帅隶于大元帅府，对这些地区进行有效的统治。至元七年（1270），合并大理上下万户为大理路。② 中统二年（1261）段实入觐，“复赐虎符，诏领大理、善阐、威楚、统矢、会川、建昌、腾越等城，自各万户以下，皆受其节制”③。可见，当时段氏的地位是在万户之上，大多数白族地区所建的万户是在他的节制之下。当然，原大理国主段氏已不能像从前那样在白族地区独揽大权，随心所欲。丁巳（元宪宗七年，1257）云南局势基本平定以后，朝廷对兀良合台“授银印，加大元帅，还镇大理”④。可见兀良合台当时为大元帅，坐镇大理，统领云南，段氏在其控制之下。后来随着云南形势的变化，大理白族地区的社会组织又有了新的变化。

至元四年（1267），宗王忽哥赤受封为云南王，成为云南最高统治者，也是坐镇

---

①④ 《元史》卷一二一，《速不台附兀良合台传》。

② 《元史》卷六一，《地理志》。

③ 《元史》卷一六六，《信苴日传》。

大理。同时，大理等处都元帅宝合丁，和段氏一样都在宗王统辖之下，秉承办事。①几乎同时，“立大理等处行六部，以阔阔带为尚书兼云南王傅，柴桢尚书兼府尉，宁源侍郎兼司马”②。这样，王府和行六部几乎浑然一体，大理成了云南的政治中心。后由于蒙元统治者内部争夺云南统治权斗争的结果，至元八年（1271），大理等处宣慰都元帅宝合丁、行六部尚书兼云南王傅阔阔带合谋在大理毒死了忽哥赤，云南局势动乱。中央直接解决，宝合丁等人伏诛后，元朝在大理设立的统治机构已形同虚设，实权落入段氏之手。云南王府卫行六部尚书柴桢等人已感到“久置遐荒，坐老志节”，要求返回内地。③ 显然，元朝必须对云南（包括大理地区）的统治方式进行重大调整，才能稳定云南的局势。

至元十年（1273），元世祖忽必烈着手解决云南的问题。他决定在云南设立行中书省，实行和内地划一的统治。同时，鉴于云南民族众多，生产力发展水平不平衡的具体情况，他认为，云南的最高行政长官必须是“谨厚者”，应该是政治上成熟稳定、为人宽容的人。经过慎重的挑选，选中了回回人赛典赤·瞻思丁担任云南行中书省第一任平章政事。赛典赤上任之前，忽必烈对他说：“云南朕尝亲临，比因委任失宜，使远人不安，欲选谨厚者抚治之，无如卿者。”④ 赛典赤不负忽必烈的厚望，到云南后，对各方面的情况进行了认真的调查了解。“七月抵大理，下车莅政，风动神行，询父老诸生利国便民之要”⑤。接着果断地采取了一系列措施，进行了全方位的改革。其中最重要的是结束了元朝对云南的军事统治，代之以和内地一致的行中书省、路、府、州、县行政建置。就大理地区而言，据《元史·地理志》记载，大理上下万户于至元七年（1270）并为大理路。太和上、中、下千户于至元二十六年（1289）立中千户为录事司，上下二千户立县；至元十一年（1274）立永昌州，十五年（1278）升为府，隶大理路。永平千户至元十一年（1274）改永平县，同年立藤越州，十四年（1277）改腾冲府。至元十一年（1274），改德原千户为邓川州；至元十一年（1274）改浪穹千户为浪穹县；至元十一年（1274），改赵赕千户为赵州；至元十一年（1274）改蒙舍千户为蒙化府；至元十二年（1275），罢统矢千户，立姚州；至元十一年（1274），罢大姚堡千户，立大姚县；至元十一年（1274），改云南千户为云南州。至

---

① 《元史》卷七，《世祖纪》；《元史》卷一六七，《张立道传》。

② 《元史》卷六，《世祖纪》。

③ 王恽：《秋涧先生大全文集》卷八六，《乌台笔补》。

④ 《元史》卷一二五，《赛典赤·瞻思丁传》。

⑤ 赵子元：《赛平章德政碑》，《新纂云南通志》卷九二，《金石考》。

此，大理路共领司一、县一、府二、州五。① 此后，大理地区的行政建置虽然个别地区有小的变动，但大体格局基本保持到元末。至元十一年（1274），在云南行省大规模的行政建置变动之时，赛典赤任命大理国主段氏的后人信苴日为大理总管，从此时开始，段氏共任大理九任总管，与蒙元政权在大理的统治相始终。②

特别值得注意的是，云南行中书省建立后，云南的政治中心由大理迁到中庆（今昆明）。赛典赤决定把省治设在中庆，是经过慎重考虑的。因为大理原是南诏、大理两朝的都城，这里有段氏几百年的基础，段氏历代以此为根据地，盘根错节，故物可恃，行省遽难破之。赛典赤决定把省治设在中庆，除了因其地处滇中，利于统摄全局，与外界的联系也较为方便外，同时也有借以摆脱段氏的传统羁牵，抵消其影响的长远用心。虽然由于史料的阙如，难以对元代白族地区的社会组织进行全面的考察，但可以肯定，大理等生产力发展水平较为先进的白族地区，社会组织已基本上与内地划一，不再是当地白族土官的一统天下了。至元四年（1267），忽哥赤以云南王坐镇大理的时候，就委任汉族官吏张立道为大理等处劝农官，兼领屯田事。③ 至元十六年（1279），赛典赤的长子纳速剌丁以云南诸路宣慰使的身份坐镇大理，都是例证。

三、刑事法律

元代以前，白族地区大多是执行南诏和大理国的法律制度。元代云南行中书省成立后，和云南省的其他地区一样，大多数白族地区的刑事法律制度已向中央的法律制度靠拢。对到云南（包括白族地区）任职的外地官员，“有罪依常律”④，即按照元朝有关的法律处理。但对当地少数民族土官犯罪，如果不影响元朝的统治，则是“罚而不废”。但如果土官之间仇杀，影响了当地社会的稳定，却要“坐以叛逆之罪”，“其有忘相告言者，以其罪罪之”。⑤奉命征讨元江少数民族反叛的元军，因为没有得到命令私自攻城，赛典赤要按军法处置，“无主将命而擅攻，于军法当诛”，后诸将叩首求情，此事感动了反叛的少数民族酋长，“举国出降”，赛典赤才对这几个原应处死的军

---

① 参见《元史》卷六一，《地理志》。

② 关于段氏担任大理总管的人数，学术界说法不一，有十一总管说、十二总管说，笔者经考证后认为，实有九总管。参见方慧：《大理总管段氏世次年历及其与蒙元政权关系研究》，云南教育出版社 2001 年版。

③ 参见《元史》卷一六七，《张立道传》。

④⑤ 《元史》卷一〇三，《刑法志二》。

士“释不诛”。① 马龙州的少数民族酋长与外敌勾结，企图叛乱，被察觉后，宗王受左右蒙蔽，“将释不问”，但行中书省官员忽辛、刘正等“反复研鞫，反状尽得，竟斩之”②。对于敢于用飞语和符谶迷惑宗王的人，行省官员密奏朝廷，朝廷派使者到云南解决。调查情况属实后，“造言之徒悉诛之”。③从上举的几个案例就可看出，元代包括白族地区在内的云南行省，在刑法方面已经向国家的刑法靠拢。只要涉及危害元朝统治的重大案件，罪犯不论是内地来的汉族或是当地的少数民族，都按照元朝的法律处以死刑，或诛或斩，没有什么宽大。但对于涉及民族关系的案件，可以根据具体情况允许变通处理。有几个云南少数民族酋长到朝廷诬告赛典赤，按照元朝的法律，诬告反坐，忽必烈命令将这几个人“械送赛典赤处治之”，赛典赤不但没有治他们的死罪，反而委以一定的职务，这几个少数民族酋长深受感动，说：“某有死罪，平章既生之而又官之，誓以死报。”④赛典赤对这个案件的变通处理，对于改善与当地少数民族的关系起到了很好的效果。

元朝还用国家法的形式禁止和废除了包括白族地区在内的云南原来适用的一些法律。元代至元年间曾下诏，“禁云南权势多取债息，仍禁没人口为奴及黥其面者”⑤。《通制条格》中对云南专门规定：“至元二十年十一月二十日，中书省奏：‘哈剌章富强豪势要人每根底，放利钱呵，限满时将媳妇、孩儿、女孩儿拖将去，面皮上刺着印子做奴婢有。’说有，俺商量来，无体例，在先赛典赤也行了来。如今只依那体例与将文书去，教罢了，休教拖者，休教做奴婢者。商量来。奏呵，奉圣旨，‘那般者。’钦此。”⑥ 哈剌章在元代通指云南，特别指昆明至大理一带。从这条珍贵的史料可以看出，元朝曾用成文法的形式禁止包括白族地区在内的云南官豪势要逼勒债户用妻子儿女抵债为奴和黥面的肉刑。

至于元代白族地区在处理本民族内部事务时，采用哪些刑法，因为史料的缺乏，难以做进一步研究。元代人李京认为：“诸种蛮夷，刚愎好杀，骨肉之间，一言不和，则白刃相刺，不知事神佛……唯白人事佛甚谨，故杀人差少。”⑦ 由此看来，白族因为“事佛甚谨”，残酷的刑罚少见。

---

①②③④　《元史》卷一二五，《赛典赤·瞻思丁传》。

⑤　《元史》卷一二，《世祖本纪》。

⑥　《通制条格》卷二八，《违例取息》；《元典章》卷二七，《户部》。

⑦　李京：《云南志略·诸夷风俗》，王叔武校注，云南民族出版社 1986 年版。

四、经济法律

白族聚居的大理地区，历来是云南经济较为发达的地区，蒙元政权在大理地区实施了一系列发展经济的法律规定，促进了白族地区经济的发展。

（一）关于赋税的法律规定

元代以前，历代中原王朝在云南实行羁縻政策，只要当地少数民族酋长对朝廷表示降服，并不改变其内部的政治经济结构，仍由当地酋长进行统治，不向中央政权交纳赋税，只要按时上贡一些当地的土特产品，表示对朝廷的臣服关系即可。但是，元代已在云南实行与内地划一的行省制，而赋税是象征着政府对其地的直接统治和管辖，也是当地百姓对政府应尽的义务，赛典赤刚到大理，便“下车莅政，风动神行，询父老诸生利国便民之要”①。当然，利国便民之要也包括赋税在内。由于包括白族地区在内的云南与内地的情况有所不同，元代在云南征收赋税的种类、数量、方法等有与内地不同的规定。赛典赤到云南后，详细询问了当地的收成情况，和当地少数民族相约，由政府贷给农具、牛、种子，每亩年输米二斗，并根据当地所产，可以用牛、马、银子折算赋税。② 由于云南元代普遍使用海贝为流通货币的实际情况，元世祖忽必烈特别批准：“定云南税赋用金为则，以贝子折纳，每金一钱直贝子二十索”③。政府收取赋税是以所掌握的户口作为依据和基础，因此户籍制度的管理是元代云南行中书省的一项重要工作。为了摸清当地的人口情况，将其纳入国家的管理范围，并据此制定赋税定额，云南行省曾数次开展清查户口的工作。早在兀良合台军事管制时期，就曾在云南“八籍民户，四籍民田”，但由于清查过于频繁，给当地的各族百姓造成诸多不便。行省成立以后，情况有所改变。至元十九年（1282），元廷决定“令已籍者勿动，新者籍之”④。至元十一年（1274），在白族聚居的中庆路，该路达鲁花赤爱鲁就查出中庆路藏匿的户口一万多户。⑤至元十六年（1279），赛典赤长子纳速剌丁任中奉大夫，云南诸路宣慰使都元帅，坐镇大理，率军抵金齿、蒲骠、曲腊、缅

① 赵子元：《赛平章德政碑》，《新纂云南通志》卷九二，《金石考》。

② 张洪：《南夷书》。

③ 《元史》卷一二，《世祖本纪》。

④⑤ 《元史》卷一二二，《昔里钤部传附爱鲁传》。

国，招安夷寨三百，籍户十二万二百，并以此“定租赋”。① 行省清查户口的结果，既检出了各地大户藏匿的户口，也核定了一些地方上层为了虚张声势，挟以自重而多报的户口。从《元史·地理志》的记载来看，朝廷已经掌握了包括白族地区在内的云南各地较为确切的户口数字。这样，就为当地租税定额的确定提供了依据。虽然大理等白族聚居区每年租税的总额不见记载，但从王升任镇南州知州时曾“征大理积年逋欠巴六十二万，粮一万九千余石”的情况看来，大理地区每年上缴的租赋数额可观。②

（二）关于货币的法律规定

南诏、大理国时期，包括白族聚居区在内的云南广大地区流行的货币是海贝，又称巴子，有元一代，全国流行纸币，云南亦不例外。但云南因为长期使用海贝作为货币，对使用纸币不大习惯，赛典赤将此情况上奏朝廷，“又言云南贸易与中州不同，钞法实所未谙，莫若以交会、巴子公私通用，庶为民便，并从之”③。元朝政府根据云南的具体情况批准了云南钞、贝并行。从文献资料和碑刻材料反映的情况看来，元代云南贝币使用范围很广，可以用之交纳赋税，买田、买地，还可用于布施，等等，作为民间流通货币。④ 但是由于云南使用的货币与全国不一致，随着云南与内地经济交流日趋密切，货币方面的问题日益突出。据《通制条格》所载，至元年间，内地的生意人带大量的海贝到云南来，谋取暴利，元朝管理对外贸易机构——江南各地的市舶司也堆放着很多海贝，没有用处，有人建议把它运到云南，以换取金子和马匹，一时之间，海贝大量流入云南。地方官府看到问题的严重性，上奏说，云南使用海贝的地面有限，市面上流通的海贝多了，引起贝币贬值，物价上涨，百姓甚为苦，奏请朝廷明令禁止海贝运入云南。这个请示得到了皇帝的批准。⑤ 虽然朝廷制定了有关法律规定，禁止从内地再运海贝到云南，但因为这样做有厚利可图，商人们仍想尽办法通过各种途径从内地将海贝运到云南谋取暴利，唯致“私巴数广，官民受弊”。元政府又进一步采取强硬的法律手段加以禁止。大德年间，元廷下令顺元、大理、临安、曲

① 《元史》卷一二五，《赛典赤·瞻思丁传》。

② 邓麟：《元宣慰副使止庵王公墓志铭》，《新纂云南通志》卷九四，《金石考》。

③ 《元史》卷九，《世祖本纪》。

④ 可参见方慧：《从金石文契看元明及清初云南使用贝币的情况》，刊于《史学论丛》第5辑，云南大学出版社1992年版。

⑤ 方龄贵校注：《通制条格》卷一八，《关市》，中华书局2001年版。

靖、乌撒、罗罗斯各处官府，并各个关津渡口，“常切盘缉，禁治私巴，如有捉获，将犯人随即中解拘该上司，依条断罪，私巴入官，告捉人依例给赏，如所在官吏，依前不为关防，通同作弊者，并行究治”①。特别值得注意的是，大德年间元廷列举的云南常切盘缉私巴的各处官府中，就有大理，可见大理也是使用贝币的地区。大德年间的这个规定比起至元年间的规定来要严厉得多，对于私巴贩子“依条断罪”，有关官吏失职“通同作弊者，并行究治”，赃物没官，告发者给奖，都做了具体的规定。《元史·刑法志》中也有“诸云南行使巴法，官司、商贾辄以他巴入境者，禁之”②。元廷为了禁止海巴大量运到云南，制定严厉法令的同时，也采取了一些相应的行政措施加以调控。大德年间“唯钞万锭给云南行省，命与贝并用，其贝非出本土者同伪钞论”③。元朝除了加大云南钞、贝并行的力度外，又规定了云南使用贝币有“真巴”和“私巴”之分。所谓“真巴”是指原来在云南法定流行的贝币；“私巴”则是通过公私各种非法渠道流入云南，视同伪钞的海贝，是法律禁止通行的。元廷在云南的钞法上所采取的法制手段，从主观上看是为了维护整个国家正常的经济秩序，保证全国和云南的经济生活有条不紊地进行。但是，货币的流通是受到各方面条件制约的，不是宣布几项法令就能解决的问题。所以一直到元末，云南的私巴问题仍然存在。

（三）关于农业的法律规定

大理是云南主要农耕地区之一，元朝政府对这一地区农业生产的发展十分重视，采取了不少措施促进当地农业生产的发展。行省在各地设有劝农官，负责督促当地的农业生产，推广先进的生产技术，等等。张立道就曾任大理等处劝业官和大理等处巡行劝农使，他看到主要居住在今昆明、大理等处的彝族、白族人民，“虽知蚕桑，而未行其法”，遂教之饲养技术，“收利十倍于旧”④，后来，这些先进的生产技术又辗转传到了山区的少数民族之中，提高了当地的农业生产水平。赛典赤也“教民播种，为陂地以备水旱”⑤。

---

① 《元典章》卷二〇，《户部》。
② 《元史》卷一〇四，《刑法志三》。
③ 《元史》卷二一，《成宗本纪》。
④ 《元史》卷一六七，《张立道传》。
⑤ 《元史》卷一二五，《赛典赤·瞻思丁传》。

（四）关于交通站赤的法律规定

为了加强中央政府对全国的统治，元政府十分重视广开交通，在全国普遍设置驿站，以便“通达边情，布宣号令”①。云南地处边疆，交通是制约当地经济发展和与外地交流的主要障碍之一。因此，元廷把发展云南的交通站赤工作放在十分重要的位置。赛典赤到了云南后，因为“山路险远，盗贼出没，为行者病”，采取了相应的措施，“相地置镇，第镇设土酋吏一人，百夫长一人，往来者或值劫掠，则罪及之”②。这样，交通道路安全纳入了法制管理的范围。大理地区是金齿、丽江等少数民族地区前往中庆和内地的必经之地，又是滇西的政治、经济、文化重镇，为了加强边疆与内地的联系，强化对少数民族地区的控制，元朝政府非常关注白族地区的驿站设置工作。据《经世大典·站赤篇》所载，至元七年（1270），大理、善阐、金齿等处宣慰司就开始了修建站赤的工作。行中书省成立后，就对原大理等处宣慰都元帅宝合丁在站赤方面的规定做了调整，使云南的站户“将全纳税粮就充祗应，官民皆便”③。据文献记载，元代云南诸路行中书省所辖站赤78处，马站74处，马2354匹，牛30只，水站4处，船24只，其中大理路马站14处，马410匹。大理路的剑川、观音山、邓川、大理府、河尾关、建宁县、云南、普棚、样侈、打牛坪、永平、沙磨和、永昌府、腾冲府都设有站赤。

（五）关于屯田方面的法律规定

为了解决驻守云南军队的给养和增加政府的经济收入，元政府在云南的广大地区进行了屯田，白族地区是实施屯田的重点地区之一。屯田分为军屯和民屯两种。民屯在行省建立之前就已经开始，元政权在云南设立了专门的官员管理屯田事宜。至元四年（1267），张立道任大理等处劝农官时，就兼领屯田事。④ 行省建立后，大规模的屯田工作在行省的组织下进行。据《元史》记载，白族聚居的中庆路、鹤庆路、大理金齿等处宣慰司等地，参加民屯的人员，大部分是清查户口时查出来的漏籍人口。至元十一年（1274），中庆路达鲁花赤爱鲁阅中庆版籍，得隐户万余，以4000户就地参加民屯。还有一部分参加民屯的人员是当地新划出来的编民。参加民屯人员的土地，

---

① 《元史》卷六三，《地理志六》。
② 《元史》卷一二五，《赛典赤·瞻思丁传》。
③ 《永乐大典·站赤八》引《经世大典》。
④ 《元史》卷一六七，《张立道传》。

分为两种情况：一部分无地的漏籍户和编民，由官府拨给土地；还有一部分有土地的农户，自带土地参加当地民屯。这些自带的土地称为“己业田”。除了民屯外，元代云南还有军屯。《经世大典序录·政典总序》“屯田”条下有：“国家平中原，下江南，遇坚城大敌，旷日不能下，则困兵屯田，耕且战，为民久之计……既一海内，举行不废，内则枢密院各卫，皆随营地立屯，军食悉仰足焉；外则行省州郡，亦以便利置屯，……以尽地利。云南、八番、海南、海北，本非立屯之地，欲因之置军旅于蛮夷腹心以控扼之也”①，对元代在少数民族地区屯田的目的表述甚明。据有关资料记载，在元代云南屯田的地方和人数中，白族地方和人数占了相当大的比例。云南行省共组织军民屯田12处，其中白族居住的大理、金齿地区，行省刚成立不久就在此地拘刷出漏籍人口6000余户，就地屯田，后又两次从大理府、永昌府组织编民1700余户加入当地民屯。至元二十六年（1289），建立大理军屯，共有600户爨僰军参加军屯。爨僰军又称寸白军，是以白族和彝族为主的乡兵。除了大理、鹤庆、中庆等白族聚居区的爨僰军参加军屯外，其他云南各地军屯中也多为爨僰军。这些爨僰军有的是自备己业田参加他军屯，也有的是由官府提供土地。元代在白族地区实行的屯田政策是成功的，仅大理金齿地区就有3741户白族群众、600户爨僰军人参加屯田，军民屯田的数目达22105双（双为白族的土地单位，1双为5亩）②。这样，白族地区的大量土地得到开发，增加了政府的经济实力，也使参加屯田的白族军民中封建生产关系得到了进一步发展，自由买卖土地的现象增多。

五、民事法律

（一）关于所有权的法律规定

元代云南中庆、大理等经济较为发达的白族聚居区已经进入地主经济。在这些地区，国家法律承认并保护私人的所有权。土地是农民赖以生存的基础和最重要的生产资料，在此时已进入地主经济的中庆、大理等白族地区，私人占有土地已是较为普遍的现象。元政府承认土地的私人所有权，并用法律的手段保护土地的私人所有，允许土地自由买卖。元代中庆《盘龙禅庵诸人舍施常住记》中记有对寺院施舍田亩的人

① 《经世大典序录·政典总序》。

② 《元史》卷一〇〇，《兵志·屯田》。

名、田地坐落四至，还记有买田所用真巴或中统钞的数额。碑中记载了33项买卖田地事宜。从碑中所载内容来看，买卖土地的有僧户、站户、寸白军户、当差户、一般农户，体现了元代云南白族地区土地买卖已经比较普遍，而不是个别现象。这种私人所有土地之间的买卖，用碑刻形式记录下来，是为了“以志不朽”①，承认买卖的合法有效。从《盘龙禅庵诸人舍施常住记》的记载来看，元代云南已经有了用于土地买卖的文契。记载第十四项说李某生前买到水田禾地3双，分在两处舍施作常住，各记四至为凭。“后伊婿赵寺等告争，有阿弥和劝本庵出备中统钞四十定，连先买契据立契”。即在原契之外，添价立新契。② 买卖契约显然是承认所有权合法化的手段之一。方国瑜教授认为，这些记载“有详或略，盖据契约摘抄，故多田契成语，足资考究”③。由此看来，当时云南已有土地买卖契约。大理地区已有一段典型的史料说明政府利用法律手段保护当地白族群众的土地私人所有权：“南诏海中积葑成淤，而浮游水上，夷僚耕种之，号曰葑田。田如不系舟，西东无定，人交相为盗，人君命记字为号，疏其步亩及四至所届上于官，官为给券，使有所冯。复植木栈海岸，严其畛域，不相淆乱。或海潮漂荡，有籍以为奸者，俾出券环为证之，竞归其旧。”④ 文中所说的官员是任宦云南的罗文节，这是云南行省用法律手段保护私人田地所有的有力证据。仔细分析这段史料，可以看出：其一，当时白族群众耕种的葑田，由于浮游水上，东西无定，容易发生“交相为盗”的纠纷。当地官员为了解决这个问题，采取措施，“记字为号，疏其步亩及四至所届上于官，官为给券，使有所冯”，政府承认白族群众的葑田的私人所有权，并发给凭证，又“复植木栈海岸，严其畛域，不相淆乱”，由官府维护当地葑田的秩序。其二，如果发生“有籍以为奸者”，霸占别人葑田的情况，政府出面干预解决。“俾出券环为证之”，只要葑田所有人能出示占有葑田的凭证，政府便利用法律手段“竞归其旧”。这条史料有力地说明，元代白族地区的田地所有是受到法律保护的。

除前面所举罗文节在大理地区颁发凭证，承认和保护白族人民的私有田地外，赛典赤等人在中庆建文庙时，曾买田8双作为庙学的日常开支，后又增到592双。这些田地被当地异端豪民霸占，为了维护庙学对这些土地的所有权，云南诸路肃政廉访使

---

① 《太华寺常住田地碑记》，原碑存于昆明西山太华寺。《通海普光山智照兰若记》，《云南蒙古族简史》所载。

②③ 见方国瑜《盘龙禅庵诸人舍施常住记碑概说》，《云南史料丛刊》第3卷，云南大学出版社1998年版，第346页。

④ 宋濂：《宋文宪公全集》卷一一，《元故文林郎同知中庆路泸州事罗君墓志铭》。

蒲机与副使秃鲁，佥事阿鲁、温察王钦，幕宾经历张怀义，知事崔有恒、照磨干赤，专门研究了这件事，派遣当地官员实地调查，对这些田地的四界所在、双数都进行了登记，有司、学民、宪府存档，并刻于碑上，“以备他日取证”①。这样，通过法律手段把田地归还庙学，保护了庙学对这些土地的所有权。云南行省右丞也对此事进行过处理，“按庙学旧籍夺归之”。除了田地外，白族群众的房屋等私有财产也受到法律的保护。宗王府养的马匹很多，没人管理，到农民的田地里损害庄稼，而放马的人在老百姓家食宿，使当地老百姓不得安宁。忽辛专门划地，置草场，并且修建了牧人居住的房子。这样就保护了当地老百姓的田地和房屋不受侵扰，维护了他们的所有权。②《通海普光山智照兰若记》中谈道：“廉访司省会拟付洒扫户成升等，置到：一户来保，一户福生。一住宅一院，东至玉君，南至道，西至杨福，北至王应。”③ 方国瑜教授认为，这是廉访司判案，没收住宅一院，做普光寺产业，有两户居民（来保、福生）解省会议，拟付洒扫户永充劳役。④ 这也是官方通过判决，改变房屋所有权的例子。

（二）关于债权的法律规定

元代白族地区债权方面的情况，最典型的是前举元代关于不准在云南放高利贷，没人为奴的规定。《通制条格》中有：“至元三年二月，钦奉圣旨：‘债负止一本一利，虽有倒换文契，并不准使，并不能将欠债人等，强行扯拽头匹，折准财产，如违治罪’。”⑤ 这是全国性的规定，在云南白族地区也同样适用，法律不允许放超过规定的高利贷，否则“如违治罪”。针对大理地区的具体情况，《通制条格》中对云南专门规定，⑥ 从这条珍贵的史料可以看出，赛典赤曾就云南的高利贷行为做出过规定，后来中央又重申此条规定，禁止云南权势多取债息，禁止以此没人为奴。

六、婚姻继承法律

元代以前，白族在婚姻方面大多是实行本民族的习惯法。受汉族的影响较小，不

---

① 支渭兴：《中庆路增置学田记》，《新纂云南通志》卷九四。

② 《元史》卷一二五，《赛典赤·瞻思丁传附忽辛传》。

③ 《通海普光山智照兰若记》，《云南蒙古族简史》所载。

④ 方国瑜：《盘龙禅庵诸人舍施常住记碑概说》，附说《通海普光山智照兰若记》，《云南史料丛刊》第3卷。

⑤ 《通制条格》卷二八，《违例取息》。

⑥ 《元典章》卷二七，《户部》。

受汉法中关于婚姻家庭规定的约束。白人是“处子孀妇，出入无禁，少年子弟号曰妙子，暮夜游行，或吹芦笙，或作歌曲，声韵之中，皆寄情意，情通私耦，然后成婚”①。赛典赤到云南后，认为云南各民族“俗无礼仪，男女往往自相配偶”，便“教之拜跪之节，婚姻行媒”②。在云南推行儒家的伦理道德和汉法中关于婚姻家庭的规定，使云南的情况发生了变化。白族出现了与其他民族之间通婚的现象，而政府对这种通婚是允许的。白族土官段实之子段阿庆就曾尚蒙古人的公主，③ 第七任大理总管段功也曾娶梁王之女阿盖公主为妻。而段功之女——第八任大理总管段宝的姐姐羌娜，嫁给建昌土官阿黎。按：建昌府元代治所在今西昌，辖境相当于今四川大渡河以南，冕宁、西昌、普格以东，大凉山、金沙江以西地。④ 建昌历史上就是彝族聚居区，当地土官应是彝族，羌娜嫁给建昌土官阿黎，阿黎应是彝族。羌娜所说：“今我嫁到夫家，收拾建昌、东川军马，飞报若到，汝急来应。”建昌、东川军马，应是彝族军队无疑。从中可看出，元代白族和彝族的上层通过婚姻关系结成了政治上的联盟。

元代白族政治地位的继承，可从历代大理总管的承袭情况来分析。有元一代，大理总管一共9位，就其承袭状况而言，有父死子继、兄终弟及、族弟之间的继承等多种情况，元政权未做更多干涉。⑤ 关于财产方面的继承，未见详细的文献记载。

七、其他方面的法律

（一）文化教育方面的法律规定

云南在大理国时期，由佛寺培养的白族知识分子“师僧”，虽“往往读儒书”，但仍“少知六经者”⑥。赛典赤来滇后，即“创建孔子庙，明伦堂，购以史，授学田，由于文风稍兴”。他于至元十一年（1274）七月抵大理，“下车莅政，风动神行，询父

---

① 李京：《云南志略·诸夷风俗》。
② 《元史》卷一二五，《赛典赤·瞻思丁传》。
③ 《南诏野史·段庆传》；杨慎：《滇载记》。
④ 《辞海》地理分册、历史地理。
⑤ 参见方慧：《大理总管段氏世次年历及其与蒙元政权关系研究》，云南教育出版社2001年版。
⑥ ［元］郭松年：《大理行记》，王叔武校注：《大理行记校注》，云南民族出版社1986年版。

老诸生利国便民之要，中庆、大理两设提举，令王荣午、赵子元充其职”①。在这里，提举即儒学提举，可见兴建儒学是赛典赤到云南后首先抓的一项工作。白族聚居的大理地区是他决定在云南首先建立儒学的两个地区之一。大理的儒学修建由中奉大夫、云南诸路行省参知政事郝天挺主持，所需资金是当地官员的捐助。当地最大的土官、大理路总管段忠也表示积极支持：“文物胜事也，力有不给于我取。”② 在多方的共同努力下，儒学建成，元政府还颁布《大理孔庙圣旨碑》，用法律的形式规定了若干对孔庙的保护措施：禁止官员使臣军马在孔庙内入驻，“或聚集理问词讼，亵渎饮宴，工役造作，收贮官物等”。还规定，用于学校费用的土地、产业，“外人毋得侵夺”；孔庙损坏要“随即修完”；如果儒士中有特别优秀者，“有司保举，肃政廉访司体覆相同，以备选用”③。可见，大理的孔庙和内地的孔庙一样，是受到法律保护的。还有一点值得特别注意，此碑的立碑者是大理路军民总管府，可以看出，大理路军民总管府的总管段氏（白族）对元政府关于保护孔庙的规定是十分重视的。

（二）宗教方面的法律规定

佛教传入云南的时间较早，南诏时僰人信仰佛教也很普遍，同时，各少数民族大多是信仰本民族的原始宗教。随着云南与外地交往的增多，伊斯兰教和基督教都在元代已传入云南。据《马可·波罗行纪》中记载，至元年间的中庆城“人有数种，有回教徒、偶像教徒和若干聂思脱里派之基督教徒”。由此可知，元代中庆城有多种宗教并存。回回人赛典赤任云南行省平章政事，他是伊斯兰教徒，深受云南回回人的敬重，成为他们政治与宗教方面的事实上的领袖。今天昆明最早的两座清真寺，即为赛典赤所建。但是，云南行省对各种宗教采取了宽容的态度，没有强迫各教别、教派的人们改变自己的宗教信仰，而是主张各种宗教亲善团结、和睦共处。白族群众大多信仰佛教，至大四午（1311），元朝廷特颁《大理崇圣寺圣旨碑》，规定官府不得侵扰寺院，寺院的财产免征税粮，免受抢夺。有了这道圣旨，寺院的安全和收入自然有了法律的保障。④

---

① 《赛平章德政碑》，《新纂云南通志》卷九二。

② 赵傅弼：《创大理路文庙碑》，《新纂云南通志》卷九二；《大理路兴举学校记》，方龄贵、王云选录：《大理五华楼新出元碑选录并考释》，云南大学出版社2000年版，第12页。

③ 《大理孔庙圣旨碑》，《新纂云南通志》卷九二。

④ 《大理崇圣寺圣旨碑》，《新纂云南通志》卷九二。

八、司法

如前所述，元代国家的法律在白族地区的政治、经济、民事等大的方面都得到实施，而且在路府州县都设立了负责狱诉的官员。从元代大理地区的碑刻材料看来，至正二十八年（1368）大理《追为亡人杨昭宗神道碑》中就有“儒林郎前大理路推官滇郡李敬仁撰”①，《追为亡人大师李珠庆神道碑》则有“征事郎大理路军民总管府推官王荣书丹”②。按：据《元史·百官志》中的记载，“推官”在元代是“专治刑狱”，是专门负责司法审理的。这就说明，白族地区元代已经设置了这种官职，处理当地的刑事案件。此外，在至正九年（1349）的《故父张照磨墓志》中也谈到，张恭曾任大理录事司判官③。按《元史·百官志》的记载，“录事司，秩正八品。凡路府所治，置一司，以掌城中户民之事。中统二年，诏验户民，定为员数，二千户以上，设录事、司候、判官各一员，二千户以下，省判官不置。至元二十年，置达鲁花赤一员，省司候，以判官兼捕盗之事，典吏一员”。从中可以看出元代录事、判官的职能主要是处理路府两级行政所在城的民事案件。至大二年（1309）立的《加封孔子圣诏碑》中有“大理路录事司达鲁花赤□蓝，大理路录事司录□□□□安”的字样。④从此也可看出元代在大理路确实设立了“掌城中户民之事”的录事司。永乐年间在大理喜州弘圭山立的《弘农氏杨公墓志铭》中谈到，其祖杨嵩追随大理总管段功克复省城后，“奉梁王令旨，除大理路司狱之职，执法严肃，上官闻者咸怿，厥后实授敕命”⑤。同时，立于大理城内的《故大理路赵州同知杨公墓志铭》中也谈到，“祖顺，元蒙化州判官，考成，本路司狱”⑥，可知元代确实在大理地区设置了司法机构和司法官员。但由于史料的阙如，难以对元代大理地区司法方面的情况进行更加深入的研究。

---

①②③④⑤⑥ 大理市文化丛书编辑委员会编：《大理市古碑存文录》，云南民族出版社1996年版，第59、58、46、33、78、79页。

第五节

明朝统治时期的法律制度

一、明朝对白族地区的统治

明朝建立之初，曾先后五次派遣使臣到云南对梁王和段氏分别劝降。虽然许诺段氏“朕命臣僚议，准唐、宋故事，封尔段氏为云南国王，故特遣使先谕朕意。使回，当发印质……尔其审之”①，但劝降并未见效。于是洪武十四年（1381），明朝派大军征讨云南。明军攻下中庆，驻兵大理，大理已危在旦夕，段氏表示愿意投降，还要求明朝兑现从前许下的诺言：“我段氏纳款，意在封王纳贡。”“请依唐、宋故事，宽我蒙段，奉正朔，佩华篆，比年一小贡，三年一大贡。”② 明军断然拒绝了从前的许诺，③ 并于洪武十五年（1382）二月攻克大理。大理总管段氏就擒，并其二子苴仁、苴义送至南京，明太祖任命苴仁为雁门卫镇抚，赐名归仁，苴义为武昌卫镇抚，赐名归义。④ 段氏在大理地区的统治至此而绝。经过元朝的经营，大理路府两级政权与内地的差距大为缩小，改土设流的条件已经成熟，所以明朝对段氏采取了与元朝全然不同的措置：一方面，把段明及其二子械送南京；另一方面，对其他段氏亲属进行了残酷的镇压。据《南诏野史》所载，段氏宗族解到南京后，除段明父子少数人外，“头目尽诛”⑤，留在大理的段氏家族无法立足，或远走他乡，或改名换姓。⑥

明军攻下大理后，明朝在云南的设置与元朝有很大不同。《明史·云南土司》有：“明洪武十四年，大军至滇，梁王走死，遂置云南府……大理、临安以下，元江、永

① 《明太祖洪武实录》卷九二，《洪武七年八月甲辰条·巡检》。
② 万历《云南通志》卷一六，《白国始末》。
③ 《大理战书》，见王世贞：《弇山堂别集》卷八五，《诏令杂考》。
④ 《新增南诏野史·段世传》。
⑤ 王崧本：《南诏野史·段明传》。
⑥ 《太和段氏族谱》增修段氏附谱序，现存大理白族自治州博物馆。

昌以上，皆府治也。……大理悉定，因改大理路为大理府，置卫，设指挥使司。”① 从明代开始，大理白族地区府一级已设流官，其他各级行政组织中的土官也大为减少。据龚荫教授考证，明代大理府共有土官 40 家，其中土知州二、正千户二、副千户一、土总管五、土总把一、土县丞一、土副长官一、土经历一、土主簿一、土巡检一十九、土盐井副使二、土典史一、土驿丞三。② 从以上材料分析可知，明代白族地区各级政权的实权都已掌握在宗族流官手中。特别值得注意的是，在这 40 家土官中，有土巡检 19 家。《明史·职官》对巡检的记载为："巡检司。巡检、副巡检，俱从九品，主缉捕盗贼、盘诘奸伪。凡在外各府州县关津要害处俱设，俾率徭役弓兵警备不虞。初，洪武二年，以广西地接瑶僮，始于关隘要冲之处设巡检司，以警奸盗。后遂增置各处。十三年二月特敕谕之，寻改为杂职。”③ 很显然，巡检是明朝在关隘要冲之处设置的协助军队、维护当地社会治安的官职，仅为九品，并不参与当地行政大事。但这种小官在大理地区的任职手续却极为严格。首先，任土巡检的都要备马进贡，而明朝皇帝的诏谕大多是"著他回去做巡检，不做世袭。若不守法度时不著他做，还著流官巡检掌印"④。从中看出，皇帝对这种小官的要求极为苛刻。不准世袭，任职者要遵守明朝的法律，而且实权是掌握在流官巡检手中。有的大理地区的巡检被调到江西任巡检，后因"不识字，语言不通"只有"照例复职"⑤，看来诏谕的内容并非虚言套话。李良（白族）于洪武十七年（1384）十一月任云龙州顺荡井巡检司土副巡检，三十二年（1399）十二月"往往事为民，后为错罪官员，起取到部"。李良因为没有按照明朝的法律办事被押送京城，后来虽然搞清事实复职，但几次后人袭职时的圣旨都有"不为例，还著他去做。犯了法度不饶"，"且准他袭，还行文书去覆勘，如果有不实，拿解将来"⑥。而宾川州神摩洞巡检司土巡检赵俊死后，其妻和侄儿赵庆争袭，由布政司调查后，圣旨为："是。只准这妇人袭了。"赵庆发回原籍。后女儿赵观寿又与侄儿奏告争袭，朝廷"发回云南会勘"，后此地巡检改任流官。⑦可见明代在大理白族地区的土官任免权是直接掌握在皇帝手中的。而顺荡井盐课司副使杨星勇犯法，他的儿子杨忠告袭时，就因"伊父系不守法度人数，将杨忠引奏发回为民"⑧。

---

① 张廷玉等：《明史》卷三一三，《云南土司》，中华书局标点本，1974 年版。

②④⑤⑥⑦⑧ 龚荫编著：《明清云南土司通纂》，云南民族出版社 1985 年版，第 41、49、50、63、61、66 页。

③ 《明史》卷七五，《职官四》。

二、白族地区的社会组织

明代白族地区基层社会组织发生重大变动，向内地靠拢，已建立里老制作为当地调解基层民间纠纷的组织。由当地德高望重的本族人充任里长、老人、耆宿，调解当地纠纷，维护当地社会秩序。据出土的明代喜洲弘圭山的《故善人张公墓志铭》所载，当地白族大姓张福的父亲张情因“古朴安分，积善累仁，保为一里之长，宣上德而达下情，隐恶而扬善”。张福“为人正直，务本弃末……继承父兄之业，为里长。遵依教民榜文，劝善化恶，乡邦称为善人”①。正统年间的《故老人段公墓志铭》有“永乐戊子，阖境里老，佥举郡守，阿公遣把事尹铭等，礼聘为耆宿，时会乡饮，尊以为宾。其为人也，不矫矫以为异，不翕翕以为同。由是乡人之诉讼得以平，宽抑口以伸”②。而明代宣德年间所立《大理弘圭山赵公墓志铭》所记基本相同。③《大理府老人杨惠墓志》谈到杨惠永乐年间“因于年高有德，众人推服，大理府知府杨仲节选用为大理府老人。访问军民，承情训诲庶人，政教无思不服，无所不通”④。可见明代白族地区的“里老”、“耆宿”等基层组织中德高望重的老人，和内地一样，起着化解基层社会的纠纷矛盾、协调当地社会关系的作用。明初，白族地区还建立了里制，负责管理当地的赋役工作。《李公墓志》有李奴“永乐十六年编充里长，奉本县贴文□（办）弘圭、保和二乡为都里长，催办赋税征收”⑤。《仲英同妻杜氏寿圹铭》也有“洪武任戌，大理郡县内附，公能先后长土，出入□府□为里长，或赋役之不均，辄争辩不已，或奸狡之凌辱，则理而致于法，由□家以下不堕而乡闾蒙其利”⑥。可见，里长是由当地白族担任，负责当地的赋役工作。明代大理白族地区的文契中也反映了这方面的情况。万历年间剑川西山的《典陆地契》中有“立与典地契书人系浪穹县桥后里壹甲甲首杨世美，今立典契，因为家下悉缺使用，无处凑备，情愿将祖父遗下陆地壹霸，坐落地名庄房，其地叏至路，南至头主，西至横路，北至路，四至开写明白，随纳夏税伍合。凭中杨奴釗说和，出典与本里三甲甲首杨豹子名下为业”的记载，⑦ 可以看出当时剑川地区已建立里甲制，买卖双方在同一个里，卖方是壹甲甲

①③④⑤⑥ 大理市文化丛书编辑委员会编：《大理市古碑存文录》，云南民族出版社1996年版，第162、103、94、88、92页。

② 云南编辑组编：《白族社会历史调查》（四），云南人民出版社1991年版，第180页。

⑦ 白族社会历史调查组辑：《云南省大理白族自治州碑文辑录附明清契文钞》（油印本）。

首，买方是三甲甲首。明代鹤庆邑头村的《院道禁革土军事宜碑记》中谈到，明代当地的“土军”（白族乡兵）已经编入里甲的粮户，原来的有关规定也须做相应修改。“只该圆帽青衣，若刑具朱笔，从今不可用矣。”碑中列举了若干改革规定后说：“所有奉行前开事款，合先出示晓谕，为此示仰千百夫队长，土夷军民人□□□□□□敢有犯者，许诸人首告，或道府□□，定当从重参处，决不轻贷。”①

三、刑事法律

随着国家对白族地区控制的加强，明代白族地区的刑法进一步向国家的法律靠近。明代总的立法指导思想是“明刑弼教”，较之中国传统的“德主刑辅”立法思想，提高了“刑”的地位，为朱元璋推行重典治国提供了思想理论依据。

这种总的立法指导思想也体现在白族地区的刑法实施过程中。较之元代，国家对白族地区的管理更加严密和直接。对危害封建国家的犯罪行为，处理基本与内地相同。正统年间，明英宗曾对大理府知府刘敕下敕说：“以尔廉平公正，命长郡治。尔宜体朝廷简拔之意，益励乃操，益勤乃事，表率官属，宣布德泽，爱恤吾民审度人情，因俗为治。利所当兴，弊所当革。尽心尽力，必使一郡之民衣食充足，礼教兴行，斯尔之称。所属官员，果有贪淫不法，蠹法害民，情况昭著者，五品以上具实奏闻，前一尔郡即提下，差人解京。其有罢软、老疾不胜任者，亦开具奏来。僚佐官及所在卫所官，或倚恃豪强，非分害民，明指实情奏闻。一应公差之人，但有生事需索为民患者，即举问如例。”② 从英宗给大理府知府的敕书可以看出，明政府对大理地区总的治理原则，除了要“审度人情，因俗为治”外，对于当地官员触犯刑律的处理程序和范围都做了具体规定。正统年间，鹤庆府土知府高伦（白族）因擅率兵马，屠戮士庶，支解枭令，私敛民财，多造兵器，欲谋害亲母杨氏等罪行，被副使徐训上奏，朝廷对这些危害封建国家安全的犯罪非常重视，命令黔国公沐昂“谕使输款，如恃强不服，即调军擒捕”。后又赐谕沐昂：“彼闻土知府高伦妻刘氏同伦弟高昌等纠集罗罗、麽些人众，肆行凶暴，不从逮讯。敕至，即委官至彼勘实，量调官军，擒捕首恶，并逮千户王蕙及高宣等至京质问。”很显然，对于土官纠集少数民族群众作乱，朝廷是要严惩的，对当地政府“不从逮讯”的做法进行警告，并具体布置措施，调查

① 云南编辑组编：《白族社会历史调查》（四），云南人民出版社 1991 年版，第 139—140 页。
② 天启《滇志》，云南教育出版社 1991 年版，第 595 页。

清楚情况后，要以军队作为后盾，擒捕首恶，并把有关涉及案件的人员带到京城质问。虽然后来由于高伦和当事人的翻供，案情的审理有些曲折，但朝廷一抓到底，明英宗又派都察院右佥都御史丁璇、严恭到云南密察取证，特别下旨："尔须体朕至意，存心正大，毋有偏徇，以妨朝廷公道。"后落实了高伦的罪行，"既而奏当伦等皆伏诛"①。从这个发生在白族地区的典型案例可以看出，在白族地区对重大刑事案件的审理，程序已基本和内地一致，死刑则直接由皇帝干预、决定。

剑川州土知州杨奴（白族）因为反叛朝廷，"大理卫指挥郑祥讨之，斩八十余人，杨奴遁，未几，还剑川，复聚蛮为乱，祥复以兵击斩之。"②

至于明代云南的刑罚，有死刑、充军、流刑、徒刑、杖刑和笞刑、枷号、黥刑、赎刑等种类。③ 唯大理白族地区的刑罚状况，除前举的死刑外，未见其他刑罚的材料。

四、经济法律

（一）农业生产方面的法律规定

朱元璋建立明朝，统一全国以后，为了加强中央集权，巩固其统治地位，在各地设立卫所，广为驻兵，就地戍守屯田，是为军屯。云南平定之初，朱元璋则下令给有关人员："恁去说与云南、大理等处守御卫所：有发到的有罪断发军人，编入伍，着他种田；把关去处盘获有罪断发，但是曾刺字、不刺的，刺旗、不刺旗的逃囚、军人，拿住发与原卫所收，将为首逃的废了示众。又各卫所上紧屯种，尽问军人每，若是有粮，便差内官送将家小来。"④ 洪武十九年（1386），西平侯沐英上奏："云南土地甚广而荒芜居多，宜置屯，令军士开耕，以备储待。"这个建议得到了朱元璋的赞同，他谕户部臣曰："屯田之政，可以移民力，足兵食，边防之计莫善于此……然边地久荒，榛莽蔽翳，用力实难，宜缓其岁输之粟，使彼乐于耕作，数年之后，征之可

---

① 参见《明史》卷三一四，《云南土司二》；《明英宗实录》卷八〇；龚荫编著：《明清云南土司通纂》，云南民族出版社 1985 年版，第 156 页。

② 《明史》卷三一四，《云南土司二》。

③ 参见方慧主编：《云南法制史》，中国社会科学出版社 2005 年版，第 140—142 页。

④ 张纨：《云南机务抄黄》。

也。”① 接着朱元璋又拨款遣人前往四川买耕牛万头作为云南屯田之用，“诏景川侯曹震及四川都指挥使司选精兵二万五千人，给军器农具，即云南品甸之地屯种。”② 而云南品甸地望即今云南大理州祥云县云南驿。③

从上举材料可以看出，明初对云南大理白族地区军屯从人员的调集、生产资料的准备、赋税的征收等方面都有专门的规定。

除了军屯以外，云南还有民屯，为了鼓励开发无人耕种的荒地，明政府颁布了一系列的法律规定。《明史·食货志》有：“每岁中书省奏天下垦田数，少者亩以千计，多者至二十余万。官给牛及农具者，乃收其税，额外垦荒者永不起科。”“屯田之制：曰军屯、曰民屯。……其制移民就宽乡，或招募或罪徙者为民屯，皆领之有司。”④明代有记载说：“高皇帝既定滇中，尽迁江左良家闾左以实之，及有罪窜戍者，咸尽室以行。”⑤ 由于明代鼓励内地的百姓到边疆垦殖，制定了“额外垦荒者永不起科”的法令，同时也强行迁徙一些罪犯到云南屯种，云南的土地得到了广泛的开发。嘉靖年间，朝廷再次宣布“各边荒地任民尽力开垦，永不起科，其旧曾起科，今荒芜者，召民一体开垦，应纳子粒，准蠲免十年，不许征扰，待有成熟，奏来定夺。边臣敢有变乱者，巡按御史参奏，拏来重治”⑥。从明朝鼓励民屯的法令看来，云南民屯人员的来源有三类：一是内地自愿到云南屯田的农民；二是政府招募的人员；三是罪犯。大理是云南主要农耕区，应在民屯地区之列。

水利是农业的命脉，明政府为了增加粮食产量，十分重视云南水利的兴修。成化年间，宪宗特批云南可以破例用官钱兴修水利。指示说：“水利，有司急务，况云南边方，蓄积甚寡，使田被水患，岂惟民食不给，而军需亦无从出矣。用官物以预为提防，有何不可，其亟行之。”⑦ 明代云南各地水利的兴修，大部分由各级官府组织。邓川州的弥苴江大堤，是当地一项重要的水利工程，明朝政府极为重视，永乐、弘治、正德、嘉靖年间，先后进行过几次大修。对江堤平时的缮修和管理有一套严格而规范的制度：规定每年正月乡饮次日，开始例修，参加修理的人夫若违迟一日，即当

① 《明太祖实录》卷一七九，《洪武十九年九月庚申条》。
② 《明太祖实录》卷一八四，《洪武二十年八月丙寅条》。
③ 龚荫编著：《明清云南土司通纂》，云南民族出版社 1985 年版，第 43 页。
④ 《明史》卷七七，《食货一》。
⑤ 谢肇淛：《滇略》卷四，《俗略》。
⑥ 《明会典》卷一三二，《兵部一五》。
⑦ 《明宪宗实录》卷二二五，《成化十八年三月丙子条》。

受罚。人夫以缴纳粮赋的多寡按比例从屯田军士、当地百姓中抽取。乡民们在全河划分地段，“刻石标记，永为定规”，实行专段承包。至修治之日，修河差夫“不待督率，各自赴工，培土种木”，“岁以为常”，若堤溃决，则由负责该河段的差夫出银购料修复。① 大理府卫关里十八溪共35处也立有军民分定水例碑文，为了使洪武年间定立的军民分定水例碑文规定的放水规则能够执行，特地将行司批准的原分水比例，于碑上逐一明刻：“如遇栽秧之时，照旧分水灌田，毋容争夺，今置坎字号牌，而开奏委官收掌军民务在遵守。所委官员，至期会同有司，委官亲议。各屯军民相参观者田处，常川点闸，毋致失误农时。敢有互相争夺水例者，就便踏勘看问明白，将犯人严枷痛治。毋致偏循，取罪，不使。”② 从以上材料可以看出，明代大理地区水利的兴修基本上有章可循，有法可依。嘉靖年间赵州东晋湖塘的用水纠纷则是一个典型案例。赵州有一个陂堰，是当地军屯和民田用水的主要水源。由军屯使用水的单位大理卫后所和民田使用水的草甸里三村共同出资维修。每年九月初九闭塞湖口积水，次年五月初五三次开湖放水，灌溉600户农田和军民屯田司千万余亩，“已成定规”。后弘治二年（1489），云南按察副使林某修筑赵州城墙时因经费短缺，将此湖卖给当地豪强陈达等奏闻瓦农田，致使附近军民无水插秧。当地军民联名告状，政府非常重视，命令有关官员“俱亲诣湖所踏勘明白”，处理结果是“责令瓒等用水人户照亩出钱，共银一千三百二十四两五钱，给还买湖陈达等，将湖赎出，仍旧积水灌田，刻碑在州”。后又有人破坏湖塘，“潘知州不畏势豪，将各犯枷号责治”。为了保护湖塘，当地居民立石，“刻石立碑，以垂永久。如有阻霸者，重治枷号”③。

（二）有关赋税制度的法律规定

按照明代的规定，政府依据所掌握的户口确定赋税。据天启《滇志》记载，明天启年间政府掌握的大理府的户口是19501户，人口是241776人，而田赋是按政府确定的田亩征收。天启年间，政府掌握大理府的田亩是9756顷60亩。④ 夏税额征9198石

---

① 嘉靖《大理府志》卷二，《地理志》；艾自修：《重修邓川州志》卷二，《河防》；杨南金：《修弥苴河堤碑记》。

② 《大理府卫关里十八溪共三十五处军民分定水例碑文》，见大理市文化丛书编辑委员会编：《大理市古碑存文录》，云南民族出版社1996年版，第115页。

③ 《建立赵州东晋湖塘闸口记》，见大理市文化丛书编辑委员会编：《大理市古碑存文录》，云南民族出版社1996年版，第328—331页。

④ 天启《滇志》，云南教育出版社1991年版，第219页。

多，秋粮16534石多。从明代大理地区发现的田契、地契来看，大多写有交易田地时租税随之转移的情况。

万历年间鹤庆金敦赵家登的《寔卖山地契》中特别写明“山后随税五合，买主折入本户上纳再照”。崇祯年间洱源西山的《卖山地契》中也有“当日每年纳租三石五斗不得过户，如有过欠、少之日，杨成一面承当”的字样。① 虽然田地买卖后田赋缴纳方式可能有所不同，但肯定要交是毫无疑问的。这些说明，明代大理地区的赋税制度已经进一步向内地靠近。

与内地不同的是，由于云南历史上长期使用贝币，云南缴纳赋税的种类与内地有所不同。《明史·食货志》有：“洪武九年，天下税粮，令民以银、钞、钱、绢代输……十七年，云南以金、银、贝、漆、丹砂、水银代秋租。”② 可见，明代规定云南可以用贝币和云南的土特产缴纳租税。大理鸡足山悉檀寺内的《敕赐悉檀寺常住碑记》中有“大甲庄甸头把公务田拾贰分，荒田二处，蒲草田二处随大龙潭出卖给悉檀寺，要寺院火随纳本州粮巴壹百索”的记载。③ 这通碑里还记载：“舍本职于万历肆拾柒年正月拾叁日立绝卖庄田文约文约书人高世昌，系北胜州听袭土舍。同舍目高云汉、高运、高保等为因承袭起关，急缺费用，别难奏处。愿凭中可全张先胤等为立约，将祖遗自己江外私庄渔棚、小甲长、宜毕赛、小沙田、桥头五处庄田共各庄四至自古分界，曰定共议作实价银壹仟两出卖与丽江府木老爷台下永远为业。各庄租谷公务杂派下程年例等项折算作实租□□在内，尚大调之日兵夫帮贴一应俱无，大造认从过割改折输纳。”可见除了赋税外，还有名目繁多的各种苛捐杂税。

五、民事法律

（一）户籍制度和民事主体

户籍制度是封建国家统治的一项重要制度，也是封建国家征收赋税的重要依据，所以为历代封建统治者所重视。元代在云南实行行省制后，改变了以前少数民族人口

① 见白族社会历史调查组辑《云南省大理白族自治州碑文辑录附明清契文钞》（油印本）。

② 《明史》卷七八，《食货二》。

③ 方慧：《从金石文契看元明及清初云南使用贝币的情况》，刊于《史学论丛》第五辑，云南大学出版社1992年版。

不上版籍的规定，在云南加强了户籍管理，曾在云南少数民族地区数次清查户口，以增加税收。明朝掌握云南的户籍在元代的基础上有所增加，管理也更加严密。按照明朝的规定："国初，令中书省臣，凡行郊祀礼，以天下户口赋籍陈于台下，祭毕，收入内库藏之，其重如此，后著为成式，每岁莫报总数，十年攒造黄册，以定赋役，核稳漏，清逃亡，法例甚详。"① 云南也是执行了这方面规定的。从云南布政司掌握的户口来看，洪武二十六年（1393）人户 59576 户，人口 259270 口；弘治十四年（1501）人户 15950 户，人口 125955 口；万历六年（1578）人户 135560 户，人口 1476692 口。② 不到 200 年的时间政府掌握的人口增加了近 7 倍，可见户口的管理日趋严密。如前所举，天启年间大理府的户口、田亩数都是政府有据可查的。随着明朝在云南统治的逐渐深入，汉族人口大量进入云南，少数民族地区经济的发展和一部分地区改土设流的进行等多方面的原因，明代云南民事主体较之元代有所增加，更多的民事行为纳入了法律调整的范围。

进入云南的内地人口，包括参加军屯的人员，皆是民事主体，这是没有争议的；要讨论的是，原来是"因俗而治"的云南少数民族是否成为民事主体。此问题看来不能一概而论，因为云南民族众多，社会发展水平不平衡，因此明朝政府尚不可能将所有少数民族的民事纠纷都纳入其调整的范围，但其中的一部分已成为民事主体是可以肯定的。弘治年间，明廷下令："严责成云贵、两广、湖广、四川土官土人争地、争官者，巡抚、巡按等官亲临勘报，如延至一年以上者住俸。"③ 很显然，明朝规定，云南的土官土人都是民事关系的主体。按《明会典》的规定："若边境声息及土人词讼，从都司、布政司、按察司官合同计议行之。其事已行，及承行原由，并填写勘合奏闻。"④ 明代诉讼程序中规定："凡土官衙门人等，除叛逆机密并地方重事许差本等头目赴京奏告外，其余户婚田土等项俱先申合于上司，听其听与分理。"⑤ 很显然，"户婚田土等项"是属于民事纠纷。从明代的法律规定上看，部分少数民族已成为民事关系的主体。大理地区的白族亦不例外，从上举嘉靖年间赵州东晋湖塘的用水纠纷一案的解决便可说明。

---

① 《明会典》卷二〇，《户部七》。
② 《明会典》卷一九，《户部六》。
③ 《明孝宗实录》卷一七五，《弘治十四年六月丙午条》。
④ 《明会典》卷一〇八，《礼部六六》。
⑤ 《明会典》卷一八六，《刑部》。

（二）有关所有权的法律制度

明代大理地区的房契、地契、田契增加很多，说明当地的白族人民个人所有权的意识增强，而且用契约的形式将所有权固定下来，以便受到政府和法律的保护。所有权涉及房屋、田地等私有财产。以下列举数个契约分析说明。

现见到明末大理洱源西山卖山地契为：

卖山地契（洱源西山）

立卖山地契书人（罗）男杨奴今立地契为因家下急缺使用，别无辏备，情愿将大麦地处卖与载名下，议作地价税九百索，当日每年纳租三石五斗不得过户，如有过欠、少之日，杨成一面承当，二家各不许反悔，如有追悔之日，再罚地价一半入官公用，恐后无凭，立此地契存照

实山地价九百索纳三石五斗

崇祯十一年腊月初日　　立山地契书人　　罗杨奴

凭中人　　罗羊城

山地存照　　知见人　　段保生

代字　　借笔

天启年间洱源西山的地价收付书：

地价收付书（洱源西山）

立与收付书人罗享奴系浪穹县下江嘴巡检司三板桥哨兵民，今立收付，为因原日故父罗文秀备价买到□岩场杨伦杨豹子等陆地壹段，今无力出卖与族兄罗三忍名下耕种，今地价海巴前后共收三次，约共巴二千五百索足，其巴一一收受明白，中间并无欠少压高，尚有日后享奴兄弟等不得异言，如有此人等甘□挟害之罪，今恐无凭立此收付存照

寔收地价海巴贰仟伍佰索足前后共收割食羊酒叁席整

天启元年十一月二十九日立收付绝词书人　罗享奴

同弟人　罗双添

凭中人　罗保子

楷笔　杨汝泉

鹤庆金敦万历年间的卖山地契：

寔卖山地契（鹤庆金敦赵家登）

立寔卖山地契文约书人杨神佑系本府表一图金茨禾住，为因缺用，情愿将自己祖

遗山坡一面出卖与本图赵家登。合族祭需名下为业，其山坐落江东西山山脚，北至大井，南至杨姓买小井，东至山顶，西至开明山后，随税五合，受价海巴壹佰捌拾索，自此立契之后任从买主安置坟墓神佑子子孙孙不得异言争说，如有异言争说之人，神佑一面承担，如违甘罚白米拾石入官，恐后无凭，立此寔卖山地契存照

寔卖山坡一面系坐落江东受价海巴壹佰捌拾索，山后随税五合，买主折入本户上纳再照

万历八年五月初七日立寔卖山地书人杨神佑十

凭中人　高三哥

代字　　杨眉泽①

从这些买卖田地的契约中可以看出：其一，明代云南白族地区的田地买卖是自由合法的，卖主既有白族农民，也有当地的白族乡兵。所卖田地的来源有祖传的遗产，也有自己买后转卖的，总之，自己所有的田地田主均具有所有权，可以自由处置。其二，这种买卖是合法的，得到官府的认可，因此地契中明确写道："如有追悔之日，再罚地价一半入官公用"、"如违甘罚白米拾石入官"、"尚有日后享奴兄弟等不得异言，如有此人等甘□挟害之罪"。可见，田地买卖受到官府和法律的保护。其三，从这些买卖契约中还可看出，明代白族军民签订买卖契约的程序基本与内地相同。除了卖主在契约上签字画押外，凭中人和见证人也要签字画押，买卖双方的权利义务在契约中一一书写明白，有的还要摆上几桌酒席，借此告知亲戚和乡邻。明末大理地区的白族可以自行处理自己祖上传下的遗产。特别值得注意的是，在前面所举的洱源西山罗享奴卖田地的事例中，一年之后，原卖主杨豹子的儿子又向第三任买主罗三忍索要"加添盖字费"：

杜绝加添盖字地契（洱源西山）

立重复加添杜绝地契书人杨豪系下江嘴民，今立因添为因故父杨豹子存日将索买得杨世荣等山场一处卖与罗文秀名下为业。至后伊男罗享奴将此地转卖与罗三忍名下，前后价贯具收明白□因父卖子绝凭中仍向罗三忍添找盖字□后海巴六十索，当日兑众，地价收受明白，日后不得明生事端，族内弟兄毋得收害口陷，如违甘当重罪，恐后无凭，立加添杜绝重复盖字永远存照

寔受加添盖字海巴陆拾索整

天启二年九月初八日立加添书契人杨豪

① 白族社会历史调查组辑：《云南省大理白族自治州碑文辑录附明清契文钞》（油印本）。

凭中人　罗子固

和见人　罗享奴

代字人　罗应时①

索要的理由是“父卖子绝”，内地也有类似的情况。

在大理地区还发现一通明末有关产权的碑刻：

云南分守金沧道参政王，为禁谕事。照得悉檀寺原系丽江府用价银贰佰伍拾两买到僧人洪时山场，经今一十四年，业已奏准建寺，并敕赐藏经矣。乃奸僧普种、普祥计串周严、石书等，生端谋骗。批行宾川州究明，仍断归悉檀。除批行外，合行出示禁谕。为此示仰本寺僧人遵守。仍照管业焚献。普种、普祥此番姑示宽政，宜痛自改悔，不得如前垂涎谋骗。如再生端，定行从重究治不贷。须至示者。

崇祯三年七月初二日示②

这通石碑为官府所立，碑中确定了悉檀寺对山场的所有权，并记述了官府审理企图霸占寺庙的奸僧普种、普祥等人谋骗的经过，同时警告企图霸占他人私产的人，“如再生端，定行从重究治不贷”。说明当时的法律是保护白族地区的私人所有权的。类似的碑刻不少，也可看出明代当地白族群众私人所有权的观念增强，并意识到运用法律保护自己的所有权。

大理《崇恩寺常住碑记》有：“其僧恐后有不矜细行之徒，侵损常住田土，磨灭良图，爰勒真石一座，将本寺所置田地亩条段数目，备书于铭记，作万年常住之纲。”③ 这是用勒石的方式证明田地所有权的例子。《赵州南山大法藏寺碑》也有：“本寺施主董清和室人杨氏梅姐，喜舍常住田坐落参庄壹丘，东至本主，南至大河，西至董璧，北至路，秋粮叁升。一丘坐落柳冲门，东至河，南至董仕俊，西至官路，随秋粮米叁升，永远侍奉，子孙不得妄争，土主作证。”这是田地所有者自愿捐赠、处分自己私有田地的证明。大理感通寺的《班山常住田记》有“先祖土官巡检董公禄，捐资建寺，喜舍常住……迄今已数代矣。常住被人侵占，寺宇几至顷废，特为修理，俾祖善功，不致泯灭，今将见在田亩坐落、佃户姓名，租谷数目，及名枝子孙世系，并刻于石，以垂永久云”。后还有“四房公同证收纳粮供僧，侍奉香火，

① 白族社会历史调查组辑：《云南省大理白族自治州碑文辑录附明清契文钞》（油印本）。

② 杨世钰总主编：《大理丛书·金石篇》（十），中国社会科学出版社 1993 年版，第 131 页。

③ 大理市文化丛书编辑委员会编：《大理市古碑存文录》，云南民族出版社 1996 年版，第 72、85 页。

修理本寺，不得侵占盗卖，永为遵守。伽蓝作证”。① 这是对数人共同财产的一种约定。

《大理府为清查学田碑记》则是政府对学田公有财产的一个公示。碑中详细写明学田的情况后有：“将开去学田丘亩、坐落、土名、佃户姓名、纳租税粮、里甲各换数目，写刊于上。择于府学无碍去处竖立以垂久远，以防侵换侵欺之弊。如有侵欺拖欠者径自查究招详。”②

大理喜洲出土的《石碑宅祖庙记》中，写明捐给寺庙的田财后有“若有各人并子孙侵夺前项田财之人，全家大小，生家作祸落于地狱”③。说明当时白族群众的意识中对私人财产所有权已有一定认识。

明代白族地区除了可以自由出卖私人的房产、田地外，还可将私有财产作为抵押。

明末剑川西山的典陆地契为：

立与典地契书人系浪穹县桥后里壹甲甲首杨世美

今立典契，因为家下悉缺使用，无处凑备。情愿将祖父遗下陆地壹霸，坐落地名庄房，其地买至路，南至买主，西至横路，北至路，四至开写明白。随纳夏税伍合，凭中杨奴釗说和，出典与本里三甲甲首杨豹子名下为业，三面言定议作典价海巴壹百肆拾索，当日地巴两相交付了。军中间再不必重写，收付。其地不拘年限，钱到归赎。地无税，巴无利，系是二家情愿交易，并不系准折私价逼迫成交。倘有户内亲族叔伯兄弟等人，不得争说。若有当争说之人，卖主一面承当。立契之后，二家各不许退悔，如有先悔之人，甘罚地价一半入官公用，恐后无凭，立此典契存照。

寔立典陆地壹霸随纳夏粮五合议交海巴壹佰肆十索整

万历二年八月二十六日

立与典契书人　　杨世美十

凭中说合人杨奴釗　　知征人杨奴寺——

知见人杨添福火　　代字人　杨显凿

拜羊酒一付④

契约中写明“其地不拘年限，钱到归赎。地无税，巴无利，系是二家情愿交易，

①② 大理市文化丛书编辑委员会编：《大理市古碑存文录》，云南民族出版社1996年版，第361—362、311页。

③④ 白族社会历史调查组辑：《云南省大理白族自治州碑文辑录附明清契文钞》（油印本）。

并不系准折私价逼迫成交。倘有户内亲族叔伯兄弟等人，不得争说。若有当争说之人，卖主一面承当”。这样看来，明代白族地区已有不出卖永久所有权的“典卖”，而政府对这种行为也是承认的。

（三）债权法律制度的发展

明代白族地区关于债权方面的法律规定，较之元代，有了新的发展，规定得更加细密。在大理白族地区发现的一个借契为：

立与借约人罗杨定，系三板桥哨兵，今立借约为因家下急缺使用，情愿借到许名下海巴八百索，每月行利三分，不致欠少，如有欠少之日，将地名座落大麦地陆地壹庄，并青转还钱巴，不得异言。如有异言，甘认设遍（骗）之罪，恐后无凭，立此借约存照。

实借海巴八百索，每月行利三分，如违将地名座落大麦地陆地壹庄，并青转还钱巴整。

弘光元年柒月贰拾柒日

立借约人　罗杨定（押）

凭中人　杨犬定（押）

代字人　张萱（押）

借约存照。①

从中可以看出明代大理白族地区借贷的大致情况。其一，明代云南的借贷是有利息的，利息多少由双方约定，在借契上都书写明白。其二，借契中写明到期不还债的处置有的是用地抵债，也有的是变卖东西抵债，还有一种是借债时已用号票作为抵押。其三，这种借贷行为也是得到官方保护的。有一个借契中有“如若短少分纹（文），将约赴官取理”，这说明如借债到期不还，或“短少分纹”，是要到官府解决的。还有一个借契更写得明白：“如有欠少之日，将地名座落大麦地陆地壹庄，并青转还钱巴，不得异言。如有异言，甘认设遍（骗）之罪。”如对到期不还债，用地抵债的行为有异言的，要判设骗之罪，是要受到明朝法律制裁的。从以上分析可以看出，明代云南关于借贷方面的法律规定，要比前代严密得多。

---

① 白族社会历史调查组辑：《云南省大理白族自治州碑文辑录附明清契文钞》（油印本）。

六、婚姻继承法律

明代，随着中央政权对云南统治的深入，已开始出现了婚姻继承方面的法律规定。据《明会典》记载："（正统）十一年，令云南、四川、贵州所属宣慰、宣抚、安抚长官司，并边夷府州县土官衙门，不分官吏军民，其男女婚姻皆依朝廷礼法，违者罪之。"① 嘉靖三十三年（1554）规定："题准土官，土舍嫁娶，止许本境同类，不许越省。"② 明初张纮"在滇凡十七年，土地贡赋、法令条格皆所裁定。民间丧祭冠婚咸有定制，务变其俗。滇人遵用之"③。大理白族地区是云南生产发展较为先进的地区，在结婚的礼仪方面已逐步汉化。景泰《云南图经志书》在谈到蒙化府的风俗时说："近城者多汉、僰人，男女勤于耕织。会饮序齿而坐，婚姻必察性行，皆非前代之故习矣。"④ 明代大理地区的碑刻也反映出这方面的变化。喜洲弘圭山出土的《故贞洁尹氏墓志铭》有当地大族之女尹婢"未及笄而具四德，父母奇其耿介，为之择偶而适善人尹仁，及氏归，事姑舅，睦宗族，勤于内助，家道益盛，夫德益修"⑤。可以看出尹氏的婚姻是父母做主，她出嫁后深守三从四德，从而受到褒奖。天启《滇志》卷一五专列孝义人物和烈女人物，记录大理地区明代的烈女和孝子多人。⑥ 说明明代大理白族的婚姻家庭观念受到封建儒家思想的影响已发生巨大变化，而法律是支持封建的婚姻家庭观念的。

明代土官由于官位继承引起的纠纷经常导致内讧和仇杀，所以明朝政府非常重视土官继承的顺序问题，基本的规定是嫡长子继承制，但由于云南少数民族地区的特殊情况，也有所变通。从文献记载看来，这方面的法律规定很多，从《明会典》的一段记载可看出明朝在这方面的规定日臻严密："凡土官袭替，洪武二十七年，令土官无子许弟袭。三十年，令土官无子弟而其妻或婿为夷民信服者，许令一人袭。永乐十五年令土官告袭，虽出十年亦准袭。正统二年，奏准土官应袭者，预为勘定造册在官，

① 《明会典》卷二〇，《户部七》。

② 《明会典》卷一二一，《兵部四》。

③ 《明史》卷一五一，《张纮传》。

④ ［明］陈文修撰：《景泰云南图经志书校注》，李春龙、刘景毛校注，云南民族出版社 2002 年版，第 298 页。

⑤ 大理市文化丛书编辑委员会编：《大理市古碑存文录》，云南民族出版社 1996 年版，第 226 页。

⑥ 天启《滇志》，云南教育出版社 1991 年版，第 511—529 页。

依次承袭。”① “嘉靖九年，明朝兵部会吏部议上土官袭职条例，请通行各镇巡官转行土官衙门：将见于子孙尽数开报，务见某人年若干岁，系某氏所生，应该承袭；某人年若干岁，系某氏所生，系以次土舍，未生子者，候有子造报；愿报弟姪若女者听。”② 除了继承的顺序有严格的规定外，承袭的程序也有具体规定：“湖广、四川、云南、广西土官承袭，务要验封，司委官体勘，别无争袭之人，明白取具宗支图本，并官吏人等结状，呈部具奏，照例承袭。”③ 而云南在承袭的程序上则规定更为严密：土官承袭“则全凭宗支一图为据，今惟云南布政司贮有各土司宗系，以故袭替最便，而贵州、广西诸土官，竟自以所藏谱牒上请，以致彼此纷争，累年不决，称兵构难，而不肖监司，又借以收渔人之利，此最大弊事”④。白族地区这方面的情况，《土官底簿》中有所反映。正常情况下是嫡长子承袭，特殊情况也有女儿、庶子承袭的，但要待朝廷调查后批准。

至于财产继承方面的情况，大理明代《千户杨兴家产遗嘱碑》中谈道：“永垂子孙碑记千户系大理府云南县在城里七甲民，为因存其善念，所生廷佐一人，年幼无知，恐其失落田亩山产，凡有住持僧人指点，后代子孙庶不失其根产。家中载存田山簿本记壹百贰拾篇、丘数、段数、田山四至秋税有无，俱载簿内。收存于□□□赏赐七道圣旨，刻于狮山碑后。”⑤ 这可看作明代大理白族地区的一个家产遗嘱。喜洲弘圭山出土的《明两淮盐运司知事肖梅杨公墓志铭》中也谈道，肖梅杨去世时，“有遗书以付敦震（其子）”⑥，也可证明明代大理白族地区已有遗嘱继承。

七、其他方面的法律

（一）文化教育方面的法律

明朝在“明刑弼教”总的立法思想指导下，十分重视对云南少数民族地区进行儒

---

① 《明会典》卷一二一，《兵部四》。

② 《明世宗实录》卷一一二，《嘉靖九年四月甲申条》。

③ 《明会典》卷六，《吏部五》。

④ 沈德符：《万历野获编·补遗四》。

⑤ 大理市文化丛书编辑委员会编：《千户杨兴家产遗嘱碑》，刊于《大理市古碑存文录》，云南民族出版社 1996 年版。

⑥ 大理市文化丛书编辑委员会编：《大理市古碑存文录》，云南民族出版社 1996 年版，第 414 页。

家思想的教化问题。明朝平定云南之初，便着手在云南各地广置儒学，进行教化。接受教化者，主要是土官子弟。洪武二十八年（1395），户部知印张永清言："云南、四川诸处边夷之地，民皆罗罗，朝廷与以世袭土官，于三纲五常之道懵焉莫知，宜设学校以教其子弟。"朱元璋很同意，下令礼部说："边夷土官皆世袭其职，鲜知礼义，治之则激，纵之则玩，不预教之，何由能化？其云南、四川边夷土官，皆设儒学，选其子孙弟侄之俊秀者以教之，使之知君臣父子之义，而无悖礼争斗之事，亦安边之道也。"① 从这段史料能明显看出，明朝在云南兴儒学的主要目的是要对云南的土官进行正统的封建儒家思想教育。但除了土官子弟外，也有民间的少数民族子弟入学的。永乐初年，楚雄府官员上奏："所属人民类皆蛮夷，不知礼义，唯僰人一种，赋性温良，有读书识字者，府、州已尝设学教养，其县不设。今楚雄县所辖六里，僰人过半，近委官劝集民间俊秀子弟入学读书，而无师范，请立学置官训诲，从之。"② 由此看来，明代楚雄府的白族民间子弟入学学习儒学的并不是个别。明代云南提学副使臣胡尧时在大理桂香书院立石，以政府公告的形式说明政府对儒学的提倡。③ 大理桂香书院还立有《大理府为清查学田碑记》，记录大理府对本府学田的情况进行了认真的清理，重申了学田收益的使用款项，宣布"如有侵欺拖欠者径自查究招详"④，要给予法律手段制裁。

（二）其他方面的法律

对于当地的公共事务，政府也用公告的形式告知百姓。凤仪出土的《建桥事宜碑》是明代赵州知州潘大武提出修建石桥的建议，得到当地父老的支持，特别立碑，"恐人心未集，再申越示"，"有怀私觅利于其中者众人攻之，予将置之法，特兹约示，有众咸知"，"若甲长有私弊，许告言拘究"⑤。官府用这种形式告示百姓必须履行各自承担的义务，如有违反要受到法律的制裁。

八、司法

明初即在云南设立三司，作为地方的政权机关。三司之一的提刑按察使司的主要

---

① 《明太祖实录》卷二三九，《洪武二十八年六月壬申条》。

② 《明太宗实录》卷二二二，《永乐元年八月庚申条》。

③④⑤ 大理市文化丛书编辑委员会编：《大理市古碑存文录》，云南民族出版社 1996 年版，第 310、311、311 页。

职责是："按察使掌一省刑名按刻之事，纠官邪，戢奸暴，平狱讼，雪冤抑，以振扬风纪，而澄清其吏治。"① 提刑按察使司是省级主要司法机关，但由于三司地位不相上下，遇到有重大案件，还需三司共同会案处理，而且中央都察院还派出都御史、副都御史、佥都御史，至各省巡抚，地位在三司之上，从文献记载看，明代云南省处理一些重大案件的司法机关和以上说法是一致的。前举鹤庆土知州高伦一案的处理，是在皇帝的直接干预下，"委官至彼勘实，量调官军，擒捕首恶，并逮千户王蕙及高宣等至京质问"，案情有新的进展后，"复命法司移文勘验"，最后又"复敕晟及御史严恭确访"，② 可见明代白族地区处理案件已有较为完备的司法程序。据景泰《云南图经志书》的记载，大理府的按察司分司是正统年间知府贾铨所设。③ 而大理府所领的赵州、邓川州和云南县、浪穹县均设立了按察司分司，只有云龙县仍是土官掌权，所以"凡土民公私之事，就其所居之宅决之"④。天启《滇志》所载，天启年间大理府的官员有："知府一、同知一、通判一、推官一"，"司狱司司狱一"。⑤ 据《明史·职官志》，府的同知、通判"分掌清军、巡捕、管粮、治农、水利、屯田、牧马"等事，而推官是"理刑名、赞计典"。⑥可见大理府明代已有专门的管理司法的官员。这个情况从明代大理地区的碑刻材料中也可以得到印证。《故大理路赵州同知杨公墓志铭》中谈到，杨文庆的祖父曾任元代蒙化州判官，父亲曾任大理路司狱。其子任实山州判官。⑦《故掾董公墓志铭》有董府"始为舍资巡司，继为浪穹巡曹。其当官也……一遇是非可否，则持议敛敛而不可夺，数犯人之颜色不避也"⑧。显然他们干的都是明代白族地区的司法工作。白族尹氏"初，拨充郡之刑曹吏，后剔历于□司掾令，其所言之，合乎天道；所行者，持乎正理从事，官民咸器"⑨。值得注意的是前举景泰《云南图经志书》谈到明代大理府的府治时说："又有旌善、申明二亭，在府治之前。"说明明代各地基层设立调解民间纠纷的申明亭，在白族地区也照样设立了。

---

①⑥ 《明史》卷七五，《职官志四》。

② 《明史》卷三一三，《云南土司二》。

③④ 郑颙景泰《云南图经志书》，第264、275—284页。

⑤ 天启《滇志》，云南教育出版社1991年版，第184页。

⑦ 大理市文化丛书编辑委员会编：《大理市古碑存文录》，云南民族出版社1996年版，第80页。

⑧⑨ 《白族社会历史调查》（四），云南人民出版社1991年版，第238、189页。

第六节

清朝统治时期的法律制度

一、清朝对白族地区的统治

清朝是我国古代民族法制最为健全的时期。清朝统治者吸收了历代封建统治者对少数民族地区的统治经验，制定出一整套对各地少数民族地区进行有效统治的法律法规，也包括对白族地区的统治在内。大理白族聚居区明初在府一级已经改土设流，由流官进行统治，统治方式已基本同内地划一，至于对州、县及其以下的一些土官，清初已加强管理和控制，清代对土官总的治理原则是“凡土官，有功则叙，有罪则处，覃恩则封，死事则恤，治之皆如流官焉”①。从《清会典》所载大理地区的土司来看，“大理府辖十二关土司，赵州辖定西岭土司；云龙州辖箭杆场土司；一年县辖云南二土司；浪穹县辖小浪穹土司、凤羽乡土司、上江觜土司、下江觜土司、蒲陀崆土司”②。较之明代，白族地区的土司一是数目减少，二是各个土司的权限也大为缩小，大多是大理边远地区的基层地方。随着雍正年间云贵地区大规模的改土归流，大理白族地区基本上都在流官的统治之下了。

随着改土归流的深入，大理白族地区的社会和经济都得到了迅速的发展，法制也更进一步向内地靠近，基本上执行的已是国家法。白族习惯法在大理地区已经少见，有的习惯法已逐步发生变迁，成为国家法的一种补充形式。但元明时期迁到怒江州兰坪县和维西县境内的白族一个支系——那马人，生产发展极不平衡，直到新中国成立前，澜沧江西岸边远山区的那马人，还保留着父系家庭公社较多的残余，实行刀耕火种，调整社会关系主要是依靠本民族的习惯和习惯法。③

① 《清会典》卷一二，《吏部》。

② 《清会典》卷一五，《户部》。

③ 参见詹承绪等调查整理：《那马人风俗习惯的几个专题调查》，《白族社会历史调查》（二），云南人民出版社1986年版。

二、白族地区的社会组织

清代地方为府、州、县三级，据《清会典》所载："云南省属，云南、大理……知府各一人。……大理府地方通判一人，经历共七人，知事二人，厅经历、知事各四人，司狱三人，巡检兼司狱一人。"① 看来大理地区官员的设置与内地无很大差异。同时，白族地区的建置在清代也有所变动。乾隆三十五年（1770），将白族聚居的鹤庆府改为鹤庆州，属丽江府。② 大理府属赵州、邓川州、宾川州、云龙州，大理府属太和、云南、浪穹三县。按清初的规定，"每县设知县一人、典史一人；县丞、主簿因事增减无定员，仓库税课司大使、副使、巡检、驿丞所官，皆因事设立无定员"③。康熙年间在邓川发现的《邓川土知州帖》为：

邓川土知州帖（洱源西山）

大理府邓川州土官知州阿□为给帖□得本州家人罗春定，鬻身在衙，见□伺不时差遣，相应给照为此帖给家人罗春定。遵照知遇班期赴州听用，倘有违误，定行重处。至于一切门户杂差，概行豁免。如有该管棍徒妄行挟害，许指名赴禀以凭重处详究施行，须至给者。

右帖给家人罗春定收执

康熙三年正月十一日（邓川土官知州阴关防）

前事

帖照④

由此可以看出，康熙年间邓川州除了有知州土官外，还有卖身在衙门当差的穷人，对于这些当差人有各种规定，他们必须按时到衙门当差，如有差池要受到重处，同时免除一切门户杂差。可见当时州一级的设置比较健全。还发现同一时期浪穹县的一张田形号票，全文为：

---

① 《清会典》卷二六，《吏部》。
② 《清会典》卷二七，《吏部》。
③ 《清会典》卷三〇，《吏部》。
④ 白族社会历史调查组辑：《云南省大理白族自治州碑文辑录附明清契文钞》（油印本）。

浪穹县田形号票（洱源西山）

涧字一百六十七号桥后里七甲户长李文昌业主罗平定，山地田坵坐落江阳甸。东至山，南至山□□，西至北，北至山□□，所有票号须至给者。

长广

积共

则该

科□

康熙九年叁月　　日　　给①

这一张田形号票虽然简短，但可以从中看出不少问题。其一，清代白族地区县一级组织对所管辖的田地进行登记清理，并发给田地所有人号票作为凭据。其二，当地基层社会组织较为严密。这张号票是涧字一百六十七号，可见对田地的管理井井有条。而且还可以看出当地有里甲组织，“桥后里七甲户长李文昌，业主罗平定”就有里、甲、户长、业主等名称出现。

特别要指出的是，清代政府对基层社会的控制较之明代有较大的加强。清初规定：“三年一次编审天下户口，责成州县印官，照旧例攒造黄册。以百有十户为里，推丁多者十人为长，余百户为十甲。城中曰坊，近城曰厢，在乡曰里，各设以长。”②乾隆年间又特别规定“云南省夷人，与民错处者，一体编入保甲。其依山傍水，自成村落，及悬崖密箐内搭寮居处者，责令管事头目，造册稽查，如有窝藏汉奸，即时禀报，扶同徇隐，查出究革”③。可以看出，清代的保甲制已深入推行到包括白族在内的云南少数民族地区。

根据《云南丽江府剑川州西厢西中户籍册》的记载，清代咸丰年间云南剑川州白族聚居区的金华坝，分为 4 个厢，厢之下有约，每约设乡约 1 人，约之下有乡，乡设乡长 1 人，乡之下有甲，每甲有甲长 1 人，甲之下为牌，每牌有牌长 1 人，每牌管 10 户，特殊的也有不足或多于 10 户的。西中约分为 4 个乡，按自然村分为 4 甲 29 牌 289 户，男 807 丁，女 884 口。④ 从中可以看出清代白族地区基层社会的组织情况。

---

① 白族社会历史调查组辑：《云南省大理白族自治州碑文辑录附明清契文钞》（油印本）。
② 《清会典》卷一五七，《户部》。
③ 《清会典》卷一五八，《户部》。
④ 《白族社会历史调查》（三），云南人民出版社 1991 年版，第 317—357 页。

除了保甲制在白族地区实行外，当地基层社会中德高望重的“耆老”等人也在化解矛盾、维护当地社会秩序方面发挥了重要作用。在他们的倡导下，当地白族群众通过“乡规民约”的形式规范自己的行为。例如：道光年间剑川立的《乡规碑序》谈到，因为当地“间有一二不循理者，恐后生互相效尤，干名犯义而伤成风。耆老因此公议，严立乡规，约束子弟……即遵上谕十六条内宜此地者数条，勒石垂碑……”下面所列“敦孝悌以重人伦”，“笃宗族以昭雍睦”，“训子弟以禁非为”，“息诬告以全善良”，“联保甲以弭盗贼”，“解仇忿以重生命”等数条都与维护当地秩序密切相关。最后有“以上所禁数条，须宜恪遵自守，不可轻视乡规，勿谓言之不早也”，落款是“阖村乡耆同立”①。嘉庆年间大理《永护凤山碑》谈到，由于当地凤山的树木遭到破坏，当地绅士张逊等因与合州绅士、耆民等，公同议妥，借用文庙卖租公项，买种雇工于凤山之上下左右，概行种植，后因有人砍伐，乃“禀请示禁勒石前来”，“除出示严禁外，合行给文勒石。为此，示仰州属四门及附近士庶、居民人等遵照。所有凤山上下左右，种过松树地方，不得放纵牲畜，暗行砍伐，如敢故违，一经拿获，定行重究，决不姑宽”。② 可见当地绅士耆老的善举得到官府的支持，对保护当地生态环境起到很好的作用。光绪年间大理市下关吊草村地母神庙立有《永立戒赌碑》，碑文有“今将兴隆一村老幼人等公同妥议，以立戒赌乡规，各谨（警）子弟”，“国有国法，乡有乡规，因此妥议戒赌乡规。垂碑之后，不论各家子弟，若遇红白二事，不得以偷赌为伴。赶街上路，在村出村，不得三五成群，三文五撮，三百五百，再为偷赌。见者报明头人，头人傅（传）之合村老幼，公同重罚。若有见者息情，不报明头人，过后合村老幼得知息情不报者，公同加倍重罚”。落款为“合村老幼人等全立”③。细看其内容，与汉族地区的乡规民约别无二致，说明清代白族地区基层社会已用乡规民约来抵制不良风气。原地还立有一块光绪年间的《永卓水松牧养利序碑》，对村里水利的使用情况做出规定：“倘有不遵，犯者守水三人拿获，速还报村中头人绅老，齐公重罚银两，究治不贷。”“如有不遵者，一再齐公重罚勿得抗敖乡规也。”落款也是“合村同立石”④。同一时期剑川也有一块《新仁里乡规碑》，碑中列举10条乡民必须遵守的条款，包括家常、丧事、喜事、急难、赌博、夜行、抢妇、争颂、山林、守望10个方面。并有“以上十条，阖村绅耆老幼共同议约，违者不得因亲友姑息也。倘若

---

① 《白族社会历史调查》（四），云南人民出版社1991年版，第102页。

②③④ 大理市文化丛书编辑委员会编：《大理市古碑存文录》，云南民族出版社1996年版，第564—565、652、655页。

横行不听，阖村公同禀官究治”①。

从以上列举的碑刻材料可以看出，清代白族地区基层社会的自治组织较为健全，自治能力也大为加强。

三、刑事法律

在刑法方面，较之明代，在包括白族在内的少数民族地区，清代国家法进一步深入，表现在如下几个方面：

（一）少数民族中只要“剃发衣冠”的，悉按国家法治罪

《清会典·刑部》中有：“云南、贵州苗人，犯该徒、流、军遣，仍照旧例枷责完结。其情节较重，或再犯不悛，将本犯照例折甲后，仍同家口各就土流所辖，并迁徙安插。至苗人中有剃发衣冠，与民人无别者，犯罪到官，悉照民例治罪。”②（按：苗民泛指云南、贵州的少数民族，包括白族在内。）很明显，清代当地的少数民族触犯刑法均按国家法治罪，“剃发衣冠”，汉化程度较高的少数民族犯罪，和汉族同等对待。其他的犯罪虽略有照顾，但都是按国家法执行，不可能再按各民族的习惯法处理。

（二）新罪名的增加

随着清朝在云南统治的深入，云南包括白族在内的各少数民族生产、生活发生很大变化，与内地的联系不断加强，刑法方面除了传统的罪名外，一些新的罪名开始出现。大体有如下新罪名：

1. 拐卖人口罪。《清会典·刑部》有：“贵州、云南、四川地方民人，诱拐本地子女，在本省售卖，审无勾通外省流棍情事，仍照诱拐妇人纳租本例，分别定拟。如捆绑当地子女，在本地售卖，为首拟斩监候，为从发边卫充军。”③

2. 绑架勒索罪。在云南一些民族地区，往往有绑架他人勒索赎金的行为，清代前期也专门有针对此种犯罪的法律。

3. 命盗重罪。清代在云南民族地区命盗重罪的法律规定上主要是针对那些汉人

① 《白族社会历史调查》（四），云南人民出版社 1991 年版，第 103—104 页。
② 《清会典》卷七四一，《刑部》。
③ 《清会典》卷九五，《刑部》，中华书局影印本 1991 年版。

和严重团伙犯罪者。

4. 白昼伏草抢夺罪。云南一些民族有白天伏在草中抢夺路人的犯罪行为，为此政府制定了专门的法律。

5. 私出他省罪。清代对土司和土民没有得到当省督抚的证照就私自出省者，专门有相关的法规处理此种行为，并被当成严重的犯罪行为之一。

6. 越境走私罪。清代对没有合法证照而私自从今保山、临沧出缅甸进行各种珠宝等商业活动的作为一种犯罪。“凡省永昌、顺宁二府以处沿边关隘，禁止私贩碧霞玉、翡翠玉、葱玉、鱼盐、棉花等物，如拿获私贩之人，审讯明确，共伙人数在一二十人以上，为首者拟绞立决，为从及数在四人以上不及十人者，具发黑龙江等处。”①

7. 违例与夷民通婚。清代对汉人与少数民族通婚是禁止的。当汉人与少数民族进行婚姻时就构成违法成婚。

8. 土司纵土民为盗罪。云南土司对土民犯罪管理不严，甚至纵容土民的，将受到革职处罚。

9. 少数民族相互仇杀罪。清代，云南少数民族间发生械斗案时，双方都会受到国家法律的追究。②

这些新罪名在白族地区也同样存在。很显然，这些新罪名的出现说明清代对包括白族地区在内的云南少数民族地区的管理大为加强。此外，清政府也加强了对在云南少数民族地区担任流官的人员的管理。“云、贵、两广、四川、湖广等处流官，擅自科敛土官财物，敛取兵夫，征价入己，强将货物发卖，多取价利，赃至该徒三年以上者，候发附近卫所充军”。“苗蛮、黎僮等僻处外地之人，并改土归流地方，如该管官员有差遣兵役骚扰逼勒，科派供应等弊，较内地之例应加倍治罪。”③ 光绪年间，民人刘思厅企图霸占赵家祖业——大理地区下关外一个渡口，当地绅士多人告到官府。官府“传集两造，验明单据将渡口断归观音塘……并究明刘思厅因何谋霸诬控，按律从重惩办”。④ 而大理地区道光年间的《伙甲章程碑记》也有记载，当地贡生王文时等人和段检等拒不承担差役，当地群众告到府宪，府宪批示：“该贡生等禀词阻拦，

---

① 《大清会典事例》卷七七四，《刑部五十二·兵律关津·私越冒度关津》，中华书局影印本，1991 年版。

② 参见方慧主编：《云南法制史》，中国社会科学出版社 2005 年版，第 185—186 页。

③ 《清会典》卷八二一，《刑部》。

④ 大理市文化丛书编辑委员会编：《大理市古碑存文录》，云南民族出版社 1996 年版，第 622 页。

致使段检等抗断不遵，实属藐法，理宜斥革衣领，仰即提案，再为剀切开导。”后双方协商，“二比允服，速即具结禀覆存案，以便核夺转详。否则提案，照律究办”。[①]可见，清代白族地区是按国家刑法断案的。道光年间喜洲《段氏莲花山碑》也谈到，霸占土地，“殊属藐法，……如再抗违，惟有执法□办，勿得自贻”[②]。康熙年间大理地区的《封闭双马槽厂永禁碑记》是赵州官府所立封闭双马槽厂的告示，其中也有“嗣后敢有无籍游徒在彼招摇，擅私采者，许各村乡保拿解，赴州审拟，以凭通详治罪”[③]的记载。

由于资料阙如，对清代白族地区刑罚方式的变化尚无法做详尽论述。但明初大理的大部分地区已改土设流，其地的刑罚与内地不应有很大差别。

四、经济法律

（一）田赋

清初沿袭中国古代的赋税制度，将赋税分为田税和丁税。康熙五十一年（1712）改为“摊丁入亩”，将人丁税摊到地税中征收。这样，国家掌握各地的田亩数额至关重要。据咸丰三年（1853）云南册报，共有民田83943顷38亩有奇、夷田882段、屯田9143顷98亩有奇、义田13顷38亩有奇。[④]而同年记载，云南民田、夷田赋银165041两有奇，民丁赋银28616两有奇，屯田赋银70434两有奇。[⑤]白族地区应交的赋税应在之内。而清初云南征收田赋的标准是：“民赋田每亩科银五厘五毫至四分六厘五毫不等；粮一升九合四勺至一斗五升不等；归并卫所屯地每亩科粮五升九合二勺至八升一合八勺不等；马厂地每亩科银三分；夷地每亩科银一升。”[⑥]由于云南各地的田地情况存在较大差异，所以各地田赋情况不完全相同。道光年间规定：“凡内地及边省零星地土，听民开垦，永免升科。”[⑦]白族地区也在规定之列。据康熙四年（1665）大理地区《鼎建文昌桂殿碑记》所记，买到田地后需要“随纳山曲里□甲秋

---

①②③ 大理市文化丛书编辑委员会编：《大理市古碑存文录》，云南民族出版社1996年版，第590—591页。

④ 《清会典》卷一七，《户部》。

⑤ 《清会典》卷一八，《户部》。

⑥ 《清会典》卷一六二，《户部》。

⑦ 《清会典》卷一六四，《户部》。

粮六升五合”，“随纳山曲里七甲，秋粮一斗四升五合”，“随秋粮二升五合”，“随夏粮六升”，说明清代大理地区的白族也是和其他地区的人民一样承担田赋的。① 乾隆二年（1737），驻扎大理的军队为了解决随军家属的生计问题，组织人力开垦离大理府城30里喜洲地方荒废的牧马之地300余亩，按规定每年应科粮16石4斗7合有奇，交编额余银5两7钱1分9厘，由于该新开田地是为了军内养济孤寡，特向皇帝请求免去田租，得到乾隆皇帝的批准。②清代大理地区发现一个十分有价值的文件，全文如下：

粮草（洱源西山）

总理　　□粮事务总理军机□略　　李

浪穹　　　　　　　　　　　参军

镇抚　　总理军粮钱事务□□□　　杨

为发给粮草事，照得任土作贡自古为诏国计民生所关甚巨，是以则壤照前于夏代缴法，著善于周朝，爰稽往昔，厥赋为均。案据浪穹合郡士民以粮额轻重不一，恳请足西文等情本参军恭膺简命履亩定赋。田分四等：上则、中则、下则、下下则。皆因地以制宜，粮列四科：五升、四升、叁升、壹升五，悉别田而定赋。其山坡沙石瘠地科为下下，业经藏事合给粮草。至于前此买卖，除杜契外概准赎取，勿得借草留难须至粮草者。

计开

——纳户罗押林系岭头住熟地□块，坐落沙场甸，东至坡，西至埂，南至埂，北至石堆。

田　　　中长　　百十丈尺　　中广

形　　　广　　　　　　　　广

寔积　为十（?）尺计下下则地○亩叁分肆厘

科税粮○石○斗○升五合一勺○抄

右给纳户罗押林收

己巳年二月二十四日给　　山字第陆百叁十贰号③

这个公文虽然没有具体年代，但从文中反映的政府官制来看，应该是清代的。文中谈到浪穹白族地区因为粮赋征收不合理，要求政府按照田亩的数额和田地的好坏定

①② 大理市文化丛书编辑委员会编：《大理市古碑存文录》，云南民族出版社1996年版，第462、524—525页。

③ 白族社会历史调查组辑：《云南省大理白族自治州碑文辑录附明清契文钞》（油印本）。

为四等，根据具体情况制定不同的赋税标准：上等每亩征收赋税5升，中等每亩征收赋税4升，下等每亩征收赋税3升，下下等每亩征收赋税1升5斗。官府确实这样做了。农民罗押林的田地按田地的贫瘠程度定为下下等，田亩面积为3分4厘，每年应交赋税5合1勺，这个规定直接发给罗押林本人收藏。这个文件还有编号“山字第陆佰叁拾贰号”，可以看出清代白族地区赋税的征收是有一整套规定和程序的。

（二）盐法

食盐为关系到国计民生的商品，清朝对食盐的生产、销售、税收等方面都有比较周密的法律规定。首先，清朝设立专门的官员管理盐政，云南设有巡抚兼盐政，并在产盐地设立提举和盐课大使。① 在云龙白族地区的诺邓、大井、师井、顺荡井各设盐课大使一人。② 清初实行按井给票，征收盐课。康熙初年，云龙州五井每年征收盐课4763两7钱，③ 而云龙州的顺荡井道光年间的每月课银198两2钱。④ 盐法对各盐井的产量、质量、所销地区都有具体规定。雍正年间云龙各井每年产盐共2601684斤，乾隆初年为2421232斤，道光年间为2114600斤，产量无大的变化。而关于食盐的质量，清代的盐法也有具体规定。如果在食盐中掺和沙土，有关官员和熬盐的灶户都要“议处究治”⑤。至于云龙盐井食盐的销地，清代前后有所变动。清初行往永平县、保山县、腾越州、邓川州、浪穹县、剑川州、鹤庆州、云龙州，而乾隆、嘉庆年间改为行销保山县、腾越州、永平县、邓川州、浪穹县、云龙州。⑥清代大理地区发现一张盐票，全文如下：

盐票（洱源西山）

浪穹县正堂渔　为凭票卖事，今俱愿人名下岭头户罗阿筒按计口授食例应食每月分盐拾壹斛两钱，前赴长邑□执票买食零□趸称，听其自便，总至月底盐票缴另换次月之票。该店凭票卖给，勿得克扣，倘有不尊，定以食私查究烦（？）累

乾隆五十二年三月　　日讫⑦

从这张盐票可以看出，清代大理白族地区百姓买盐是根据计口授粮的定例，规定

---

① 《清会典》卷六，《吏部》。

②⑥ 《云龙盐矿简史》，《白族社会历史调查》（三），云南人民出版社1991年版，第314、310页。

③ 《清会典》卷二二九，《户部》。

④ 《云龙县顺荡盐井调查报告》，《白族社会历史调查》（三），云南人民出版社1991年版，第310页。

⑤ 《清会典》卷二三一，《户部》。

⑦ 白族社会历史调查组辑：《云南省大理白族自治州碑文辑录附明清契文钞》（油印本）。

每月每家向官府购买食盐的数量，发给盐票作为买盐凭证，凭证当月有效，到月底缴换次月凭证。盐票上还规定售盐的店铺也要遵章行事，违反规定要做出相应处理。

（三）矿税

云南矿产丰富，清代云南开采矿业比较普遍。清政府对云南的矿税也做出了具体规定。鹤庆府白族地区的北衙蒲草金厂，每年矿税 7 两 2 钱，蒲草塘银厂每年课银 421 两 8 钱 1 分 7 厘，遇闰加银 24 两 3 钱。白族地区的邓川州沙涧银厂，每年课银 1302 两 6 钱 7 分，遇闰加银 106 两 3 钱 3 分 4 厘。① 康熙二十一年（1682），规定云南省属银矿招民开采，官收 4 分，给民 6 分。②白族地区的银矿税收也应在此规定之列。

（四）杂赋

清代赋税繁多，除前举的几种主要赋税外，和全国各地一样，在白族地区还要征收多种杂税。据《清会典》所载，在云南征收的杂税有鱼课、牙帖商行当铺税、落地牛马猪羊税等等。③ 鹤庆府清代每年“实征鱼课春夏折色每石肆钱，麦壹佰玖拾捌石陆斗，该银柒拾玖两肆钱肆分。秋冬折色每石伍钱，米壹佰玖拾捌石陆斗，该银玖拾玖两叁钱，共该银壹佰柒拾捌两柒钱肆分。实征鱼窝银拾陆两陆钱肆分叁厘。每年例征商税课程门摊酒课银肆两。鱼课如春夏遇闰，加闰银拾叁两贰钱肆分。秋冬遇闰，加征银壹拾陆两伍钱伍分”。④ 而蒙化府是“额增商税玖拾贰两叁钱玖分肆厘，遇闰加银柒两陆钱玖分玖厘伍毫。额征门摊酒课银壹拾肆两捌钱。遇闰加银壹两贰钱叁分叁厘叁毫。额征牛马猪羊课税壹拾陆两陆钱壹分。遇闰加银壹两叁钱捌分叁厘壹毫陆丝。额征果园课银壹两叁钱伍分捌厘。额征街子市卖猪羊皮张油盐课程银壹拾伍两例钱壹分。额征棉花课银贰拾柒两壹钱玖分陆厘，额征解棉花牙帖课银壹佰贰拾两”。⑤

前举《邓川土知州帖》中有“一切门户杂差概行豁免”的话，可见清朝在白族地区征收的各种杂税是十分繁重的。除了上举清朝在白族地区征收的各种赋税外，在对外贸易方面清朝也制定了周密的法律制度。⑥ 唯白族大多居住在云南的滇中、滇西坝区，离边境较远，未见相关材料。

---

①② 《清会典》卷二四三，《户部》。
③ 《清会典》卷二四五，《户部》。
④ 康熙《鹤庆府志》卷九，《赋役》。
⑤ 康熙《蒙化府志》卷三，《赋役志》。
⑥ 方慧：《云南法制史》，中国社会科学出版社 2005 年版，第 199—200 页。

五、民事法律

清代以来，白族地区关于所有权的观念更加明晰，表现在：第一，无论是集体的财产或是个人的财产，白族群众都越来越懂得利用地契、田契、房契等具有法律效力的文件来证明其所有权。第二，一旦自己的所有权受到侵犯，就会运用法律来维护自己的合法权益。

前举明代大理地区的《班山常住田记》是大理土官巡检董禄，将捐资修建班山时购买的田地田亩坐落、佃户姓名、租谷数目和各支子孙世系，刻于石上，“以垂永久”，以保其所有权不受侵犯。但到了清初，情况有了变化。班山的常住田地被当地豪强霸占，董氏无力追回，“遂将此刹卖与文学李天球”，这样，班山的所有权由董氏转移到李氏手中。三年以后，李氏又“立契绝卖”与石王公，寺院和常住田地的所有权再次发生转移。① 清光绪年间，大理镇宁寺因“里甲变废”，重勒石记载寺院所有田亩情况，再次确定其所有权。②康熙年间，鹤庆文昌桂殿的住持僧海秀用银子25两买到田地2亩5分，勒石确认其田地所有权。③

康熙四十六年，大理府太和县学购买田亩，作为修葺文庙之用，报请上级官府确定其田亩的所有权为太和县学，也勒石载明详情。④

乾隆年间，大理赤浦村的村民合村在山上种植松树，并立碑说明“日后合村公众种松之主山，永为公山”，确定山林的所有权属于全村。“倘有无知之徒，希图小利，窃为砍损者，于罚必不能免”。⑤

水利与农业生产的关系极为密切，水源应是全村的公共财产。光绪年间，大理吊草村经过商议，确定村中水源应属于全村所有，“以水利非但有益于一家，而有益于一邑，免前后以口舌相争，永断祸害之根也，是故水利议定……勿得私意自蔽，不可纵欲偷安……倘有不遵，犯者，守水三人拿获，速还报村中头人绅老，齐公重罚银两，究治不贷”⑥。

清代大理喜洲地区的一个卖房地契为：

卖房地契（大理喜洲）

---

①② 《白族社会历史调查》（四），云南人民出版社1991年版，第82、88页。

③④⑤⑥ 大理市文化丛书编辑委员会编：《大理市古碑存文录》，云南民族出版社1996年版，第461—462、505、549、654—655页。

立寔卖房地契文约书人董起龙同孙阿八阿庆系市上伍民，今立□卖契因年老抱病，有子董成才命尽他方，老身之费无处区处。情愿将祖遗自己面分房地基壹块出卖与杨环明名下为业，其房地基坐居汉营充口东，东南至买主，西至巷口，北至大街，议受寔价银拾肆两以为老身之费。地上虽有房头，但木植已朽，瓦片已坏。成文之后任从买主拆□另行起盖，□时不得阻当。自此后永为杨门之业，一石一瓦俱在买主管业卖主不得手，亦不得借言住坐藉事生风，异言加添取赎。此系父遗子卖，与亲族诸色人无干。倘有异言，起龙一面承当，今欲有凭立此寔卖房地契文约存照。

雍正五年二月初六立寔卖房地契文约书人董起龙

同□里	阿发
凭族　侄	董阿重
姐	董氏
凭中说合表侄	杨启绪
	杨荣
再凭街邻庠生	杨和九
	闵德廉
	王晋吉
见知庠生	杨晋初
代字	杨裕明

当日对众已将银地两相交明，中间不必重立收付存照。

中见同前地契永远吉兆①

这个卖房地契反映了清代大理地区百姓之间房屋所有权转移的情况。清代大理地区还发生了一起为争夺所有权而展开的曲折斗争和官府干预的案件。与此案件有关的文约如下：

立山形文约（鹤庆金敦赵家登）

立山形文约书人赵哲士等系南邑赵家登住民，为因崇祯年间赵姓鼻祖赵大权原买得李家处寔绝过小腰江山田乙岭，与杨元震祖遗地界相连。至乾隆十一年杨元震与李姓争山相控，故于生族赵鹤翔处将原契一纸哄套去以证伊地四至，后鹤翔屡次取讨，伊竟久假不归，反以赵姓无券可凭，于乾隆二十四年出来侵占。赵族不甘，遗累钱粮合族于四月内控明在案，已蒙本学宗师差构当堂确询，寔查得杨元震卖契与杨世英田

① 白族社会历史调查组辑：《云南省大理白族自治州碑文辑录附明清契文钞》（油印本）。

地一纸内有南至赵家登小阱等语，因将所控田地公断与赵族自守祖遗。四至开列于后，东至山顶，南至龙潭，西至河，北至杨元震地界。小阱四至开明，田后随种□□赵家自行上纳，诚恐生员杨元震久后复行侵占，故此呈报山形四至文约，伏乞□恩赏准批示，以杜后患，恐后无凭立此山形文约为照。

乾隆二十四年四月

立山形契约书文生员赵哲士　生员赵之邻

赵之勋　赵杰士　赵启旺　赵　魁

赵鹤翔　赵邦奇　赵　品　赵神崇

赵元学　赵启发　赵示奇　赵振芳

赵神开　赵起祥　赵□鹤　赵元才①

从文约中可以看出，清代文契在白族地区所有权的确定中至关重要。赵家明末买到与杨家相毗的李家的田地，因地契被杨家哄骗拿走，赵家空口无凭，田地被杨家霸占，赵家举全族之力，告到官府，官府经过认真调查，认定田地应归赵家所有。赵家担心以后土地再被侵占，请求官府批准他们申报的山形四至文约，作为田地所有权的凭据。还有一个案例也颇为典型。前举《保护公山碑记》中，为了老君山的所有权问题，被告出示地契和木土官给的《遵照》一张，丽江府剑川州官员经过仔细辨别，确认是被告捏造的假契，理由是：被告出示的地契纸色墨迹并非50年之物；地契所卖之地周围皆是公山，不可能独卖中间一段；地契中写明只许放牧牲畜，并未写明可以起房居住，砍树开地，所以定为假契。② 虽然现在看不到这个契约的原文，但从官府判为假契的理由来看，清代白族地区的所有权契约已经比较规范、具体。清代光绪年间鹤庆县有《羊龙潭水利碑》，这是一个数村共同使用羊龙潭水的合同。起因是附近村民因为用水引起纠纷，官府解决后“断讫，俾两造书立合同，盖印存照，再取结存案，以息讼端”③。这个使用权的合同格式也与内地汉族地区基本相同。合同开头是“立合同凭据文约书人”，接着是“为因”即订立合同的原因，以及各方必须遵守的内容，后有“如违，禀官重治”，“二比遵大绅相劝，永息争端，以敦和好。欲后有凭，立此合同文约存照”，最后是订立合同的时间和各方人名。合同格式与内地合同别无二致。

---

① 白族社会历史调查组辑：《云南省大理白族自治州碑文辑录附明清契文钞》（油印本）。

②③ 《白族社会历史调查》（四），云南人民出版社1991年版，第100、97页。

六、婚姻家庭法律

清代大理白族地区的婚姻规定和程序进一步向汉族地区靠近，康熙《蒙化府志》谈到，当地“凡婚丧燕祭，一准乎礼。俗称和易焉，故郡旧制谓士人冠婚，皆用家礼”①。白族地区的家庭教育也深受儒家思想的影响。道光年间剑川石龙村的《乡规碑序》中明确提出了订立乡规的目的就是为了防止今后有人“干名犯义而伤成风”，乡规的内容有“敦孝悌以重人伦”“笃宗族以昭雍睦”“训子弟以禁非为”②，显然也与内地相同。

七、文化教育法律

清代各级官府设有专门的官员管理当地的教育工作。据《清会典》所载，清代云南设有学政一人，白族聚居区的大理府、蒙化厅等各有教授一人，赵州、邓川州、宾川州、云龙州、鹤庆州、剑川州等白族地区各有学正一人，太和县、浪穹县、云南县各有教谕一人。③

白族地区和云南其他地区一样，举行乡会的试期、考官、命题规则、录取人数、对考生的补助等等都有详细的规定。④ 大理地区官府对向百姓进行封建儒家文化教育是十分重视的。康熙年间，官府重修破损的太和县学文庙，⑤ 又购买学田作为学校的日常开支之用。当地官员还特别将康熙的《训饬士子文碑》镌刻成碑，立在文庙，鼓励儒生奋发学习。⑥提督云南等处学政按察使司佥事还在大理文庙发布告示，要求生童认真学习，切不可投机取巧，走邪门歪道，“尔生童各自爱慎，勿以身试法”⑦。由于官府的重视，制定了一系列有关规定，白族地区的教育在清代得到了较快的发展，仅鹤庆州在清代就建义学 12 所。⑧

---

① 康熙《蒙化府志》卷一，《风俗》。

② 《蕨市坪乡规碑》，《白族社会历史调查》（四），云南人民出版社 1991 年版，第 102 页。

③ 《清会典》卷六，《吏部》。

④ 《清会典》卷三三〇至三五一，《礼部》。

⑤⑥⑦ 大理市文化丛书编辑委员会编：《大理市古碑存文录》，云南民族出版社 1996 年版，第 475、506、513—516 页。

⑧ 康熙《鹤庆府志》卷一五，《学校》。

八、司法

（一）司法机构

清代大理白族地区的司法机构与内地基本相同，府、州、县是行政长官兼理司法。据《清史稿》所载，府有知府一人，同知、通判无定员，所属官员有经历司经历、知事，照磨所照磨，司狱司司狱，各一人。知府"掌总领属县，宣布条教，兴利除害，决讼检奸"，可见府一级是由知府兼理司法，下面有专门的司法机构司狱司。州是知州"掌一州治理"，"吏目掌司奸盗，察狱囚，典簿录"，县则是"知县掌一县治理，决狱断辟……讨滑除奸"，典吏"掌稽检狱囚"。① 大理府设有知府一人，司狱三人，巡检兼司狱一人。② 看来清代白族地区的司法机构基本与内地相同。康熙二十五年（1686）大理地区的《关圣帝庙碑记》最后署名人中有"剑川州知州徐永隆、宾川州知州周家柱……邓川州知州马世俊，云龙州知州张□……太和县知县孙世大、浪穹县知县吴一鹭……太和县典吏王维世"，便可说明。

（二）诉讼

按照清朝的规定，每年秋天要举行"秋审"，由六部尚书、大理寺卿、都察院左都御使、通政司通政使等九部重要官员组成最高会审机构，对地方上报的斩监候和绞监候案件进行审理。秋审之前，各省督抚须对本地斩、绞监候案件先行审核或审理，拟具初步意见，并要"刊刷检册"，准备相关资料预先送给相关部门。皇帝对秋审十分重视，乾隆年间，云南省进呈本省秋审缓决人犯名单时，有一人没有详细资料，受到皇帝的斥责。③ 各省送秋审材料的期限也是有规定的。"云南、贵州、广西、广东以年前封印日为止"④。大理属于离省城较近的府，秋审案件应到省城会鞫。犯罪较轻的，如遣军、流、徒人犯和命案中拟判徒刑的人犯，不用押解到省城，大理、丽江、永昌、顺宁四府，解赴迤西道审理。⑤

---

① 《清史稿》一一六，《职官》，中华书局 1977 年版。
② 《清会典》卷二八，《吏部》。
③ 《大清会典》卷八四八，《刑部》。
④ 《大清会典》卷八四九，《刑部》。
⑤ 《大清会典》卷八四五，《刑部》。

大理地区和内地一样，一般诉讼案件采取自下而上的诉讼方式。乾隆年间，丽江府剑川州的村民到剑川州府控告颜某等人霸占老君山一事，“州主恩主勘审严”，经过认真的反复研究，认定颜某等出具的地契为伪造之物，遂做出决定，命令颜某等人归还老君山，并告诫民众“如敢私占公山，及任意砍伐，过界侵踏等弊，许看山人等扭禀□□□□□□□□勿违”①。而光绪年间鹤庆县村民因为水利纠纷，状告到鹤庆州府，“本州不胜慎重，曾经堂讯细审，又两次委员踏勘，确保情实。除责斥违式外，断令同照古规，修复石闸”。“断讫，俾两造书立合同，盖印、存照。再取结存案，以息讼端”。②从这两个案例的审理可以看出，当地官员审理案件有一定程序，比较认真。

再看一个二审的案例。道光年间，太和县柴村村民杨枢等多人因水利纠纷到县城告状，由于“此案前讼连年，本署府查卷定案”，首先是查出县官府保存的有关档案，然后“该县吴令亲诣查勘，问之乡保、地邻老民”，了解清楚情况后，“该县从宽定断……村民咸称公允”，但几天之后，“忽有鸡邑村民妇多人，持锄抬石赴府咸诉，当经府守饬县查讯，该县将指使聚众妇人之陈老二、杨宗泰责处枷号”，后又有人不服，“联列同村生员赵琴等多名赴宪辕暨学宪臬宪粮宪辕门具控，批饬讯详，当经前守牟守查讯县断，并无偏向，……批饬严提确究惩办经前府牟守移委弥渡通判福副、浪穹县秦令会勘讯明，……经本署集案确讯，据供前情，秉公核断……”经过二审，“两造允服，各具遵结备案”。“所有奏批，查讯核断完结，缘由理合县文呈详，请析宪台府赐查核，转详销案批示，饬遵等情，谨奉批示，转行遵照在案”③。

第七节

白族习惯法

由于各地白族聚居区的生产力发展水平和社会经济发展不平衡，历史上各地白族聚居区的法制状况也存在很大差异。前面所举大理坝区的白族，从元代起已开始进入地主经济阶段，他们的法制状况基本与内地汉族地区的法制状况相同或相似。但一些

①② 《白族社会历史调查》（四），云南人民出版社 1991 年版，第 100、97 页。

③ 大理市文化丛书编辑委员会编：《大理市古碑存文录》，云南民族出版社 1996 年版，第 579—580 页。

居住在山区的白族，一直到新中国成立前还处于原始社会末期和阶级社会初期发展阶段，他们调整社会关系主要是靠习惯法。但由于文献资料阙如，难以对这些习惯法进行历史上时间段的精确界定，本书拟以云南怒江地区白族习惯法为例，对历史上的白族习惯法做一简要介绍。

一、社会组织

新中国成立前，怒江的白族基本已进入一夫一妻制，同姓家族组成一个大家族，每一个家族都有一个家族长，由本家族成员推举辈分高、年纪大、熟悉古规的老人担任。同姓家族有互相扶助的义务，在婚姻、丧葬、祭鬼、盖房等方面，同姓家族都要在人力、物力、财力上给予帮助。在生产上彼此可以换工，如人工换人工、人工换牛工。集体狩猎时，保留“见者有份”的原始分配方法。猎到较大的猎物时，击中者只能得猎物的头、皮，以及麝香、熊胆之类东西，其余的兽肉则要大家分配。分配猎物时，遇到过往行人，按习俗也有份儿。

二、纠纷解决

同姓家族的族长只负责调解本家族内部的纠纷，同村各家族间或各村子之间的纠纷则由伙头来调解。伙头是土司行政管理机构的一级组织，管辖一村或数村，替土司征收租税、摊派劳役。怒江地区兰坪县 1935 年废除伙头制度。伙头是世袭的，负责调解村里的纠纷。村里有人偷盗财物被获后，交给伙头处理，伙头可以把他吊起来抽打，也可以勒令其赔款。赔不起的由他的家族亲友帮助赔。村里发生纠纷，由伙头召集各家族的族长共同调解。调解时，伙头拿一块一尺五寸长、一寸宽的竹片，竹片两侧各代表原告和被告。当他们申诉一个理由时，伙头就在竹片上相应的一侧刻一个口子，等双方申诉完毕，由伙头来数竹片两侧的口子，口子多则表明理由充分，口子少则表明理亏，以此来判断是非。也有用石头、黄豆来调解的，谁说出一个理由，便在他面前放一块石头或一粒豆子，然后根据各人面前石头和豆子的多少来判断是非。① 怒江白族地区还有的是通过“此莫”（村中公证人）调解、喝血酒、捞油锅、武装械

① 詹承绪等：《那马人风俗习惯的几个专题调查》，《白族社会历史调查》（二），云南人民出版社 1986 年版。

斗、逐出村寨等方法解决家族内外的纠纷。

一般较小的纠纷，例如双方发生口角、财物争执纠纷等，由此莫负责调解。此莫并非专职，也不世袭，而是由村中公认办事公道、威信高的人充当，不领取定额报酬，待调解成功，由双方当事人自愿送给礼物表示感谢。此莫调解的方法大多是说服、批评教育、商定赔偿钱物等。如果当事双方隔阂过深，调解无效，就采用喝血酒的方式来平息纠纷。首先让当事人手端一碗血酒（无酒以水代替也可），当众发誓："老天在上，我若做了××事，三年内一定死去，我若没有做××事，就身体健康，福寿久远，活二百岁、一千岁。"对方听了心满意足，听凭天断，不再提什么要求。如果喝血酒也不能使双方满意，就只能采取捞油锅的方式解决了。所谓捞油锅，锅中不一定是真油，以水代油也可以。事前派两人到深山箐里去背水和采竹子，双方各派一人监视，路上不准停留。然后在村边空地上架火烧水，双方推选的公证人站在锅边，手举一块白石头。捞的人在屋子里用冷水把手和衣服浸湿，然后跑上九级台阶（当地以九表示男性，以七表示女性），每上一级台阶磕一个头，走到油锅旁边，面对翻滚的热油或开水，双手高举，仰天高呼："老天看清楚，我没有罪。"他的同族人就跟着喊："老天保佑他，别让他手起泡。"对方则喊："老天有眼，让他手起泡。"一切准备好后，公证人将白石头让众人看过后丢入锅中，捞的人大叫一声，很快把石头捞出，往空中一抛，公证人将石头收好，同时将捞油锅者带回家中严密保护起来，不得与第三者见面，以防作弊。三天以后，如果捞油锅者手上不起泡，就算无罪，对方就要赔偿钱物（牛、猪或者其他财物），起泡就证明有罪，由捞油锅一方赔偿钱物。这种捞油锅主要用于被人指控为偷人、杀人、杀魂而本人坚决不承认时采用。①

由于历史上怒江地区白族各家族、村寨之间一直未形成一个统一的、有权威性的仲裁或判决机构，所以，当家族和村寨之间发生了纠纷又难以进行和解时，往往采用械斗的方式解决。家族和村寨之间的矛盾，经常是由家族和村寨中的某件事或某个人引起。怒江地区白族认为，"一人一户之仇即全家族之仇"，所以，家族中的某个人遭受欺凌，全家族的人都会挺身而出，与对方进行拼杀。械斗之前，双方都要把同家族的人招来参加，把一条牛杀死后全家族每户一份，只要收到牛肉，就知道某家有事，要带上弓箭、长砍刀、牛皮盾甲前去帮助。如果路程太远，或因其他重要原因不能去，也要送上钱物表示支持。在武装准备就绪以后，双方都要杀猪、宰牛、煮酒，邀

① 赵寅松等：《怒江地区白族（白人）社会历史的几个专题调查》，《白族社会历史调查》（二），云南人民出版社 1986 年版。

请参战的人大吃大喝，推选军事指挥者，决定正式决斗的日期。械斗之时，青壮男子都必须参加。妇女不参加械斗，但享有调停械斗的权利。如双方伤亡过重，一方的妇女可以跑到阵地前，挥动裙子或头巾高喊停战，此时械斗就必须停止；否则女方会含羞自杀。在械斗中，如双方死伤人数相等，械斗就自然停止；如械斗几天仍无伤亡，亦告一段落；如只有一方的人被打死，则一直打下去，直到杀伤数相等为止。械斗结束后，就可请中间人调解。在调解中，人死得少的一方必须向死得多的一方赔偿命金。赔偿命金必须加倍，死一人赔二人。赔偿时不一定赔真人，可用牲畜和其他实物赔偿。赔偿命金由全家族共同负担，得到命金的家族，亦非死人的家庭独得，而是全家族共同分配，被害者家属可以多分一些。械斗结束以后，双方各拿出一条牛或两只猪牵到械斗地点烧吃，叫“烧牛肉”，表明纠纷已经解决，双方和好。①

怒江地区兰坪县的白族鬼魂崇拜中有养药鬼和撒魂鬼。养药鬼是怀疑某女子养有蛇、臭虫、跳蚤、癞蛤蟆等类东西，并将这些东西加工成粉末，放入水、酒、饭、菜之中，别人将这些东西吃进肚子里，就会生病。撒魂鬼是怀疑某女子能摄走他人的灵魂，认为只要她随便摸别人一下，让此人得什么病，此人就会得什么病。为了要判定某某妇女是否是养药鬼或撒魂鬼，通常也是采用捞油锅的办法，在一锅开水里放进一把斧头或是一个秤砣，让被怀疑者伸手到锅里捞起斧子或秤砣，然后根据其手是否烫伤来判断。②

三、婚姻家庭

怒江地区的白族实行家族外婚制，禁止同姓（本村或附近村子）、同宗的男女通婚，盛行姑舅表优先婚。除了以本地本民族内部通婚为主外，也可与本地的傈僳、普米，外来的纳西、藏族、汉族，大理、剑川一带的白族通婚。当地白族订婚有两种形式，一是父母包办，二是自由恋爱。结婚以男娶女嫁为主，也有男子到女家入赘的。男子到女家入赘，最早是用刻木结绳记事的方式确定，后改用汉字来立字据。无论是刻木结绳或是立字据，都要请中证人作保。中证人一般是男女双方的亲戚，主要是兄弟或堂兄弟各出一人。男女双方要付给对方中证人一定的礼物作为酬谢。男子上门立

① 赵寅松等：《怒江地区白族（白人）社会历史的几个专题调查》，《白族社会历史调查》（二），云南人民出版社 1986 年版。

② 詹承绪等：《那马人风俗习惯的几个专题调查》，《白族社会历史调查》（二），云南人民出版社 1986 年版。

了字据后，要分别祭祀两边的祖先，改名换姓，用妻家的姓氏，成为女方家族的成员。在世时可继承岳父母的财产，死后可葬入女方家族的墓地。上门女婿也可不改名换姓，但要立下“长子立嗣，次子归宗”的字据。

婚后双方感情不和可以离婚。如果男方首先提出，要赔七条牛、七件东西，七条牛中必须有一条是真牛，其余的可以用物件充抵，名为“含羞钱”。赔清钱物，男方就给女方一木刻作为凭证，并让女方顶着锅盖回娘家，表示永无反悔。如果女方先提出，则要加倍赔偿。在双方争执不休，都咬定离婚是对方提出又无人作证的情况下，就用“缝口袋”的方法来判断是非。中证人将男女双方盖的麻毯缝成一个大口袋，让男女双方睡在里边，中证人派人监视，谁先撕开口袋就算谁输。如果双方发生性行为，谁先拒绝就算谁输。输的一方即为提出离婚者，就要照前面所说的规定赔钱。离婚以后，双方的子女全归男方抚养。①

四、卜卦

怒江地区的白族在日常生活中，碰到生病、遭灾、上山狩猎、出远门做买卖、办红白喜事、妇女难产、生儿育女等都要请巫师或家长卜卦问神。卜卦主要有鸡蛋卦、镰刀卦、竹签卦、帕子卦、铜钱卦、鸡头卦等等。

五、禁忌

怒江地区的白族群众在日常生产和生活中还有很多禁忌，人人必须遵守。主要有以下内容：

1. 妇女不能坐门槛，否则会遭老鼠啃庄稼。

2. 刚生孩子未满月的产妇，要戴斗笠，披头巾，不能让太阳、月亮照着头和脸。

3. 妇女不能到佛庙朝拜佛像。

4. 往火塘和灶膛加柴时，要先烧大头，后烧小头，否则，出门走路时会踩到蛇。

5. 妇女不能将双腿分开烧火、做饭。

---

① 詹承绪等：《那马人风俗习惯的几个专题调查》；赵寅松等：《怒江地区白族（白人）社会历史的几个专题调查》。《白族社会历史调查》（二），云南人民出版社1986年版。

6. 新媳妇不能往门后泼脏水，认为娘家的祖先回来要躲在那个地方，泼脏水会泼到他们身上。

7. 在锅里洗碗筷时，碗筷不能碰击锅底。

8. 不能把脚踏在三脚架上，不能从上面跨过，妇女的衣裙不能触及三脚架。

9. 家中不能煮狗肉、吃狗肉，更不能用狗肉祭祖先。

10. 禁止用白石头垒坟、砌墙、铺路。

11. 禁止砍伐祖坟上的山神树和祭天牛的天牛树。

12. 七月十四日烧包祭祖，十五日不能到河里洗衣服、洗菜及用具。

13. 有的村子男子结婚年龄忌 9、19 岁，女子忌 7、17 岁。

14. 结婚的日子要逢双，忌逢单，不能与男女出生的属相相克。

15. 腊月二十五日以后，不能上山劳动。

16. 正月初一，不能洗脸、扫地、泼水、背水，不准串门、吵架。

17. 入殡时，祭祀亡人的公鸡不能杀，不能吃，要送到祖坟上放生。

18. 每一个季度的末一个月的初一，往前推 2 天，往后推 15 天，共 18 天，禁止出殡。

19. 人死之后，7 天之内不准扫地，3 个月内不准吃辣子，一年内不能吃大蒜。

20. 安葬后，100 天内孝子不能理发，只能穿草鞋，妇女要披头散发，不能梳头。

21. 五服之内的从兄妹禁止对歌。

22. 弟媳不能转房给兄长。①

---

① 詹承绪等：《那马人风俗习惯的几个专题调查》，《白族社会历史调查》（二），云南人民出版社 1986 年版。

第二章
纳西族法史

第一节

纳西族概况

纳西族是一个有着悠久历史的民族，主要分布在云南、四川两省和西藏自治区毗邻的澜沧江、金沙江及其支流无量河和雅砻江流域，即3省区（滇、川、藏）、6地州市（丽江、迪庆、凉山、甘孜、昌都、攀枝花）和12县（丽江、中甸、宁蒗、维西、永胜、盐源、木里、华坪、德钦、芒康、巴塘、盐边）境内，大约8万平方公里范围内。① 纳西族主要聚居于丽江区的高寒地带平坝，部分和其他民族杂居，自称“纳西”。②

根据现有的文献以及考古等方面的资料，可以初步推断纳西族先民大致是由三部分人组成：一部分是源于今甘肃省的黄河流域和青海省的湟水流域一带的古羌人；另一部分则是我国古代西南民族中称之为“旄牛夷”、“白狼夷”的夷人族系；还有一部分是较早时期就居住在当今云南省丽江县一带的土著居民。以上述三部分人为主体形成的纳西先民族群，不断吸纳融合汉族以及周边一些少数民族的先民，逐渐发展壮大，形成今天的纳西族。③

一、纳西族的族称和族源

（一）族称

纳西族的称谓较为复杂，中华人民共和国成立前称为“磨些”，成立后称为“纳

① 郭大烈、和志武：《纳西族史》，四川民族出版社1999年版，第3页。

② 纳西族的自称和他称有多种，在永宁自称“纳”、“纳日”，他称为“吕西”；在永胜他称为“巴西”；在木里他称为“松西”，在维西有自称“马丽马沙”（为“木里磨些”的读音）的。历史上对纳西族的称呼也有多种，唐樊绰《云南志》称“磨些蛮”，《新唐书·南诏传》称“磨蛮”、“些蛮”，其他史书多称“麽些蛮”，也有各种读音近似的写法，如“摩挲”、“摩梭”、“摩些”、“摩西”、“拿喜”等。此外白族称纳西族为“纳西”，藏和西番两族称其为“沙托哇”，彝族称其为“来米濮”。参见云南省编辑组编：《纳西族社会历史调查》（二），云南民族出版社1986年版。

③ 参见和少英：《纳西族文化史》，云南民族出版社2001年版，第16—17页。

西”。纳西族内部又分为纳西和纳日两个支系，纳西支系自称“纳西”，他称“摩些”；纳日支系自称包括“纳”、“纳恒”和“玛沙”，他称为“摩梭”。在历代的文献记载中，把纳西族称谓书写为“摩沙夷”、“磨蛮”、“磨些蛮”、“末些”、“摩婆”、“磨些”、“摩梭”等等。中华人民共和国成立后，根据党和国家的民族政策，并按照本民族的意愿，确定“纳西”为全族共同的族名。

（二）族源

从20世纪50年代以来，在丽江坝子及金沙江河谷地区相继出土了“丽江人”股骨化石、头骨化石、新石器、石棺葬等文物。一些学者通过考古和对纳西族象形文字东巴文及东巴文化中记载的纳西族祖先、丧事习俗文化等进行研究后认为，金沙江流域是西南少数民族的发源地之一，在距今10万年前，丽江坝就有晚期智人部落群已繁衍生息在这片古老的土地上，随着古羌人的迁入，丽江土著民族与古羌人长期交往，共同创造了自己的历史和文化，融合成纳西族。①

此外，纳西族学者郭大烈、和志武合著的《纳西族史》中提出“很早就居住在丽江坝子（盆地）和泸沽湖畔的古代人群是构成纳西族的重要组成部分”的结论。②

二、历史上纳西族的迁徙

方国瑜著《纳西象形文字谱·绪论》载，“纳西族渊源于远古时期居住在我国西北河湟地带的羌人，向南迁徙至岷江上游，由西向南至雅砻江流域，又向西迁至金沙江上游地带”③。《后汉书·西羌传》载：“河关之西南，羌地是也。滨于赐支，至于河首，绵绵地千里……南接蜀汉徼外蛮夷……所居无常，依随水草，地少五谷，以畜牧为业，其俗氏族无定，或以父名母姓为种号。”④ 详述了古羌人的特征及其活动的区域，而且把羌人的迁徙移动以及种别名号与“蜀汉徼外蛮夷”联系起来。“河关”即今甘肃临夏县，这里地处黄河支流大夏河、洮河流域，其“绵地千里”，“南接蜀汉徼外蛮夷”之地，据《汉书·地理志》载释，即今青海湖以东、甘肃临洮以西、成都

① 尤中：《云南民族史》，云南大学西边所1985年版，第123页。

② 郭大烈、和志武：《纳西族史》，四川民族出版社1999年版，第12页。

③ 方国瑜：《中国西南历史地理考释》（上），中华书局1988年版，第226页。

④ 范晔：《后汉书》卷八七，《西羌传》，中华书局标点本，1965年版。

平原以北的广大地区。①

上述记载说明，纳西族的先民古代羌人部落的中心游牧地带原是在青海的黄河、赐支河、湟水流域，但他们迁徙无常，无固定的居地，逐水草而安，从事放牧。最初南迁是秦献公初立的战国初年（前384），那时西方的秦国强盛起来，秦献公欲恢复春秋时秦穆公霸有西戎的局面，纳西族先民古代羌人部落首领中有个叫作“卬”的，为了避免秦国的威胁，率领部落种人向南迁徙，走出了赐支河西南数千里，到达甘肃东南川西北和西南一带。这部分南迁羌人部落远离了众羌，此后即“子孙分别，各自为种，任随所之”：武都的羌人“参狼种”称为“武都羌”，广汉的羌人“白马种”称为“广汉羌”，越嶲的羌人“旄牛种”称为“越嶲羌”。羌人南迁散布到中国西部的广大地区，增加了这带地区同族部落人口，大渡河、雅砻江流域一带成为他们新的游牧地。从公元前4世纪初到西汉时，古羌人南迁大约经历了300年之久。②

至蜀汉时期渐近岷江流域分支又南迁，逐步从大渡河以北地区进一步迁徙而南进至旄牛（今汉源）、定笮（今盐源）一带。据《木氏宦谱》记载，定笮摩沙土长统治“摩沙夷”的世系，从东汉至唐武德时计凡17世。从唐武德年间上推17世，时间约为公元2世纪末。综上说明，此时定笮境内已有“摩沙夷”定居，并有了土长夷帅等统治首领，至今已有1700多年。③

到唐代，定笮地区的“摩沙夷”被称为“磨些蛮”，仍保持着部落繁盛状态。樊绰《蛮书》载：“昆明、双舍至松外以东，边近泸水，并磨些部落所居之地。”唐改定笮为昆明，即今盐源县；双舍为盐源县南的盐边县；泸水即雅砻江。由此可见，雅砻江流域盐源、盐边一带为唐代磨些分布区。《蛮书》又载：“台登城……泸水从北来，至曲罗索回三曲。每中间皆有磨些部落。”这说明在盐源之东的雅砻江“索回三曲”内也都有磨些部落的分布。

约在公元3世纪中后期，即三国末年至西晋初年前后，纳西族先民的一个部落，自雅砻江流域经木里无量河西迁至金沙江上游的丽江巨甸一带。“磨些蛮”酋长蒙醋醋夺“仆繲蛮”所居之巨津州（今丽江巨甸）、铁桥（今塔城）、罗波（今石鼓）世袭据之，发展成为“磨些大酋”。据《元史·地理志》载：“永宁州，昔名楼头赕，接吐蕃东徼，地名答篮，摩些蛮祖泥月乌逐出吐蕃，遂居此赕，世属大理。元宪宗三

① 班固：《汉书》卷二八，《地理志》，中华书局标点本，1962年版。
② 郭大烈、和志武：《纳西族史》，四川民族出版社1999年版，第26、27页。
③ 《木氏宦谱》。

年（1253）其三十一世孙和字内附。”《纳西族简史》载：“和字为蒙醋醋的三十九世孙，为尼月乌的三十一世孙，则泥月乌当为蒙醋醋的八世孙。”这就说明，当公元3世纪后期蒙醋醋定居巨甸之后，到公元5世纪后期时，他的八世孙泥月乌逐出吐蕃，巨甸的部分磨些进入永宁地区并定居下来。《元史·地理志》记载了古宝山州（今丽江宝山）磨些族的情况，“其先自楼头（今宁蒗永宁）徙居此二十余世”，说明在五六世纪的南北朝时期，从永宁地区迁来的又一支磨些族，居住在丽江县东北角金沙江沿岸的宝山一带。公元7世纪初（唐高宗时）磨些的另一首领叶古年，率种族进入通安州（今丽江坝），占据了原来仆獬蛮所居之地。

在唐代，已从定笮迁徙定居姚州的磨些部落，曾有一部分渡过金沙江向南进入洱海东部地区建立了“越析诏”，为六诏之一，亦称“磨些诏”，部落在宾居（今宾川），旧越析州地。至开元二十六年（738）前越析诏诏主波冲被豪族张寻求阴害，越析诏亡，其地并南诏，波冲兄之子于赠，东北渡泸，复移家众于龙怯河、双舍一带（即今盐源、盐边），前后兴亡约70年之久。

8世纪末，南诏破铁桥及昆池等诸城，把磨些部落万余户约5万人，从铁桥、昆明（今盐源）迁往滇中，即今滇池周围及澄江、玉溪、江川、元江一带。这部分南迁的磨些族后来融合于缓系（彝族）之中，没有单一族员存在了。至明代，丽江纳西族木氏土司势力强盛起来，攻破吐蕃所居现今维西、中甸的六村、叶枝、其宗、喇普一带，徙磨些前去戍守，扩大了这一带磨些的分布。同时，把丽江地区的部分磨些迁移到澜沧江上游一带，并进入怒江流域地区以及永胜、鹤庆、剑川等地，形成现代之分布格局。

综上所述，纳西族祖先原来居住在中国西北河湟流域，约于公元前4世纪初，逐步向南迁徙至雅砻江武都地区，又渐次南循岷江之源松潘、茂汉草原地带，又于公元前100多年前移居越嶲旄牛羌地；约公元2世纪初，旄牛族便在定笮一带，其“族类繁盛”广大起来，2世纪末叶，其种族分支南移，其中蒙醋醋一支过雅砻江、涉无量河到达古巨津州，成为磨些豪酋；5世纪末，蒙醋醋的八世孙泥月乌一支逐出吐蕃占据永宁；其后泥月乌的后裔一支过往丽江古宝山州；6世纪末叶古年一系西迁得势于丽江坝；7世纪初又助唐王朝远征“定乱”，四处用兵，广拓四境，靠武力巩固了自己的统治地位，扩大了统治区域，近及中甸、维西、德钦、盐井，远达四川巴塘，成为唐王朝统治滇、川、藏三省交界地的有力支柱。

三、纳西族的社会发展阶段

纳西族的社会发展，经历了奴隶制、封建领主制、封建地主制三大社会发展形态。

（一）奴隶制时代

从公元3世纪初至9世纪末，是纳西族社会奴隶制成长和发展的时代。东汉末年，摩沙夷仍是原始部落，处于部落游牧阶段，游牧经济占主导地位。此后，摩沙夷开始缓慢地从原始社会末期向阶级社会过渡。

公元3世纪后期，蒙醋醋定居丽江巨津后，其后裔先后在永宁、宝山等地发展了磨些势力，6世纪末叶古年一系进入丽江坝，并逐渐发展起来，加上原来定居的定笮地区，形成了长江上游地区东、中、西三大块磨些分布区域。当地畜牧业很发达，"土多牛羊，一家即有羊群"①，"家"成为磨些部落的组织单位，是羊群的所有者。磨些地区发达的畜牧业促进了商业贸易的发展，也促进了纳西族社会向铁剑时代的过渡。唐贞元年间设"铁桥"，当时磨些地区冶炼铁的技术有了一定程度的发展，最迟在唐初已进入了铁剑铁犁时代。磨些社会经济的发展，使得磨些诏主波冲向洱海以东地区扩张，并于唐开元元年（713）前后，在洱海东部宾川旧越析州城，建立纳西族社会的第一个奴隶制政权越析诏。后来越析诏地并于南诏，其民迁徙回盐源、盐边一带。在此后的200年间，纳西族世隶南诏大理，通过南诏政权的媒介，与中原王朝的政治、经济、文化联系逐步加强，纳西社会土酋长势力逐步形成部落联盟和"亲家团"政治力量。在西部的纳西族社会内部，畜牧业铁质农具有了进一步的发展，拥有大量牛羊的"家庭"已成为金沙江流域磨些部落的基本单位，随着奴隶制私有经济的产生，产生了父权制。丽江《木氏宦谱》记载，从唐高宗上元年间（7世纪中叶）拥立木氏始祖秋阳一代开始，纳西族社会已完成了父权制的过渡，其后至9世纪末叶的200多年间，纳西族社会奴隶制经济进一步发展成熟起来。

（二）奴隶制向封建领主制的过渡

从公元10世纪初到清雍正元年（1723）的漫长时期，是纳西族社会封建领主制

① 《云南志》卷四，《名类第四》。

萌芽、发展并逐步衰微的时代。第一阶段为“元跨革囊”以前至13世纪的300年间。这一时期，丽江地区纳西族社会的农业经济有了进一步的发展，并逐步占据社会生产的主要地位，煮盐、冶铁、毛纺织、制革等手工业也随之发展。农业、畜牧业、手工业三大社会经济已经具备了封建领主经济的雏形，通安、巨津、永宁等地纳西族社会的土酋长势力逐步掌握了领主地内的权柄，并逐步出现同族部落，为封建领主制打下社会经济基础。

第二阶段为“元跨革囊”到“改土归流”时期（1253—1723），前后历时470年。宋宝祐元年（1253），忽必烈率领蒙古军取道丽江，南平大理，使纳西族历史发展方向发生了重大转折，纳西族地区再次被纳入中央王朝管辖范围，纳西族部落首领成了王朝官员。从1276年置丽江路军民总管府开始，丽江木氏世袭三届总管，随后统一丽江西部地区。至明洪武十七年（1384），纳西族“萨当可汗”（丽江王）木得被明王朝封为世袭丽江土官知府，此后，木氏土司对明廷极尽臣礼，输金助饷，纳粮认差，朝贡不绝。光绪《续云南通志稿》载：“万历间（1573—1620），丽江土知府木氏渐强，日率么些兵攻吐蕃，吐美建碉楼数百以御，维西之六村、喇普、其宗皆要害，拒守尤固。木氏以巨木作推曳以击碉，碉悉崩，遂取各要地，屠其民而徙么些戍焉，自奔子栏以北皆降。于是自维西及中甸、巴塘、里塘（在今四川甘孜州），木氏皆有之。”在明王朝的信任和扶持下，拥兵自重，帮助明王朝远征“定乱”，四处用兵，广拓四境，靠武力巩固了自己的统治地位，扩大了统治区域，近及中甸、维西、德钦、盐井，远达四川巴塘，成为明王朝统治滇、川、藏三省交界地的有力支柱。元代纳西族的农业生产已经占主导地位，畜牧业生产得到进一步发展，生产生活较之唐、宋时期变化不大。①

元朝末年至明朝初年间，随着木氏政权的确立，大封建领主制开始在丽江纳西族地区出现，并随之而进一步巩固发展起来。丽江纳西族居住区的生产在明朝时期发展比较迅速。明朝末年，徐霞客到丽江时，见到丽江一带已经是田亩沟渠纵横，农业生产相当发达，元朝时期“一岁之粮园根（蔓菁）已半实粮”的状况发生了变化。畜牧业生产进一步发展，天启《滇志》载，丽江的纳西族“畜牛羊，其地产名马”。手工业中冶铁技术的发展显著。正德《云南志》载，丽江纳西族“男女无少长，出入常带大小二刀，以锋利为尚，大者长三尺许，小者长尺许，富贵者刀错以金银，系饰以

---

① 魏光焘：《续云南通志稿》卷一九四，王文韶修，唐炯纂，光绪二十七年刻本。

辗碟等物”。① 普遍佩带大小刀，说明冶铁技术发达。采矿业也有较大发展，以开采银矿为主。丽江木氏土司在当地大开银矿，向明王朝纳贡的银两逐年增加。万历年间，木氏土司一次便向明朝中央贡银二万余两，由此可见采获银两数量之多。

从明代中叶至清初，丽江纳西族木氏土司在自己的领地范围内建立起许多大庄园，直接掌握经营大量的土地，成为境内最大的封建领主。土司对领地内的土地拥有所有权，对直接生产者农民有占有权，直接经营“官庄”，占有土地，役使庄奴。庄奴从事饲养业、手工业或种植经济林木。农村中的纳西族农民，通过村社分得小块土地使用，是依附于木氏封建领主的农奴。木氏封建领主在丽江地区农业、畜牧业和各种手工业发展的情况下，成为当时云南境内少数民族土司中较为突出的富裕者，其居室、器用等物质生活状况，与当时汉族中同级的统治者相比已不相上下。边远山区的纳西族，物质生活简陋，社会发展较之丽江坝区一带相对迟缓。②

明代后期，丽江纳西族社会受到邻县封建地主土地所有制的影响，开始出现土地买卖和租借经营，地主经济初现端倪。清雍正元年（1723），清政府推行“改土归流”政策，降木氏土府为土通判，流官制度在纳西族社会中开始推行，革除了一切封建农奴制，领主经济开始由上而下向地主经济过渡，为地主经济的发展奠定了基础。③

封建领主经济解体后，纳西族中的农奴逐步转化为受本民族和汉族地主阶级剥削的农民和佃户，政治上则直接受流官的统治。流官采取了一系列改革措施，纳西族地区的农业、畜牧业、手工业、纺织业等都有较大的发展，为商业的发展创造了条件。在总体上，纳西族地区社会经济的发展，较之明朝时又向前迈进了一步，但纳西族地区的发展仍不平衡。④

（三）封建领主经济向地主经济的过渡

20 世纪 40 年代末到中华人民共和国成立初期，丽江和永胜等地的纳西族地区已进入封建地主经济社会形态，丽江县边缘地区仍保留着较浓厚的封建领主经济残余形态；宁蒗县的永宁坝仍处于封建领主经济区，其中永宁在婚姻形态上还保留有浓厚的母系氏族社会末期的痕迹。东部以永宁为代表的封建领主经济区内，土司几乎占有全部土地、水源、草场和山林，百姓只能耕种领主划定的“份地”，除了向领主交纳地租，每年还要为领主服无偿劳役。在永宁阿氏土司的领地内，领主制度等级森严，各

①②③④ 《纳西族简史》编写组：《纳西族简史》，云南人民出版社 1984 年版，第 33、18、19、19 页。

为“司沛”（贵族）、“责卡”（农奴）、“俄”（家奴）等等级制度。领主经济地区的生产技术较为简单，耕作粗放，粮食产量很低，畜牧业仍然是这些地区的主要副业。①

第二节

历代中央和地方政府对纳西族的统治

20世纪60年代，云南省丽江县木家桥一带发现的“丽江人”化石说明，其中一部分可能逐渐演化发展为今天纳西族的先民。② 在汉文史籍中，有关于纳西族先民“摩沙夷”早在东汉末年就在丽江周围一带地区活动的记载。③ 秦汉时期，纳西族先民主要分布在今四川省西南部安宁河、雅砻江流域的西昌、甘孜、盐边、雅安一带，以及云南省西北部地区。

三国时期，蜀汉政权对“摩沙夷”等少数民族部落采取怀柔政策，并于建兴三年（225）设立云南郡。纳西族地区在经历了魏晋南北朝以及隋朝300余年的发展后，具有了一定规模。唐樊绰《云南志》记载：“磨些蛮，亦乌蛮种类也。铁桥上下及大婆、小婆、三探览、昆明等川，皆其所居之地也……此种本姚州部落百姓也。”又载：昆明（今盐源）城“西南至小婆城，又西南至大婆城，西北至三探览城，又西北至铁桥东城……并磨些种落所居之地”④。即为今丽江、宁蒗、永胜、华坪及四川的盐源、盐边区域。

唐朝初年，“磨些蛮”大致分布在东起川西南的安宁河，西至滇西北的澜沧江流域，北抵与吐蕃政权南境相交的塔城（铁桥城）、五境、洛吉、永宁以及木里一线，南到今大理白族自治州宾川县一带的区域。

在唐初滇西六诏政权中，越析诏便是磨些蛮在今云南省宾川县一带建立的政权。

---

① 云南省编辑组编：《纳西族社会历史调查》，云南民族出版社1986年版，第3页。

② 和少英：《纳西族文化史》，云南民族出版社2001年版，第15页。

③ 常璩：《华阳国志》卷四，《南中志》，巴蜀书社1984年校注本。

④ 樊绰：《云南志》卷四，《名类第四》；卷六，《云南城镇第六》，赵吕甫校释，中国社会科学出版社1985年版。

这也是纳西族定居以后，建立过独立地方政权的时期。当时，唐王朝为扶持南诏政权与吐蕃政权相抗衡，大力支持南诏吞灭包括越析诏在内的其余各诏。统一后的南诏挥师北进，在贞元十年（794）于铁桥大破吐蕃，将万余户磨些蛮从铁桥、昆明（今盐源）一带迁徙至滇中地区，此后至唐王朝灭亡的百余年时间内，磨些地区一直处在南诏与吐蕃政权的统治下，纳西族先民在南诏与吐蕃两大势力相互争夺的夹缝中求取生存和发展。尽管一些地区长期处于南诏或吐蕃政权的直接统治下，但生活在丽江一带的纳西族先民的势力不断发展壮大，以剌土俄均等部落首领为代表的势力独立意识不断增强，自“唐昭宗天复二年（902）郑买嗣篡灭蒙氏，遂不附郑矣”①，其后南诏政权被段氏大理国政权所取代，对纳西族先民聚居区的控制又有所减弱。同时宋朝皇帝采用封侯、“更立摩娑（些）诏大酋长”以及“称为大将军”（即与大理国国王平起平坐）等手段扶持纳西族首领，使得丽江一带的纳西族先民势力得到进一步发展，形成与大理国分庭抗礼的局面。

唐、宋时期是纳西族社会历史发展的一个重要时期。继公元二三世纪在“夷帅”或“豪帅”带领下由原始社会向奴隶制社会的过渡暂告一段落，纳西族地区由游牧经济向农耕经济的过渡已基本完成，社会经济发展迅速，农业经济较为发达，基本上具备了建立统一政权的基础。

公元1253年秋，元世祖忽必烈亲率蒙古铁骑南下进击大理，在经过纳西族聚居区时，接受了和字、麦良等纳西族部落首领的迎降，以革囊顺利渡过金沙江。元军攻占大理后，形成对南宋王朝的包围态势，为元朝的建立奠定了坚实的基础。

元代以前，纳西族地区基本上处于一种“酋寨星列，不相统摄”② 的状况。元朝统治者开始任命纳西族首领担任“茶罕章管民官”等职，并在丽江一带先后设立了丽江路军民总管府以及宣抚司等机构，将纳西族地区纳入了中央王朝直接管辖的范围。自纳西族部落大酋长麦良等人被分封为土官后，无论是丽江路军民总管府的总管还是其后的宣抚司均由其子孙承袭，领一府七州一县，出现了土官或土司制度的雏形。纳西族地区自此开始从奴隶制社会向封建制社会过渡。明朝是纳西族地区的政治、经济与文化等方面得到迅速发展的时期，也是纳西族历史发展进程中一个重要阶段。明洪武十四年（1381），开国皇帝朱元璋派遣傅友德、沐英等将领率领30万大军进兵云南，丽江纳西族土知府阿甲阿得于次年“率众归附”，因而得钦赐“木”姓。在此后

① 《木氏宦谱》。

② 李京：《云南志略·诸夷风俗》，王叔武辑校本，云南民族出版社1986年版。

明王朝统治的260余年时间内，木氏土司在中央政权的大力支持下不断扩张其势力范围，除丽江一带世居之地外，滇、川、康、藏四省区交界处的中甸、维西、德钦、巴塘、里塘、木里、盐边、盐源以及芒康等地均被其攻占。明王朝统治者将木氏土司势力视为“守石门以绝西域，守铁桥以断吐蕃，滇南藉为屏藩”的一支重要力量，对之优礼有加。木氏土司盛极一时，其文治武功都名闻遐迩。

由于木氏土司不断扩张势力，经年累月地穷兵黩武，蓄养大量的“庄奴”和“院奴”，残酷剥削和压迫老百姓，导致民怨沸腾，其长期以“土皇帝”自居的做法也引起了周边民族和中原王朝统治者的不满。清朝雍正元年（1723），不堪忍受木氏欺压和剥削的纳西民众推举出阿知立、阿仲苴等数位代表赶赴省城告状，云贵总督高其倬向清廷上报了《丽江府改土设流疏》，很快获得了朝廷的批准，于是，将丽江土知府木钟改任为土通判。并于雍正二年（1724）春，在丽江地区实行改土归流，使纳西族地区在政治、经济、文化上都与内地实现了一体化。

第三节

纳西族的社会组织和社会制度

一、部落和氏族起源

纳西族古老的东巴经中，有许多关于人类起源的传说，认为最初的生命是由声音和气体震荡蒸酝、相互感应化为白露，白露落入湖水中产生的，认为人的产生是从无形的声、气到有形的露水，从无生命的露水到有生命的蛋，从动物到人类的漫长过程。同时，纳西族先民认为，一切自然物也同人类存在血缘关系，许多纳西族神话中都有某种动物、植物或鬼神化身成为某部落的祖先，或者人与某种动物或神鬼交媾而产生某祖先的传说。这些内容，一方面表现了纳西族先民朴素的人类进化观念，另一方面也可以从中看出图腾意识。

从相关史料和东巴经传说的记载来看，古代纳西族曾分为“梅、禾、树、叶”四支。崇仁利恩之子利恩糯于为纳西族的直接祖先，从他传至哥来秋时生四子，他们分别成了叶、束、禾、麦四大氏族的始祖。一般认为，叶氏族与束氏族世居丽江，麦与禾居住在金沙江边及边远山区。在纳日人中，共分牙、西、俄、胡、布、搓六个氏族，纳日语称“尔”，即根骨。另外，丽江、中甸、维西等地纳西族又分古哉、古徐、普笃、古珊、阮可、喜家等六个祭天群，他们的区分当与古代的氏族集团有关。

《木氏宦谱》载：“哥来秋娶戟女戟钟，生四子，分束、叶、买、何（通称梅、禾、树、叶）。”清乾隆《丽江府志·种人》称：“其先有哥来秋者生四子，分束、叶、买、禾四支。束、叶二氏居府治（即丽江），即木氏之前为土司，名叶古年者是也；买、禾二氏多居山外江边。”东巴经《创世纪》的相关记载是：“高勒趣（哥来秋）之子有兄弟四人，一个是梅族之支，一个是禾族之支，梅与禾互不分离，逐着和暖的阳光，到江边去住了。梅支有九个兄弟，他们住在梅生塔盘湾；禾支有七个兄弟，他们住在禾住鲁纳湾。第三个兄弟就是树支，第四个兄弟就是叶支，树和叶族也互不分离，骑着快马来到丽江坝。树支有六个兄弟就住在树旁鲁楞湾；叶支有五兄弟，他们居住在里双由高洛。梅支是精古梅生一代；禾支是美蕊喜禾一代；树支是肯都猛树一代；叶支是里翅古叶一代。”①

古代纳西人最初的“束、叶、梅、和”四支，实际就是四个氏族部落，他们及其子孙按父系血缘组织活动，随着历史的发展，其后代繁衍并散居各地，古老的氏族部落的血缘关系逐渐被地缘关系所取代。

纳西人对古老的四大氏族或部落的印象也很模糊，而被新的“崇窝”（即“家族”或“宗族”）所代替。同时一个“崇窝”的人又分散各地，不可能进行共同的活动。所以，尽管分居各地的“崇窝”之间互相认识或有往来，但祭天活动只限于住在一个村的同崇窝下的一房或几房人。由此可见，纳西族的祭天群，虽然还保持着父系血缘亲族关系，但他已不是整个血缘家族（或宗族）成员的共同活动，而只是他们之下的一房或几房成员的共同活动了。纳西族把祭天视为神圣，不许外族观看和参加，还有一套与平时不相同的生活用语。这些特征可以看作是他们对不同氏族部落祖先的祭奠。

原始氏族制度的发展轨迹，可以从纳西族东巴经中找到。纳西族古称“么些”、“么西”或“摩掌”，其下分纳西、纳日、纳恒、阮可、摩里摩掌五个支系。纳西支系分布于丽江、维西、永胜、木里、中甸、宁蒗、德钦、盐井等地；纳日分布于宁蒗县永宁乡；纳恒分布于中甸白地乡；阮可分布于丽江奉科、中甸白地等地；摩里摩掌

① 白庚胜：《东巴神话研究》，社会科学文献出版社1999年版，第89页。

分布于维西，被视为从木里迁入者，其名亦被释为“木里摩挲”。这五个支系统称为“纳”，都认为自己是人类始祖崇仁利恩与衬红褒白的后代。纳西族地区有极为隆重的祭天习俗，俗称“纳西祭天大”，这是纳西族与其他民族相区别的重要标志。而祭天活动则划分为不同的“祭天群”：“铺笃”、“古徐”、“古哉”、“阿余”等。①他们人口多少不一，祭天时间也不同，仪式也有繁简之别，这种杂居在各地的不同名称的祭天群，与古代纳西人的不同氏族或部落有渊源关系。

二、氏族制度

根据永宁纳西族社会的调查资料②，可以了解纳西族早期的氏族制度。

（一）“尔”——氏族

永宁纳西族分属六个大的血缘集团，即西尔、胡尔、牙尔、俄尔、布尔和搓尔。永宁纳西族，有很多古代氏族社会的特点：

1. 同一氏族血缘村落，基本上以母系血缘纽带为基础，保持共同的集体活动，同血统的人有共同的祖先。

2. 保留以村为单位的宗教活动、共同墓地、共同祭祖路线。每个村子，共用一个香炉，每月固定聚集，祭祀山神，祈求五谷丰登、六畜兴旺。永宁纳西族人死了火化后，骨灰袋要放到共同墓地。死者去世后，要请当地达巴开路送魂，同一个“尔”的人都有一条共同的送魂路线。

3. 保留氏族酋长和氏族制度的痕迹。永宁“伙头”，即村寨首领，最早可能是氏族或部落酋长的称号，以后中央王朝推行土司制时，采取羁縻政策，利用原来氏族酋长，“宠之名号”，委派氏族头人担任伙头。

（二）“斯日”——家族

“斯日”是永宁纳西话，有“一根骨头”或“一盘子饭肉”的意思，即用同一盘

---

① 卜金荣主编：《东巴文化要籍及传承概览》，云南民族出版社 1999 年版，第 79 页。

② 参见詹承绪等：《永宁纳西族的阿注婚姻和母系家庭》，云南人民出版社 1986 年版；严汝娴等：《永宁纳西族的母系制》、《云南省宁蒗彝族自治县永宁纳西族社会及其母权制的调查报告》第 2、3 辑，云南人民出版社 1986 年版。

肉祭祖的近亲组织，指同一个“尔”下分裂出来的血缘亲属集团。“斯日”从氏族分裂出来后，自身也不断衍生出新的“斯日”。除了同“尔”一样有共同送魂路线、共同放骨灰袋的墓地、保留着同一血缘集团聚居村落的残余外，在共同经济利益方面，“斯日”比“尔”之间的联系更紧密，具有以下权利义务：

1. 独立的土地所有权。同一个“斯日”共同占有一部分森林和荒地，山上所获猎物盛行平均分配。“斯日”保留着公有土地，类似于“族田”。对于“斯日”公有的土地，即使领地内土地最高所有者——土司，也不能直接过问有关处置事宜。“斯日”具有共同经济生活的遗迹。

2. 内部财产相互继承权和后嗣相互过继权利。“斯日”内部家庭发展不平衡，有的人丁兴旺，有的因病或不育等致使人口较少。尤其是无女性后代时，有两种选择：一种是在同“斯日”内部找女继承人，即抱养女，或者把有子女的成年妇女全部划归该户，目的是使人丁不旺者重新兴旺，过继养女要举行由达巴主持的祭祖仪式，并举行庆祝活动；另一种则是绝户以后，家产由近亲继承。

3. 相互帮助和保护义务。同“斯日”有共同长老，共同举行祭祖活动。“斯日”的内部联系很紧密，互助和相互依赖的观念很强，有共同保护山林、水源的义务。当“斯日”成员受到损失时，实行血亲复仇。某一家庭碰到天灾人祸，也共同周济，共同负担罚款。

（三）地名和村落命名制度

1. 地名法。纳西族地区的地名十分庞杂，其地名命名规则有：（1）因图腾而命名。古代纳西族以虎为图腾，因此，在宁蒗、丽江、维西、中甸等地多有以虎命名的地方，如拉伯、拉罗、拉汝等，“拉”即虎。（2）因史实而命名。如塔城因唐代筑城设铁桥节度使于此而得名。白沙在纳西语中称“伯尸”，意为“伯人葬身之地”，据说是因纳西先民与伯人于此血战，伯人尸横遍野而名。（3）因地理环境而命名。如丽江坝子在纳西语中叫“依古地”，“依”即“水”，“古”即“弯曲”，“地”即地方，因其位于金沙江弯曲部而得名。纳西语称永宁为“昌地”，意为“牧场”。（4）因物产而命名。如西藏盐井叫“侧科”，即“盐洞”，因其地产盐而称。木里为“署罗”，即“铁谷”，因其地产铁而名。（5）因交通要道而命名。如丽江县鸣音乡牛屎渡传说是因木老爷驱牛羊、偕父母在此投牛屎以成渡口而得名。丽江大东乡“波罗”乃是“保路”之意，因其地为交通要道，官府曾派人把守而名。（6）因动植物而命名。如丽江宝山乡“花依”这一地名是由于其地多白鹏鸟而得名。在纳西语中，白鹏鸟叫“花依”。(7) 因所居民族而命名。如丽江县金山乡原有一个“拉麻地”的地名，据称因其最早居住有一种叫“拉麻”的种族而名。又，丽江县鸣音乡在纳西语中称“摆音吾”，摆音吾即“摆夷村”之意，相传最早为摆夷所居之地。①

2. 村落名。纳西语中，村落称“本”或“吾”。纳西族村落多依山傍水，大多按亲族关系聚居，有些村落呈杂姓聚居状态。村落的命名规则有：(1) 以古代的专业分工命名。这源于木氏土司时代对纳西族进行庄园统治，不同的村落根据居住地之自然条件从事不同的生产劳动，提供不同的劳动产品。在丽江、中甸、维西等地，许多村寨便以此命名，如牧耗牛村、种甘蔗村、牧羊村、编竹村、扎帚把村等。(2) 以方位命名。如东村、西村、水头村、甸尾村、关坡村等。(3) 以物产而命名。如松柏村、白麦村、梨村、桃村等。(4) 以地势特征命名。如白石村、黑石村、热水塘村、泥潭村、水头村、火山村等。(5) 因动植物而命名。如虎村、青刺村、乌鸦村、长松村、长草村等。(6) 因某种历史事件而命名。如吾洛科村、吾洛公村因蒙古兵路过此地而名，“吾”指蒙古兵，“洛”是“通过”的意思。(7) 因某种历史名胜命名。如三多阁村因建有三多庙而名，木都村因曾是木氏土司所居之政治中心而名，石鼓村因有明代题诗的石鼓而名。②

纳西族的村落分单姓聚居与杂姓聚居两种形式。第一种形式往往以血缘为纽带，具有较悠久的历史。一般有共同的墓地（火葬场）、存偶洞、祭天场、祭村落神坛。第二种形式虽非单一血缘构成聚居集团，但不同的姓氏之间具有较稳定的姻亲关系。因此，虽然各分墓地、祭天坛等，但村落内部的凝聚力仍然很强。③

在丽江纳西族地区，无论是哪一形式的村落，都拥有共同的山林，并设一山官进行管理，平时不许放火烧荒，不许乱砍滥伐。全村还拥有共同的土地，并分公田、学田两种，它们都租让给他人耕种。公田所收租粮，用于全村的公益性开支，如给山官、水官、苗官支付劳务费，招待行政长官，公共祭祀等。学田收入则用于修缮学校，给先生发薪、资助贫寒或优秀学生等。全村设一积谷公仓，每年秋收之后，各户都要按所耕种土地之面积抽出一部分粮食存于公仓之内，起到互相调剂、防范饥荒的作用。全村共设的水官，负责冬灌、春灌、修理水渠，苗官则负责巡视苗情，对损坏

①② 白庚胜：《纳西族风俗志》，中央民族大学出版社 2001 年版，第 67、68 页。
③ 詹承绪等：《永宁纳西族的阿注婚姻和母系家庭》，云南人民出版社 1986 年版，第 101 页。

庄稼的畜主进行罚款。如遇旱涝之年或遇病疫流行，要举行全村性的祭龙或消灾道场。①

从以上地名和村落命名法则以及基本规律，可见纳西族早期社会共同体的基本形态及其历史条件。血缘亲族是早期村落政治共同体联盟的核心要素。

3. 家名法。纳西族家庭都有自己的名字。家名的命名规则一般有：根据始祖名字命名，如“萨布萨美肯”的家名，取自这一家的始祖名字；根据家屋所处之方位而名，如家名为“水沟尾”，因其居住于水沟之尾而名；根据原居住地命名，如“洛吉”家名就是因为他们家迁自洛吉；根据三四代祖先的职业、职务、生理特点等命名，如“木瓜劳冷普”这个家名，便是因其祖上为“木瓜”（兵长）而名；以原民族成分而命名，如“巴阿”这个家名，因其祖先为普米人（巴）而名。② 东巴文化对家庭的重视，除了命名规则的讲究外，也可以从祭祖等仪式活动上得知。东巴教宣扬灵魂不灭的思想，认为人死后灵魂还存在。死于非命者会变成鬼，使家庭和六畜不安，需要祭风超度，而正常死亡的族中家中长者就以祖先对待。认为人死后，其灵魂也如生前一样要穿衣、吃饭和跟祖先团聚，因此就要送魂开路，送到老祖先居住的地方。在家中则要置神位和立祖先牌位祭祀。纳西的崇拜祖先和祭祖活动相当频繁。平时一日三餐要敬献食品，早晚要进香；小孩满月命名、订亲、嫁女、结婚、开丧及一般节日要祭祖先；同时还有专门的祭祖节日。③

（四）命名方面的习惯法

1. 婴儿命名的习惯法。纳西族社会，孩子出生后的第三天，要由东巴为其命名。这种命名主要根据母亲的年龄、属相以及婴儿出生时在巴格图的方位。就方位而言，位于巴格图东南方的叫独基、果拉、果塔、底下；处于南方的叫英之他、英之采尔；处于西南的叫古马他、古马拉、古马采尔、古马拉若；处于西方的叫甲若、甲他、甲拉、甲木、阿者耐、甲阿、甲阿采尔；处于西北的叫生根若、生根他、生根独基；处于北方的叫米牙、旁布、梭龙、米牙若、米牙采尔、旁布采尔；处于东北的叫格吐、格若、格拉、格吐若。女子的情况如次：处于东方的叫巴米、巴黑、巴若；处于东南

---

① 詹承绪等：《永宁纳西族的阿注婚姻和母系家庭》，云南人民出版社 1986 年版，第 138 页。

② 严汝娴等：《永宁纳西族的母系制》、《云南省宁蒗彝族自治县永宁纳西族社会及其母权制的调查报告》第 2、3 辑，云南人民出版社 1986 年版。

③ 白庚胜：《纳西族风俗志》，中央民族大学出版社 2001 年版，第 83 页。

的叫果甲、果米、果他母、衣下米；处于南方的叫英之米、英之黑；处于西南的叫古马、古马米、古马他母；处于西方的叫甲阿直马、甲阿浦池；处于西北方的叫生根类；处于北方的叫梭那、梭那直马；处于东北方的叫巴支、格吐、格吐米。①

巴格图中只有八个方位，所起之名数量有限，解决重名的方法就是在本人的名字前加上家名、父母名、村落名、地方名进行区别。丽江、中甸、维西、永胜等地的纳西族，也通行这种基本命名法。②

婴儿命名法的讲究和严格要求，其实也可以回归祖宗意识的规范功能上，“祖”与“宗”原本是祭祀的名词，祖宗意识的本质是宗族文化血统的符号标志，是一组以血缘共同体的仪式记忆和认同象征。任何一个社会共同体的成立，其内部凝聚的向心力是最为基本的条件。内部凝聚力是社会共同体存在、团结发展的结果，其基础来自社会成员在观念和组织方面的认同，即承认氏族理念预设与人际模型的正当性。③ 种族的扩大、繁衍意味着对土地资源和其他生产资料所有权这种权能的扩大，和种族的兴盛直接相关。作为新生个体的婴儿，强调其名字与祖先的关联，可以归结为对祖先血脉所释放出的力量、智慧的保持与延续。祖先意识是共同体起源和发展的精神隐喻，是对种族生命力的信仰，是对生的情感颂扬，婴儿命名法的要求中体现出来的对祖先的崇拜意识，也表征了对族群发展的精神祈望。

2. 父子连名的习惯法。父子连名一般指父系制时代父名与子名相连的命名制度。父子连名主要采用以下几种方式：(1) 正推顺连法。父名在前，子名在后，以父名最末的一个或两个音节冠于子名之前，子名的最末一个或两个音节又冠于孙名之前，如此世代相连，犹如链条一环扣一环。(2) 逆推反连法。子名在前，父名在后，以父名的一个或两个音节置于子名之后。(3) 冠姓连名法，即在名字之前或名字之后加上姓氏。古代纳西族实行父子连名，即在父名的最后一个或数个音节后加上儿子的名字作为儿子的全名，并传续成谱，构成了一个系统。如东巴经《创世纪》中人类祖先草羡里为为（崇仁利恩）的父子连名世系为“……海失海羡、海羡刺羡、刺羡天羡、大羡初初、初初初余、初余从交、从交交羡、交羡比羡、比羡草羡、草羡里为为”。在一些山区，至今仍残留有这种命名遗风。

这种制度产生的直接原因，一是在母系转入父系以后，世系由按母系计算改为按

①② 白庚胜：《纳西族风俗志》，中央民族大学出版社 2001 年版，第 88、89 页。

③ 姜广辉：《论中国文化基因的形成——前轴心时代的史影与传统》，《国际儒学研究》2003 年第 6 辑。

父系计算，在此情况下，采用父子连名方式，才可以确保父系血统按直系血亲承递，并可区分出直系血亲与非直系的远亲。“以祖名末一字父名末一字，加一字为名遞承而下，以志亲疏。”① 二是私有财产出现后，男子为使父系直系亲属特别是直系子孙享有财产继承权，父子连名制也就随之出现。②

一般而言，实行父子连名的继承关系法律意义在于，男子从结婚和连父名之后，他便可以享有父母的一定的财产继承权，并承担起承递世系的任务了。只有直系亲属后代才能享有财产的继承权利。由于群婚制的影响，男女婚前性生活较为自由，因而长子不一定是婚生子，为了保持父系的直系血亲的继承权，从而确定了幼子的主要财产继承权。一般的情况是，长子婚后即与父母分居，并分到少量的财产；父母死后所遗土地、牲畜、房屋主要归幼子继承。如年老夫妇无子，死后所遗财产根据谱系由家族中最亲近的一支继承，因此谱系是直接表达世系承递和财产继承权利两者的标志。随着个体家庭的分裂和家族血缘纽带的松弛，这种根据血统继承关系所形成的父子连名制也逐渐减少甚至消失。③

父子连名习惯法体现了纳西族祖先崇拜的文化内涵、家族间的认同感、社会文化的整合功能和互助协作等伦理价值取向。

3．东巴师徒连名法。东巴意为“智者”，是纳西族原始宗教中的经师或祭司。他们掌握古老的纳西象形文字，熟悉东巴经书，能歌善舞，擅长绘画、纺织、制作泥塑木雕，善于占卜，主持各种宗教仪式，并墨守成规。东巴教有其原始主丁巴什罗，但无寺庙，东巴不出家，他们之间没有等级区分，只有知识多寡、技艺高低和传延代数之多少及声誉大小之别。大凡民间起房盖屋、生老病死、婚丧嫁娶、逢年过节，即受邀主持各种仪式，收取相应报酬，平时在家从事农牧劳动。东巴师徒连名是父子连名的一种变体。由于东巴大都在家庭内部传承，父业子继，因此，在大多数场合，父子连名与东巴师徒连名是一致的。但东巴教中也有投师学习，即因祖上本无东巴而拜著名大东巴为师学习的情况。一旦拜师为徒，弟子就要取一个法名，这个法名前半部分为经师名，后半部分为徒弟自己的名字。人们往往可以通过这些名字判断东巴教教派

① 余庆远：《维西闻见录》。

② 徐漫：《凉山彝族习惯法的现代价值》，《西南民族学院学报》1997 年第 5 期。

③ 街顺宝：《龙跃在渊——父子连名谱系潜藏的缅彝民族关系》，云南大学西南边疆少数民族研究中心网站 2008 年 4 月 25 日。

的继承关系。① 宗教组织一般为晚上传授，不影响生产，也不收“学费”，更无宗教学校。与其他宗教不同，东巴教没有宗教职业者。东巴一般是头脑机敏、多才多艺的人，由于走村串寨，社会经验丰富，在边远山村他们是学识最渊博的人，也是才华出众的民间艺人。②

三、军事制度

历史上，纳西族地区实行一种叫“木瓜”的军事制度。“木瓜”之意为“兵长”。其实应该称此为“聚则为兵、散则为民”的军政组织。这种制度的垂直系统为：土司之下设“大把事”(总司令)，大把事下设“木瓜”(将军)，木瓜之下设“瓜阿”(师、团长)，瓜阿之下设本孙（营、连长)，“本”即“村”，“孙”即“官”。因此，木瓜制度是以村落为基本单位的。③

据历史资料可知，明清时代纳西族地区所设“木瓜”有以下几处：(1)“效地木瓜”，设于今丽江坝黄山乡东干河附近；(2)“石鼓木瓜”，设于今丽江县石鼓镇；(3)“金庄木瓜”，设于今丽江县金庄乡，此地至今有一个村落称“木瓜寨”；(4)“维西木瓜”，设于今维西县境内；(5)“俄亚木瓜”，设于今四川省木里县俄亚乡；(6)“永宁木瓜”，设于今宁蒗县永宁乡。④

在封建土司统治期间，纳西族土司也有自己的军事组织。军事组织分为两个部分：一是保护土司衙门和土司安全的卫兵，由土司抽调俄等级中身强力壮的青年担任，后由于土司大权旁落于总管之手，总管也拥有多于土司的卫兵。二是维护封建制度的地方武装，这种武装称为团兵，由各伙头管理区抽调责卡等级的青壮年男子组成，故又称为“责卡莫”，团兵的任务是维护地方秩序。

木里土司在纳西族聚居的俄亚大村设“木官”(纳西语称“木瓜”)之职，世代相传，相当于“店班”(汉区保长)。但因地处与云南接壤的边缘地区，具有一定的势力，故授“姑擦”(土司代理人)等级，有权处理辖区内的一切行政事务。⑤

---

①② 严汝娴等：《永宁纳西族的母系制》、《云南省宁蒗彝族自治县永宁纳西族社会及其母权制的调查报告》第2辑，云南人民出版社1986年版。

③ 严汝娴等：《永宁纳西族的母系制》、《云南省宁蒗彝族自治县永宁纳西族社会及其母权制的调查报告》第3辑，云南人民出版社1986年版。

④ 白庚胜：《纳西族风俗志》，中央民族大学出版社2001年版，第134页。

⑤ 《木里藏族自治县概况》，四川民族出版社1985年版，第99页。

木瓜受木里土司委任为俄亚地区的统治者，木瓜之下有甲布、麦色、扼所、白瓜（以上相当于村长）、马车（带兵官）等大小官员。木瓜下辖百姓以纳西族为主，这些百姓每年要给土司衙门服各种兵役和沉重的劳役，交纳赋粮、金粮、铁粮及其他苛捐杂税，过年要给土司和木瓜送礼。百姓中土差户，可免去粮赋及其他苛派，但要为土司和木瓜催派差粮、传令，是他们的侍从。佃客以汉族为主，不给木里土司上粮服差役，只向佃主交地租和服无偿劳役。木瓜还有私人奴隶30—40人，为木瓜服家务杂役，在高山耗牛场放牧，在庄园内从事生产。木瓜每年向木里藏族土司送拜年礼，有金银、猪羊等。

四、土司制度

（一）土司制度的发展概况

根据史料记载，永宁土司始祖泥月乌，本是么些族土酋，为人智谋超众，英勇过人，率众与强悍的吐蕃战斗，将吐蕃逐出境外，不敢再来挑衅。从此，泥月乌有了其管辖的土地，开始统治当地民众，并世袭其官。他的子孙，也永受世禄，据地袭官。自唐武德至元初，泥月乌的子孙，已传至三十一世。

元世祖忽必烈南征大理，跨革囊渡金沙江，曾取道丽江。土酋阿琼阿良被授职为“茶罕章管民官”。元以丽江为根据地，统一了大理。明洪武十四年（1381）南征中，丽江土酋阿甲阿得率众归附，获有军功，钦赐“木”姓，明帝嘉其伟绩，任丽江府世袭土官知府，以绥金沙江边防。从此，丽江的政治、经济、文化、宗教各方面更加发展。明代的丽江，处于所谓“六公”的黄金时代。由于土司木氏势力鼎盛，大量驻兵移民，纳西族有机会接受其他民族的先进文化和生产技术。木氏统治下，改良农作，兴修水利，开发矿山，建立庄园，充实木氏库藏。木氏为了加强自己的统治，一面倚奉皇朝，一面利用姻亲关系，拉拢云南各家土司、土酋。还利用各种宗教，笼络民心，制造舆论。不但竭力扶植当地的东巴教，把东巴经书中的神话人物认作自己的祖先；同时，到处物色各类名师、匠才。

明代丽江木氏土司，利用了丽江地区多民族的复杂关系和处于汉、藏两大民族之间的举足轻重的特殊地位，得到了明朝皇帝的支持与重视，成为明朝在滇西北的一根支柱，从而巩固和扩大了自己的统治，其势力曾达到今四川大渡河以南一带。

纳西族的土司制开始于元朝，到清雍正二年（1724）间，丽江地区已实现改土归流，但在宁蒗、盐源、木里等地仍然保持着土司制度。这些土司的前身当是“部落林立”、“互不统摄”时代的酋长、首领。较著名的纳西族土司有：丽江木氏土司、浪渠阿氏土司、永宁阿氏土司、叶枝王氏土司、四川左所土司、右所土司、中所土司、前所土司、后所土司等。一般讲，土司设有衙门、总管衙门、监牢等机构，在土司之下设总管、把事，或叫总把、头人、乡约、火头等。余庆远《维西见闻记》记述：“二三百户，或百余户，或数户一头目，建设时，地大户繁者为土千总、把总，为头人。次为乡约，次为火头，皆各子其民，子继弟及，世守莫易。”土司实行世袭制，长子继承土司，次子任总管、堪布等职，对本民族由土司—总管—把事（把总）—小官（百姓）—伙头（村甲）等一套组织统治，对迁入的汉族等按户口编有千长—客长—排首等一套统治组织。

永宁土司实行父死子袭，兄亡弟继，内坝区各地由土司亲属斯沛统治，外山区由伙头统治，大村寨设一总伙头，共有 27 个总伙头，下管 360 个小村寨的小伙头。土司衙门内亦有一套组织：总管 1 人，总管衙门事务；把事 2 人，协助总管办理事务。①

中甸土官中纳西族土官主要分布在沿金沙江一线，清代设土千总，下辖上江、下江、三坝，各设土把总一员。中甸土官有自己的特点，据民国《中甸县志》记载，“各级土司，自来均系承袭而非世袭，故有不称职者，地方官得随时撤换，但须本夷众悦服之旨而拣选拔补之，不能任意进退。因每补一土司，必据该管老民之联名保察，始能取得僧民之信仰，否则一般老民可以提出否认，所以中甸土司，向例均称为土官”②。土官的职责是“收解田赋，清查户口，剿匪捕盗，造桥修路以及一切行政事业”③。民国年间，因江边境（第三乡）“汉人多，于土司外，另设区乡阁邻各级自治职员，然土司权责依然存在，不过由县府随时支配，责令分头办理，以资调剂而已”④。

（二）土司官职及职权⑤

土司官制，采取世袭传统，父死子袭，兄亡弟继，世世相传。土司知府署内，设

① 《纳西族社会历史调查》（二），云南人民出版社 1986 年版，第 163 页。
② 中甸县志办：《中甸县志》1991 年印本，段绶滋纂修，和泰华、段志诚标点、校注。
③ 余庆远：《维西见闻记》。
④ 《纳西族社会历史调查》（一）。
⑤ 以永宁地区的调查材料为依据。见《永宁纳西族》，第 280 页。

有总管、把事、秘书、舍目、官人，总伙头和小伙头若干。总管处理土司衙门的事务，把事协助总管办理事务，秘书办理日行公事。

土司知府的舍目由土司的兄弟或叔辈担任，治理地方。官人是各部落的首领。总伙头是各个部落的执行公务人员，指挥若干小伙头，征收田赋，分配差役。大村子设一个官人和一个总伙头，小村寨设一个小伙头。土司知府署内的一切法令，由总管、把事、舍目分别制定，颁发给各个部落的官人、伙头，分别办理。按照传统规矩，长子世袭土司职位，掌握政治大权；次子世袭喇嘛寺堪布，掌握宗教大权，凡喇嘛寺中之大小事宜，由堪布执行处理。兄掌政权、弟掌教权的土司制度，实行政教合一的统治。

土司官制的最高权力机关为土司知府，土司之下设总管一名、把事数名。总管管理土司辖区一切大小事务，掌握政治、军事、法令等大权。把事又称副总管，协助总管办理各项事务，把事之下设有数名专司公件文牍的文书（司爷），聘请有文化的汉人担任。在土司署内，还专门设有管理庄园生产的官人、管理生活事务的管家。

在土司管辖的基层地区，实行伙头制，伙头被称为“拉梅”。根据地区的不同，在管理上有所差异。土司对中心区和边缘区采取层层统治的办法，越往后控制越严。盆地中心区的统治系统是：土司—总管—把事—总伙头—伙头；在边缘地区的统治系统是：土司—总管—把事—管人—总伙头—伙头—哈基。

这些职务中，伙头为世袭制。在无男子的情况下，女子也可担任。伙头一般为责卡。伙头的职责是调解纠纷，代土司催收钱粮杂派和其他派款等。凡担任伙头的人家，领有土司给予的“伙头地”，作为报酬。在催收各项杂派时，他们还可加码增派，从中获得私利。在调解纠纷时，可接受贿赂，或勒索钱财。他们不服劳役，不交杂派，只是在封建土司有婚丧事、小孩穿裤子穿裙子和过年时，向土司送一定数量的礼物。

总伙头由于是后来增设的，担任总伙头的人，多为责卡中的富裕人户，或比较能干的男子。此职由土司委派，随时可以撤换。委派时由土司发给木刻，作为凭据，卸职时交回。总伙头的职责与伙头相同，权力比伙头大，可以指示伙头工作。总伙头无固定薪俸，主要靠征派各种杂派时向群众敲诈勒索。

管人的权力较大。土司设置管人的目的，一方面是为了加强对外责卡的控制，另一方面是让自己的近亲和下属有一个可供盘剥的区域。管人全部居于盆地，大部分是当权的司沛和头人，或是土司的近亲，其中少数的责卡和俄，也是土司的忠实手下。管人的职责主要是征收钱粮，征派一切贡物杂派，并有权审理辖区案件，仲裁群众纠纷。这些地区的伙头和总伙头，在发生事情时必须先报请管人，然后上报土司，一般不能超越管人而直接与土司发生关系。官人虽无固定报酬，但剥削收入很多。土司特许管人在辖区内可以任意征派实物和杂款，作为己有，并规定辖区群众要向管人交纳一定的粮食和实物。管人的管辖区，具有土司分封领地的性质，管人可以在辖区内通过典押和直接霸占的手段，集中大量土地。土司还相对减少这些辖区的征派，以便管人有更多的收入。管人对土司的负担比伙头和总伙头重，每逢土司家婚丧、小孩穿裤子穿裙子时，正官必须送一匹马，副官送半匹马；正官轮流承担土司署每年举办的"直马补底会"和"哑吧会"的开支。

土司对外来其他民族（主要是汉、壮、傈僳、苗族），采取与纳西、普米分而治之的办法。在外来民族比较集中的地区，委任该民族中有财势有影响的人做"客长"（相当于总伙头），其下再由客长委派"排首"（相当于小伙头）。盆地中心地区共设客长两人，一人管理皮匹街外族手工匠人和商贩，一人管理盆地所有的外族佃户。边缘地区凡有外族居住的村落，都有客长和排首设置。盆地的客长直接对土司负责，边缘区的客长有事还须通过辖区的管人。伙头制度一贯被土司采用。分而治之是一种很古老但很实用的策略，或者说战略，即将一个较大或可能联合为较大的力量打碎分成小的力量，这样每个小的力量都不足以形成对抗的力量。从社会分工角度看，分而治之也是为了协调社会的正常运转。分而治之的目的除了划分等级、区别管理外，往往也有阻止小力量联合起来的意愿。

（三）土司维护等级的习惯法

在对永宁拉伯乡调查①中发现，土司有一套关于土地、畜牧、渔业和习俗等方面的法律，总的看来应属于习惯法。

土地法是土司法的基本内容。在土司辖区内，土司是土地所有者，归农民或者农奴占有的土地虽可以租佃和抵押，但禁止买卖，死绝户的土地由土司收回。山场分为牧场、柴山、神山三种。牧场分给土司及各斯沛、总管作为牦牛场；柴山按纳西彝和普米等族划分，如越界砍柴，则罚酒、羊、茶若干；神山指有"山神"存在的山林，禁止到该地砍柴火烧山等，犯禁者，轻则罚款，重则降低等级。采集作为纺织原料的火草，要等土司采过三天后才能入山采集，珍贵山货要归土司，违者处分。

---

① 云南省历史研究所等 1978 年编印，《永宁纳西族社会历史调查》。

禁止百姓盖瓦房，禁服黄、紫红、灰色和缎子的衣服，禁穿有衣领的上衣，禁戴金戒指或耳环，见到土司必回避、让路或磕头，禁止种稻，禁出远门，等等。①

左所土司制度与永宁差不多，统治机构组织是土司、总管、头人和大小伙头，并与宗教系统堪布、“拉查”密切结合，后两者多数由土司的亲属和大小伙头担任。

在土司制度下实行严格的封建等级制度：

1. 土司由长子继承，无子则由弟袭职，无子无弟则由土司妻承袭，称“护理”。若“护理”年轻，可从土司亲属中招人上门，与“护理”所生子可承袭土司。土司一般实行本族内等级婚制。

2. 总管一般由土司之弟或有才干的亲属充任，由土司与众头人协商后选定。俗语说，土司是全权，总管是半权。如遇土司软弱无能，总管就可能独揽大权。

3. 头人分散在各村寨，一村有几个头人就轮流当班。中头人到土司衙门值班，负责经济和司法；“管人”由每村头人产生，负责管理村中事务；“修柏”专门负责管理土司衙门监狱。头人由土司拨给土地，但不上粮，他为土司收粮时，可另收十分之一“刮斗费”，办案中可分一部分罚款。

4. “责卡”即土司的百姓。百姓地位是不变的，既不能上升为头人，也不能下降为家奴，在土司境内可自由迁移，但不能迁出境外。每个村子各有大小伙头一人。大伙头的职责是调解本村纠纷，接受土司指派任务。他的土地不上粮，百姓酿酒杀牲时要给他敬酒送肉。小伙头的职责是跑路找人、催粮收粮。

5. “苦恨”即家奴。大都住在土司衙门附近，均各自有家。家奴从土司家领种“火其地”（意为吃稀饭的地），不上租，家奴负担土司家内劳动，各户职责相应固定；此外，每户要派一人为土司采集火草和绩麻纺线一个月；土司家红白喜事也要家奴服役。家奴世代相传，不能上升为百姓，也无迁移自由，土司也不能随意屠杀和出卖家奴，家奴与百姓争执，土司一般偏护家奴。土司女儿外嫁，一般要抽家奴两男两女陪嫁。

6. 佃客。居住在土司境内的汉、彝、苗等族居民称为佃客。有一部分是土司招来种地的，租种土地时要向土司、头人付出相当数量的“押银”。佃客可自由迁出迁进。佃客上租时，另加十分之一给小头人。土司家红白喜事佃客要送礼。

按照土司习惯法规定，各等级之间还有一些行为规范。如家奴不能戴金边帽和毛质头帕，不能穿细麻布、棉布和绸缎做的衣服，不能用帕子包头，不能用花丝线和花

---

① 参见《永宁见闻》，载《宁蒗县纳西族社会及家庭形态调查》（一）。

绒线扎头发，不能用毡垫，不能住瓦房，不能穿有领长袖衣服，见土司不能穿鞋。百姓骑马不能挂铃铛，过土司门前要下马等。

土司还有一整套刑罚、刑具和监狱。对百姓来说，打官司也是不容易的。光绪《盐源县志》称："夷民构讼，土官各令出牛羊若干，然后审理，负者再输钱，否则系以铁锁，轻者三十六斤，重者八十斤云。"百姓聚讼到土司门前，要戴三十六至八十斤重的铁锁，牛羊输尽又输钱。这也体现了在诉权分配上的不平等和诉权阶位上的非对称性。

（四）国家对明代木氏土司的管理——以合同约定职权义务

嘉庆十四年（1809）的《两盛会勘夷情录》中的两份合同，记录了国家为了明确对纳西族地区的管理，以合约形式，对当地土司的职责做了明确约定。

合同（一）

立合同地方剌马仁，系四川盐井卫左所土官千户，嘉靖七年内，有云南丽、永二府土官舍木公、阿和与本所互相奏计，节经二省委官抚勘未结，至今嘉靖十四年正月，内蒙二省三司各道公同先后各该委官亲临地方，蒙将各奏村寨分断明白，各家情愿退领管业，不致异词，除将分拨村寨并各项事情开列于后。各家自今已往，永远不许争竞及互相仇杀，倘有不行遵守，听守法之家将此合同告官，查照断拨项下，治以重罪，仍罚白米五千石，运赴口外边仓上纳。恐后无凭，立此合同为照。

一、答笠寨，左所退还永宁府管业，该府情愿出房价白犊七百只与盐井卫左所剌马仁收领。

一、纳古鲁村，照案断给永宁府管业，于本川内挨仆剌山根下，永宁府让路一条，横阔二丈，自鲁普瓦村起，直抵你卜歌山丫口，以通左、前二所往来前所村寨。

一、鲁普瓦村与仆剌山相连，今断与左所剌马仁管业；六瓦水寨，原在沪沽湖中，但与左所村寨相连，今断与剌马非管业。

一、列乌水寨，原在沪沽湖中，该永宁府管业。但先年剌马非曾盖寨房在上，今断还永宁府，仍令该府出备白犊六十只给利马非收领，以作先年房价。

一、比吕吕寨，原系永宁府地方，先被剌马仁占修，嘉靖二年委官断折，不许修立。后该府又复修寨，今查照原案令拆毁，不许重修。

一、鲁枯舍可新寨一村，查照先年卷案，断给永宁府管业。二家相连田地，彼此各有相掺，俱照旧耕种管业。

一、鲁枯水寨，勒革水寨，比衣上下二村、落书村，落水村、卜乌瓦寨、的约村、节波上下三村、呼节村，俱照原案听从永宁府照旧管业。

一、厄则村、答直水寨、哭卢村，俱系剌马仁原占，断今退还永宁府管业。断退之后，限五日内左所剌马仁，即将守村人役掣回，听从永宁府阿和令人住守。如违，问拟恃强变乱成法，肖弓夺官职重罪。

一、香罗长官司管下木里瓦寨、婆罗瓦寨、革普瓦寨、子卜村、瓦祖瓦寨、古剥寨、西沙瓦寨、答节瓦寨、舍笔瓦寨、窝登村、厄马都村；瓦鲁之长官司管下卜兀瓦寨、的约村、舍瓦村、那剌寨、剌普村、标标村、都密村、剌剌村、剌卜舍瓦村、多力村、伯伯村、察部不借村；剌次和长官司管下贾切村、杜墨村、捏瓦村、六捏村、矣楼村、波罗村、哑节村、章厄村、歇厄村、只罗村、岂卜寨，以上三十四村寨，杨贤执称左所剌马仁占，白儿剌执称无占，责令白儿剌写立不致暗占结状。

一、剌马仁妻阿氏，先于嘉靖十三年四月内，永宁府送还剌马仁完聚。

一、剌马仁男剌马恩、女阿些于嘉靖十四年正月初二日，该云南分守兵备道行令永宁府追出，关送四川建昌兵备道转给剌马仁收领明白。

一、木公、阿和、利马仁等各奏杀人命，仍查照嘉靖十三年六月内各家和讲合同内各执对勿论外。

计错落七字，又涂三字，俱用印钤盖，余外并无洗补。嘉靖十四年正月十六日立合同，土官正千户剌马仁画同，应袭男剌马恩画，把事白儿剌画，八剌麻佐画，王竹佐画、白友义画，几各拍画，干剌初画，补卜窝画，哈思白佐画，屋华画，代书把事白友义亲笔，合同为照。

右给付永宁府土舍阿和收照。

建昌兵备道用印八颗半。

澜沧兵备道用印半颗。

合同（二）

立合同地方官舍阿查同男阿他，系四川行都司盐井卫前所土官舍，嘉靖七年内，有云南土舍阿和互相奏计，节经二省委官抚勘未结，至嘉靖十四年正月内，蒙二省三司各道公同先后各该委官亲临地方，将各奏村寨分断明白……。

一、好足瓦寨、克可村、阿汝能村，以上三村寨，审系永宁府占，今断退还前所阿查管业。断退之后，限五日内永宁府即将原守寨人役掣回，听从前所阿查令人住守。如违，问拟恃强变乱，肖弓夺官职、重罪。

一、我答村……以上八村寨，阿查执称永宁府占，杨贤执称无占，责令杨贤写立不致暗占结状。

一、摆安村……以上二十四村寨，阿查执称丽江府占，阿和执称无占，责令阿和写立不致暗占结状。

一、麦得村……以上七村寨，阿查执称剌马仁占，白儿剌执称系剌马仁管下西番占，今责令剌马仁令西番退还阿查管业。

一、窝尾村、亮答村、答洼村，以上三村寨，阿查见管。

一、八瓦寨，原系前所地方，丽、永二府不该平毁。又于邻近一山起立波儿瓦寨，但前寨系荒山，既已建立成工，难以拆毁，今断令丽、永二府出备原平毁八瓦寨房工价白犊一百二十只，给发阿查收领，听从修盖八瓦寨。其八瓦寨原管地土，至波儿瓦寨山脚下，原管地土，俱听阿查照界管业，永宁府不得越界侵占。经断之后，如二府指以村寨相近，恃强侵夺，穿寨出入，查照变乱成法。削夺官职事例重治及差官，就将波儿瓦寨通行拆毁。

一、窝石寨、独立麻寨，原系各家经行香罗等处路口，先经委官断令拆却，不许重修，今永宁府仍复建立，查照原案断令拆毁，以通各家往来。

一、原奏内羁留阿查，先于嘉靖十一年十一月内，该委官都指挥李，差人于阿牛寨拘回该卫，听候。

一、阿查妻木氏，先该四川建昌兵备道议，将木氏另行改嫁，行令盐井卫另选婚配。今审阿查，愿与木氏完娶，断令丽、永二府，将木氏并女阿眉，送与阿查，照旧完娶。

一、永宁府管下村寨一百三十一处：六得寨……

一、盐井卫左所土官剌马仁管下村寨五十三处：著罗地……

一、盐井卫前所土官阿查管下村寨四十七处：阿牛寨……①

以合约形式明确地方土司的职责和权利义务，并对违背职责者处以相应刑罚，体现了明代对边疆民族地区进行治理的政策和法律原则。

① 转引自郭大烈、和志武：《纳西族史》，四川民族出版社1999年版，第303、307页。

五、社会等级制度

（一）农奴社会

封建农奴制下，木官为世袭职，受土司委任为某个地区的统治者。木官之下有甲布、麦色、扼所、白瓜（以上相当于村长）、马本（带兵官）等官职，这些人也受土司的委任。百姓、佃客、奴隶是被统治者，百姓每年要给土司衙门负各种兵役、劳役、赋粮、金粮、铁粮及其他苛捐杂税，过年要给官人和木官送礼。

百姓中有土差人户，土差为官人或木官催派各差粮、传令，并为他们待从。土差可以免去粮赋及其他苛派。佃客只向佃主交地租和无偿劳役而不给木里上粮服差役。除很重的地租量外，要服无偿劳役，如耕地、下种、收割、背柴等，每户经常有一个劳动力，自带口粮、工具，一整天为其佃主劳动，同时在逢年过节和佃主家里有婚丧等事要送礼，在庄稼成熟时也得送新。

奴隶则是木官私人的财富，他们没有土地和人身权利，整日为木官劳动，服家务杂役、砍柴、背水、放牧，或终年住守木官的庄房内从事农业生产劳动。奴隶生活在最底层，经常有遭毒打或任意杀害的危险。

奴隶的来源，主要是因欠租、欠债或负担不起各类差役而倾家荡产，被统治者强行降为奴隶的。无论百姓、佃客、奴隶都是土司的隶民，要为土司提供无偿劳役，甚至还要服兵役。土司、大喇嘛及活佛到西藏朝山拜佛，还要向所属隶民派旅费。土司上任时，有红照百姓和隶民，须换一次红照，在换红照的同时，要送给土司金、银、布帛等物。

土司发出的红照有四种：一种是委官的，一种是准许隶民占有佃客的，一种是准许隶民占有较多土地用来出租的，一种是规定某隶户服劳役的范围。

百姓、佃客向木官、官人交纳地租，送拜年礼、婚丧嫁娶礼，提供无偿劳役等。木官每年也要向木里藏族土司送拜年礼，形成层级式的剥削。木官和土司除了对百姓和佃客进行剥削外，还组织军队和持有法权来维护统治，对于百姓和佃客可以任意实施毒打、捆吊或关禁在牲口圈内。①

① 云南省历史研究所等 1978 年编印：《永宁纳西族社会历史调查》（二）（三）。

永宁土司实行政教合一，寺庙除有宗教领袖活佛之外，由最高行政领导堪布掌握实权，其职由土司的兄弟承袭。堪布在寺庙设有衙门，可以审理案件，以至逮捕、关押、吊打群众。

寺庙有很多土地山林，向农民收租放债，摊派各种宗教负担和劳役，还有少数奴婢供上层喇嘛驱使，因此喇嘛寺的上层当权者，是当地的封建大领主之一。

当地平民凡有两个儿子必须有一人当喇嘛，致使永宁的喇嘛人数约占成年男子的四分之一。喇嘛平时在家设经堂念经，有重大宗教活动才回寺中，其生活全由家庭负担，成为社会生产的严重负担。

（二）地主经济时期

在地主经济时期，纳西族社会存在司沛、责卡和俄三个等级。①

司沛等级是以土司为首的贵族集团。司沛即“官家”之意。构成此一等级的，有土司和土司家族分离出来的各个家庭，以及喇嘛寺的上层分子。他们多数占有大量土地和其他生产资料，拥有数量不等的俄等级人户，土司政权中的高级官员，也多由这个等级的人充任。司沛等级是土司政权的有力支柱，他们当中大部分是永宁的当权统治者、大封建主。

土司为了显示司沛等级的“高贵”，树立其家族的威风，在政治、经济方面，赋予司沛等级特权，规定司沛等级不服劳役，不纳税粮，委任他们各种官职，划给一定的剥削范围，即使是身无一官半职、经济上贫困的司沛，其他等级也应尊称为“阿沛”；他们有权审理案件，调解纠纷，吊打群众，享受若干特权。在封建土司的维护下，司沛等级是纳西族社会的特权阶层。

第二个等级为责卡，即百姓。在土司辖区内，根据其居住地距离土司署的远近、负担状况的不同，又分为内责卡和外责卡。居住在盆地中心的称为内责卡，一部分以负担劳役为主。居住在边缘地区的称外责卡，以交纳实物贡赋为主。内责卡又可分为服“厄鲁”地劳役与不服役两类。服“厄鲁”地劳役的责卡一般以其服役天数的多少划为黑、花、白三种，服役最多的称黑责卡，服役最少的称白责卡。其余不服“厄鲁”地劳役的人户，泛称为责卡，或一般责卡。

在基本权利方面，责卡等级占有数目不等的份地，有独立的经济和人身自由，可

① 云南省历史研究所等1978年编印：《永宁纳西族社会历史调查》（二）（三）。

以自由处理自己的财产和婚姻，可以担任封建土司政权的官人。

在义务方面，责卡不能迁出土司辖区，不能建盖瓦屋（个别头人除外），不能穿金边、绸缎以及红、黄色衣服，遇见土司和司沛必须低头侍立，路过土司衙门必须脱帽、不能喧哗等。当责卡绝嗣以后，土司有权收回封建份地，没收其财产，其亲属不得继承。

在封建义务方面，责卡对土司承担的责任有如下几类：

第一，与封建份地相联的负担有钱粮、劳役。

第二，按门户摊派的负担有实物、畜役、人役、兵役、杂派等。按门户摊派的负担，除较穷的“报庐”人户外，其余家庭必须交纳。

第三，其他剥削，如“占占泼”，即在一定时期交纳猪一头；“松都会”，即土司署每年二月份举办“松都会”时每户交纳的粮食和各项实物开支。

第三个等级为俄，即俾子。他们隶属于土司、喇嘛寺和司沛等级。土司根据俄所服劳役的不同，给予不同的名称。专服田间劳役、做“库鲁”地的一部分，称“比俄”，意为“外面的俄”、“做地里活路的人”。做家务劳动和专门守门等的一部分，统称为“库俄”，意为“内面的俄”、“换班做活路的人”。在“库俄”中，土司的卫兵和专门做服侍工作的男子，称为“司鲁”，意为“专门被用使嘴的人”；“比俄”和“库俄”中的女子，称为“甲咪”，意为“女俄”，服田间劳役的称“外甲咪”，服家内劳役的称“内甲咪”。土司和总管可以任意调换俄的工作项目。

俄等级承担的义务，主要是以家庭为单位，对主子服役。以每个家庭服役人数的多少，可分为两类：一种是在一个家庭内，只有男子或女子服役，其他家庭成员不服役；另一种是一个家庭内，不论男女都要服役。

按照土司法的规定，凡男子为俄的家庭，下一代男子仍然为俄，女子为俄的家庭，下一代女子仍然为俄，世代相袭。如果一个只是男子为俄的家庭，娶一女俄为妻，其下一代无论男女（指正式结婚或夫妻同居一家所生子女，阿注关系所生子女不在此内）都应服役，这个家庭就由只是男子服役变成男女均须服役的家庭，由“花俾子”变成“黑俾子”。相反，如果一个男女均须服役的家庭，男子娶一责卡女为妻，或女子招赘一责卡男子为夫，其下一代就由男女均须服役的家庭变成只有男子或女子服役的家庭，即由“黑俾子”变成“花俾子”。这种以性别相袭的原则，就是“男子抵男子的身份，女子抵女子的身份”，不能混乱。

按照土司法的规定，男女之间可以因为婚娶关系而引起黑、花俾子之间的相互转化。即男女均是俄的家庭，可转为只是男子或女子为俄；只是女子或男子为俄的家庭，可转为男女皆是俄的家庭。

同时，土司法规定，男子或女子服役的家庭，必须经常提供一个男子或女子给主子役使；男女均须服役的家庭，必须经常提供男女各一人给主子役使。但除经常服役的人以外，其余的人仍是主子的俄，主子在必要时可以调派这些人服各种劳役，不能拒绝。因此，俄与主子的隶属关系是建立在家庭的基础之上，而不是建立在每个成员的基础之上。

土司法规定，俄对主子有人身依附关系，俄家庭没有占有份地的权利。凡是俄等级的家庭，必须世世代代为主子服役，一般不允许赎身。同时规定，如果俄要赎身当喇嘛，必须向主子磕头要求，交一笔“磕头钱”，“磕头钱”的多少没有固定标准，以主子当时是否需要钱和对俄印象的好坏为转移。从土司法规定的实践来看，俄等级要赎取劳役非常不易，要取消俄的身份上升为责卡，更不允许。某些特别有钱的俄人户，在其再三恳求下，每年交大量“磕头钱”后，可以请人代役或暂时赎取本代人的劳役，但服役者的下一代仍须服役，不能改变全家为俄的等级。

按照土司法的规定，俄等级的人身隶属于主子，被视为主子财产的一部分。主子有权将俄转送、陪嫁、交换或出卖。主子对俄的财产虽不能任意占有，但可以凭借权利榨取俄的所得，尤其是土司对其所属俄，更享有这种权利。对于由责卡下降为俄等级的，土司往往将其监禁一段时期以后，降为俾子。如果有钱赎身，可以被释放，若长期不能赎身，则将其许配给绝嗣的俄家庭。

土司法规定，俄除了为主子无偿劳役外，还受到主子的若干约束。他们不能任意迁徙，必须住在主子的住宅旁边，以便供随时被驱使。主子对离住地较远的俄，也通过司沛等级内部交换的方式，尽量集中于住地周围，以便控制。俄在思想上、礼仪上、服饰上，都受到严格的等级限制，可以被主子任意打骂。隶属于土司的俄，同土司及其家人谈话，必须下跪或站立，不能穿红、黄、蓝色的衣服和裙子，不得戴金质首饰，不得随便进入土司署正厅，在土司署吃饭，不得用碗和其他容器盛装等。

此外，对不同种类的俄，规定了不同的义务。“比俄”每年正月初一，必须陪同土司家族到城隍庙烧香，为他们牵马备鞍；“库俄”在每年正月初二，要准备猪膘和苞谷，到土司署拜年，在交纳礼物时，必须头低到胸前，双膝跪地，将礼物双手高举于头顶之上，献给土司的管家，然后三跪九拜，跪着退出。

对于违背土司家法和规矩的俄，可以被土司用麻质的长鞭吊打，或被用木板打屁股，或被套手铐、锁铁链进行关押。土司可以禁止署内男女俄结交阿注，否则即遭打骂，戴重枷游村，经其家庭磕头赔罪、交50元（近现代到新中国成立前云南省流通的一种银币）“磕头钱”，才得到土司的“宽恕”。至于不听支配、偶尔发出不满言论的俄，就会经常成为被打骂的对象；如果外逃，也要被捉回，给予本人和其家庭处分。①

以上是纳西族社会的三个等级，此外，还有少数被称为“沙人”的家庭。“沙人”早期与土司家族同属一个脉根，后与土司争夺政权而失败，土司不承认这些人同属一个家族，将其降为专门看守监狱的人。“沙人”在为土司看守犯人时，每次两家人轮流，自带伙食，徒手守卫，如果犯人逃跑，要受到处罚。看守重犯时，看守的“沙人”还要同犯人一起被拴上绳子。“沙人”占有一定数量的土地和其他生产资料，交纳与土地相联的负担，以及按门户摊的各种杂派。“沙人”每年必须向土司拜年送礼。②

纳西社会各等级之间，由下一等级升为上一等级十分困难，但责卡下降为俄则比较容易。俄等级人户中，很大一部分由责卡下降而来。俄等级主要是内责卡和外责卡下降的人户，下降原因又以犯罪和与俄等级通婚居多。至于司沛下降为俄，主要是因破产没落，自投土司为俄。土司对责卡沦为俄表示欢迎，对俄上升为责卡则竭力反对、阻止。俄等级男子娶责卡女为妻，或男俄入赘责卡家庭，土司采取支持态度，并规定俄自主全权处理，不须禀明。如果俄将女子嫁入责卡家庭，则必须事先禀明，经过土司同意。通过严格的隶属制度，阻止俄等级不能上升为责卡。

通过抵押和其他手段，占有了一定数量的土地和牲畜，经济地位迅速上升，有些人还上升到富裕中农地位。这些人经济地位上升大致有两个途径：一是通过赶马经商积累财富，押进土地，购买牲畜。二是通过担任封建土司政权各种官职，成为土司的亲信，提高了政治地位，经济地位也不断上升。

土司及血缘亲属以及喇嘛寺的上层分子，构成纳西族社会的统治阶级——封建领主。随着封建统治阶级对责卡和俄等级在经济政治上剥削压迫的加强，随着赶马经商的扩大，随着高利贷、土地租佃和抵押制的发展，财富便逐渐地聚集到一个人数很少的阶级手中，阶级分化日益加剧，责卡和俄等级日益贫困化。

---

①② 严汝娴等：《永宁纳西族的母系制》、《云南省宁蒗彝族自治县永宁纳西族社会及其母权制的调查报告》第2辑，云南人民出版社1986年版。

六、生产上的协作组织——“依底”

“依底”是纳西族中普遍存在的生产协作组织。由于使用牛犁地和各种农作物生产过程中必须分工协作，以一个家庭的力量，往往不能顺利地进行，因而普遍组成两户，个别有三四户的“依底”协作组织。“依底”的含义是“伙用牛”，实际上包括人力和农具的协作。

“依底”组织实行不计报酬的耕畜、农具和劳力的协作，共同在双方的土地上完成从种到收的整个生产过程。耕作的秩序，水浇地总是以哪家的地先泡水，就先为哪家耕作，旱地则依下种作物的节令协商进行。彼此之间不计较各家耕地面积劳动力的多少，待作物成熟，分别获得自己土地（封建份地）上的产物。“依底”不仅在生产工具和劳力上互相协作，在生活上也互相帮助。关系好的“依底”双方，还互助调剂种子和口粮。①

“依底”组织的建立多以有阿注关系、亲戚关系、同“斯日”关系、邻居关系、姻亲关系、家门关系为基础。“依底”组织有持续十几年之久的，也有一两年就解散又各自另行组织的，也有一些单独生产后，又参加“依底”组织的，每一户都先后和若干户建立过这种关系。“依底”组织中各户占有土地、牧畜、劳力的情况，建立“依底”关系的双方，在每年春节时互相请吃饭。午餐只请当家人，同时磋商一年的生产安排，晚餐则请对方的全家。

生存竞争与互助并行不悖，是村落习惯法中的基本内容。互助是人的自然需求和共同体生存的法则。② 生产活动中产生的约定俗成的行为规范是纳西族早期法律的基本内容之一。村落习惯法，是同一聚居村落的人们在从事农林牧副渔生产和生活过程中，经过长年累月的重复和逐渐公认，固定下来并为其世代信仰和遵从的那些群体性习惯、规矩的总和。③ 村落习惯法是纳西族固有文化和固有法文化的组成部分。农业社会阶段以自给自足的自然经济为基本经济形态，村落成员更是以土地作为生存的基础，乃至全部生活的核心。村落成员互助，是村落习惯法的基本规范，互相帮助互相照顾及于生产、生活的许多方面。依照习惯法，通过“依底”互助能基本上解决自然

① 云南省历史研究所等 1978 年编印：《永宁纳西族社会历史调查》（三）。

② 〔俄〕克鲁泡特金：《互助论》，李平沤译，商务印书馆 1997 年版，第 65 页。

③ 罗昶、瑞溪：《中国村落习惯法内容初探》，《法商研究》1997 年第 1 期。

经济条件下家庭生产环节不全和人手不足的问题。日常生活中的互助习惯法，能解决村落成员的实际困难，满足其交往的心理需求，与互助相联系，村落成员以此加强交往，联络感情，维系文化秩序。

第四节

纳西族法的起源及法意识

一、纳西族的道德意识

在人类早期历史社会，道德、宗教和习惯法规范是无法截然分离的，道德和法律都具有实质的社会控制功能和规范作用，区别仅在于强制遵守的力量有所差别，但在很多时候，这种差异也极其细微。法的意识以及法的规范，不少是直接来源于道德意识和道德规范，有的道德观念及其规范逐步发展，就成为具有强制约束力的习惯法要求，社会成员必须予以遵守。纳西族社会几种比较突出的道德规范中，有许多反映纳西族法律意识的内容。

（一）两性道德

东巴文化中有许多反映两性道德的内容。东巴教中的大多数神都有配偶，鬼亦有配偶。神与鬼的配偶关系有区别：神的夫妻关系是稳定的，而鬼的夫妻关系却不稳定，如给饶纳姆同时是米利术祖鬼王、米麻塞登鬼王和纳日崇补鬼王的妻子。他们认为，不稳定而混乱的婚姻属鬼所为，是被道德否定的婚姻，较稳定的婚姻属神所为，在道德上是予以肯定的。① 这也反映了对一夫一妻制婚姻形式的认同。道德先于法律。在人类社会发展史上，道德比法律悠久得多，法律来源于道德，自然法、习惯法，即按照社会公认的一定的道德准则来判断是非曲直。性关系的规则和约束，最初就是作为一种道德要求提出来的。

① 《纳西族简史》编写组：《纳西族简史》，云南人民出版社 1984 年版，第 32 页。

东巴经《鲁般鲁饶》中，还有以女子眼睛的形状是直眼还是横眼作为男子选择配偶的标准，认为竖眼者美貌，横眼者善良，而脸盘美不如眼睛美，眼睛美不如心地善良。眼睛的形状包含着伦理道德的含义。习惯法作为一类社会规范，依据某种社会权威确立，具有强制性和习惯性。① 它并非纯粹的道德规范，而是介于道德与准法规范之间的约束规则。伦理规范相对更具有弹性，更利于实现利益平衡，更具有可接受度和可执行性。人与他的文化和世界的关联，相当程度上是通过眼睛及其观看来联结的。因此，眼睛是我们通向世界的桥梁，视线与图像的关系就是人的生存关系。眼睛及其形状、视觉等因此成了一种进入社会关系的方式，一种将自己嵌入总的社会秩序的手段，一种控制个人眼下的个别社会关系的手段。② 形象最初是从对象的朴素模仿中发展起来，并可能是对一些尚不存在的原始宗教想象物的表征，并记录了特定时期人们如何看它或如何被人们看。③包括对当时的伦理规则、审美要求、社会评价等广义规范的记载。对眼睛及面相的美学评价，本身就是一种社会性的或文化性的话语行为，也具有规则暗示他者、建构规范观念的作用，更因其与婚姻规范观念、生育、家庭、赡养等民事意义上的规则密切联系，而具有世俗生存的环境与基础。

（二）合作劳动的观念

劳动是原始氏族成员遵循的美德。纳西族先民认为，人活着就要劳动，只有劳动的双手，才能哺育自己。东巴经中对劳动给予赞扬，《哈斯争战》中说，同父异母的哈氏族与斯氏族分家，斯氏族认为野物不必去放牧，野果不必去撒种，就在分家时占了山岭和野物，把需要放牧的家畜、需要耕种的平地分给了哈氏族。结果斯氏族无法生存，而哈氏族靠自己的双手，靠自己的劳动，家畜满圈，五谷满仓。妄想不劳而获的斯氏族，不建造房屋，以致无处藏身。而哈氏族建造了自己的房屋，建筑了自己的村寨，过上了安定的日子。最后，斯氏族就发动了战争，来抢劫哈氏族，哈氏族在神的帮助下消灭了斯氏族。④

共同劳动，是原始氏族用来调整氏族成员之间关系的重要道德规范，先民们在生产力水平极低的情况下进行劳动，社会成员必须结合在一起，否则就无法生存下去。团结互助就被视为每个人的行为规范和准则。只有共同劳动，团结互助，才能抵御自

---

① 赵银棠：《纳西族诗选》，云南民族出版社 1985 年版，第 25、27 页。

②③ 周宪：《视觉文化的转向》，北京大学出版社 2008 年版，第 63、88 页。

④ 《纳西族文学史》编写组：《纳西族文学史》，云南人民出版社 1959 年版，第 25、27 页。

然灾害，获得物质生活资料，维护氏族的安全，确保个人的生存，热爱劳动是原始氏族的最高道德原则。最初形态的人类法律起源于原始社会后期的氏族社会。根据路易斯·亨利·摩尔根的分析，“氏族社会是一个由共同祖先传下来的血亲所组成的团体，……它是按血缘关系结合起来的”①。哈氏族与斯氏族之间的战争、兼并与合作，均体现了人类早期的生活状态，以及集体观念和集体行动作为伦理准则与准规范的功能。

从争斗、对立到合作劳动，贯穿其中的主线是利益关系及利益观念、格局的变动。利益乃客观事物对人的各种需要的满足。逐利为人之本性，为利而来，才凝聚了各种社会力量；为利而往，才导致了社会力量的不断分化与重新聚合。正是这种分合，赋予人类社会生机与活力，形成了人类改造自然与社会本身的力量。利益是凝聚社会力量的吸铁石，不同的利益追求，也就形成了各种不同的社会力量。这些不同的社会力量在追逐各自利益的过程中，不可避免地会产生相互冲突、相互制约与彼此合作。而各种各样的社会力量围绕各种利益所展开的相互冲突、相互制约与彼此合作，便构成了一种相对稳定的社会利益结构，它表征着各派社会力量的对比状况，也符合人类社会早期资源极度有限的现实状况。

（三）尊老观念及习俗

原始社会的道德观念，在东巴经的格言、谚语中有不少反映。东巴经中，常常以老者作为纳西族先民知识和道德方面的神，如白发“卢”神及其妻黄牙“塞”神，就是两位老人的形象。老年人所具有的丰富经验与知识阅历，被认为是社会的宝贵财富，老人在一生中获得前辈传授的知识和自身积累的生产经验与生活知识，使其成为知识、经验的宝库，尊老就成为社会的一种道德观念。②

在创世史诗《崇搬图》中说，崇仁利恩的兄弟因犁田无意撞伤了白发卢神和黄牙塞神，崇仁利恩就去安慰这两位老者。由于崇仁利恩有尊老的道德，在洪荒到来之前，卢神就把灾难的消息预先告诉崇仁利恩，并传授用细针粗线制作牦牛皮革囊来躲避洪水的知识与经验。对不尊重老人、不讲道德的利恩五兄弟，则教他们制作猪皮革囊，用粗针细线缝制，使利恩五兄弟死于洪水之中。

当崇仁利恩躲过洪水之后，卢神指点他去找天女时告诉他：“竖眼女子虽美丽，

① 〔美〕路易斯·亨利·摩尔根：《古代社会》（上册），商务印书馆1977年版，第69页。
② 《纳西族文学史》编写组：《纳西族文学史》，云南人民出版社1959年版，第110页。

不能娶她来；横眼女子心善良，应娶横眼女。”但崇仁利恩不听白发卢神的忠告，娶回竖眼女，生出野猪和老熊，生出猴子与野鸡，生出蛇和蛙。卢神对崇仁利恩说：“好男不听话，吃了眼前亏；好女不听话，将成老姑娘。”① 老人的话语就是经验，不听老者的教诲，就会受到自然的惩罚。东巴经的许多内容中，首领和老者，是与神同时产生的，可见其时代的社会地位的崇高。老人具有经验和智慧，可以为家庭为社会所用，避免风险和不必要的损耗。同时，老者受到尊重的程度，与其对资源和权力的现实控制程度基本成正比。东巴教的“东巴”，原意为“智慧长者”，最初为协助古代纳西氏族或部落酋长做简单礼仪法事、出谋划策，阅历丰富，社会地位较高的人，后来成为从事这一行的巫师的专有名称。此外，建立尊老习俗，也便于构建等差社会秩序。

纳西族进行的“开丧”、“超荐”道场，是把正常死亡者的亡灵送到祖先亡灵居住之地去的仪式。在进行法事时，东巴要嘱咐死者亡灵：到那里要尊重老者，见了先辈要下跪，不要躲躲藏藏；在那儿，小辈祖先要下跪在中辈祖先之跟前，中辈祖先要下跪在大辈祖先的前面。②可见，尊老的道德风尚在当时是多么盛行，也可以说明，古代道德观念对生活习俗、宗教仪式的影响重大。

（四）婚姻家庭理念

纳西族妇女笑不能露齿，以袖掩口。这种礼俗的起源，《碧厄卦松》是这样解释的：当初，人祖崇仁利恩与衬红褒白命之子女生病，只好派白蝙蝠为使者赴天界，向十八层天界的盘孜萨美女神求索占卜经典以判知病因。白蝙蝠到达天界后，受到盘孜萨美女神的盛情款待。由于端出的炒面如山高，端出的油汤如海深，吓得白蝙蝠乱飞。后来，一飞飞到炒面山上坐下来，想不到炒面是松软的，白蝙蝠一屁股从上面摔下来，掉在了油汤之中。盘孜萨美一惊，马上卷起袖子，用右手的大拇指将白蝙蝠捞出了油汤。白蝙蝠为了应付这尴尬的场面，不但不对盘孜萨美表示感谢，反而油淋淋地站在一边对盘孜萨美说：你不该将我捞起来，我不过是想看一看这座雪山有多高，这个海子有多深而已。引得盘孜萨美忍俊不禁，以袖掩口笑将起来。从此以后，所有的女子都模仿盘孜萨美女神掩袖而笑。③这也涉及对妇女社交礼仪、身体姿态行为礼仪的规范，具有早期习惯法的作用。

---

①②③ 和志武：《纳西东巴文化》，吉林教育出版社1989年版，第23、24、25、87页。

成丁礼普遍存在于许多民族的远古时代，它往往以性别而区分为穿裤礼与穿裙礼，即为男子穿裤、女子穿裙，以此表明受礼者进入了一个新的人生级别。因此，它又叫“成人仪式”。东巴神话中也有有关成丁礼的内容。比如，在《什罗的来历》中就有这样的句子：“长及十三岁，先买裤穿上；行过穿裤礼，愈来愈能干；十八层天上，住着盘神和禅（桑或陕）神；上天求神予人间。”① 祭祖葬礼与成丁礼在摩梭人的生命历程中显得尤其重要，出生与婚礼对他们而言无关紧要。前者是整个家族或整个村子的事，通过葬礼，摩梭向后代宣传摩梭人的“规矩”，并让儿童通过葬礼学到做摩梭人的“规矩”。后者被认为是个人的事情并且在家中举行，当男女儿童成长到13岁时，每家人都要举行“男穿裤子女穿裙”的仪式，摩梭将其称之为成丁礼，成丁礼被看作生理、心理发育成熟的标志，经历过成年礼的摩梭人在许多方面与13岁前相比都发生了很大的变化。成丁礼习俗有一整套相关的仪式，只有通过所有的仪式，才能加入真正的成人行列，获得并拥有成人的各种权利和义务，是一种成人权利和男女分别的象征。成丁礼与氏族、部落或民族文化的教育是密切结合在一起的，是一种以象征性的替代物和仪式来表达成人，从而赋予参加者成人权利的形式。仪式既是对成丁礼参与者的考验，也是成人标志的方式。成丁礼的文化教育意义比较直观，是一种教育的仪式，有着秩序和界限分别的功能。摩梭人的家屋被看作是与家人共处的住处，家屋中的火塘也成为全家人聚会的中心，这既体现了他们的信仰、生产和消费的分配模式，也体现了摩梭家庭是一个血缘关系群体，一种与宗教仪式构造有关的组织。家屋的结构由各个方面相互接近的建筑来体现。摩梭家屋这种空间分界线和建筑上苦心经营的意义以及它所包含的内涵用性别关系都得以淋漓再现。

姑舅表婚在纳西族社会中存在了较长的时间，这一婚姻形式在《崇搬图》这部作品中有一定的反映，但做了否定性的表现。衬红褒白命曾经被父母许配给表兄可乐可兴。可乐可兴之父亲为天神美孜可乐，他是衬红褒白命之舅舅，子劳阿祖之兄长。但是，随着洪水灭绝了人寰，衬红褒白命一心欲为人间传烟火，遂下凡与洪水遗民崇仁利恩邂逅并相爱，在历经千难万险之后，有情人终成眷属。这样的作品，只能产生于姑舅表婚已经发生动摇之后的时代，而在姑舅表婚占有统治地位的年代，所有对姑舅表婚的挑战只能招致杀身之祸。《鲁般鲁饶》中的开美久命金与羽勒盘的爱情悲剧正缘于此。由于两人不是表兄妹，因而他们被羽勒盘的父母活活拆散。“不是舅舅的儿

① 郭大烈、杨世光编：《东巴文化论集》，云南人民出版社1991年版，第56页。

子，不能占有姑妈的女儿”，成为网罗他们的天署。① 除了宗教影响的深层次因素外，秩序格局不容破坏，初民社会的“互惠”关系等世俗功能，也可从姑舅表婚制中见得一斑。互惠的文化人类学概念是指建立在给予、接受、回报三重义务基础上的两者之间的相互扶助关系，其特征是不借助于现代社会中的金钱作为交换媒介。② 图恩瓦称这种“给予—回报”的互惠原则为人类公平感的基础，是“所有法律的社会心理基础”。③互惠行为往往只是在某种关系之间进行，只在以社会义务为基础的对等的两个单位之间进行，由此而确立了相互之间牢固的关系。互惠形式表现在社会交往的各个层面上，婚姻关系缔结中的配偶交换最为明显。互惠的双方中间并没有金钱的流动，婚姻交换关系就是一种平衡的互惠关系。平衡的互惠在群体之间的政治联盟上也起到一定的作用。姑舅表亲优先通婚、亲上加亲的联姻，从优生学角度来讲，它是近亲结婚。姑舅表婚制其实是人类自血缘家庭建立以来，一直普遍存在的一种特殊的婚姻形式。外婚制是其产生的根本原因，舅权制则是其存在的内驱力。姑舅表婚制有交互姑舅表婚、舅表婚和姑表婚三种基本形式。④ 这种婚姻制度的最主要特点是它的强制性，主要体现在择偶优先权上，尤其是舅家的优先权。姑舅表婚制事实上属近亲相婚，近亲结婚容易发生不良的结果，即隐性易现，这是人类生殖过程中的早期现象。姑舅表婚制也与西南地区少数民族的舅权地位有关，产生于母系氏族社会的舅权曾经是社会权力结构中的重要组成部分，在氏族中舅舅对外甥享有绝对的权力，包括社会规则、生产技能、生活知识等各个方面，舅权对氏族中男性公民的塑造具有不可替代的作用。在母系氏族社会向父系氏族社会转化的过程中，舅权起到了桥梁的作用。当以男性为中心的社会结构最终建立起来的时候，舅权变得日益弱化了，但并没有马上消亡，而是与父权一道在维持社会的平衡当中发挥着作用。⑤

纳西族姑舅表婚制以及舅权现象，体蕴了一种社会性别的文化分析手段，其独特之处在于从两性的角度看待社会性别关系是怎样在历史中被不断叙述和塑造的。其深刻之处就在于不断深入追问，在人类历史演变过程中，对女性观念特征和行为模式的期待，也即不同文化的共同的性别意识和性别观念是怎样形成、延续和发展的。延续至今的摩

---

① 《纳西东巴古籍译注》（三），云南民族出版社 1989 年版，第 300 页。

②③ 黄平等编：《社会学、人类学新词典》，吉林人民出版社 2003 年版，第 123 页。

④ 薛平：《论“姑舅表婚制”的历史存在》，《西南师范大学学报》（哲学社会科学版）1999 年第 1 期。

⑤ 彭兆荣：《西南舅权论》，云南教育出版社 1997 年版，第 63 页；刘志松：《民间规则中的舅权——以我国少数民族为中心》，《时代法学》2006 年第 1 期。

梭人的走婚习俗以及女性在家庭中的较高地位，都可以从社会性别分析中获得一定的解释。现实存在的性别关系是由历史过程中某一特定阶段形成的性别权能得以持续巩固的结果。这种可以称之为性别霸权的巩固有赖于一套话语和符号的灌输，在社会生产劳动和经济地位上具有优势的历史基础上，其内在的价值观和意识形态也就扩展到其族群社会领域，成为信奉的价值和观念。这样的性别意识形态，不但会通过文化演化，而且还通过宗教、习惯法和其他社会规范不断获得强化，由此，社会性别文化分析方法在承认性别的生物性基础上，更加注重与此相伴生的社会性发展变迁。

这些礼俗神话，或是讲述了某种礼俗的源始，或是反映某种礼俗的具体存在形态。礼俗神话和法律起源有着天然联系，原始社会存在秩序和规则意义上的法律。法律的产生、发展是一个复杂的孕育、演化过程，任何社会都必须有自己的规范，都有广泛意义上的法。法是与人类社会肌体相联系的用以调节个人与社会关系的社会机制，在任何社会形态中都存在着这种机制，而且都需要这种机制。在国家产生前，禁忌、习惯或习惯法就是这种机制的表现形式，充当了原始社会的法。可以说，法律是从原始的禁忌习俗中摆脱出来的，是在原始禁忌的母体内孕育成长起来的，当建立在错误的因果关系的认识基础上的巫术、禁忌不能再直接调节重大的现实社会关系时，为了解决人与人之间复杂的接触、冲突、矛盾，法律就产生了。① 法律与原始的禁忌、习惯在规范的性质上是一致的，从生物学的原理讲，禁忌、习惯是孕育法律的胚胎或种子，缺少了它，法律不可能突发产生；从唯物辩证法的发展眼光分析，禁忌、习惯是法律孕育的准备过程，禁忌、习惯作为法律的过渡桥梁和联系中介，在法律形成演化的漫长过程中起着巨大的推动作用，保证了社会从非准则性规范向准则性规范递进，“随着文化形态的改变，禁忌形成为一种有它自己基础的力量；同时，也渐渐地远离了魔鬼迷信而独立，它逐渐发展为一种习惯、传统而最后则变成了法律”②。

二、纳西族的法律意识

（一）社会规范和法秩序观念中的纠纷委托调解

纳西族是一个崇尚和谐有序的民族，因此，明辨是非、明辨正义与邪恶就构成了

① 田成有：《法律社会学的学理与运用》，中国检察出版社 2002 年版，第 187 页。

② 〔奥〕西格蒙德·弗洛伊德：《图腾与禁忌》，中国民间文艺出版社 1986 年版，第 39 页。

纳西族的精神特质。纳西族先民认为，世界是由人、神、鬼三类构成的，各自生存繁衍在各自统辖的领域，并有各自的组织结构和行为规范。面对充满了纷争与争斗的世界和人、神、鬼三者错综复杂的关系，就需要一套调解各种纠纷与矛盾的机构及其制度。《多格飒》① 开篇就提到“黑与白之间，有个判明者，不是太阳和月亮，便不能判明，……有理无理间，有个判明者，不是长老和官目，便不能分明”。在《拉仲盘沙劳务》② 中也提到“两只猛狗间，用棍子分开，两个首领间，老者来调解，人与鬼之间，东巴做了分辨人。一棵白松树，用了楔子能分开，两个纳西人间，老者能调解”。但在纳西族东巴古籍中，判明是非曲直的仲裁者更多的是以神的面目出现。如人龙发生纷争而无力排解时，“不是丁巴什罗他，没有人来分得清”③。描述董、术两部落战争的另一译本《东埃术埃》提到，“东族与术族的是非之间，由通赤优玛天将来评断，由普顶东格天将来判明，多欧吐和九个傻龙的是非之间，由东巴木者东高来判明。素巴金布和九头蛇魔的是非，由恒神白鹤来判明。”④《多格飒》也提到：“动男神和生女神中间，好沃多格来判明。多萨欧吐和九个鱼魔中间，你思多格来判明，哈族与苏族中间，明主多格来判明。”由神作为调解者、仲裁者、审判者以维护世界的和谐有序，在任何一个民族的初期都曾存在过，因为“在人类的初生时代，人们对于持续不变的或定期循环发生的一切活动只能假用一个有人格的代理人来加以说明，这样，吹着的风是一个人，并且当然是一个神圣的人；上升、上升，达到顶点然后下落的太阴是一个人，并且是一个神圣的人；……在物理世界中是如此，在道德世界中也是如此”⑤。很显然，这些充任调解者、仲裁者及审判者的神，无非是现实生活中赋予了神格的人。值得思索的是，前述经典中提到的不同的纷争由不同的神祇、不同的东巴或官吏长老来评判的问题，这或许与纳西族先民信奉原始多神教有关。⑥ 但人的一切都源于社会实践，也许在纳西族先民的世俗生活中确实存在过不同的纷争由不同的裁判者进行裁判的做法。“人类最初是分散在完全孤立的集团中的，这种集团由于对父辈的服从而结合在一起。法律是父辈的语言。”⑦因此，我们是否还可以这样推测：这些不同的裁判者实际上就是纳西族先民不同族群的首领或家长，继而在后来的相互交往融合过程中升华为整个纳西族先民群体的神祇呢？当然，这还有待于进一步

①③④ 《纳西族东巴经选译》，云南省社会科学院东巴文化研究室 1983 年版，第 84，50，43 页。

② 《纳西东巴古籍译注》（三），云南民族出版社 1989 年版，第 460 页。

⑤⑦〔英〕梅因：《古代法》，商务印书馆 1959 年版，第 3、72 页。

⑥ 郭大烈、杨世光：《东巴文化论集》，云南人民出版社 1985 年版，第 2 页。

考证。

以上说明了在纳西族先民中存在产生了纷争后依靠公正的中方人解决纷争的法律现象和法意识。那么，裁判者是依据什么规则来调解、仲裁和审判呢？"父辈的语言"显然不是首领、家长的主观臆断，而是源于社会生活的行为规范。在东巴古籍中常常提到，在人类初生时代，由于没有行为规范而常常触怒鬼神和导致人间的纠纷。如《崇邦统》提到，纳西族祖先崇仁利恩有五弟兄、六姐妹，因"兄弟无伴侣，为同姐妹结伴而争斗，……姐妹无配偶，又同兄弟结缘成对偶"，并因不会犁田、狩猎而触怒了天神。于是，天神只有通过滔滔洪水、雷劈电闪来彻底毁灭充满秽气的世界，达到强行规范人类行为的目的。① 《求取祭祀占卜经》记载了纳西族先民苦苦探求规范人类行为准则的经历。纳西族祖先崇仁利恩躲过洪水之灾并与天神之女衬红褒白命结为夫妻迁徙到大地后，不懂如何祭祀鬼神，不知如何接待客人，于是"万能者和智慧者商量，丈量者与计量者商量，酋长与小头目商量，东巴经师与占卜者商量，说是要到十八层天上去，到智慧女神盘孜沙美那里，去寻求祭祀的规矩和占卜的用具"，于是人类派遣能言善辩、机智多谋的白蝙蝠去向天神讨教，使人类获得了门类齐全的三百六十种祭祀的经典和卜具，懂得了祭祀鬼神、待人接物、征服自然以及其他生产、生活的行为规范，② 从而也为裁判者提供了判明是非曲直的依据。

"法律在产生的过程中要受到宗教和道德的极大影响。刚刚产生的法律，几乎总是带有浓厚的宗教色彩和道德痕迹。"③ 因此，作为法律规范与道德规范、宗教规范相区别的强制性以及保证实施的强制手段也必然具有多重性。在众多东巴古籍中都提及神的强制手段，沟通人、神、鬼的东巴的强制手段，同时也常提到世俗的强制手段。如《董术战争》叙述到董族酋长之子董若阿路被术部族所俘，便"手上戴手铐，脚上戴脚镣，被术兵从铜签铁签上拉着走，……被关进铜牢房、铁牢房里。……派纳异胜土去关牢房门，去守牢房门"。在《高来秋沃受》④中也提到窝高来被山神龙主捉去，戴上手铐，炎热的夏天，吊在厨房的熏棚上，寒冷的冬天，关进黑暗的水牢。从这些关于手铐、脚镣、牢房等的描述中，我们不难猜测，纳西族先民中已经出现了通过世俗的强制手段来限制人身自由的社会规范。同时也表明，在当时的纳西族先民

①④ 《纳西族东巴经选译》，云南省社会科学院东巴文化研究室 1983 年版，第 86、137 页。

② 《纳西东巴古籍译注》（三），云南民族出版社 1989 年版，第 42 页。

③ 北京大学法学基础理论教研室编：《法学基础理论》，北京大学出版社 1984 年版，第 79 页。

中，日益增长的政权组织还深深植根于神权。

既然纳西族先民的社会生活中存在着各式各样的纷争，存在着解决纷争的机构以及判明是非曲直的社会规范，那么是否也有解决纷争的程序呢？关于程序方面，不少东巴经典都涉及，而最为清晰的莫过于《休曲苏堆》① 了，其所展示出来的程序与现代诉讼制度惊人地相吻合。该经典叙述到同父异母的人与龙两兄弟分家析产后，龙独占了本应两兄弟共有的传家宝——宝珠帽，并在“一顶帽子下，龙族建了九个寨，人类没有立足地；一只马蹄下，龙族辟了七个村，人类没有插锥地”。同时，世上的树木、溪水等等都纳为龙所占有。面对龙的种种劣迹，“阳神和阴神商量，能者和智者商量，酋长和官吏商量，所有的人们都来商量”，决定聘请超越于人龙世俗纷争并具有权威的丁巴什罗，以公断人龙的是非曲直。丁巴什罗的权威可从其下凡到人间，“人人齐下跪，个个来磕头”，恰如一派法官升堂的景象得到佐证。

丁巴什罗“升堂”之后，人类向丁巴什罗列数龙的罪状：侵吞共有之物，侵占人的天地，剥夺人的放牧、开垦、狩猎等权益，并陈述人类的苦情，请求丁巴什罗做主，这实际上就是人类作为原告向“法官”口头起诉。“法官”受理了此案，“第二天早晨，丁巴什罗呀，来到左那里赤家”，以传唤左那里赤应诉。但“一进龙家门，不见龙主在家中，却见一位神女素受玛，坐在龙家院里织着金缎和银帛”。龙主不在家，或许是龙主藏匿拒传。于是，丁巴什罗“微服私访”，运用机智的问话从神女素受玛口中询查到龙主的行踪。

既然被告第一次“合法传唤”不到，丁巴什罗就采取了“拘传”措施。丁巴什罗“让螺白神鹏鸟，选定初一那一天，去把龙主左那里赤捉回来”。螺白神鹏鸟显然是“法警”化身，受命之后，“展开金翅膀，从东方飞到西方，飞到美令达吉海上空；鹏鸟影子照海中，龙主左那里赤呀，一见神鹏影，很快潜入海底藏起来”。龙主左那里赤这种再三蔑视“法律”威严和“法官”尊严的行为，使得“丁巴什罗呀，又给鹏鸟安上铜嘴和铁嘴，套上铜爪和铁爪。选定十五那一天，又让神鹏去把龙主左那里赤捉回来”。很显然，这是“法官”授予“法警”螺白神鹏鸟以“警具”强制传唤。正当龙主在美令达吉海痛快梳洗时，鹏鸟捉住了龙主，但龙主视“法律”为儿戏，被捉仍然毫不在乎。经过一番较量，“法警”先是把龙主捆在居那什罗山上，继而又把不服输的龙主“拴在什罗山的坚硬桑树上，不分昼夜来看守”，可见，为使案情得到圆满解决，对被告实行了“拘留”措施。

---

① 《纳西族东巴经选译》，云南省社会科学院东巴文化研究室1983年版，第138页。

龙主左那里赤被抓不服，质问神鹏："我在住人的辽阔大地上，没同人类惹祸结冤仇，你呀为何抓住我不放，追得我哟又是拉来又是抽?"螺白神鹏一改"法警"面孔，以"法官"的身份代人类宣读"起诉书"，其目的是审查原告之诉是否客观、真实，使判断不失偏颇。二是向被告送达"起诉状副本"。龙主向"法庭"做了口头答辩，首先龙主否认原告的诉讼理由与事实，并继而反诉人类的种种"侵权"行为："我们龙族没同人类结冤仇，而是人类来和我们过不去，人类在龙族的山泉边杀野兽剥兽皮，血水腥味污染了洁净的水泉，人类天天打猎，不让龙族马鹿山骡自由吃青草，并射杀马鹿山骡，……人类还砍完了九座山头的森林和烧光了七条箐谷的树木。"最后，龙主说："不是我们与人类相仇哟，而是人类不让龙族活下去。"左那里赤的反诉自然激起了人类的愤怒，他们请求"法庭"对被告龙主施以极刑："把龙主的肉呀，像穿老鹰肉一样，一块块地切片穿起来，要把龙主的骨头呀，像熬骨胶一样，一节节地敲碎熬成胶。"面对义愤填膺的人类，龙主左那里赤软了嘴，提出"不是丁巴什罗呀，不能调解是和非！我呀从今天起，一定听从什罗的评断"。龙主的这一请求显然蕴含两层含义：其一，神鹏虽然"法力"无边，但权威有限，不宜审理这场危及双方生存权利的纠纷；其二，神鹏最初以"法警"角色出现，在实施拘传、拘留龙主的一系列过程中，双方展开了激烈争斗，所以神鹏充任"审判长"可能失之公正。为此，龙主提出由丁巴什罗主审该案，实际上就是要求与之有利害关系的神鹏"回避"。

神鹏接受了龙主的请求并"休庭"。于是，龙子金里各俱受龙主委托去请丁巴什罗，并以"诉讼代理人"的身份向丁巴什罗口述代理意见：若处死龙主，"美令达吉海不枯也要干，……居那什罗山呀不炸也要裂，地球上所有人类啊，没有水喝将要渴死掉"。丁巴什罗看来接受了"诉讼代理人"的意见，"下来调解人龙的纠纷，……评断人龙的是非"。当重新开庭时，龙主向丁巴什罗陈述了人类的种种"侵权行为"，金里各俱也不失时机地提出诉讼请求："大地上的人类呀，拿出九簸箕的白面粉，九饼牦牛的酥油，九背碧青柏枝叶，献给龙主龙族烧天香，这场纠纷就算了结吧！"对这一"诉讼请求"，丁巴什罗评论道，人类可以创造财富，但人类无法安生，又如何拿得出九簸箕白面、九饼酥油和九背柏枝呢？丁巴什罗又让神鹏与人类商量，然而人类态度坚决，"定要除掉左那里赤这个大冤主"。为此，丁巴什罗亲自劝告人类："不出九簸箕白面粉，也出一抓麦面吧；不拿九饼牦牛油，也拿一块牛油吧；① 不砍九背

① 按前文应为酥油，但仍按原文摘录为牛油。

柏枝叶，也折一束柏叶吧；不给龙族烧盆天香呀，今后也不会对人类保佑呵!”丁巴什罗循循善诱的开导，使双方心平气和，在此基础上，“审判者”当庭做出“调解书”，“约定人龙今后共同来遵守”。龙的权利义务是：第一，在人类居住地只能修建一个寨，开辟一块地；第二，四季划界居住；第三，凡雪山松林中长有的一棵大树、那达吉河上游兀立的一块大石、茂密云杉林中的泉水以及山溪归龙所有；第四，享受人间香火；第五，不得干涉人类上山砍柴，进谷汲水。人类的权利义务是：第一，可以修建九个寨，可以开辟九块地；第二，住地不够可以上高山，种田不够可以上山去开荒，家畜不够可以上山去狩猎；第三，向龙祭献香火。

对此调解，双方心悦诚服。“龙主左那里赤呀，最后拿来那顶宝珠帽，双手送给螺白神鹏鸟。”可见，双方还主动缴纳了“诉讼费”，因为这顶宝珠帽是人龙共有财产。最后，双方隆重地在“官目面前摆肥肉，牛马槽前丢青草，对着天地来起誓，和解之后从此不相争”，以示原被告在“调解书”上签字画押。

“一个部落或民族生活于其中特定自然条件和自然产物，都被披进了它的宗教里。”① 自然现象是如此，社会现象也是如此被搬进宗教里，因为“宗教本身是没有内容的，它的根源不是在天上，而是在人间”②。所以，《休曲苏堆》这部东巴古籍所反映出来的“诉讼程序”，实际上就是纳西族先民现实生活中解决纠纷程序在宗教里的折射。令人叹服的是在纳西族先民中竟产生了如此完善的解决纠纷的程序及其制度。

《休曲苏堆》中由丁巴什罗“公断”人龙之间的纠纷以及在其他东巴古籍中提到的不同的纠纷由不同的神祇、东巴、官吏长老评断的问题，说明了纳西族先民完成了由“自力救济”向“公力救济”的过渡，即当自己的权利遭受侵犯的时候，不再寻求同态复仇、血亲复仇之类自力救济方法，而是寻求公力（即经典中的神力）的救济。这无疑是一个重大的进步。同时，还说明在纳西族先民中出现了足以实施公力救济的绝对权威的政权组织。关于这一点，我们还可以从《迎请精如神》③ 这部东巴古籍中得到证明。经典大意是由于人吃了鬼肉而导致鬼对人类的疯狂报复，使人类无安身立足之地，于是人类派遣使者请没卜精如神，最后没卜精如神率其弟子及神将把鬼赶出了人类居住地，并封住了鬼通往人类的通道。笔者在前面叙述到，鬼在纳西族先民观念中是邪恶罪孽的代表，既然人吃了鬼肉，说明人在一定条件下是能与鬼抗衡

①② 《马克思恩格斯全集》第27卷，人民出版社1975年版，第63、436页。

③ 《纳西东巴古籍译注》(一)，云南民族出版社1986年版，第65页。

的，但人类最终请神驱鬼，则表明了这种绝对权威的政权足以抗衡一切罪恶和人类借助“公力”制止犯罪行为。

《休曲苏堆》中的人龙之争显然是一桩“民事纠纷”，因此解决争端的程序与手段就必须体现公正、平等、民主、自愿，而不能滥施权威，在整个“诉讼”过程中，我们可以看出人、龙诉讼地位或法律地位一直处于平等，“法庭”始终不偏袒任何一方；同时，实施权威有理有节。无论是“审判者”丁巴什罗或是“法警”神鹏，在询查中或是“开庭”时都没有运用权威逼供招供，只有当龙主再三蔑视“法律”时，才对其采取了有节制的“限制自由”的措施。在进行调解时，“法庭”均否定了原被告的非分要求，而对双方合理的要求则予以肯定，并不以某一方的意志为转移，也不以“法官”的意志强加于当事人，充分体现了公正、平等、民主、自愿的精神。整部经典还蕴含了纳西族先民朴素的社会契约观和权利义务对立统一观。无论龙寓意的是自然界，还是同一阶层的不同利益集团，抑或兼有二者，其主题只有一个：权利义务相等，行使权利以不损害对方权利为前提条件，否则无论是人与自然，还是人与人之间和谐有序的关系将被打破，造成社会的无序化。因此，丁巴什罗在进行调解时就充分体现了这一主题。这部东巴古籍中所体现的公正、平等、民主、自愿，不滥施权威等等观念，反映了纳西族先民对法制这一新产生的社会现象的理想思辨和现实思辨，也反映了纳西族先民对法律精神内涵的顿悟。然而，人鬼之争，却是善良与邪恶、正义与罪孽之争，为了惩恶扬善、扶正压邪，就必须采取一定的程序与手段。为此，天神没卜精如下凡到人间后，对鬼采取了杀戮和驱逐的强硬措施。从中也体现了纳西族先民法意识中的“法”力无边、“法”威无敌的理想。由此，根据这两部东巴古籍，我们不难发现在纳西族先民的法意识中已经具有初步的民事与刑事的概念。

“神话既不是骡子的谎言，也不是无谓的思想的产物，它们不如说是人类思想的朴素的和自发的形式之一。”① 通过对以上从东巴古籍中反映出来的纳西族先民的法意识与一些法律现象的阐述，不难看出纳西族先民对法律这一社会现象首先进行了朴素和自发的思索，并形成了独特的和较为稳固的法意识，从而也体现了纳西族先民的睿智与伟大。

---

① 〔法〕拉法格：《宗教与资本》，三联书店 1963 年版，第 2 页。

（二）规则意识发展中的司法正义启蒙

东巴经神话“鹏龙争斗”不仅有明显的体现纳西族先民诉讼程序的意识，还有规则意识、依靠公力机构来获得救济的法律意识。它反映了对人与龙之间的关系处置，不是靠“私了”、私力救济的手段，而是通过权威力量来公断，才有公正、恒定的含义，也才具备权威性，这说明先民已经具有初步的法律意识和规则意识。

作为公正法官化身的大神丁巴什罗，是法律的代表和行使者，它所做的决断，具有确定的“法”的效力。对人龙相争后达成“和”的约定的决定，因为具备法的效力，就不会再致以龙的反悔而使和解无法生效，从而确定稳固地保障了人自身的利益。

此外，作品反映解决人龙矛盾过程中所行使的法的程序也很完备：告状、传讯、侦查、缉捕、对证、辩护、调解、判决、服判生效。并有一系列的世俗化的现代诉讼程序规则，如口头告状，由人正式数诉龙的罪状——匿吞公有之宝，侵占人的地盘，剥夺人之放牧、垦种、开渠、打猎、砍柴、背水、盖房等权益，唆使白鹏、青蛙、老鹰袭扰人类，并陈述人类苦情，求法官做主。说明人已经具备运用法手段的理智，寻求法的庇护，获得对自身合法权益的保障和救济。人即使不诉于丁巴什罗，亦可借外力（如大鹏）将龙降伏，乃至杀死，但他们不愿如此，这说明先民的法意识已相当稳固，有了对解决矛盾的严肃性、正规性的思考。

在传讯中，丁巴什罗亲至龙家，本是传讯被告之举，但未遇左那里赤，于是转化为“微服私访”。人既告了状，解决矛盾的担子已压在他肩上，此行即是他执法的本来职责。

在侦查、调查中，丁巴什罗利用龙家织匠神女素受玛，侦明左那里赤行踪规律——逢初一、十五到米利达吉海边梳洗。发现素受玛在龙家虽位处低下，但可以在龙家受用金银财宝、美酒佳肴，成为丁巴什罗后来采取调解方式的依据之一，体现了先民法意识中重证据和事实。

在缉捕中，由神鹏行使，它安上铜嘴铁爪（武器），趁左那里赤梳洗将其缉捕，拖出海中，在居那若课山上绕了三匝，拴在大桑树上，进行囚禁，神鹏成为法警的形象。大鹏逮龙有智斗，有较量。当大鹏坐东朝西，鹏影映海，左那里赤惊觉速遁。第二次，大鹏巧改坐向，遮其影子，趁左那里赤不觉，以迅雷不及掩耳之势将其头抓住。龙以三节身恐吓，鹏以“三股力”对付，终于将龙捉拿归案。鹏的强劲有力，体现出先民对“法”力无边、“法”威无敌的理解。

在对证中，由神鹏代行，按原告所诉条款勘问。因为只听一面之词是不合“法”的，尚须将原诉逐一与被告方对证，以衡量原诉是否客观，判断才能不失偏颇，这是先民对于“法”的公正意识的表述。

在辩护中，龙否认原告所诉，反诉原告种种侵扰行为。真理不辩不明，正反交锋，往来驳陈，才能透表见质，弃偏持正，评判才能以公道服众，先民的这种法意识，反映了他们注重法庭辩论的规则意识。

神话中还有缴纳诉讼费、服判生效等完整的法程序的描述。从人龙共有的财产中拨付，“明珠帽送神鹏，黄金丁蔡送丁巴什罗”，表明了先民对法的肯定与信仰。此外，“人类和龙族，不争又和解”，“对着天地来起誓，和解之后从此不相争”① 中，表明人的守信践约，遵循判决，树立了法的权威性，体现了法的执行力和普遍约束力。

（三）和谐价值观中的程序公正意识

正如前面所述，纳西族崇尚和谐有序，认为世界由人、神、鬼三类构成，在各自统辖的领域内生存繁衍，有各自的组织结构和行为规范，各不相犯。但是，鬼会向人类讨还不欠它的命债，索取不欠它的物债，并常常做出一系列危及人类的行为，如向人的房顶撒碎石、使稻田长瘪谷、麦地生红锈、发洪水等等。在纳西族先民的观念中，鬼是导致世界不安宁的主要因素，是邪恶罪孽的代表。要使世界和谐有序，使人类免受鬼的扰乱，仅靠人的力量是无力实现的，必须借助神力。东巴古籍《日仲格孟土迪空》②中叙述，随着神的出现，鬼也就产生了，并使整个世界布满了污秽，南方董神和北方塞神杀了独角牛祭天地及万物以除秽，使世界变得干净。为使世界安宁，人类决心建造居那什罗山，依靠天神的协助，建起这座撑天地镇群鬼的神山，使人、神、鬼恢复井然有序的生活状态。

人与人之间也会因利益的冲突或鬼的作祟导致纷争，破坏和谐有序的世界。《董术战争》描写了因争夺财富与利益而发生的部族战争。家族内部，也常常因为利益发生各种纠纷。

在纳西族东巴古籍中，判明是非曲直的仲裁者往往以神的面目出现，由神作为调解者、仲裁者、审判者以维护世界的和谐有序。显然，这些充任调解者、仲裁者及审

---

①② 《纳西东巴古籍译注》（二），云南民族出版社 1987 年版，第 88、100 页。

判者的神，是现实生活中赋予了神格的人。东巴经典中提到不同的纷争由不同的神祇、不同的东巴或官吏长老来评判，与纳西族先民信奉原始多神教有关，也是纳西族先民社会实践的反映，世俗生活中，不同的纷争由不同的裁判者进行裁判。

纳西族先民存在纷争后，依靠公正的中方人解决纷争的法律现象和法意识。裁判者是依据一定的规则来调解、仲裁和审判。法律在产生的过程中，受到宗教和道德的很大影响，作为法律规范与道德规范、宗教规范相区别的强制性以及保证实施的强制手段也必然具有多重性。在众多东巴古籍中都提到神的强制手段，沟通人、神、鬼的东巴的强制手段，也提到世俗的强制手段。

此外，还有对解决争斗、维持秩序的描写。猎神与山神之间的矛盾常常以和解的方式解决，以狩猎者退却认输的方式了结。高勒趣去术汝家领父亲，以“讨好”铺路。他走到第一个山头，替术家调解了白蛇黑蛇的仇斗；到第二个山头，替术家调解了白马鹿和黑山骡的仇斗；到第三个山头，替术家调解了白野猪和黑老熊的仇斗；到第四个山头，又调解了白野鸡和黑等鸡的仇斗。如是地“做好事”，不断和解别人的矛盾和冲突，才获得了进术家领父亲的资本，使术家释疑，连开九道门让他进去。

（四）原始正义观中的公力救济机制及其程序

纳西族先民的社会生活中存在着各式各样的纷争，存在着解决纷争的机构以及判明是非曲直的社会规范，那么也就有解决纷争的程序。关于程序方面，不少东巴经典都有涉及，最为清晰的是前面所举的《休曲苏堆》，其所展示出来的程序与现代诉讼制度惊人地吻合。

《休曲苏堆》这部东巴古籍所反映出来的“诉讼程序”，实际上就是纳西族先民现实生活中解决纠纷程序在宗教里的折射。令人叹服的是在纳西族先民中竟产生了如此完善的解决纠纷的程序及其制度。

《休曲苏堆》中由丁巴什罗“公断”人龙之间的纠纷以及在其他东巴古籍中提到的不同的纠纷由不同的神祇、东巴、官吏长老评断的问题，说明了纳西族先民完成了由“自力救济”向“公力救济”的过渡，即当自己的权利遭受侵犯的时候，不再寻求同态复仇、血亲复仇之类自力救济方法，而是寻求公力（即经典中的神力）的救济。这说明在纳西族先民中出现了足以实施公力救济的绝对权威的政权组织。①

① 《纳西东巴古籍译注》（二），云南民族出版社1987年版，第162页。

（五）财产权利意识及公平观

纳西族东巴古籍被誉为纳西族古代社会的“百科全书”，纳西族先民社会生活在东巴古籍中得到了充分的反映。自然，东巴古籍中也反映了债权债务这一社会现象，这表明在纳西族先民的意识中已经产生了债的初始观念。当然，东巴古籍毕竟是宗教典籍，所描述的无论是债的观念，还是债这一社会现象，都蒙上了一层浓郁的宗教色彩。我们只有将这层宗教色彩剥离开来，才能窥视到真实的纳西族先民的社会生活。

“债权人和债务人的身份……是从简单商品流通中产生的”①。所以，商品流通和商品交换是债得以产生的终极原因。那么，在纳西族先民的社会生活中是否有商品流通和商品交换这一社会现象呢？我们知道，商品流通和交换的一个重要前提条件就是社会分工，从不同的东巴经典中，我们可以看出纳西族先民的社会生活是丰富多彩的。例如，在东巴舞谱中，有大量的模仿孔雀、大鹏、老虎、马、牛、羊等动物的动作，许多神的形象也是动物头人身。这是因为“当狩猎者有了想把由于狩猎时使用力气所引起的快乐，再度体验一番的冲动，他就再度从事模仿动物的动作”②。可见这种模仿动物动作的东巴舞，实际上是反映了纳西族先民的狩猎生活。《蛮书》提到磨西（即纳西族）地区“土多羊，一家即有羊群，……男女皆披羊皮”。这反映了纳西族先民的游牧生活。东巴经典中还有大量农耕工具的记载，《收种庄稼》则描述了谷物生长的整个过程。这也就反映了纳西族先民的定居农耕生活。在《祭死者》、《祭胜利神》等经书中，有大量工具、武器、服饰和食品等物品的记载，这说明了当时纳西族先民的社会生活中，手工业已经从农业中分离出来了。在《送丧挽歌》经典中，提到治办丧事需要窝左（即拉萨）的氆氇、北京的绿缎子、昆明的红绵帛、永昌（即今保山）的细白绸、大理的彩丝线等十二种物品，这也就说明了在纳西族先民的社会生活中，商业和商人已经从农业中分离出来了，并使商品关系有了一定的发展。可见，当时纳西族先民的社会中，有采集、狩猎、游牧、定居农耕、手工业和商业等社会分工。

社会分工导致了最初的商品交换关系的产生，从而也就为债的观念及债权制度的产生奠定了基础。因此，东巴经典所记载的大量债权债务关系是不足为奇的，但东巴古籍中的债却充满了扑朔迷离的色彩，表现在：

其一，债权债务关系多发生在人与“鬼”之间，而人往往是债务人，“鬼”为

① 《马克思恩格斯全集》第 23 卷，第 156 页。

② 〔俄〕普列汉诺夫：《论艺术》，三联书店 1973 年版，第 73—74 页。

债权人。例如，在《鲁般鲁饶》这部经典中就叙述道："米利董主那一代，用猪狗和山羊，偿还吊死、情死鬼的债。崇仁利恩那一代，用犏牛和牛马，偿还吊死、情死鬼的债。高勒高趣那一代，用马和鸡狗，偿还吊死、情死鬼的债。祭祀的主人家，用一千头白牦牛、一万头黑牦牛、一千匹骟马、一万匹骒马，偿还吊死情死鬼的债。用一千一万只飞禽，用一千一万头有蹄的牲畜，用一千一万只有斑纹的牲畜，偿还情死吊死鬼的欠债。"① 又如，在另一部经典中谈道："头目们出来了，东巴经师们出来了，用一千头白牦牛、一万头黑牦牛、一千匹骟马、一万匹骒马，偿还鬼王社英狄所金补的债。"② 在东巴经典中人向"鬼"偿债的记载，可信手拈来。当然，债权债务关系也会发生在人与"神"之间。如《鲁般鲁饶》就描述到人类向龙王还债的过程。③但无论如何，只要涉及人、神、鬼的债权债务关系时，债务人一方总是人。

其二，债权债务关系的发生依据主要是出自道德伦理和宗教因素。《刺母孟土》这部经典叙述道："祖虽不是鹰，但要去偿还欠天的债。祖虽不是鹞鹰，但要去偿还欠地的债。祖虽不是虎，但要去偿还欠山巅的债。祖虽不是鹿，但要去偿还欠坡的债。祖虽不是白鹤，但要去偿还欠白云的债。祖虽不是黑水鸭，但要去偿还欠海的债。祖虽不是马帮生意人，但要去偿还欠马驮货物之债。"④ 很显然，这是一种道德伦理方面知恩图报观念的反映。由于"鬼"具有讨不欠的债款、不偷的赃物，以破坏人们安宁生活的本性，为此应向"鬼"偿还不欠的债务。例如，在《崇搬崇笮》经典中就谈道："所有成千成万的鬼汇聚在一起，前来讨不偷的赃款、不欠的欠款、不杀的命价，前来讨折寿的寿款、魂飞魄散的飞散款。……这一家主人，让手脚灵快的年轻人，请来聪明能干的东巴，铺上羊毛与牦牛毛的白毡子，用青稞代替白米，当作神粮来撒祭，又搬上金银和碧玉珍宝，作为献神的经功钱。牵来黑山羊和黑绵羊，捉来黑猪与黑鸡，归还魔鬼的欠债。又用一千头白牦牛、一万头黑牦牛、一千匹骟马、一万匹母马、归还楚鬼与尤鬼、单鬼与拉鬼的欠债，归还毒鬼与憎鬼、云鬼与风鬼、星鬼与宿鬼的欠债，归还忍鬼与梅鬼、猛鬼与恩鬼、机鬼与本鬼、苏龙与鲁龙的欠债。……于是全家人不病不痛，冷暖相宜，吉祥富裕，耳传佳音，流水满塘，人丁兴

---

①③ 《纳西东巴古籍译注》(一)，云南民族出版社1986年版，第138—139、142页。

② 杨士兴讲述，和力民翻译：《大祭风送吊死鬼迎接祖先》，第145页。

④ 《纳西东巴古籍译注》(二)，云南民族出版社1987年版，第195页。

旺，延年益寿了。”① 从中不难看出，这种债务纯粹是对于人们畏惧鬼神观念的反映。当然，向鬼神偿还债务的情况也是多种多样的，也会由于人侵犯了鬼神的“权利”而偿债。如《替身道场》经典叙说道：有一天，人类祖先高勒高趣到高原山巅去打猎，突然从北方刮来一阵大风，树叶被风吹得满天飞舞，接着乌云四起，降下了大雨和冰雹。高勒高趣为了藏身而到一棵大杉树下去避难。可是，树下早已被都排罗扭鬼占据。为了争夺藏身之地，高勒高趣与都排罗扭发生了冲突，彼此吵架斗殴。后来，高勒高趣为缓和矛盾，主动向鬼讲和，然而鬼却纠缠不休，并作祟使高勒高趣患病，高勒高趣只好向都排罗扭鬼还债以了此事。②

其三，履行债务的方式在大多数情况下为具体的财物和具体的行为，几乎没有用货币支付，其具体的财物和行为也没有以货币单位表示。例如，《迎请精如神》叙说道：“尤尼敬公东巴，用一千头白牦牛，一万头黑牦牛，向龙王还债；建造了九间龙房，做好银牌和金牌，给龙王赔木赔石赔水又赔土，备下药水药碗给龙王以献药。在东边，宰了像白海螺般的牦牛，做成如山高的面偶，做下如树大的祭肉，又做海水般的祭血，向毒鬼和仄鬼还债，把毒鬼和仄鬼降下的灾难撑上去。在南面，宰了绿色牦牛，做如山高的面偶，做如树大的祭肉，做如海似的祭血，向吊死鬼还债，并把吊死鬼降下之灾撑上去。在西面，宰了墨玉般的黑牛，做如山大的面偶，做如树大的祭肉，做如海似的祭血，向猛鬼还债，并把猛鬼降下之灾撑上去。在北面，宰了金色的黄牛，做如山高的面偶，做如树大的祭肉，如海似的祭血，向苏鬼还债，并把苏鬼降下之灾撑上去。”③可见，家畜、食物、金银珠宝、药品、器皿、建筑物等都可以作为偿还债务的履行标的。

其四，人向鬼和具有神的身份的龙偿还债务，一般都是通过中介——而往往是东巴代人向鬼及龙偿还债务。如在前面所引用到的《崇搬崇笮》和《迎请精如神》的还债过程中就可以看到，前者主人公是通过聪明能干的东巴，而后者则通过尤尼敬公东巴。在《替身道场》中，主人公高勒高趣为了缓和争端，自行解决他与鬼之间的“债权债务”纠纷，“高勒高趣从腰间拔出长剑，砍下一棵阔叶杜鹃，给都排罗扭做头上戴的斗笠帽和身上穿的长袍。可是都排罗扭仍然纠缠不休”。最终高勒高趣只好“请大东巴精恩什罗大做法事，高勒高趣还了胜者都排罗扭的债，自己虽败但能安心

①③ 《纳西东巴古籍译注》（一），云南民族出版社1986年版，第169、194—195页。

② 和学智读，和学才翻译：《替身道场——高勒高趣、哈若尼恩、哈拉古补送本偶替身赎罪经》（油印本）。

入睡了，还了鬼的债，生命也长寿了”。①

其五，侵权行为与犯罪概念不分。东巴经典中常常有这样的描述，“主人家”虽然没有杀过人，但鬼却会向“主人家”来讨还不杀的“命价”。如在《迎请精如神》中，主人公“高勒高趣的病因是由于都排罗扭在作祟，都排罗扭还企图向高勒高趣逼取命价”②。在《求取祭祀占卜经》中也谈到，“主人家虽然没有杀过人，但会向主人家讨还杀人的命债，会向主人家讨还魂魄的债”③。在《请神求助》中也明确提到“人没有杀他们（即鬼——笔者注）却来向人们讨魂价”。我们姑且不论“人”与“鬼”之间的“命价”所蕴含的真实内容，仅就“命价”这一概念而言，是否也说明了这样一个问题，即纳西族先民对杀人问题，已经不再采用“同态复仇”或“血亲复仇”的原始习俗，而是用赔偿金的形式来解决。同时也表明了，在纳西族先民的意识中，债务违法和刑事违法还没有区别开来，“杀人”这种刑事责任往往作为一种债务责任的形式来处理。

“债”在不同的历史时期的社会经济生活中有不同的内容，学者们对“债”也有不同的理解和表述。其基本含义是：债的一方享有请求他方为一定行为或不为一定行为的权利，他方负有满足该项请求的义务。然而，这种世俗的意义上的概念是无法直接解释东巴经典中的债权债务问题的。

首先，我们所要解释的是，东巴经典中的“鬼”在纳西族先民的社会中究竟扮演什么样的社会角色？为什么“鬼”总是扮演债权人，而“人”又往往处于债务人的地位呢？恩格斯在《家庭、私有制和国家的起源》中谈到“易洛魁人的氏族”时指出：“原则上，每一个部落只要没有同其他部落订立明确的和平条约，它同这些部落便都算是处于战争状态”④。所以在早期人类社会，不同的氏族、部族之间为了争夺土地、财富及人口而经常发生战争。我们知道，任何一个民族的幼年都具有强烈的英雄崇拜意识，在其民族的英雄史诗中，英雄的主题无外乎就是征服自然和战争。东巴经典《人类迁徙记》和《董术战争》这两部英雄史诗中，前者颂扬了征服自然的英雄，后者则描述了战争英雄产生的经历。因此，在纳西族先民的社会生活中，不同的族群之间经常发生战争，从而战争构成了先民们生活的重要内容。这一点我们还可以

①② 和学智读，和学才翻译：《替身道场——高勒高趣、哈若尼恩、哈拉古补送本偶替身赎罪经》（油印本）。

③ 《纳西东巴古籍译注》（三），云南民族出版社1989年版，第304页。

④ 《马克思恩格斯选集》第4卷，人民出版社1972年版，第8页。

从东巴经典的有关记载中得到证明。如在东巴经中谈到“鬼”的时候，往往将“鬼”与“仇人”、“仇人的地界”联系在一起，人要向鬼偿还“不欠的债、不杀的命价、不偷的赃款”，而通过人的安抚，“鬼”仍然纠缠不休，则人只好请东巴和“神”除“鬼”。东巴除“鬼”，往往是将“鬼”赶到“仇人的地界”，如“鬼”仍不安分，继续作祟，人就请神通过“武力”镇“鬼”了。可见，在纳西族先民的社会生活中，为争夺土地、财富和人口的战争是相当频繁的，而“鬼”的社会角色在相当程度上就是代表了敌对的族群。“鬼”的社会角色确定了，那么我们也就好理解东巴经典中常常出现的“偿还了胜利者的债，失败者就安宁了，偿还了鬼的债，人就延年益寿了”这一句话的含义。这句话实际表明，不同族群的争战，使失败的一方向胜利的一方进行“战争赔偿”，这种“战争赔偿”就被纳西族先民理解为“债”，而胜利的族群和失败的族群之间的关系就是一种债权债务关系。

东巴经典中还常常提到，一个人不慎得罪了“鬼”或不安抚“鬼”，则“鬼”不仅对他纠缠不休，还要向他的家人作祟。从而表明胜利族群可以向失败族群的任何一个成员行使请求权，而作为失败族群的任何一个成员都负有满足胜利族群请求权的义务。这就说明纳西族先民的债权债务观是一种以团体为本位的债权债务观。

其次，我们所要解释的是，纳西族先民的债的观念为何带有深深的道德伦理和宗教烙印呢？我们知道，早期人类社会调整人们行为的规范是一种融合道德伦理和宗教戒律的社会习俗。英国学者梅因在其著作《古代法》中提到原始法律“同远古时代道德属性所表现的特别看法，有着密切的联系。……因此关于道德责任和道德报应的观念，在很古时代，似乎比各个较进步的时代体会更加明白”。① 纳西族是一个善于知恩图报的民族，这一民族特性可以追溯到纳西族先民的古道德观中。在纳西族先民的意识里，这种知恩图报的思想不仅仅存在于人与人之间、人与自然之间，而且整个世界都充满了知恩图报的关系。例如，一部经典谈道：“当初，啥也没有偿还，由天给地还三滴白霜，地的三朵白云又偿还给天。烈火要偿还九山起火的恩情，大水要偿还凹地蓄水的恩情，白云要偿还山岗积雪的恩情，白风要偿还山坡刮风的恩情，白花要偿还花朵为之开放的恩情，金黄的蜜蜂要偿报供它采蜜的恩情。”② 所以，我们也就不难理解在纳西族先民的观念中为什么会有知恩图报的道德伦理意识。

当然，这种道德观念是由当时的社会生活决定的，带有明显的原始共产主义的痕

① 〔英〕梅因：《古代法》，商务印书馆 1959 年版，第 73 页。
② 《纳西东巴古籍译注》（二），云南民族出版社 1987 年版，第 205 页。

迹。例如，在《米短米温招儿魂》① 中提到，米短米温和次初吉姆是夫妻，“过了一年，他们生了个有福分的儿子，米短米温宰了大牦牛，拿大块肥肉、小坨瘦肉做供品，祭祀盘、禅、高、吾、沃、亨等神，给沙达龙、述龙、鲁龙点灵药。做山样大的面偶、海样大的祭血，偿还毒鬼、仄鬼、猛鬼、恩鬼、绝后鬼的债。村头住着千家人，跟千家的亲戚亲切交往，村尾住着百家人，跟百家的亲戚和睦相处，用秤称肉，用碗量酒，用簸箕量粮食平分粮食”。不久，夫妻俩又生了一个儿子，但夫妻俩却不与村头村尾的人认亲，不祭祀神，不偿还鬼的债务，不用秤称肉，不平分粮食。这样，“亨神赐给人类的福分，被作祟鬼买去了；米短米温的儿子，被南方鬼王史支吉补牵起去了，关进了他的大柜子里，叫眼尖的哨兵监视着他的行动”。可见，在当时的纳西族先民的社会生活中，“母虎养育乳虎，是自己养育的”这种私有制和所有权的观念已经产生，但还没有被社会所普遍认可，氏族内部还普遍实行“用秤称肉，用碗量酒，用簸箕量粮食平分粮食”的古规。所以，纳西族先民们的债观念就深深地烙上了原始道德观的痕迹。从笔者所引用的东巴经文来看，在纳西族先民的社会生活中，维护社会秩序的手段仍然还处于“宗教的统治”，一旦不履行债这种民事义务，就要受到鬼神的惩戒。因此，在浓厚的宗教氛围里形成的债观念，必然就具有深深的宗教烙印。

再次，纳西族先民在履行债务的方式上一般用具体的财物和具体的行为，而没有货币的给付，这表明在纳西族先民的社会生活中，商品的交换还多停留在以货易货的阶段。尽管在东巴古籍中不乏金、银和珠宝的记述，但对金、银、珠宝的记述中却没有具体的度量单位。我们可以这样理解：纳西族先民对这些贵重物品仅仅是作为财富积累的手段，而没有作为给付的手段来使用。而在东巴经中作为偿还债务的具体财物又多是家畜和食物，这也就表明，无论债的种类是什么，债的给付一律折合为一定数量的家畜和食物。

最后，关于东巴作为偿还债务的中介人的问题，我们是否可以这样理解：第一，人类社会的初始阶段，由于人们对世界认识的局限，人们处于“宗教的统治”下，从而宗教的权威就高于世俗的权威，而东巴正是执掌祭祀鬼神的职能，因此他在纳西族先民的社会生活中就拥有最高的权力，并被人们赋予了公正的身份。人与鬼的债权债务纠葛仅靠双方“当事人”是无法解决的。因此，只有依靠能沟通人、鬼，并具有超出常人的智慧和力量，同时具有公正身份的东巴来解决。第二，在东巴经典中记载有

① 和即贵读经口述，牛耕勤记音翻译：《大替身道场——史支俄示——米短米温招儿魂》。

纳西族先民的社会生活中，不同的纠纷由不同的神祇或不同的东巴来调解的现象。①为此，这不同的神祇和不同的东巴或许就是纳西族先民不同族群的首领或家长。那么，这是否意味着由东巴代表本族群或本氏族向“鬼”，即敌对族群还债呢？

从以上对纳西族先民的债观念和债权债务现象的分析来看，纳西族先民的债观念和债现象源于不同族群或不同部族争战的“战争赔偿”，这种“赔偿”的观念又受到了当时“宗教统治”的深刻影响，同时在纳西族先民的社会生活中尽管出现了社会分工和简单的商品交换，但原始社会的道德规范在社会中还占有主导地位。因此，私有制和所有权的观念在社会上还没有得到普遍的承认，并且被作为与传统道德观念相抵触的现象而受到排斥，使因私有制和所有权现象的出现而产生的债观念又充满了原始道德古规的内容。但在现实中，纳西族居住在滇、川、藏交界处，由于地理的原因，纳西族先民与其他民族又有了以货易货的简单商品交换，从而产生了朦胧的但是属于世俗性质的债的观念。从中我们可以看出，纳西族先民的社会生活中，债尽管充满了宗教和道德的内容，但也正在从“宗教统治”中分离出来而寻求一种新的形式，即法律的形式。

今天人类社会的许多现象和观念都可以在人类的远古找到其渊源，债现象和债观念也同样如此。我们是否可以这样推论，债最初萌芽于不同族群和不同部族争战而产生的“赔偿”意识，随着生产力水平的提高，私有制和所有权现象及观念的产生，出现了简单的商品交换，但是人们在相当长一段时期内还是运用“赔偿”的意识来规范商品交换的行为，以及理解债权债务现象。并且由于“宗教统治”和“原始道德”在社会生活中还占有主导地位，因此先民们就用宗教戒律和原始古规对这种新产生的社会现象进行阐述和解释。只有当原始社会的习惯和人们交换时的誓言不足以保障人们对私有财产的所有权时，就产生了社会共同体认可或制定的法律规范，使所有权和债权取得了法律规定的形式。当然，这还要运用其他民族的古代社会生活来加以论证。

（六）原始道德中的是非正义观及其衡断准则

纳西族的东巴文化中，有一个代表规约的“卢”神。“卢”神与纳西族的生活、生产、生存、发展紧密联系，这位神是在原始社会的早期就产生的道德规范和戒律的

① 杨云鹏：《纳西族先民法意识刍议》，《思想战线》1994 年第 4 期。

原型。“卢”制约着纳西族的一言一行，人们的日常行为举止，常常以有“卢”没“卢”作为衡量行为的是非标准。

“董”与“骤”的观念也作为区分是非、善恶的标准。“董”在东巴古籍中的记述很多，集中描述是在《为董色除骤》① 中。远古时候，出现了眼明的占卜者。占卜者能预见事物的吉凶，世上又出现了占卜的肩脚骨。有灾难的祭祀人家不知何种鬼怪在作祟，他家就请身强力壮的年轻人往孟汝地方搓竹签，往加熬地方算“左拉”书，往扭牛地方烧肩脚骨，往古宗地方解结绳，往鲁鲁地方炙肩脚骨，往勒补地方掷海吧；在纳西地方用三百六十种占卜方法占卜，占卜的结果显现在肩脚骨上，是粗鬼和尤鬼在作祟。祭祀之家白天想着董神开创的规矩，因为天上由董神治理，人们遵守董神的规矩生活在世上；晚上想着色神立下的风俗，因为人的行为由色神统摄，人们按照色神的风俗生活在人间。世上的人们都遵照同一规矩，不去伤害别人。东巴为别人祭祀，可以使自己不病；为别人待客，可以使自己不饿；为别人架桥，自己不会吃亏。长者领路的恩德不能忘记。走路靠鞋子，鞋的功劳不能忘记。“不互相厮杀，不能杀正直的首领；捕杀野兽，不能杀山上的红虎；砍伐森林，不能砍含衣巴达树；……放牧不能伤害山神家的鹿和骡，洗麦不能污染水源。不足岁的牲畜不能赶到山上，不能拿别人的东西。爱护牲畜爱惜粮食，互相团结崇敬神灵。不能去接近粗鬼和尤鬼、呆鬼和拉鬼。冷了不穿粗鬼、尤鬼的衣服；饿了不吃粗鬼、尤鬼的食粮；不能与粗鬼、尤鬼攀亲。做生意不去牟取暴利，生活勤俭节约，用双手开创幸福生活。万物都有母体……没有董神色神的同意，东巴不能随便祭祀。不知道董色的来历，就不能谈董的事情。要使盘人和纳人世代和好，要由董神来治理。祭司发挥作用要靠董神的威力，要使纳人世代不病，要靠董神调理。天空高不可攀，星宿布满天，是由董神安排。大地宽阔无边，青草长满地，是由董神造就。”②

“董神安排”创造了秩序和规范，成为生产、生活中遵循的准则和依据。“董”安排了纳西人的生活方式或宗教观念，祭祀先要占卜，卜出作祟的鬼，然后有的放矢地举行祭祀。“董”确定了维护群体利益的风俗习惯，有恩不忘，不杀首领，不杀红虎，不破坏森林，不破坏水源，尊神爱人等。这些保护自然、维护团结的社会准则，谁也不能违反。“董”的规范，是长期积累的生活经验，“银子产于白土，金子出自罗

①② 李国文：《东巴文化与纳西哲学》，云南人民出版社1991年版，第76、82页。

冲科，……山羊吃食于青相树下，鸡扒食于糠堆，冬天砍竹做围墙，夏天砍木盖房顶”。① 这些经验世代相传，使古人避免了重复劳动之无谓的浪费，缩短了为同一目的而生产的过程，推进了当时生产的发展，人们十分珍惜这些经验。“董”能赐福于人类的自然，天空、大地、日月、水沟、石头、树木，这是人们生存所必须依赖的自然条件。秩序意味着安排、结构的完善与美，秩序是与和谐的宇宙相关联的事物。秩序不仅是一种价值层面的深刻认识，也代表了人类早期生存繁衍和体现实践活动能动性的内在需求。合理的秩序以法理道统为根据。在维系着人类社会的多重因素中，固然存在着强力因素，但强弱总是不均等地分配给不同的群体，一味地弱肉强食，社会便无法存在，人类社会只有超越强力因素而依凭基于法理道统的理性精神才能建立。在法的价值中，内含着秩序和次序②的安排。这种次序安排随历史的变迁而发生变化，人类早期的立法更强调安全与秩序，其后则更为注重法的正义价值。一般来说，法的正义价值与秩序价值并重，或者成为秩序与正义的综合体。③

“董”在人们心目中占据着重要地位。东巴经神话认为，人的说话声和笑声是“董”神的祖父母，说明“董”神是人类一切言行举止的开创者。所以，“董”是纳西人对人类的生活方式、风俗习惯、生产经验、赖以生存之自然环境以及宗教规则的概括，也是关于人类生活习俗和自然现象的总称。东巴教祭天仪式中念诵《为董色除骤》④，目的就是以宗教的形式约束人们的言行举止，用神力使人进入既定习俗的轨道。东巴在主持仪式时，也有解脱责任之词。《求威灵》中说，作为父亲舅父身份的我（东巴），在没有得到威灵时，不接受祭祀之家所给的牛马、山羊、绵羊。因为遵照“董”的规矩，要用这些东西去蒙住鬼的头，堵塞鬼的嘴，要用这些东西去捣毁鬼窝。“骤”通常译为“秽”，泛指生活中的肮脏之物。它在东巴教中的意思为：脏物；人的外部疾病；事物的异常现象；违反习俗的行为或由此产生的后果；恶魔力量。以上不正常现象的出现，被认为是“骤”在作祟，所以便有除“骤”的规矩。“骤”在生活中的影响主要有四种表现形式：污染空气环境的脏物；危害人体健康的感染性外部疾病；生活中出现的反常现象；违反风俗习惯的行为及其引起的后果。“骤”不仅

① 李国文：《东巴文化与纳西哲学》，云南人民出版社 1991 年版，第 85 页。

② 关于次序的理性主义哲学分析，参见〔德〕黑格尔著：《小逻辑》，贺麟译，商务印书馆 2003 年版，第 93 页。

③ 〔美〕埃德加·博登海默著：《法理学、法哲学及其方法》，邓正来、姬敬武译，华夏出版社 1987 年版，第 22 页。

④ 郭大烈、杨世光编：《东巴文化论》，云南人民出版社 1991 年版，第 136 页。

是指具体的灾难或异常现象，而且是把产生“骤”的原因追溯到违背习俗的兄妹婚，兄妹婚本身就是一种“骤”的行为。①“骤”在生活中是被人谴责之物，人们用“骤”来称呼一切违反社会习俗的行为和后果。这些规定和要求中，可见秩序安排格局、安排的标准及其蕴含的价值观。东巴文化是在纳西族的原始巫教基础上形成和发展起来的，奉丁巴什罗为教祖，宣传万物有灵、灵魂不灭的观念。东巴文化崇拜自然、鬼魂和祖先，认为天、地、日、月、风、火、雷、雨、山、水、石、木、鸟、兽、虫、鱼等等自然物和自然现象，均有神灵，既会赐福于人，又会降祸遭灾，因此就有拜祭这些物象的象形文字经书和仪式，如祭天神、地神、山神、水神（龙王）、风火神、雷雨神、本主神、家神、畜神、五谷神、男神和女神等。这些神灵各司其职，分不同时间祭祀，对祭祀的方式和祭品都有明确规定。②东巴教规认为，人的生老病死与鬼魂作祟有密切的关系，各种疾病是不同的鬼魂作怪的结果。人们在生产活动和日常生活中的一切闪失、遭遇或病痛，都可以解释为各种鬼怪在作祟。因而，人们必须进行一系列的念经、祭鬼驱鬼等活动仪式。③

人类早期遵循的是自然秩序，出于对自身生活安全的考虑，逐步有了从自然秩序进入自发秩序的渴求，通过彼此之间的约定，建构并安排属于自身的自发秩序，以便保证生活的稳定和避免高风险。安全、秩序就作为人类追求的一项永恒价值体系而存在。在相对稳定的结构中，在一整套目标和价值观的指导下，形成有序的运作模式。法律作为有意义有价值的秩序安排，不仅是一个自然选择的过程，也是一个有意识的追求结果，在追求“有意识的选择过程”④ 中获得安全和人类利益的最大化。

（七）契约观念的初步形态

东巴教中把有益于人的自然作为“董”的体现之一，这种有益的自然需要保护，于是便产生了人与自然间的各种关系。每年农历二月举行的“祭术神”仪式，每年农历五月举行的“除骤”仪式，都是人与自然订立“契约”的仪式，为保护自然，通过宗教措施在人与自然之间明确权利义务关系。在东巴经《为董色除骤》中有明确的禁令和要求：不杀红虎，不砍含衣巴达树，不开采赠增含鲁每（石），不伤害山神家

①②③⑤ 郭大烈、杨世光编：《东巴文化论》，云南人民出版社 1991 年版，第 137、23、25、26 页。

④ 许章润：《说法活法立法：关于法律之为一种人世生活方式及其意义》（增订版），清华大学出版社 2004 年版，第 312 页。

的鹿骡，不污染水源等。⑤契约实际也内含着秩序的安排和权利的确立与既定，而权利本身代表着可得可控制的现实利益，这与人类早期资源有限、生产力低下的社会属性相一致。

为了衣食的需要，人们乞求自然赐福，结成松散的群体，并集体举行祭祀活动。在生产力低下的原始社会里繁衍生息，要有安全的保障。在无法体现个人价值的原始生产关系中，人与人的关系，只能是群体与群体的关系。这样，就出现了如何把松散的群体结成牢固的整体的问题。要结成既抗拒自然又对付外部入侵的群体，必须由无数个体组成，组成群体要有一个人与人之间的契约关系。这样“董”的内容就在人与自然“契约”的基础上，又增加了人与人的“契约”，这些“契约”就是风俗习惯，它具有实际的行为规范和社会控制作用。史料记载，古代纳西族很早就有了书契的观念，并在生活中广泛运用，“汉人一切习惯与中州不甚区别，土人则不然也。……亦各有字迹，专形，人则图人，物则图物以为书契”①。身份、契约的秩序安排，除了有着现实利益划分的功能外，本质是一种人类社会内在的文化安排，因此，不能仅将法律视作一项技术，而剥脱法律原本的文化内涵。秩序的深层的原因是通过规约的确立解决问题，获得人们服从利益分配的格局与有序的过程，是一种普遍对象观念及意志的显现。

（八）个体权利意识及其文化抵抗精神

个体权利意识的萌发和生长，在纳西族的婚姻发展上有所表现。在东巴经典《鲁般鲁饶》（牧奴迁徙记）中，父母要儿女们迁徙下来的目的是要传宗传代、繁衍子孙，告诫儿女辈“不要去做嬉游绝后的事”。《鲁般鲁饶》中有关于超度情死者的记载，经过东巴教的不断传播，民间又形成口传的长诗《游悲》（殉情调），其故事说：女主人公从小在山上放羊，孤单寂寞；男主人公是次子，分家没有份儿，就上山打猎。二人相会在深山，互诉苦情，于是相爱，但他们烧香问卜，都难以成婚，便去准备情死的用物，接着双双爬上雪山，经历“树上盘恶峰，石上长尖刺”的“游翠第一国”和不长草木的第二国，过了独木桥，到了“金花不会谢，金果不会落”，没有苍蝇、蚊子的理想乐园“巫鲁游翠国”（第三国），过上了“白鹿当耕牛，斑虎当骑马”的自由生活。因而，在纳西族地区，情死也更多地被说成他们去了玉龙第三国。②

① 《维西县志》卷二。

② 赵银棠：《纳西族诗选》，云南民族出版社 1985 年版，第 165 页。

纳西族的殉情现象，表现了对权利和自由的向往与追求。《鲁般鲁饶》中的七十个姑娘本享有绝对的性自由，由于享有这种自由，开美久命金在尚未出嫁时就怀了孕。《游悲》中，由于姑娘们仍然留恋过去的绝对的性自由，不愿“赎身”后去“获得只委身于一个男子的权利”，而这又为当时的婚姻形式所不容，就只得走向殉情的道路。《云南通志稿》对此有具体的记述：“滚岩之俗，多出丽江府属夷民。原因：未婚男女，野合有素，情隆胶漆，伉俪无缘，分袂难已，即私谋合葬，各新冠服，登悬岩之颠，尽日酬唱，饱餐酒已，则雍容就死，携手结襟，同滚岩下，至粉身碎骨，肝脑涂地，固所愿也。”① 这是对殉情“原因”的解释。“伉俪无缘”的原因，主要是社会原因：纳西族传统的恋爱婚姻形态与改土归流之后强行引进的汉族恋爱婚姻形态相冲突，造成了大量的爱情婚姻悲剧；改土归流之后，历代中央政府在纳西族地区进行规模巨大而又持久的征兵，造成了许多社会悲剧，爱情婚姻遭受到的冲击尤为强劲，与其听凭“父母之命”、“媒妁之言”，缔结没有爱情的婚姻，还不如与心爱的人一同赴死。纳西族的婚姻在1723年的改土归流之后，婚姻由父母包办，本人无选择配偶的权利。法定夫妻，不是老头陪着妙龄少女，就是包办的姑舅表兄妹，双方没有任何感情，于是一些热恋着的男女青年，在无法获得婚姻自由时，便产生了“生不同眠，死时共穴”的想法，相约在风景优美的地方殉情自杀。殉情的方法：用一根绳双双吊在一起，或在一棵树上各自吊死；两人用绳子紧紧拴在一起，互拥着跳水而亡；共同吸食鸦片自杀；等等。

纳西族民间传说中有《龙女树》和《达勒·阿萨命》。前篇通过塑造龙女这一美丽形象和她的爱情悲剧，揭露和控诉了木天王的残暴统治，歌颂了民族间的和睦友爱，赞美了龙女和崩王子的忠贞爱情。后篇则着力刻画了阿萨命这个具有鲜明反抗性格的形象，热情歌颂了她敢于向等级制度和门第观念挑战，向不合理的婚姻制度挑战，敢于追求自由爱情的精神。美国学者赵省华认为，纳西人的自杀是本土文化的“剧本”和汉文化的“剧本”的冲突而引起的。1723年以前，纳西族存在母系社会形态，妇女相应地有较高的社会地位，洛克的资料表明有几个纳西首领是妇女。在这一时期，个人是自己决定恋爱和婚姻的，社会对婚前的性关系或私生子不歧视，在远离汉族势力范围的丽江边缘山村，这种习俗一直存在。② 随着1723年汉族的介入，孩童

① 道光《云南通志稿》（第89册），云南省地方志办公室1988年翻印。

② 参见谷雪儿：《纳西人的最后殉情》，作家出版社2007年版，第136页。

订婚这种包办婚姻的形式被介绍到丽江。父母在子女还是小孩、婴儿甚至还在腹中就为他们订下婚事。年轻人再不能自己选择配偶。青年女子的婚前性关系被谴责，她们会因此而丧失名誉，未婚怀孕被视为非常丢脸的事。纳西青年女子的殉情也许可以理解为是对本民族传统习俗变更所做出的反应。随着包办婚姻制，男性掌握继承权和父系制家庭的建立，未婚女子面临着婚后失去个人自由的命运。结婚后，女子不能再自由地与伙伴进行社交，随意地花自己赚的钱。她们必须剪短头发，穿上已婚妇女的服装，开始劳务繁重的生活。这样，年轻的女子必然认同殉情神话。

许多东巴文化学者已经对纳西族中突出的自杀现象做出了种种解释，洛克和顾彼德认为，汉人输入丽江的孩童订婚制和劳务繁重的艰苦生活以及“哈拉里肯”仪式中对自杀的浪漫表述是导致青年女子自杀的原因，他们特别谴责了东巴田园牧歌般地描绘死后的生活来鼓动年轻人自杀。杰克逊认为，纳西族的自杀是汉人输入的法定父系制和纳西母系制之间发生冲突的结果，他对洛克和顾彼德认为纳西妇女的权益在汉人统治之下极端受压，而东巴出于在仪式中谋取经济利益而怂恿纳西妇女自杀的说法提出了异议。美国学者赵省华认为，纳西人的自杀是本土文化的“剧本”和汉文化的“剧本”的冲突而引起的。赵省华从汉族价值观的渗透、纳西社会两性角色的转换，分析了纳西妇女情死的原因。① 国内有学者认为，纳西族的信仰世界并不是导致殉情产生的最关键的因素之一。纳西族崇勇尚武、重义轻利、重情的民族个性是纳西族殉情风尚发生的重要原因。纳西族的情死是国家的正式制度与地方性的、民族性的文化交互作用的结果。② 有学者从制度发展的角度解读纳西族的殉情现象，认为“情死”是一种非正式制度，而非正式制度的产生与法律紧密联系。如果法律规定了唯一“正确”的生活方式和价值标准，它和地方性的价值、信仰、意义发生遭遇时就可能创造出预料不到的非正式制度，并由此发现法律可能因为其“制造”的非正式制度而归于失败。从发生于纳西族社会的大量“情死”这一制度悲剧，可认识到法律应中立和宽容地对待社会中的多元价值、信仰、生活方式。③ 因此，这种现象的产生和增加，也可看作是一种个体权利认知中的文化抵抗。

为“殉情”而死的男女青年，就地火化或掩埋，不能异地火葬。景泰《云南图经

① 转引自杨福泉：《多元文化与纳西族社会》，云南人民出版社 1998 年版，第 223—225 页。

② 杨福泉：《政治制度变迁与纳西族的殉情》，《中南民族大学学报》（人文社会科学版）2005 年第 5 期。

③ 王启梁：《非正式制度的形成及法律失败——对纳西族“情死”的法律人类学解读》，《云南民族大学学报》（哲学社会科学版）2006 年第 5 期。

志书》卷五载："磨些蛮死者无棺，以竹箦舁之山下，贵贱一所焚之，不收其骨，候冬择日走马到焚所用毡覆地呼死者之名，隔抓之，或骨或灰，但得一块，取之以归家祭之，祭毕送至山涧弃之。非命死者别焚之。""土官死，则置于床，陈衣服玩好鹰犬于前，妻子无哀则杀牛马，焚尸之际，亦把死者生前的一些衣物玩好付诸于火。"①到清代改土归流后始用棺葬，死无丧服，仍沿旧俗火葬，但各地略有不同。乾隆《丽江府志》载："士人亲死既入棺，夜用土巫名刀巴者杀牛羊致祭，亲戚男女毕集，以醉为哀。次日，送郊外火化，不拾骸骨。至每年11月初旬，凡死人之家，始诣焚所拾灰烬全物，裹以松枝瘗之，复请刀巴念夷语，彻夜再祭以牛羊，名曰葬骨。"东巴念经是为亡者超度。纳西人信奉灵魂不死，可以追溯到东巴教的普及纳西文化中对灵魂不死的神秘阐释。认为正常死亡和非正常死亡者的灵魂，经过东巴"教路"仪式，都将被指引到该去的地方。正常死亡者的灵魂被超度到祖先的居住地，也就是北方一座叫"居那什罗"的神山；而非正常死亡者，他们的灵魂不能认祖归宗。通过东巴隆重的大祭风仪式"哈拉里肯"对殉情者的灵魂进行慰藉，指引他们到美丽的"玉龙第三国"——殉情者的天堂。② 殉情产生的因素集中在文化和制度方面。

1723年汉人介入不是导致殉情的唯一因素，其被谴责是因为它掌控的历史长，强权剥夺了纳西族本性文化，使得纳西族坚守了几百年的传统"情爱自主"文化悲惨地消亡。对刚烈的纳西族来说，对付这个无法选择的文化混乱时代中的痛苦体验，便是奋力与这个时代抗衡和宣战。在1723年之后的二百多年里，多次出现十几对一起"殉情"的场面。③ 民间包办婚姻也是把私订婚约的恋人逼上绝路的因素之一。纳西青年男女在恋爱期间必须是个好歌手，他们用对唱的方式来判断对方是否有智慧。所以，初期对唱能否被对方欣赏非常重要，唱词内容和调子是否优美决定了对方的选择。在约定的地点，只要一方开口，另一方必须马上应对，除了表达内心爱慕之情外，最好要难倒对方。自然有时会出现冷场，这时他们边想边唱边用手掰树叶，待两人的关系确定后，约会地点四周的树木会光秃秃的。这种下意识动作说明了纳西族另一种文化体现：害羞和解放并存。当他们之间的距离拉近，恋爱才正式开始。这一过程可长达几个月，直到爱慕的一方通过唱词打动自己的心上人，他们才停止这个仪式，进入热恋。热恋持续的时间往往更长。首先必须等到结婚年龄。在等待成长的岁

① 郑颙：景泰《云南图经志书》。

② 李国文：《东巴文化与纳西哲学》，云南人民出版社1991年版，第237页。

③ 参见谷雪儿：《纳西人的最后殉情》，作家出版社2007年版，第137页。

月里，他们在父母的暗示下，几对伙伴相约以放牧的名义在高山草坪开始长达一个季度的或更长时间的扎营。这种恋爱的方式在当时很普遍，热恋到一定程度后有的青年男女就进入野合阶段。他们夜夜欢歌，或在山峦洼谷，或在清澈的湖泊、河流之畔，当然此时还要附上四周茂盛稠密的殉情花——杜鹃花。杜鹃花因长期与殉情有着密不可分的纠结关系，当之无愧地被封为“殉情花”。这么一个田园诗意的环境，发生任何事情在当时都认为是理所当然。当女孩发现自己已怀有心爱人的身孕后，便下山羞涩地哀求父母，提出和心上人结婚的要求，希望得到父母的谅解和成全。但由于包办婚姻，父母却往往把带着身孕的女儿强行嫁给由他们做主的未曾谋面的男人。这种匆忙的带着蒙羞的草率，为的是免得对方退婚。“退婚”在纳西族的家庭里是一件非常丑陋的事情，会遭到村里人的指责与羞辱，令整个家族抬不起头来。如果哪家的女儿被退回来，再也没有人愿意提亲。女人未婚先孕的事永远不能再提，只有家族中几个重要的长辈知道，他们一辈子为此守口如瓶，这个秘密从此烂在肚子里。到了恋爱后期，性情奔放的青年男女爱得死去活来的时候，对唱调子越唱越深，如泣如诉，唱词越唱越哀怨，期待父母能成全他们的婚事。情投意合的青年男女常常私订婚约。纳西语称此为“命若货”。正在热恋的青年男女看到一对对被拆散的先例之后，怀孕的女人便与自己心爱的人秘密地协商，与其不能结为夫妻，不如死在一起。① “女方已身怀有孕的时候情况尤其如此，因为养下私生子使人太丢脸。无论如何姑娘要被父母诛灭（人性），唯一的出路就是殉情，其中从道义上讲她的情人是必须参加的。”热恋中的青年男女怕遭到对方的拒绝，更怕被父母强行嫁给自己不喜欢的人，根本不与家人商量，直接走向殉情的绝路。“对于一个不爱自己丈夫的姑娘来说，结婚就是她的黄金时代的结束。”②

纳西殉情史，实际上是女人以悲壮的方式争取个体权利的过程。在纳西殉情史上，临场退缩的多数为男人。女孩便用最凄婉的唱词、颤抖的声音、类似哭诉的节奏，吹起口弦，规劝对方坚定死亡意志。有时要经过漫长而哀怨的表述，用尽所有的魅力和智慧，倾诉自己的情感。如果对方还是不想死，女孩积极用调子调动对方产生情死的欲望，当口弦和唱词极尽哀婉，直到女孩忠贞的爱情打动对方、双方达成殉情的共识后，两人便着手准备殉情。到古城或其他集市购买大量生前所不能如愿的衣物和食品，还有殉情者食用的草乌。准备殉情的时间最长需要一个月或更长。这个过程中决定殉情的男女一直处在极度兴奋和甜蜜的精神状态下，他们在选择好的殉情地搭

①② 参见谷雪儿：《纳西人的最后殉情》，作家出版社2007年版，第140、152页。

起漂亮的“游吉”（指帐篷，纳西人称殉情之房），尽情地欢愉，直到殉情前的一刻。殉情地一般会选择接近“玉龙第三国”所描述的场景——高山、草坪和杜鹃林，三者缺一不可。曾出现过几对、十几对情侣结伴殉情，事前全然没有接近死亡的迹象。殉情的女人怀有身孕的现象极为普遍。从某种意义上讲，一个生命的孕育暗示着另一个生命的结束。在殉情者当中，假若一方死一方未死，逃脱者将会受到谴责。受汉文化影响较深远的一些地方，殉情未死者，不但会受到社会的歧视与法律的惩罚，令本人终生抬不起头来，甚至殃及他们的子孙后代，几代人都要为此付出被冷落和侮辱的代价。① 殉情的常见模式如雍容赴死、从容赴死、友情殉情等，也体现了女性权利自觉的尊严感和悲壮性。因此，纳西女性主宰着情死并不是一句“情死”便可以了结的夙愿，这里面呈现最多的还是生命的厚重与固有文化的暴力压迫，是女人为天、女人为大的尊贵代价。

元初，在丽江纳西族地区，和殉情相伴而生的还有抢婚。抢婚是男方用武力把女方强拉到家成婚。引起抢婚的原因很复杂，主要可分为两类：一是已订婚，但女方嫌男方家穷或情况恶化，不愿意嫁女，或者女方另有相好，且有逃婚、情死可能。这种情况下是真的抢婚，一般趁女的外出劳动、上街时，强行拉去成婚，有时会引起双方纠纷。另一种是“佯抢婚”。女方无力陪嫁或男方无力讨娶时，双方默许抢婚形式可省掉大量开支；也有男女相好，父母不愿嫁的，在女的默许下，抢来成婚。这种抢婚从民族学观点看来，最早产生于原始社会，部落战争时也包括掠夺对方女子成婚。当时的男女，可以离开父母亲，也可以不离开自己的父母亲，这意味着既可以嫁女、女落男家，也可以招婿、男落女家，这有助于妇女权利意识的增长。

（九）规则意识与禁忌观念

古代道德观念对生活习俗、宗教仪式有重大影响。东巴教的法事道场众多，基本上每个道场都有一本《开坛经》，从某种意义上来说，这卷《开坛经》可以称之为纳西族先民所遵循的行为规范。如“别人所开的路我不走，别人所架的桥我不过。始祖所走的路我才走，路要走旧路”；“住在村里不损坏寨子，住在正屋不破坏厢房，住在山上不破坏山岭，住着山地不损坏水田，住在水边不破损水泡，住在树旁不损坏树枝”；“来到高原上，未自采野花。来到大海上，没乱撒渔

① 参见谷雪儿：《纳西人的最后殉情》，作家出版社2007年版，第98页。

网。来到高山巅，未砍大树木。来到司吉河游，没舀解秽水。来到深山中，未划杉木板。来到幽谷里，没砍青山竹。来到密林中，未砍大森林。来到山岩间，没乱下扣子。好男放牧未把牛群吹到山坡上，好女洗麦未撒泼在水里。脱下毡子未挂于树上”。① 吃、穿、住、行，无所不包，都受着不成文的某种规范的制约。“别人所开的路我不走，别人所架的桥我不过。”表现了各民族之间的严格界限，这些界限是绝不能超越的。

（十）原始复仇观念

纳西族古代社会也盛行以血还血的复仇争战。对其起源，东巴神话中有生动的解释。在《董术战争》中，安塞米委曾经邀请董若阿路前来术界帮助创造太阳与月亮。但在米利董主的支使下，董若阿路不仅造斜了术界的天地，使造出的太阳、月亮暗淡无光，而且设陷阱杀害了前来追赶的安塞米委。对此杀子之仇，米利术主进行了疯狂的报复。为了达到目的，他甚至不惜派女儿用美人计勾引董若阿路，最后终于将董若阿路斩于黑海边。在董界遭到扫荡，爱子被米利术主杀害之后，米利董主求得诸神的帮助，仍对术界发动了复仇战争，并最终取得了决定性的胜利。米利术主虽遭杀身之祸，但其亡魂化为厉鬼，仍对董界进行新的报复。这样的复仇，在古代社会是完全符合社会公德的，被认为是激情和勇气的表现。以血还血、以牙还牙，复仇者有义务杀死杀人者。

《董术战争》所描写的复仇战争中，复仇与灵魂有密切的关系。在董若阿路杀死安塞米委之后，“米利董主派人把安塞米委的死尸面朝下地埋入黑土中，黑土上面撒上糠，糠层上面理水渠，水渠里放上水，就这样埋葬了安塞米委，不让术人和术狗发现。但是，在埋葬安塞米委的地方，白天升起了一股茅秆粗的烟雾，烟雾一直上升到蓝天。夜晚闪亮着如鸡冠大的一点火苗，火苗一直照亮到天上。米利董主见到此情景，心中生疑虑，内心不自在起来。他派出所有的生灵，都去理渠引水，派吸风鹰、狗獾和乌鸦一同去理渠引水。”这样处理安塞米委的尸骨，是米利董主怕死者的报复，既表明了其灵魂不灭，复仇之志不泯，也表明了报仇的反复性。在《董术战争》中，复仇反复了三次：第一次是术界的米利术主报杀子之仇，第二次是董界的米利董主报杀子之仇，第三次是米利术主死后化为厉鬼，对董界施以种种灾难。这正是复仇争斗

---

① 卜金荣主编：《东巴文化要籍及传承概览》，云南民族出版社1999年版，第26页。

的基本特点之一。而报仇和复仇的连锁反应一旦开始，往往延续几代，相互残杀。再次，董术两界的复仇争战虽以个人受害及报仇的形式出现，但具有全部族复仇的性质。董界之主与术界之主的公子，又分别代表势不两立的鬼界与神界。① 这些描述，真实地反映了人类历史上曾经以同态复仇和血亲复仇的私力救济方式作为惩戒和规范的主要手段。对外功能的“战争”有积极和消极的两种意义，积极意义可以理解为扩展空间规模，容纳更多的人口；消极作用则是保守生存空间，使族群不致消亡。不论何种意义，归纳到一点，都是为保持种族的生存繁衍。

第五节 刑事法律

一、东巴经神话中的刑法种类及其制裁原则

东巴经以原始图画象形文字记载了纳西族的社会历史文化，诠释了历史发展过程中人与自然、人与社会的关系，其中也蕴含着丰富的法律文化。东巴画中，以表现天堂、人间和地狱的《神路图》，反映了在现实生活中虽然未必存在，但通过神话的形式表现的具体刑事制裁措施、刑种和施刑原因，以宗教、道德的方式，告诫人们在现实生活中的禁忌事项，对自己的行为加以自律和约束，否则便会在死后受到酷刑的折磨。

《神路图》反映的是引导死者步入神灵之路，故名“神路图”。画面分“地狱”、“人间”、“天堂”三部分，表现了人的生命轮回过程。它用连环画式的画面，反映了纳西先民的生命意识和原始宗教对现实生活的深刻影响。同时，《神路图》也主要用于丧葬时超度死者亡灵仪式中，描述了死者亡灵要经过的地狱、亡灵从地狱中转生为人之前受着的最后折磨。如“依大”饿鬼图中，有食物一进依大之口便化为火焰之状；建造房屋时将木料本末倒置而用的木匠被鬼怪折磨；喜好搬弄是非、自夸自大的女巫，被施以“耕舌之刑”，一旁放着她的经书；修缮庙宇的工匠，由于他们的工艺

① 白庚胜：《东巴神话研究》，社会科学文献出版社 1999 年版，第 133 页。

不合乎神的意志，故被神的牦牛顶撞，被狮子咬，被厉鬼用凿子凿头。东巴祭司在祭祀中若有不合乎宗教仪轨的行为，便要在此受刑，按图示意，他们有的没有烧好除秽用的“高巴”祭木，有的没有插好“奇丹”木偶，有的没有用对占卜的羊髀，有的没有安排好祭献鬼神的牺牲。祭司普巴弥赤丁多和他的助手作法使亡灵从“依大”鬼地得以超脱；“依大”鬼，他们腹部庞大，但脖颈细小，无法进食，因而是饥饿的鬼魂；一名东巴卜师，他没有学会用羊髀骨占卜而乱用此卜法，因而受到飞鸟和狗的袭击——也有的东巴祭司解释说这是一位女人，她手持的羊髀经占卜显示出她与人通奸的秽行；某人生前由于嘴馋，将未经宰杀而死亡的动物煮食，狗头鬼“尼瓦肯古主”将曾偷盗耕牛的罪人剖腹拉出肠子，赶来两头牛在肠子上打斗、践踏。一个没良心的人被缚于铜柱上，被厉鬼挖心剖肺；不讲道德的女人被浸于血湖中，她生前乱洗污血（经血），弄脏了水源河流；普巴弥赤丁多为生前犯了“十五日不能锯物”之忌者诵经拜忏；九头魔王“梭那故公”主宰的领域，罪人被煮在锅中和被石磨推磨，因为他们生前犯了“十五日不能使用脚碓和石磨”的禁忌；曾经放火烧山的纵火者，有的被扔在火坑里，有的被怪兽“茨西”（鳌鱼）吞噬；因横行于人世而曾被东巴教祖师丁巴什罗镇压的女魔头司姆罗登（又称固舒麻）前来监督行刑；祭司普巴弥赤丁多则在一旁为受难者诵经超度。使用大小秤砣、短斤少两的商贩，受到狗头鬼的惩罚，成为被狮头鬼和牛头鬼用铁链缚身吊在高处拷打的罪人，一名唯利是图的商贩，他曾用大升买进、小升卖出的卑劣手段牟取不义之财，三名奸商，他们曾在秤上玩弄花招坑害顾主，因而被鸡头鬼、猴头鬼和羊头鬼下油锅。由牦牛头鬼“般古主”守护着的“尼瓦黑门”，亡灵要由此通过，某人由于生前奸污了同宗族的女子，故受此刑；超度亡灵的神明东巴普巴弥赤丁多将从三个恶鬼的魔爪下解救亡灵；“尼瓦黑锅”和“尼瓦黑牢”都为死者亡灵而设；“尼瓦”地域中的“皮仄”之刑，亡灵被楔子钉满全身，鲜血四溢；用于切割亡灵的“地狱利刃”和磨刀台；三名小偷被正法。狮头鬼“时芝茨吉”将“魔镜”中映出的赃物牛和马出示给“判官”，地狱里的“法官”正在记录赌徒的罪行，桌上的赌具（骰子）、赌资（黄金、白银）是物证；通奸杀夫的女人被下油锅和被扔到火堆里；被箭射杀者是由于他生前制造箭镞；一名猎人受到老虎和马鹿的攻击；“尼瓦”鬼域中的刺树。《东巴经》载：鬼域中有鬼湖，湖中有怪兽“茨西纳布”（鳌鱼），怪兽口中长出有18棵长刺的鬼树“茨西达哉”；尼瓦鬼王“丁梭构布”和“丁梭构姆”夫妻强迫死者亡灵爬上刺树，让刺扎身；鬼界黑鸡“付杰埃纳”赶来啄食其肉；男、女两具横尸，示意死者亡灵将从此在地狱中经受苦难；一张装饰华丽的弓，象征通往“尼瓦”鬼域的大门等。①

《神路图》中描写的九座黑山，是冥界中亡灵要通过的第一个领域。东巴教认为，人生在世时，不规范的行为或杀生，可能导致“冷臭”鬼的产生，死后经过九座黑山时，各种粗野凶狠的“冷臭”将会阻拦亡灵前行。东巴壁画图中的“冷臭”手持“多马”面偶和凶器，有的长着狗、马、虎、牦牛、乌鸦等动物的头。巴弥赤丁多将从3个恶鬼的魔爪下解救亡灵。东巴壁画是纳西族对因果关系认识和领悟的结晶。整篇壁画分为三层：上层图为天堂，中层图为人间，下层图为地狱。纳西族认为世界由这三层构造，才得以稳定，其中缺一不可。人类也有善与恶、好与坏。人世间，做善事多的人，则能够升入天堂；作恶者，则必定要下地狱，在里面受各种刑法的惩罚。这两条道中间是从十八层地狱到天堂。地狱中有一层是治那些不孝子，用的刑法是千刀万剐。还有一层是治说闲话的人，其舌头被两个小鬼拉出来，再被大鬼砍掉。② 东巴经中反映的死亡有正常死亡和非正常死亡两种：按自然规律衰老死亡，或有了儿女后病故，在弥留之际有人放殆者，为正常死亡；而吊死、坠死、憋死、毒死、自尽，或遭其他横祸死亡者，为非正常死亡。③正常死亡是死亡者中比例最大的一种形式，也是人们认为比较理想的一种归宿。根据死者不同的社会地位和贡献，东巴们分别给他们撰写了不同的祭祀仪式用书。非正常死亡者有两种不同情况：一种是由于某种客观原因，自己有意识地去寻死；另一种是由于遭受意外横祸丧生。前者如青年男女殉情，要为他们举行祭风仪式；后者如被木石砸死，被野兽咬死，被牲畜顶死，落水溺死，被飞箭、飞弹射死，被雷电击死，等等，要为死者举行祭短鬼仪式。④

东巴神话中可以归纳出的酷刑有：下油锅、火焰刑、“耕舌之刑”、兽刑、凿刑、饥饿刑、剖腹刑、挖心剖肺刑、煮刑、磨刑、“皮仄”之刑、楔刑、箭射刑、树刺刑、鸡啄鸟啄刑等。并有“尼瓦黑锅”和“尼瓦黑牢”等监狱关押场所。其中的泛灵信仰加上原始的禁忌、神话和图腾崇拜，能对现实产生宗教和道德意义上的约束力。其中反映的不能贪婪、乱伦、恶毒、偷窃、违反神的旨意擅自行为等事项，均为人间禁忌的要求。从某种意义上说，禁忌是原始社会的非明文记载的口传形式的法律，禁忌对象很多，有人物、事物、时间、空间、语言、动作等，因人相信这些对象都附有非人格的神圣力量，可以敬拜或走避，但不可犯冲，否则便有祸患加身。而巫术则是一

① 纳西族文学史编写组：《纳西族文学史》，四川民族出版社1992年版，第103—105页。

②③④ 白庚胜：《东巴神话研究》，社会科学文献出版社1999年版，第128、120—121、129—130页。

种用语言、符箓、动作来影响自然，驱使神鬼服役信徒的方法与手段。崇拜图腾即崇拜自己部族之社会价值。上述均为人类社会早期规范形态，有着规制人的行为的标准的作用。《神路图》中反映出来的因果报应的思想，有利于加强人的道德心，对民间社会有伦理规范的作用。

神话中反映的刑种、刑罚手段及施刑原则，将德福统一思想贯穿在前世、今世和后世的行为规范和道德自律中。德福统一是道德信仰的重要内容，由于其在现实社会生活中常常难以实现，导致了道德人生的困惑，动摇着人们的道德信仰，而宗教善恶因果报应说正好迎合或满足了人们对德福统一理想的向往。宗教把善恶因果报应当作宇宙、社会和人生的一大法则，由此强烈地干预了人间的道德生活和人们的道德信仰。宗教所倡导的善恶因果报应律，对人们形成道德责任感、道德信念和道德信仰具有一定的作用。行善福及子孙，作恶殃及自己及后代，这一思想和善恶因果报应相糅合，形成了一个长长的善恶报应因果链，把自身死后以及子孙后代的福祸都放入这条因果链，让人感到责任重大，也增加了家庭、家族在道德上的相互监督，增强了人们的道德压力和道德责任意识。

二、世俗生活中的刑事法律

（一）土司府总揽立法权和执法权

土司府掌管地方治理的一切权力，有斩杀自由权、任免头目权、征收租税权、支配差役权等。土司府规定了许多禁例，要求百姓遵守，不得违犯。例如，禁民酗酒、赌博、斗殴、造谣等。甚至还有禁民建盖瓦房、禁民栽秧种稻、禁民出走远门、禁民阅读汉文书籍等。①

除了这些明令规定的对一般百姓的要求外，土司法还规定了严格的等级界限，包括日常的举止、穿着和礼仪方面，也有相应的规矩。如：责卡和俄在路上碰到土司、司沛，必须低头让路。经过土司衙门、司沛府第，不得骑马，必须取下包头或帽子以示敬畏。土司、司沛等贵族可穿任何质料、色彩的衣服，可以用瓦片盖屋，而责卡不许穿呢、缎质料及黄、紫、灰等色彩的衣服，俄等级不得穿有领的衣服，妇女只许穿

① 云南省历史研究所等1978年编印：《永宁纳西族社会历史调查》（三）。

麻布白布裙子。甚至规定，责卡拟穿好衣服外出者，要先带鸡茶等礼品，向司沛磕头要求，经司沛允许后，在辖区范围内穿戴若干天，才算合法，在该辖区范围外被土司惩罚则不负责任。违反礼仪的责卡，会被司沛或土司处以罚款，被罚牲口，捆打，没收衣服、财产、土地。情节比较严重的，则全家被降为俄，被抄没家产，本人被关入黑牢。如果违反者本身就是俄等级，无从再降，则被罚骡马、土地等。①

司沛府内，备有专门打人的皮鞭、拴人的铁链，土司府则设有专门的监狱。

诉讼的程序，依案情的轻重而有所不同。小纠纷由伙头调处，较大的案件报给司沛处理，重大事件则由司沛转报土司解决。伙头处理小纠纷，多是从中说和，由理亏的一方，杀一只鸡，打一壶酒，三对面吃一顿饭结案。经由司沛、土司处理的案件，原告必须交纳磕头钱，被告必须交纳差人钱。而是非的判断，则以当事人的财势和所行的贿赂多少为转移。

在案件的处理中，对违反其封建礼仪和侵犯私有财产的案件，以维护等级制度和私有制为原则进行处理。

土司、司沛也对阿注关系引起的纠纷进行处理。处理的原则一般是维护原有的关系，但当事人也可以通过行贿，使这一处理原则丧失。阿注关系中，富有的男方行贿后，把女方送给土司、司沛去当俾子，以报复女方。土司、司沛对这种人财双收的事，也不拒绝。

保护私有财产是习惯法的中心内容。对盗窃、欠债不还者的处分是打屁股、罚款、监禁、将责卡下降为俄。对盗窃者的罚款无定则，视所盗财物的多寡及盗窃者本人的经济情况而定。

责卡、俄等级的土地，可以世代继承，也可出租和抵押；如果绝嗣，土地即由土司收回。土司、司沛们希望责卡绝嗣，以便吃绝业。但不希望俄绝嗣，因俄占有土地不多，没有多少绝业可吃，而俄本身就是土司、司沛的劳动人手和可以出卖的财产。每逢俄有绝嗣的可能，主子总要设法给一子续嗣，以使这一户俄得以繁衍下去，供其奴役。②

纳西族地区没有死刑，犯杀人罪者，最多是抄没财产，全家降为俄，杀人犯终身监禁。有钱的也可以赎身恢复自由。执刑人由负责管押的司沛指派其所属俄担任。

上述史料中体现的刑罚作为一种私刑而存在，其制定权、解释权和执行权，均掌控在土司个人和土司家族手里。也体现宗法社会氏族组织的管理模式，包括没有死

① 云南省历史研究所等1978年编印：《永宁纳西族社会历史调查》（二）（三）。

② 云南省历史研究所等1978年编印：《永宁纳西族社会历史调查》（三）。

刑，但犯罪与社会地位的下降有关，实为保持劳动力并借此加大加深对劳动力的剥削的考虑而设置，而秘密枪决触犯规则者，则为典型的家族私刑手段。即土司族长有权施行家法，可裁判族人死刑。土司无异于奉行宗族法律（家法）的法官，为族法的执行者。家族实被认为政治、法律之基本单位，以家长或族长为每一单位之主权，可以看出，人类社会早期家族是最初的司法机构。私刑的执行者把刑事法律和社区正义垄断掌握在自己手里，自行惩罚犯罪。私刑与私力救济有部分重叠，但不等同，私刑中一部分大致相当于强力型私力救济，但后者强调受害人寻求权利救济，而私刑是其中暴力性表现尤其明显的部分，强调私人暴力执法，不一定为保障或恢复私人权利，也可能源于报复，甚至还可能出于公益或秩序的需要。

（二）犯罪与社会等级的变化

司沛的社会地位一般不会下降，即使贫穷。责卡不能升为司沛，下降为俄却相当容易。对责卡威胁最大的是等级下降，变为隶属于封建主的俄。

就责卡下降为俄的原因而言，有犯罪、抵债、自卖、被骗、自投、与俄等级的女子或男子结婚等。

1. 属于犯罪下降者，多为内责卡和外责卡，如因放“蛊”① 被降为俄的、由于偷盗把事②物资被降。

2. 属于抵债而为俄者，或因欠大喇嘛白银，被拉作抵债的，或因负债累累，将其姐妹出卖作抵押，此后就世袭为俄。

3. 属于家庭贫困而被家出卖为俄的。

4. 属于被骗卖者。

5. 属于自投者。自投的原因较多，主要是这些人做了坏事。如男子在外污骗女子为妻，女子之家追查，遂投到堪布处。偷窃后害怕出事，投奔堪布以保全性命。杀人放火后，投到大喇嘛处。

6. 属于与俄等级男子或女子通婚而降为俄者，多是内责卡，都是一个“报庐”妇女，后与俄等级男子通婚，变成了俄。

---

① 放蛊，相传为我国一种古老的神秘巫术，指针对某一对象施下蛊，使施蛊对象遭遇不幸或心身受损。

② 纳西族土司和总管之下设有若干名把事，协助总管处理日常事务。见《纳西族简史》编写组：《纳西族简史》，云南人民出版社 1984 年版，第 82 页。

7. 沦为俄而原因不明者。

8. 很早就是俄而原因亦不明者。

就时间而言，凡因犯罪、抵债、自卖、自投和与俄等级通婚下降为俄的人户，变成俄的时间均不久，因此，俄等级主要是由内责卡和外责卡下降的人户，只有少数是其他民族。有家庭的俄，除大部分是原来俄家庭的后裔外，一部分是由单身俄婚配成家的结果。在单身俄的基础上，发展成为有家的俄，也是俄等级发展的必然过程。

此外，还有一些不需要服“厄鲁”地劳役，但专为土司看守犯人和押送犯人转移的责卡。责卡等级有自己独立的经济，有人身自由，对所属财产和婚姻有自由处理权利，土司不得任意干涉。只要交清各种钱粮杂派，服完对土司的各项劳役，就可以自由处理自己的劳动时间，或从事其他职业。因此，责卡对土司基本上无人身依附关系。但是，责卡的自由程度有一定局限，主要表现在责卡绝嗣以后，土司有权收回其封建份地，其亲族不得继承；其次，责卡犯罪或交不清钱粮杂派，有被下降为俄的危险。

犯罪与社会等级的下降之间的关系，除了作为一种惩罚，因过错行为导致利益受损外，还说明当时纳西族的刑罚除了是身体刑外，也是一种身份刑，犯罪直接导致的等级地位下降，给犯罪者带来的是肉体和名誉的多重损失。

三、撒“羊毛疙瘩”制度

永宁纳西族地区，按照古老的规矩，如果土司和头人等办事不合“古规”，当地平民有权利传递“羊毛疙瘩”①，聚集后到土司衙门去“造反”，或者到被反对者家里抄家、宰羊喝酒。这时土司本人亦必须亲自出面，脱帽赤足向前来造反的百姓赔礼，并承认“违反了本民族的古规，做错了事，以后不再犯”。

土司去世，当地伙头们也要“兴师问罪”：“老土司为何死去?”此时土司继承者和家属跪在前面哭诉：我们“罪孽深重，祸及先君，请我弟兄恕罪!”伙头要高高在上，“审问”新土司，新土司伏地请罪，呈验药单，并详述病历和如何请医治疗，医

① 当地纳西话称“羊毛疙瘩”为“苦扎尼克”，即在两块长约25厘米、宽约4厘米的木板上绕以羊毛绳和辣椒、火炭，绳上打结（疙瘩）。结数代表第几天，如三结即第三天。凡接到“羊毛疙瘩”的村落，要按指定天数日期，到传统的集合地点集合。因此，“羊毛疙瘩”是传递重要活动信息的信物，有如我国古代鸡毛火炭信。参见詹承绪等的《永宁纳西族的阿注婚姻和母系家庭》第50页注释；云南编辑组：《宁蒗彝族自治县纳西族社会及家庭形态调查》之一，云南人民出版社1987年版。

治无效，于某月某日某时归天，如何装殓、开丧、火葬，还将老土司遗产遗物请堪布（僧官）、头目清点列册，捐与喇嘛寺中，请众喇嘛诵经超度，等等，哭诉表示“其中并无虚伪情蔽”。伙头听罢大拍惊堂木，叱道：“既是如此，有何证人？”此时，新土司要请堪布、大小头目作证：“确实如此。”于是，伙头下堂劝慰新土司，并送上礼品，超度去世者，新土司亦准备丰厚酒食，宴请部众①。撒“羊毛疙瘩”可以看作是一种古代氏族制度的遗传，其中有明显的刑事诉讼程序的色彩。

法律脱胎于宗教，撒“羊毛疙瘩”展现出法律的仪式功能和作为象征刑的现实意义。整个过程，虽然充斥着刑事诉讼法律的控诉、证据展示、审问、判决等基本程序，而其中的各个环节的戏剧化效果，让人觉得更多具有仪式和象征的作用。道德、宗教和法律是支撑人类秩序的三大柱石，在历史发展的不同时期，各自作用于社会的程度不同。作为法律内部元素的宗教性基石，会直接影响人们对“古规”和法律的信仰。脱胎于宗教的法律的血液里活跃着宗教的因子。宗教给予法律以其精神、方向和法律获得尊重所必需的神圣性，法律的宗教性是法律被信仰的基础。② 仪式，象征着法律客观性的仪节程序。法律向日常生活世界的渗透往往是通过形式实现的。法律的信仰与关于法律神圣的理解和体验首先是从能够看得见的司法程序意识中开始的。“亲见”所带来的视觉冲击会激发人们将法律视为生活终极意义之一的充满激情的信仰。像宗教仪式一样被戏剧化了的法律的各种仪式会唤起对法律的忠诚本质，本质上是对人生过程、目的的戏剧性回应，法律像宗教一样起源于公开仪式。传统，即由过去沿袭下来的语言和习俗，标志着法律的延续性。权威，即对一些成文的或口头的法律渊源的依赖，这些渊源本身就是决定性的，它们标志着法律的拘束力，对“古规”的信仰和遵从，老人的参与和老人意见的重要，都传达了规则的效力和权威，部分建立在过去的延续性上，法律文化延续的历史意识相对较强，以致剧变也被有意识地解释成为保存和贯彻传自过去的观念、原则所必需的。评判是非曲直的标准是已经被权威者载入“古规”或者口传法则的要求中。要素赋予法律价值以神圣性，并且因此而强化了民众的法律情感。

当然也不可否认，法律是有功利性的。能够为人们信仰的法律必须是能够给人或

① 周汝诚：《宁蒗见闻录》，云南编辑组：《宁蒗彝族自治县永宁纳西族社会及家庭形态调查》（二），云南人民出版社 1988 年版，第 268 页。

② 〔美〕伯尔曼著：《法律与宗教》，梁治平译，中国政法大学出版社 2003 年版，第 13 页。

是至少是绝大多数人带来利益的。① 能给人们带来好处的法律，使他们在长期服从法律的过程中产生一种归属感，这就是长期的社会生活和社会实践经验中做出的心灵的选择。平民有权利传递“羊毛疙瘩”，聚集后到土司衙门去“造反”，或者到被反对者家里抄家、宰羊喝酒。通过一种正当并言之成理的方式，获得土司的酒肉款待，在增加戏剧性的同时，也获得一种热衷参与带来的心理宣泄或者口腹之利。

第六节

经济、民事法律

一、有关土地的法律规定

（一）土地占用制

土司是土地、森林、河流的所有者。土地最高所有权属土司，责卡和俄在绝嗣或逃亡时，土地便被土司收回，他们只有在保证交纳各种封建负担的条件下，才享有对土地的占有和使用权。纳西族责卡，除了很少一部分下降为“俄”的之外，全是属于当地土司的“外百姓”。他们占有的土地称“百姓地”。

纳西族对土地的占有权比较稳固。第一，除了绝嗣、逃亡和拖欠负担之外，土司及其他任何人不能任意抽走百姓地。第二，在保证交纳封建负担和全家不违犯封建法规的条件下，百姓地可以世代相承，可以出租、典当，甚至买卖。随着社会经济的发展、百姓内部的两极分化，一部分百姓已失去占有权，一部分百姓地通过买卖、典当转移到富裕百姓手中，一部分百姓地的占有权为少数当权司沛所掠夺。②

一般来说，所有耕地，土司、总管、把事、总伙头、官人占据土地的份额不同，按照权力和地位的高低来支配，权力越大、地位越高，占据土地的份额越多。土司一

① 苏力：《法治及其本土资源》，中国政法大学出版社 1996 年版，第 26 页。

② 《宁蒗彝族自治县永宁纳西族社会及其母系制调查》（二）（三），云南人民出版社 1986 年版。

般占据土地的50%左右，总管、把事、总伙头、官人占据的份额相同，各10%左右，土司的亲戚，也占据相应的份额。纳西族所谓的百姓，是土司的亲戚，有自己的私田，但数量很少，地中收获的粮食，也无须上缴租税。

土司所有的耕地，都以招佃的方式进行耕种。领佃的农民，被土司与头人统称为奴隶，奴隶又分白奴、黑奴两种，为无产者。白奴，又称责卡，不必服役，只需代耕土司田、缴纳租税，并无奴籍可言；黑奴，又叫俾子，是子孙世袭的奴隶。俾子多为犯罪之人，无力赎罪，被充为奴籍，供各衙门中的水火杂役，如果有积蓄、资财，可以赎罪以脱奴籍成为良民。俾子在衙门中要做诸如打水、砍柴、煮茶、造饭、巡更守夜、服侍床第等卑贱繁重的事。

责卡和俄等级内部，以及这两个等级之间，存在放高利贷、土地租佃和典押等剥削关系。一般是责卡为出租户，俄等级是租赁户。① 土地典当也是物权信用的一种方式，出典人就是债务人，承典人就是债权人，在出典人未清偿本息，即承典人暂时拥有出典人出典土地权属时，对承典土地，承典人或自己经营，或出租与他人，从承典田地获取之收益即为出典人借贷利息。土地典当期满，只要出典人根据典契偿清本息，即可撤销典契，重新获得出典土地的法属物权。但是到期如还不能清偿债权人本息，在绝大多数情况下，债权人将债务人借款本息合计，如出典土地借款已达到该土地所值一般市场价格，典地就被承典人没收。如果土地典价本息总数离该典地市价尚有差距，则承典人添价绝买承典土地，从而实现典当土地物权的最终转移。对承典人而言，他获得了承典土地的法定所有权；对出典人而言，他最终丧失了出典土地的法定所有权。土地典当借贷系以土地收获物作为利息，如果以对承典土地出租后所入租额计算，一般而言，债权人因承典土地所获利息极高。农户失去了部分乃至全部土地收益权，所以经济实力必然更加下降，还款更加困难。由此看来，农户土地抵押、典当借贷是否会导致丧失地权，土地抵押期内能否赎回至关重要，因为在此期间，借贷数目较小，利息稍低，如果在此阶段未能取赎，而转入典当阶段，农户在蒙受了巨大经济损失后，赎回的可能性就更小了。② 从纳西族土地和财富、身份等级关联的情况看，土地权利实行不平均分配，地权集中于土司等农村上层阶层，且地主、商人和高利贷者往往是一体的。抵押、典当、借高利贷等是农民为了暂时摆脱困境而采取的万

---

① 史料参见云南编辑组：《永宁纳西族社会及母系制调查》（三），云南人民出版社1989年版，第298—350页。

② 徐畅：《农家负债与地权异动》，载《近代史研究》2005年第2期。

不得已方法，也是一种通融资金、维持生存的无奈方式，却导致不可逆的后果，农民往往是以低廉的价格抵押、典当土地，而在付出高昂利息之后，最终却丧失了土地。地权关系是纳西族旧时期农村社会的基本单元，反映出当时农村社会多方面的变化。

责卡等级中，主要是被称为“头人”的这部分人户，通过抵押集中土地。少数较富裕的责卡和俄，通过这种方式集中土地。司沛等级可以直接凭借特权，以抵押方式霸占土地。

纳西族耕地多属私有，地主经济土地占有权不平衡，集中于地主富农，而占人口多数的贫农和雇农，只有很少的土地，甚至完全没有土地。地主阶级把农民的土地兼并后，又出租给农民耕种，进行剥削；少部分属于全村的“村公地”，实际上是村中有势力的地主阶级在控制，农民无权过问，而“伙头地”是村中伙头老民的俸薪地，数量不多，藏区喇嘛也占有部分土地，但也为数不多；森林、牧场、水源属于各村寨公共占有，但实际上仍为地主阶级支配，仅有水源是全民使用。

以土司为首的司沛等级，是从土司家族分离出来而形成的贵族集团。按照土司家族父权制规矩，每代男子除长子以外，其余男性成员均须分居，自立门户。分居时，分封给每个成员部分土地，并给予数家或十数家俄以供驱使。不断分封的结果，形成一批大大小小的封建主。最初分封时各家所得土地不多，但司沛们分居后，往往凭借权势，以各种名义侵占责卡份地，因而部分家庭在原有基础上，土地越来越多。另一方面，一部分司沛家庭又逐渐走向没落，有的甚至沦为寸土全无的穷司沛。就一般而论，分家较早而无实权的家庭占地较少，或根本不占有，分家较晚而握有实权的家庭占地较多。

除占有土地外，权力较大的司沛还占有牧场。无论土地或牧场，司沛们不仅有稳固的占有权，而且还有一定所有权。凡是从土司处分封的土地或牧场，土司均给予执照（红照），写上“任随耕种，永远管业”的字样。

司沛们另外占据的土地，也可以向土司请领类似的执照，以保障其所有权。这些土地有权出租、抵押、赠送，乃至在司沛等级内部转卖，但不能卖出司沛等级之外。①

总体来看，司沛们对土地的所有权还不完整，也不十分稳定，特别是穷困无权的

① 史料参见詹承绪等：《永宁纳西族的阿注婚姻和母系家庭》，云南人民出版社 1986 年版；严汝娴等：《永宁纳西族的母系制》、《云南省宁蒗彝族自治县永宁纳西族社会及其母权制的调查报告》2、3 辑，云南人民出版社 1987、1988 年版。

司沛，其土地有被土司随时收回的可能。

土司和司沛等级占有的土地，一部分自营，一部分出租。土司直接经营的领地，主要有“厄鲁”和“库鲁”两部分。“厄”乃外之意，“鲁”即地，意即外面的土地，即土司家“公有”或“集体”的土地。这部分土地上的收入，用作土司署的各项开支，任何人不得动用，土地也不能分割。“库”乃内之意，“库鲁”意即内面的土地，主要为俄等级耕种。“库鲁”地是土司家所谓“集体”的土地，在整个自营地中占重要地位。“库鲁”地的控制不及“厄鲁”严格，分家时一般可以动用。

“厄鲁”与“库鲁”的经营方式有所不同，前者由责卡等级负责耕种，后者由土司直接占有的俄等级负责耕种，除冬、腊、正三个月中有部分时间休息，其余时间都必须在地里劳动，或为土司砍柴、运支，全年服役在320天左右。俄服役时需自带工具，每日中午可得到一个饭团。

“库鲁”地的翻犁则由另10家俄专门负责，他们被称为“括依鲁黑”，意思是“专门犁地的人”。土司发给每户耕牛一头，两户合发犁一架，并给每户耕牛饲养地。耕牛由各家喂养，丧失劳动能力后可以调换，但无故死亡时则要负责赔偿。整个“库鲁”地生产过程中，土司设有两个官人（“括亨”）管理，官人之上设一管家，监督俄进行生产。一块或两块地设一“楼吴马”，管理田间放水和禾苗。

“库鲁”地的生产较“厄鲁”地认真细致，全部土地除六块轮歇耕种外，其余年年播种。肥料主要由土司署供给，不足时向俄征派。

司沛一方面利用俄的无偿劳役自营部分土地，另一方面又以部分土地出租。司沛等级对土地的占有已产生了极不平衡现象。一部分当权司沛集中了大量土地，另一部分司沛则丧失了土地。这反映在封建领主土地所有制内部，出现土地日益集中的趋势。同时，那些丧失了土地的司沛，他们原占有一定数量土地，后来逐渐转卖，而沦为少地或无地的司沛。由于土地可以抵押，并可在司沛内部转卖，因而在司沛等级内部，产生了明显的两极分化，并且还出现了等级下降的人户。司沛就可能沦为土司的俾子。①

“百姓地”是责卡等级占有的份地。责卡占有的土地有封建份地、“跑信地”（由土司授给，不纳钱粮，不交地租）和押入土地三个部分。

---

① 史料参见詹承绪等：《永宁纳西族的阿注婚姻和母系家庭》，云南人民出版社1986年版；严汝娴等：《永宁纳西族的母系制》、《云南省宁蒗彝族自治县永宁纳西族社会及其母权制的调查报告》2、3辑，云南人民出版社1987年版、1988年版。

在责卡中，各户间占有土地是不平衡的。一方面封建土司和当权司沛借故抢夺责卡的份地；另一方面，在俄等级中，有一部分人从外地迁入，他们无地耕种，只好千方百计押进土地。不少原无土地的俄，由于赶马经商或通过其他手段拥有货币等财富后，都从责卡手里押入了土地。

责卡占有的份地，有比较稳固的占有权，可以世袭、转赠、出租和抵押，一般不能任意买卖。但这种占有权是建立在向封建土司提供货币地租、劳役地租和其他杂派基础之上的，只有在承受土司封建剥削的前提下，责卡对份地才有比较稳固的占有权。正因为土地的所有权归土司，责卡对份地的占有权，也就不十分牢固。主要表现在责卡家庭绝嗣以后，土司有权收回份地，而责卡亲属不得继承。有的责卡尚未绝嗣，亦未犯罪，土司也可借故将土地收回。①

由于俄等级来源复杂，他们获得土地的途径主要有以下几个方面：

第一，原来占有的责卡地。这主要是由内责卡下降的人家，占有数量不等的责卡份地。他们每年须负担与份地相联系的封建义务。

第二，主子给予的“耕食地”。纳西语称其为“厚垮鲁布”，“厚垮”意为一碗稀饭，即一碗稀饭的土地。按照土司法规定，凡新安家的俄，主子必须给予这项土地，作为俄家庭生活来源。如果俄原已占有土地，有的主子则不一定给予。主子在给此项土地时，对其赏识的人多给，对其不欢迎的人则少给，因此，同属一个主子的俄，对“厚垮鲁布”的占有也有很大差距。俄对“厚垮鲁布”有永久使用权，只要继续为俄，主子不予收回，但一般不得转让、抵押。据说在抵押此种土地时，对方也不愿意接受。

第三，担任土司或总管等某种专门职务的报酬地。如“楼吴马地”和“跑信地”两种。前者土司和总管均有设置，后者仅土司设有。“楼吴马地”和“跑信地”与“厚垮鲁布”一样，只有使用权，卸职时必须原地交回。

第四，通过抵押方式获得的土地。抵押方式是俄等级取得土地的主要手段。

第五，向责卡等级购买的土地。此类土地极少，此种土地的买卖，还必须得到土司的认可，由土司发给对该地有永久占有权的木刻，以作凭证。

第六，向土司交大量“磕头钱”后，占有绝嗣责卡的土地。土地占有者须交纳与

① 史料参见詹承绪等：《永宁纳西族的阿注婚姻和母系家庭》，云南人民出版社1987年版；严汝娴等：《永宁纳西族的母系制》、《云南省宁蒗彝族自治县永宁纳西族社会及其母权制的调查报告》2、3辑，云南人民出版社1987年版、1988年版。

土地相连的封建负担，并必须向土司交一笔磕头钱。俄等级对这类土地，与责卡等级占有责卡地一样，有较为稳固的占有权，个别人还得到土司发给的执照。

除以上六种情况外，有的人还占有土司赠送的土地。如曾与土司缔结过“阿注”关系，可获赠土地以作酬谢。①

学校也有学田。如雪山书院，知府管学宣捐银 70 两，买了刺是里中下则地 230 亩，后又买刺沙里地一块，又“阿喜乡约李吉利自首隐种阿喜北浪沧官田大小三十八丘，官地十一块，原无条米，知府管学宣拨入书院”。节义馆有田 77.1 亩，白沙馆有田 86 亩，当初雍正十一年（1733）“知府靳治岐捐银一百两，买置束惰田庄，被头人虚捏侵食”，后才被万咸燕查明。②

（二）土地的抵押

土地抵押权是附属于土地使用权的一项土地他项权利，土地抵押制度也是人们在经济发展中一直探讨的一个问题。土地抵押权是指在土地抵押关系中，抵押权人对作为抵押物的土地使用权和土地附着物所享有的处分权和优先受偿的相关权利。土地抵押权的法律特征有：具有担保物权和土地他项权利双重性质；标的为土地使用权；土地抵押附属于土地使用权；土地抵押权具有担保物权的功用和效力等。③ 这也起因于土地作为稀缺资源的属性，尤其是人口与土地数量之间的比例情况。丽江府户口在嘉庆年间，“男妇大小共三十一万七千三百五十九名，口计五万五千二百四十九户，又屯民男妇大小共三万三千二百七十七名，口计五千八百五十八户”。“田地四千四百九十五顷六十五亩有奇，额征地丁正杂银六千六百三十两一钱六分，米一万二千七百六十八石八斗一七升四合五勺。”④ 人均耕地 1 亩多，且这些耕地占有不平衡。寺庙占有一部分。据雍正十三年（1735）万咸燕统计，关帝庙有 67 亩，文昌宫 23 亩，观音阁 29 亩，福国寺 1141 亩，大宝积宫 18 亩，指云寺 672 亩，大觉宫 10.9 亩，抵园寺 102 亩，合计有 2054.9 亩。⑤ 这些土地都租给农民去种。占有土地最多的是福国寺。

① 史料参见詹承绪等：《永宁纳西族的阿注婚姻和母系家庭》，云南人民出版社 1986 年版；严汝娴等：《永宁纳西族的母系制》、《云南省宁蒗彝族自治县永宁纳西族社会及其母权制的调查报告》2、3 辑，云南人民出版社 1987 年版、1988 年版。

② 乾隆《丽江府志·学校》。

③ 中国社会科学院法学研究所编：《法律辞典》，法律出版社 2003 年版，第 909 页。

④ 《嘉庆重修一统志》卷四八五，转引自郭大烈、和志武：《纳西族史》，四川民族出版社 1999 年版，第 377 页。

⑤ 云南民族调查组抄录：《丽江府各寺观田地顷亩清册》，云南省历史研究所存。

谷麦杂粮等项当年共收租538.65石，钱6500文。当然，福国寺开支也大，至乾隆三十五年（1770）止，共有僧众172名，每名给粮1.98石，每年供给散口粮340.56石。每年诵经会，开支70多石，还有“听候府衙往来官事”。福国寺土地来源多半靠原来木氏土司“施入常住”，明嘉靖四十一年（1562）10亩，万历四十七年（1619）20亩，清初顺治、康熙年间先后七次“开垦施入”224亩。①

在土地抵押中，押出者主要为责卡等级，押入者主要为俄等级。土地押价无一定标准，一般由双方自由协商，有的请中间人代为议价。押价以押出者当时对现金实物需要的缓急为转移。抵押土地一般分活押与死押两种，以前者为普遍。活押通常要书写文字凭据，由双方协商，或请中间人代议，不必通过土司，土司也不限制和干涉。土地押出后，依附于土地的封建负担由押出户负责，押出户可以随时赎回土地。如交税银，为土司犁“俄多鲁”（劳役）等。死押与活押不同，依附于土地的封建负担则转移给押进者，押出者还须将与土地有关的凭据，如土司发给的木刻等，交与对方，并不能赎取。有的押进者犹恐押出者翻悔，还向土司交磕头钱，请求发一木刻；或由押出者写出文字凭据，按上手印，交其保存。这种死押，实际上等于买卖。一般人们不愿将土地死押与人，宁愿收取少量押价，保持活押关系，以便子孙赎取。

在活押中有一个规矩，即押出者在发生死人等事件需款使用时，可向押进者追加押价，他们称为“加添”。追加的押价仍然写在第一次书写的文字凭据上，押出者在以后赎取时，须如数付清。这种加添相当普遍，有的竟达八九次之多，追加的押价甚至超过原押价一倍至数倍，一直到押进者不愿追加时为止。由于加添普遍，而且押价越累越多，致使许多押出者数代人均不能将土地赎回，形同卖死。这类土地各村都有，为数甚多。押入户对押进之土地，有权自耕和出租，如果主子无法赎回，征得主子同意后，还可转押与人。

抵押土地的法定原因有：对于抵押人来说，抵押出土地的原因较复杂，赌博、吃喝、找阿注、生活困难、家中死人、为交土司杂派、负责作喇嘛寺庙会、犯罪出事、赶马经商，等等，都有可能迫使他们急需钱财。由于抵押土地的人家多因急需而押出土地，因而每户押出数量不多，一般都留有部分土地自耕。土地抵押以货币和猪膘作为押金支付，押价多少没有固定标准，一般而言，以土地质量的好坏、抵押户是否急需现金为标准。②

---

① 云南民族调查组抄录：《丽江府各寺观田地顷亩清册》，云南省历史研究所存。

② 《纳西族社会历史调查》（二）（三），云南民族出版社1986年版。

抵押土地的形式要件是：按照当地习惯法，正式抵押土地要写契约，由抵押双方或由押进户保存，依附于土地的封建负担，则由押出户缴纳，与押入户无关。这样，对于押出土地的人家来说，虽然土地已转入他人之手，而封建负担还在，贫困的局面仍然存在。

土地抵押中有一种“加添”的习惯法规则。不断“加添”的结果，押价总和往往超过原议押价的一倍至数倍。有些人在这种情况下，押出的土地一直无法赎回，最后只好把土地占有权转让与人，由活押变为死押，无权赎回。还有少量土地，一次即议为死押，押出户永远不能赎取。凡死押之土地，双方都需要书写契约，并由押出户盖上手印，交押入户保存。这种死押关系，实质上已由抵押变为买卖，所以，“死押”又称为“死卖”。①

抵押关系的发展，为土地买卖创造了条件，部分富裕的人家，便通过这种手段集中土地这种抵押关系，押入户有了比较稳固的占有权。

随着土地抵押关系的增加，出现了土地买卖关系。按照土司习惯法的规定，土司不仅允许司沛和“头人”之间转卖土地，而且还发给执照，保障其所有权。司沛等级内部、司沛等级与“头人”之间可以买卖土地，也允许“头人”购买责卡和俄等级的土地。②

农村土地关系也在逐步发展变化，有的土地被不断典当买卖。丽江县坝子白马里农民和惠珍因“年荒缺用，情愿将祖遗上则田壹双壹亩（即5亩），当凭中证杜卖与大研里民杨顺名下为业，实受田价银壹佰肆拾捌两整，人手应用”。③ 这是乾隆三十三年（1768）的事。过了四年，杨顺及其四个儿子把该田以原价卖给至尊阁，“自卖之后，任凭住持僧拨田收租、投税清尾，永远勒石，此系情愿，永无异言”。④光绪十四年（1888），牛阿布“情因付欠喇嘛寺银，无处添办，只得请凭说合，将自己祖遗两份铺面两间，前后天井楼上下，转典与吕大爷坤玉名下为业，实授价银三十五两人手应用。当时即明银无利，铺无债，此系二比情愿，亦无逼迫成交”⑤。

鲁甸是丽江与维西交界的边远山寨，社会经济发展比较缓慢，土地也在逐步易主。当地发现土地契约44份，大约可分为两类：

1. 典当土地。嘉庆十二年（1807）至光绪三十年（1904）的6份契约，典当原

---

① 《纳西族社会历史调查》（二）（三），云南民族出版社1986年版。

② 《纳西族社会历史调查》（三），云南民族出版社1986年版。

③④⑤ 云南民族调查组抄录：《丽江府各寺观田地顷亩清册》，云南省历史研究所存。

因是家中“急迫使用，无处借贷”或“官事急用”。方式一般是银田两项交凭中人，并申明，中间并无私债货物准折，亦非逼迫成交，日后有银任随赎取，无银永远耕种，银无利，田无租。从嘉庆十二年（1807）至咸丰四年（1855）48 年间，土地典当人有 4 人，都是当与打米杵村瓦吉（和吉）的。光绪二十一年（1895）和光绪三十年（1904）两份是当给打米杵村华万兴的。其中一份先当后卖。该地是光绪二十一年由杨仪弟兄出当与华万兴的，可能原地主是和占元，于光绪三十年干脆卖与华万兴，申言三面言定，自卖之后，和杨二姓子孙世无异词，以及加添事宜。

2. 直接出售。这种契约最多，共 30 份，占总数的 70%，从乾隆四十年（1775）至宣统元年（1909）。出卖的原因多半是因年荒①、嫁女、喜事、丧葬、缺少耕牛等情况，“一时急用，无处借纳”。卖主较多，有的一卖再卖，如娘叔家，分别于嘉庆五年（1800）、六年（1801）、十三年（1808）三次卖地三块给和吉。买主则较集中，从嘉庆五年（1800）至道光三年（1823）间多半是和吉，以后买主也可能是和吉子孙，最高卖价二起各为 30 两银子，均系水田，大小各五六丘，最低的一块麦地 1.8 两，一般多为 10 多两。总计 621 两，外加一些实物。有的契约上写明“价足银数，永远割藤，我卖主情愿抱石投江，不至取赎”。但如吾直家，曾于道光三年（1823）卖地一块给和匀文家，后同治九年（1870）“当日央请凭中再加义助银贰两，以作挥迪安埋之资。自此之后，不敢再三加找”。

（三）土地的租佃

除土地抵押关系外，土地租佃关系也很普遍。租佃关系的普遍，主要基于下述几个原因：第一，俄等级人户较多，其中不少人缺乏土地；第二，从外地迁入的住户无封建份地，以租种土地为生；第三，司沛和责卡中的头人，占有相当一部分土地，以出租土地收取地租进行剥削。基于上述特点，租佃关系不仅发生于纳西民族内部，也发生于纳西人与其他外来民族之间。在纳西人内部，出租者主要为占地较多的土司、司沛、喇嘛寺、部分责卡以及极少数俄等级人户，承租者主要为责卡和俄等级人户。纳西人与其他民族间的租佃关系中，纳西人各等级是出租者，其他各民族则为佃户，并以纳西族司沛和责卡等级出租土地居多。

土地租佃关系中，地租分活租与定租两种。在纳西民族内部，多通行活租，一般

① 参见云南民族调查组在丽江调查抄录的田地契约材料，云南历史研究所存。

称为“打青升”，即分粮食之意。纳西人与其他民族之间，以定租为主。纳西人租入土地者多愿意“打青升”，他们认为不管收成好坏，双方按一定比例分成，可以互不吃亏，而不愿意交纳定租。“打青升”通常有两种比例：种稗子、苞谷等产量较高、费工较多的作物，为三股分成，即出租者得1/3（连同附产物），承租者得2/3；种燕麦、小麦、荞子等费工较少的作物，为五股分成，出租者得2/5，承租者得3/5。少数由出租者出籽种的租佃关系中，也实行对半分成。①

分租时在田间进行，由承租者将收获物按比例分成数堆，任随出租者选择，然后由承租者将收获物送至出租者家中。在分粮食的当天，承租者一般还要杀鸡招待。定租租额由双方当面议定，没有固定比例。即使在同一村落内部，租额也不相同，责卡等级出租的地，租额相差很大，无论司沛或责卡等级出租的土地，地租额都很不稳定。一般来讲，主要以土地好坏和产量高低为转移，不需要轮作的干地租额较高，盆地中心的沼泽地租额较低。

在租佃关系中，可以以押金交纳，但需交押金的租佃关系较少，主要发生在纳西人与外来民族之间。纳西人内部，则为数极少，无论司沛或责卡等级，都未把押金作为建立租佃关系的必要条件，而是视承租者的实际情况决定。

对于土地出租者来说，本民族佃户认为交押金与否意义不大，以“打青升”为主，承租者既跑不了，也少不了地租。对外来民族，特别是刚由外地迁入的人户，一般要收取一定数量的押金；如果迁入已久，又能找到做证的中间人，则不一定收取。

地租额与押金没有必然联系。一般来说，有押金的租佃关系，地租额会比无押金稍少，但相差不明显，或者毫无差别，甚至反有比押金的租额低的。这种状况表明，押金在租佃关系中的作用并不明显，也说明土地出租者对押金并不重视。支付押金除半开、白银等货币外，也可用猪膘、茶、布等实物支付。

租佃关系中，以粮食地租为主，也有实物和劳役地租，还有少量的货币地租。

实物地租和劳役地租，多发生在纳西民族内部，支付地租的实物多为猪膘和鸡，另外还有盐、茶、酒、酥油等。交鸡代租者，一般是无地少地的人家，每年以一只鸡的代价，向地多的家庭租小块土地做园子地或播种少量粮食作物。

以劳役做地租，主要发生在纳西人内部。通常有两种情况：一是双方先将劳动日数议妥，在一架地做5至10天活路；二是劳动日数不定，只要出租户有活路时，承租户都须前往帮助，土地面积多在一架以下。

---

① 云南省历史研究所等1978年编印：《永宁纳西族社会历史调查》（二）（三）。

货币地租主要发生于纳西人与手工业者和小商贩之间。因为手工业者和小商贩租地的目的是为了种植蔬菜，无法以粮食交纳地租。这在客观上为货币地租的出现创造了条件，也是商品经济发展的结果。人们之间的租佃关系以货币支付地租。货币地租租额较粮食和其他实物地租都重，货币地租较粮食地租高数倍乃至十倍。①

地主经济下，土地所有制主要有农民所有、地主富农所有、喇嘛寺所有，学田、香火田属于村寨或家族集团所有。既有租佃，也有债利，土地当出去可以赎回来，利息从有限制到无限制，征收也变得没有规则可循，使得剥削加重，农民内部等级分化加重。随着地主经济发展，除租佃剥削外，地主对农民的债利剥削和超经济剥削也在加剧。

地主集中土地的方式有霸占、收买、抵押、以实物交换等。在饥荒年间有很多土地是用粮食换来的，但主要形式是直接收买或是通过典当倒买，一般情况下绝大多数土地的集中都是先典当后收买。

17 世纪中期至 20 世纪初，土地租佃关系主要有两种形式：一种为特殊的“红照”租佃方式，一种为一般的租佃方式。“红照”租佃方式是土地租佃的一种凭据，上面的文字呈朱红色，也称为“执照”或“业照”。“红照”上面盖有土司衙门的印章，并写明土地四至界线及每年交纳银子（称干租银子）的数量等。“红照”租佃方式主要出现在木里、盐源、永宁等地。木里的“红照”租佃方式有三种类型:② 第一种是外来者或居住在相邻地区的其他民族的农民，他们要向土司先交一定数量的银子，请土司发给“红照”。土司同意之后，便在自己的辖区之内划出一块土地，并发给写明这块土地面积、位置、每年应交纳的银子数量和盖上土司印章的“红照”，以表示允许其耕种。取得“红照”者在获得耕种权后，可自己耕种，也可以在划定的土地内又招佃，以收取地租。第二种实行于俄亚。土司授给两地村官（俄亚称木瓜）以“古擦”职位，世袭村官，并发给“红照”，委托其代管土地，每年代土司衙门收取百姓应交租税。村官对“红照”地有占有权、使用权，但没有所有权，不能买卖，可招佃，收取地租。第三种是由土司衙门发“红照”给一些与贵族、衙门中主要头目有亲戚关系的百姓，这仅是体现照顾的一种方式。这三种方式中，最后一种应不是租佃方式，只是一种占有方式，前两种都要交定额租税，都具有租佃性质，是在边远民族

① 云南省历史研究所等 1978 年编印：《永宁纳西族社会历史调查》（二）（三）。

② 《木里藏族自治县志》，四川人民出版社 1995 年版，第 252 页。

地区封建领主制经济为主的地方出现的一种特殊的租佃方式。①

如前所说，纳西族封建地租大致有劳役、实物和货币地租三种。以土司为代表的封建领主土地所有制和自然经济相适应，不但垄断着意识形态，而且有自己的行政系统、税收和法律制度，有自己的武装力量和控制系统。底层农民既要为地主服劳役，又要向地主奉献各种农副产品，逐步失去了人身自由，担负着繁重的贡税和各种无偿的劳役。农民连同他们的家庭、财产一起都属于定居所在地的地主。土司有权干涉农民及其家庭、后代的财产、婚姻等私人事务。农民完全被束缚在地主的土地上，在人身、财产和司法上绝对受地主支配。地主享有占有土地、农民以及免除人丁税、实行体罚等特权。

此外还有超经济剥削，如送礼、做白工、收租时招待费等。

送礼：佃户或债务者向地主或债主送礼，成了习惯法，也是对农民的一种严重的变相剥削。农民之所以每年数次的送礼不是自愿的，而是迫不得已的，因为农民不按这个习惯去做地主就有加租、加息、夺佃户的权利。送礼一年最少四次，过年是最大的一次，最起码要送农副产品，一般佃中农还送骑骡骑马，少数民族还送山货、药材等。

做白工：地主或债主役使白工没有工种范围，红白喜事、砍柴挑水、农忙种田等，佃户们对地主去叫做白工必须随喊随到，而做白工中受伤致死的，地主不负责任。

收租时招待费：地主收租或债主出债时的一切费用都成为佃户、债户人当然的负担，地主收租收债时带去的骡子马匹的料草费、人的吃住费用，一概由佃户负担。

此外，还存在雇佣剥削。随着地主经济的发展，破产农民日渐增多，他们丧失了生产资料，变得一无所有，只有靠出卖劳动力来度日，以卖工、日工、长短工来维持生活。日工工资多以粮食支付，但数量极少，长工更无工资可言，累死、自杀更非罕见。②

当地农民，必须向土司和头人领田耕种，收获的粮食，由地主和耕种者分享。农耕季节，土司的土地，由各村、寨的官人、伙头，按照耕地面积，分配给奴隶耕种。

---

① 赵心愚：《纳西族藏族关系史》，四川人民出版社 2004 年版，第 316—317 页。

② 詹承绪等：《永宁纳西族的阿注婚姻和母系家庭》，云南人民出版社 1986 年版；严汝娴等：《永宁纳西族的母系制》、《云南省宁蒗彝族自治县永宁纳西族社会及其母权制的调查报告》2、3 辑，云南人民出版社 1987 年版、1988 年版。

收获粮食后，由土司派官人、伙头等来征收。除此而外，奴隶还承担相应的差役义务，如防守兵役、接送乌拉役、打柴挑水役、巡夜守望役等。防守兵役是在地方有事时，临时征调自备武器、口粮服役的壮丁；接送乌拉役，是暂时性的迎接、护送官家人员往来的役夫；打柴挑水役，是黑奴必须要尽的义务，即在土司和头人的衙门里，服劳苦杂役，甲去必须乙代，父死必须子承，是黑奴的世袭劳苦役；巡夜守望役，是在土司和头人衙门里进行保卫的义务，由黑奴轮替值班，夜里击木梆巡更，以防不测，白天则站岗守门，防止匪徒出入。

土司的杂派名目繁多，大派在有特别缘由时进行征派，如土司承袭时，或遇土知府婚丧大事发生时，或应酬上级官员时，按照费用的轻重，分派民间，由官人、伙头、小伙头征收。经常性的派额，叫作小派。所有布帛、衣鞋、金、银、货币、马草、马料，凡有所需，都从民间征派，每年分派四次，每次常例征半开银元五角或一元，冬十一月，则征麻布一卷、琵琶肉一方、鞋子一双，或家用钢铁器等物，至于马草马料，随时派征应纳。

“厄谷”劳役是原不服役，但在农忙季节进行的帮工。“依底”是一种劳役地租。① 这两种形式是在以劳役制为主要剥削形式的地主庄园经济基础上建立的经济、法律制度。农民被束缚在地主的土地上，在土地、人身、司法上依附于地主，处于社会最底层，实际上是农奴。

劳役地租多发生在责卡和俄等级之间，出租者一般为土地多的富裕户，租地者向他们提供一定数量的劳役，主要又是做农业生产。这种租佃关系有两种形式：一是将劳动日数议妥，每架地服役数天至十天。二是劳动日数不定，在农忙季节，由租地者为出租者服田间劳役，直至出租者的农活做完为止。这样，一架地的劳动日数往往达半月至二十天。此外，还有个别人户既交出租者一定数量食物，又为出租者做一定天数活路，劳役成了额外负担。

二、借贷法律关系

随着商品经济的发展，各种货币的不断涌入，高利贷剥削也就产生。借贷有货币和实物两类。货币借贷以半开为主，也有少数白银。实物借贷主要为猪膘、粮食，次为盐、茶、布等等。利息有年利和月利，以前者为主。在群众之间，盛行年利；手工

---

① 云南省历史研究所等 1978 年编印：《永宁纳西族社会历史调查》（二）（三）。

业者和小商贩，为了经营手工业和商业，也有月利。年利有货币和实物，月利则主要为货币。借贷关系中，一般没有复利。无论年利或月利，利率高低不等。在年利方面，货币借贷多为30%～50%，实物借贷则根据实物的不同，有各种不同的利率，通常是借粮食对年为50%，借猪膘一斤，对年为粮食一筒，盐、茶、布等，则临时面议。在月利方面，一般为5%～10%。利率的高低，视双方具体情况而定。①

纳西族社会的借贷关系普遍，各等级都有贷出者和借入者，但贷出者多为司沛和责卡、俄等级中的富裕户，或者头人，他们通过大放高利贷积累财富，集中土地。司沛和头人，高利贷剥削占其总收入的相当一部分。比较富裕的人户，也都是高利贷的投放者。

喇嘛寺是高利贷剥削的中心，全寺日常开支和每年各个庙会的支出，绝大部分靠高利贷维持。日常开支部分由寺内掌握经济的"格梭"（管家）放出，各个庙会支出则由专门负责筹办某一个会的"滴巴"或喇嘛放出。凡借喇嘛寺的现金和粮食者，必须书写字据，找保证人，按时付息，否则即以复利计算。

此外，少数刚从母屋"报庐"分居的妇女，也采取喂猪腌制猪膘，或直接用货币、粮食放债办法，维持生活。

借债的人家，主要是贫困的责卡和俄，以及资本较少的手工业者和小商贩，他们借债的目的多是为了解决生活困难。也有一些比较富裕的家庭，在家中死人或举办宗教祭祀活动时，向外借入猪膘。这也是猪膘在实物借贷中成为重要的物资的原因之一。随着高利贷的增加，不少人家贫困破产。

在纳西族农村社会的生产生活中，作为民间融资的调剂手段之一的高额利息借贷，从农村生产的现实和农民生存理性的选择来看，有着特定的历史存在合理性。

三、雇佣法律关系

雇佣关系也普遍存在。雇工分长工和短工两类。雇用长短工者，主要是少数司沛和责卡、俄等级中的富裕户或头人，地主、富农的一部分人户，以及个别富裕中农。雇工剥削已成为富裕户重要的剥削手段。在雇用长短工的人户中，由于各户原占有俄和土地数量不等，因而对雇工的使用各不相同。但总的来看，占有俄较多的人户，他

① 史料参见云南省编辑组：《宁蒗彝族自治县永宁纳西族社会及其母系制调查》（二）（三），云南人民出版社1986年版。

们的农业生产多役使俄无偿劳动，故将长工用于牧牛和赶马，在农忙季节，雇用短工以补农业劳工之不足。

被雇的长工，多因家贫而出卖劳动力谋生，也有因欠债而帮工赎债，后成为雇工。长工待遇，根据不同工作性质有所不同。专门赶马或主要赶马又兼做农活的雇工稍强；专门做农活的雇工待遇较低；专门牧放牛马的雇工，则无固定工资，每年由老板发一件布、一双牛皮鞋等。

出现出卖短工的人户，短工工资一般有比较一致的标准，不论男女，日工资通常为粮食二筒，或盐巴半斤，或茶二园（即二块，相当于半斤），或半开 0.25 元。个别雇佣汉族耙田、插秧，日工资为半开 0.5 元。不论长工、短工，与雇主只是雇佣关系，而无人身依附关系和隶属关系。但是，由于社会上盛行“阿注”形式的婚姻制度，在雇佣关系中，也有夫妻关系存在的情况。①

四、经济、民事方面的土司习惯法规定

责卡在行政上受伙头管辖。伙头是世袭制，由舅传甥或父传子，也可传女。其职责是为土司催收银粮和维持社会秩序，调解小案件民事纠纷。较大的事件，则必须报请司沛、总管或土司解决。伙头由总管统辖，实际上是由土司直接控制。司沛替土司催收各项杂派，加强当地统治，伙头听从其指挥。

在氏族制度时期，氏族酋长的职位是由氏族公社成员中有威望和能干的人继承。伙头一职，一般是由责卡中的头人担任。到了氏族制度晚期，酋长转变为世袭制，伙头也变成世代相传。氏族酋长生活来源主要靠其成员奉献，逐步演变为贵族。伙头每家有十到几十亩不等的伙头地，有许多经济上的特权。

当地发生的民刑诉讼案件，由司沛处理。封建领主制下的纳西族地区，没有成文法，但有维护封建等级制度和保护私有财产等有关封建主根本利益的习惯法，并且规定详细。

土地、河流、山林、湖泊等的所有权属于土司，土司又将其土地、草场分封给其亲属占有。山林、湖泊既为土司所有，则山中野兽、湖中鱼类及一切野生之物也全属土司所有。狩猎者须将猎获的珍贵野兽献给土司，捕鱼者须纳渔税。野生土特产，须

① 史料参见云南省编辑组：《宁蒗彝族自治县永宁纳西族社会及其母系制调查》（三），云南人民出版社 1986 年版。

先经土司及其他司沛采集三天后，才许其他人采集。

保护私有财产是习惯法的中心内容。对盗窃、欠债不还者的处分是打屁股、罚款、监禁、将责卡下降为俄。对盗窃者的罚款无定则，视所盗财物的多寡及盗窃者本人的经济情况而定。

责卡、俄等级的土地，可以世代继承，也可出租和抵押；如果绝嗣，土地即由土司收回。土司、司沛们希望责卡绝嗣，以便吃绝业。但不希望俄绝嗣，因俄占有土地不多，没有多少绝业可吃，而俄本身就是土司、司沛的劳动人手和可以出卖的财产。每逢俄有绝嗣的可能，主子总要设法给一子续嗣，以使这一户俄得以繁衍下去，供其奴役。

俄等级对主子虽有上述人身依附关系和繁重的劳役，但除少数单身俄外，都有自己独立的经济和家庭，主子对俄一般不能任意生杀予夺。据调查，就是对俄控制较严，常施吊打的封建土司，也不能将俄随便杀戮，社会上亦无对俄施以断肢、挖眼、割鼻、抽筋等惨无人道的酷刑。主子对俄的财产，不能随心所欲地侵占，只有土司和个别当权司沛，凭借其权势压榨。就一般而论，只要俄不影响对主子的劳役，可以自由外出贸易和探亲访友，也可以通过各种途径积累财富，一般不受限制和干涉。得到土司赏识的俄，还担任土司政权的中下层官职。由此可见，无论从社会地位或经济地位来看，俄等级中的大部分人户，与奴隶社会中的奴隶有一定区别。①

第七节

婚姻继承法律

一、摩梭人的婚姻制度

摩梭人居住在云南省宁蒗彝族自治县境内，是纳西族的一个支系，历史上其婚姻状况别具特色。

---

① 史料参见《纳西族社会历史调查》（二），云南民族出版社1986年版，第334、338页。

摩梭人内部，在以一夫一妻制形式同居生活的同时，也盛行阿注形式的婚姻制度。① 上述形式，往往又以相互融合的状态存在，其婚姻制度，一般可以分为三种形式。

（一）阿注异居

新中国成立前，永宁摩梭为母系社会，男大不婚，女大不嫁。他们的家庭组织，只有母亲，没有父亲，家庭经济权操于妇女手中，只有女子才有遗产继承权。婚姻形式，叫作“阿注”，男女阿注可以过性生活，亲戚邻友都认为是正当合理的。男在夜晚去女家，次早返回，所生儿女，不属于男方，无亲属关系，也不必负担养儿育女的职责。阿注关系合则留，不合则离。出家的喇嘛，也可建立阿注关系。阿注异居关系中，自愿走婚的男女双方，并不组建共同家庭，平时各居其母系大家庭中，在夜间男子到女家过偶居生活。走婚持续期间，男女双方没有共同财产，生产和消费都不在一起，没有共同的经济基础，彼此间的权利义务关系比较松散。②

1. 阿注异居关系的建立和解除。阿注关系的建立没有固定的方式。纳西族成年男女在生产劳动中或者节日、庙会、赶集、婚丧等社交活动中，都有自愿结交阿注的机会。一般来说，结交阿注有三种形式：一种是男女双方情愿，就交换自己随身携带的腰带、头帕、银链等作为信物，入夜后男子就可以到女阿注家过夜；另一种形式是通过中间人，然后双方再进行接触，这个中间人可以是朋友，或是经常给人介绍阿注并从中获取一定报酬的老妇人“牟衣黑”（媒人），甚至也有母亲担任中间人，为自己的女儿物色阿注的；还有一种情况，就是男子看中某个妇女，不用语言表达，抢走女子的腰带或者其他信物，随后男子带着礼品，找到女家，如果女方同意，就把这个男子留下，建立阿注关系，否则，女子不出面，由母亲与这个男子周旋，婉言把被抢之物索回。

阿注关系的解除，比较简便。只要男女任何一方不愿意交往下去，就可以断绝阿注关系。女方可以采取不开门或男方来访时不见面的方式拒绝，男子则只需不去女家访宿即表明有断交的意愿，任何一方都不能强迫对方继续结交。一般来说，引起阿注

① 这种婚姻家庭制度尤以云南西北部宁蒗彝族自治县境内永宁乡聚居地的摩梭人为代表。

② 史料参见詹承绪等《永宁纳西族的阿注婚姻和母系家庭》，云南人民出版社 1986 年版，严汝娴等《永宁纳西族的母系制》、《云南省宁蒗彝族自治县永宁纳西族社会及其母权制的调查报告》2、3 辑，云南人民出版社 1987 年版、1988 年版。

关系破裂的原因，除了无意再进行交往以外，通常是由于双方或一方另有阿注。至于男女双方年岁渐老，停止走访，阿注关系随之解除。

2. 阿注异居关系存续期间双方的权利义务。阿注异居关系存续期间，双方的权利义务关系比较松散，没有严格的经济关系和人身关系。男阿注到女阿注家，起初总要携带棉布、头帕或盐、茶之类礼品，女方则以麻布裤回赠；时间长了，通常一年才送一套衣裙、一双牛皮鞋和一顶斗笠。至于年纪大一些或阿注找得多的人，就不可能个个送礼，次次送礼。这样的交往只是一种礼节性的，双方都没有经济和人身方面的硬性约束。

阿注异居关系的主要内容是单纯的性生活关系，双方无须终生互相关怀照顾，男方也无须教养所生子女，同居期间所生子女属于母方大家庭，姓氏随母，生父对其子女不享有权利也不承担义务。男女双方的关系不太固定，男女一生所经历的阿注人数，往往不止一人。

一般来说，年轻时期，阿注关系多不稳定，临时阿注较多且不固定。随着年龄增长，阿注关系也就逐渐趋向稳定，临时阿注渐少，逐渐固定在两三个甚至一个阿注上。

（二）阿注同居

阿注同居，是在男女双方经过长期的异居走婚，感情较为牢靠，且年纪已近中年后组合的，婚姻关系比较固定的婚姻形式。男女双方不再单独居住在各自母系大家庭中，而是按双方的意愿，以阿注关系共同居住在女方的或男方的母系大家庭中。无论是女到男家，还是男到女家，都是根据双方家庭人口及劳力的多少来定，不带任何钱财及门第意图，他们共同参与家庭生产，没有婚姻共同财产，但彼此享有并承担一定的权利义务，生父对同居期间所生子女拥有一定的抚养和教育的权利和义务。一般来说，在各自的母亲去世以后，他们尽到了赡养老人的义务后，才开始同居生活。

阿注同居有男居女方和女居男方两种形式。这种形式的男女婚姻关系，较之阿注异居就稳定得多。男女双方已共居于同一个家庭内，共同劳动，共同生活，对同居中所生子女和女方与前阿注所生子女共同承担抚育之责。实际上，这已是夫妻，只不过是未经办酒宴客的仪式而已。

1. 男居女方。男居女方的阿注同居形式，其所生子女，乃至所带去的甥男、甥女或前妻的子、媳，其亲属关系，一律从女方计算。女方有男阿注与之同居，一般不会引起女方家庭类型的改变。

2. 女居男方。阿注同居的男居女方，虽然改变了阿注异居的形式，而对于母系家庭的解体，只有微小的作用。男子及其所生子女仍须戴女方的家名，亲属关系依从于女方。女居男方，只不过缺少一个仪式，实际上就是女嫁男娶，所生子女的亲属关系按男方计算，戴男方的家名。这种形式，不仅突破了原始的阿注异居形式，并在母系家庭的变化上起着作用。

女的到男方家同居生了子女，就使男方的家庭类型产生重大的变化，由母系家庭变为母系父系并存家庭，甚至变为父系家庭。这种形式是母系家庭向父系家庭转化的转折点。但母系家庭的财产所有制的传统习惯，仍然保留在纳西族社会。

阿注同居，无论男居女方或女居男方，在同居之前，均为异居阿注，并且多是在经历了若干其他阿注之后，才同居共处。同居的男女双方并不是把同居当作终身大事，加以慎重考虑。男女出去与阿注同居，如果相处不好，仍可以回到自己家里来。家里是兄弟姐妹、母亲、舅舅、外甥，都是自己人，一般地说，都欢迎自己的人回来。老舅舅回来，外甥有义务赡养；大妈妈（母之姐）、小妈妈（母之妹）回来，都是妈妈。①

永宁纳西族的阿注婚姻并不是与生产力十分低下的原始时代的社会经济结构相并存，而是与封建领主制的经济结构长期并存。这个地区自从1253年归元朝忽必烈统辖之后，就输入了封建领主制的生产关系，而原来的氏族（当地人有“尔”、“斯日”的称谓）也就被改变成了现在的“衣社”。②“衣社”作为社会经济结构的基本基层单位，对封建领主制的生产关系承担了一切义务。这种男不娶、女不嫁的阿注婚姻关系与封建领主制的物质生产关系并行不悖地同时存在了700多年，其特定的历史根据，按照学者蔡俊生的观点，当元朝忽必烈输入封建领主制的生产关系的时候，永宁地区的社会结构恰恰是处在两种生产——物质资料的生产和人本身的生产——相分离的状态中，封建领主制的生产关系以及较先进的生产工具（铁质农具），把原来的氏族改造成了封建经济的基本基层单位——“衣社”。但人本身的生产关系——婚姻关系，却不仅是开始，而且一直与封建的经济关系处在相分离的状态中。随着经济文化的发

① 詹承绪等：《永宁纳西族的阿注婚姻和母系家庭》，云南人民出版社1986年版，严汝娴等：《永宁纳西族的母系制》、《云南省宁蒗彝族自治县永宁纳西族社会及其母权制的调查报告》2、3辑，云南人民出版社1987年版、1988年版。

② 严汝娴、宋兆麟：《论纳西族的母系“衣社”》，载《民族研究》1981年第3期。

展，生产上闲暇时间的增多，原来的群婚按照它本身的规律向对偶婚姻过渡，形成了阿注婚姻。蔡俊生先生认为，正是由于经济关系和婚姻关系相分离的特殊社会结构，造成了阿注婚姻与封建领主制经济并存，即婚姻关系（人本身的生产的社会关系）不受物质生产关系发展变化的影响。①

（三）建立阿注关系的习惯法条件②

1. 必备条件：其一，男女双方当事人意思自治。阿注异居或阿注同居关系的缔结，完全取决于摩梭男女双方的自愿，以感情为基础，以方便和需要为目的，一般不需要第三者介绍，不受任何外人包括家庭成员的干预。其二，达到习惯法规定的年龄。根据永宁摩梭习惯法规定，摩梭少年在 13 虚岁举行成丁礼后便享有并承担成年人的一切权利和义务，可以结交阿注，但一般男子 17 岁、女子 15 岁以后，才开始结交阿注。③

2. 禁止条件：禁止与近亲属走婚，即同一家族内部成员之间不得结交阿注；禁止血缘走婚，即男女双方有血缘关系不能结交阿注；禁止与养蛊家族中的成员结交阿注；禁止与家族或个人名声太糟糕的人结交阿注。

3. 习惯法程序：永宁摩梭人结交阿注的过程，既不受门第观念的束缚，也不受经济条件的制约，没有固定的方式和条件，多数是自己寻找，有的是在生产劳动过程中产生感情，也有的通过中间人拉线，然后才接触，男女双方不需要履行任何手续，不举行任何仪式，也不必互赠礼物，就可以在一起过婚姻生活。如果阿注关系由秘密到公开，则需男方正式到女方家，带一点“锅庄礼”（烟酒茶之类物品）给女方的长辈，有的还须举行敬“宗巴拉”的仪式，即敬灶神和拜祖宗，才算公开确定关系。④

4. 双方的权利和义务：阿注异居关系持续期间的男女双方，在财产关系方面，没有婚姻共同财产，经济上彼此独立，没有任何联系；相互之间没有继承权；没有相互扶养的义务。在人身关系方面，有各自结交新阿注的自由；同居期间所生子女属于

---

① 蔡俊生：《“双氏族群婚”概念和“阿注”婚姻形式——关于物质资料生产和人本身生产的关系》，载《哲学动态》1981 年第 1 期。

② 刘娟：《摩梭人婚姻家庭的法律研究》，张锡盛主编：《市场经济与民族法制——来自中国云南的研究报告》，云南大学出版社 2004 年版，第 183、300、314 页。

③ 杨学政：《摩梭人的母系家庭和阿夏婚姻——喇瓦村摩梭人家庭婚姻调查研究》，载《研究集刊》1985 年第 2 期。

④ 詹承绪：《永宁纳西族母系父系并存家庭试析》，载《中国社会科学》1981 年第 4 期。

母方大家庭，姓氏随母；生父对其子女没有教育和抚养的权利和义务。①

阿注同居与阿注异居的不同之处在于离异后孩子的归属和抚养等方面。阿注同居关系持续期间有了孩子，离异后孩子的归属问题由双方商定，不会招惹吵闹和双方家庭的冲突，更不会索要抚养孩子的钱财。一般说来，如果孩子尚在幼年，随母生活，如孩子大了，双方协商，或由孩子自己决定随父还是随母。阿注同居婚中生父拥有一定的对子女抚养和教育的权利。

由临时阿注发展为短期或长期阿注的，也并不排斥结交新的临时阿注，而且任何一方只要不愿意持续这种婚姻，就立即可以宣布解除同居关系，即使同居多年，生有多个子女也不例外。在双方没有解除走婚关系以前，如有一个长期阿注和一个临时阿注同时探访一个女子，或者是临时阿注先到，长期阿注后到，临时阿注会让长期阿注同那位女子同居。阿注关系的维系基于感情，男女双方如果发生了欺骗感情的行为，会受到家族长老、宗教人士和社会道德舆论及习惯法的谴责和制裁。②

（四）阿注关系的终止

阿注关系的终止，取决于摩梭男女双方自愿对走婚关系的解除。阿注异居关系持续的男女如果感到彼此不适合，男方晚上不再去女方家走婚或女方不再给男方开门，阿注异居关系就宣告破裂。由于不涉及财产的划分、子女的归属等利益问题，容易解除，一般不会引起争执和纠纷。若是女住男家，女的可以回到自己母亲家，母亲家的所有成员仍把她作为家庭的一员看待；男的回到母亲家，照样是孩子们的舅舅，仍然受到家人的尊敬。③

在摩梭母系亲族和母系家庭的女成员之间，即同母姐妹和姨姐妹之间，子女被视为是大家共有的。

---

① 詹承绪、王承权、李近春、刘龙初：《永宁纳西族的阿注婚姻和母系家庭》，上海人民出版社 1983 年版，第 37、47、50 页。

② 史料综合来自云南编辑组：《宁蒗彝族自治县纳西族社会及家庭形态调查》之一，云南人民出版社 1987 年版；云南编辑组：《宁蒗彝族自治县永宁纳西族社会及家庭形态调查》之二，云南人民出版社 1988 年版；云南编辑组：《永宁纳西族社会及母系制调查》之三，云南人民出版社 1989 年版。

③ 史料参见詹承绪等：《永宁纳西族的阿注婚姻和母系家庭》，云南人民出版社 1986 年版；严汝娴等：《永宁纳西族的母系制》、《云南省宁蒗彝族自治县永宁纳西族社会及其母权制的调查报告》2、3 辑，云南人民出版社 1987 年版、1988 年版。

（五）阿注纠纷

阿注纠纷时有发生，男女建立长期阿注关系后，如果抛弃对方，另外结交阿注，常常会引起纠纷。这种纠纷，有的发生在男女双方之间，有的发生在与第三者之间；有的是男子打女子一顿，或剪掉女子的辫子，有的是女子撕烂男子的衣服，或剪断男子的腰带。

除了上述发生在阿注之间的纠纷外，在某些村落中，排斥外村或外地的男子进入本村交阿注，也常引起纠纷。在某些村子，如果外地外村的男子事先没有和该村小伙子联系，就来村中随便找妇女交阿注，该村小伙子常常组织起来加以对付，有时将这些男子捉住剥掉衣服，有时又将他们痛打一顿。据说主要是怕他们来乱找阿注，引起村中内部的纠纷。按传统习惯，如果外村的男子事先和该村小伙子打个招呼，到该村随便找妇女交阿注就不受干涉；如果没有打过招呼，在被抢去了衣物和挨了打之后，只要买酒来请该村小伙子喝，并向他们认错，这样，不仅衣物可以退还，而且此后就可以来村中找妇女交阿注了。①

阿注纠纷如果造成伤亡事件，一般还引起家庭间的纠纷，甚至诉讼。如发生人命案，可向土司告状。土司可以将杀伤人者定罪、罚款、收监，查封其家产，没收其家的全部俄等，同属于该“斯日”的各家，也按“规矩”每户罚银。

以上这些纠纷说明：第一，男女双方在某种程度上都要求独占，要求对方忠实于自己，要求对方除自己以外，不要再公开另交阿注。第二，男女双方独占的要求都是单方面的，即只要求对方不另交阿注，而自己却不受限制。这样，不论男女，在有了长短阿注之后，在需要和方便时，又暗中结交临时阿注。而在临时阿注中，有比原来的长短阿注更好的对象时，又丢了原来的长短阿注，另找新的长短阿注，这就不可避免地发生纠纷。一般说来，如果男女双方没有亲眼看见对方交阿注，并亲自感到有把自己抛弃的危险时，是不会发生纠纷的。因为女子趁自己的长短阿注不在时另交临时阿注，男子趁女子的男阿注不在时找这个女子交临时阿注，都被认为是很自然的事情。因之，男女双方对彼此的临时阿注，大多采取容忍或心照不宣的态度。男女双方结交临时阿注时，都比较秘密。按传统规矩，男子在交临时阿注时，如果在女家和女

---

① 史料参见云南编辑组：《宁蒗彝族自治县纳西族社会及家庭形态调查》之一，云南人民出版社 1987 年版；云南编辑组：《宁蒗彝族自治县永宁纳西族社会及家庭形态调查》之二，云南人民出版社 1988 年版；云南编辑组：《永宁纳西族社会及母系制调查》之三，云南人民出版社 1989 年版。

子的长阿注相遇，一般自己都要主动相让，尊重女方的长阿注。从女子来说，只在确知自己的长阿注不会与临时阿注碰面时，始接纳男子；只要长阿注来家，都要抛开临时阿注而接待长阿注。①

阿注关系的不稳定，还表现在双方有一方一旦远出，便有第三者乘机插入。男子远出，往往在外面另寻临时阿注，而长期阿注远出的妇女也在此期间与另外的男子建立短期或临时阿注关系，待其长期阿注归来又与临时阿注断绝关系。多角的阿注关系，只要是长期阿注归来，临时阿注便自动结束，双方都不会认真追究。若当面碰上，或因此造成一方对另一方的遗弃，便有可能引起纠纷，严重的就引起角斗，或引起一方对另一方的报复。一种常见的报复方式是：将对方的衣服剥下，目的是使对方受到羞辱。当然，也并非必须进行报复。②

（六）家庭关系

1. 异居中子女和父亲的关系。男女阿注虽然异居，关系也不太固定，但对“父亲观念”是极为清楚的，只是“父亲”不成其为家庭成员。只有少数青年妇女由于阿注多又极不稳定以致弄不清楚谁是子女的生父。阿注异居所生子女之生身“父亲”称为生父，使其与阿注同居和结婚所生子女的父亲区别开来。生父及父亲之重要区别在于前者不成其家庭成员，对其所生子女不负担抚育责任；后者是家庭成员，对其子女负有抚育之责。

阿注异居所生的子女，一般不是由母亲告知其生父为谁，而是从村邻言谈中知道谁是自己的生父，根据孩子的母亲在那段时期与谁结交阿注，同一段时间来访者不止一人，就从谁来“认子”或孩子的容貌近似判别。

阿注异居所生子女之生父，不是家庭的成员，没有在家庭的共同劳动、共同生活中培养出父与子女的情感。母系家庭血缘和亲缘关系只以母系计，不考虑父系血统，如果母亲的阿注关系断绝，子女和生父之间就形如路人。

对阿注关系尚维持时期所生的子女，男方也有向女方送礼“认子”的；但生父本人不去，由男方的姐妹或母亲携带鸡蛋、米酒等礼品去慰问产妇。子女长大后，也有

---

① 严汝娴、宋兆麟：《永宁纳西族的母系制》，云南人民出版社1983年版，第208页。

② 史料参见云南编辑组：《宁蒗彝族自治县永宁纳西族社会及家庭形态调查》之二，云南人民出版社1988年版；云南编辑组：《永宁纳西族社会及母系制调查》之三，云南人民出版社1989年版。

去探视其生父，或生父死时去祭吊致哀的，但不是必须要履行的义务。在阿注异居的情况下，子女的长辈是母亲及母亲的兄弟姐妹，即舅舅和姨母。子女虽有其父，但父亲是属于另外一个家庭的成员。①

2. 阿注异居中的亲属关系。传统的摩梭大家庭只有祖母们、母亲们、舅舅们、子女们，没有父系成员，女人的身份不是妻子或媳妇，而是母亲或姐妹，男人的身份不是父亲或丈夫，而是侄儿与兄弟。整个亲属关系的核心便是母亲、舅舅与（侄）儿女的纵线关系，以及姐妹兄弟的横线关系。

母系家庭中没有父亲及父系亲属，在母系亲属中，基本的是姨母和姨侄、姨兄弟姐妹、舅舅和外甥这三种属亲。妈妈的姐姐是大妈妈，妈妈的妹妹是小妈妈，都是妈妈，无所谓“姨”；外孙就是孙，外甥或外侄就是甥或侄，无所谓“内”、“外”。姨兄弟姐妹与同母兄弟姐妹同称，没有“姨”、“表”、“堂”等概念。舅舅与家庭其他成员以及外甥（女）的关系，又叫舅父权，即母系家庭中母亲的兄弟在家庭中的权利。

母系家庭内，兄弟不内娶，姐妹不外嫁，诸姐妹所生子女及其舅舅、外祖母同为一个家庭的成员。由于女不嫁，男不娶，只有亲属而无外戚，其亲属成员都是母系的。子女对生父可视为路人，对舅舅却不能不管。舅舅、兄弟所生子女，不属自己人，不是自己家庭的成员，乃分属于各不同的家庭，生父无抚育之责，可以不闻不问，但对外甥就不能不抚育。男人终身不娶，只要有外甥，不愁老年无人照顾。由于舅舅实行走婚，但生产、生活仍在自己家庭内进行，因此与姐妹一起从事家庭的生产劳动，安排生活，从而结成了共同的经济关系。舅舅除担负着帮助自己的姐妹料理家务外，必须承担起关怀、教育、培养下一代外甥、外甥女的义务；长辈与晚辈的关系在母系大家庭中，表现为上辈对下辈有共同抚养和教育的义务，下辈对于上辈则有共同赡养和孝顺的义务。②

兄弟姐妹间的关系，以母系思维来建构，自己的兄弟姐妹全是“姊妹”。摩梭人把自己的生母、生母的姐妹、生母兄弟的阿注，一律视为“自己的母亲”，把自己的

---

① 史料参见詹承绪等：《永宁纳西族的阿注婚姻和母系家庭》，云南人民出版社 1986 年版；严汝娴等：《永宁纳西族的母系制》、《云南省宁蒗彝族自治县永宁纳西族社会及其母权制的调查报告》2、3 辑，云南人民出版社 1987 年版、1988 年版。

② 宁蒗彝族自治县县志编纂委员会编：《宁蒗彝族自治县县志》，云南民族出版社 1993 年版，第 69 页。

子女、自己姐妹的子女，一概视为“自己的子女”。母子关系不受婚姻、生育限制。①

（七）亲属称谓

亲属制度是类分式的，对于所有的血亲概类别为各种范畴。

己身为女子，自己的和姊妹（亲姊妹和远房姊妹）的子女都称为子和女，即“若”与“木”。称自己兄弟（亲的和远房的）的婚生子女为侄儿和侄女，即“则屋”与“则梅”，或称“兄弟之子”。

己身为男子，称自己和兄弟的婚生子为子和女；称自己女阿注所生的子女（包括自己与女阿注生的和别人与女阿注生的）为侄儿和侄女，即“则屋”与“则梅”。称自己姊妹的子女也是侄儿和侄女。

对母亲和母亲的姊妹统称母亲，即“阿咪”。又依长幼将母之姊称为大妈妈，即“阿咪直”，将母之妹称为小妈妈，即“阿咪吉”。“阿咪”也用以称母亲的女友、舅父的妻子和女阿注。

对母亲的兄弟和母亲的男阿注均称“阿乌”（舅舅）。

对母亲的母亲即祖母称“阿移”，对“阿移”的兄弟即舅祖父称“阿普”。这两个称谓也可用以称父亲的父母、自己阿注的祖父母，以及其他老年人。

对曾祖不分男女均称“阿斯”。

己身是女子，自己和姊妹的儿女的子女都是自己的孙子与孙女，即“如屋”与“如咪”。这两个称谓可用于称呼自己儿子的妻或阿注的子女，自己兄弟的妻或阿注的女儿的子女。

己身是男子，对自己姊妹的子女（侄子和侄女）的子女，称孙子与孙女，对自己的和兄弟的妻或阿注的子女的子女，也称孙子和孙女。

因此，在实行阿注异居婚姻的母系家庭中，男子只有侄子女而不会有自己的子女。同辈之间，无论姑表、舅表、姨表以及父系的兄弟姊妹之间一律以兄弟姊妹相称。

同辈之间，无论姑表、舅表、姨表以及父系的堂兄弟姊妹之间都没有专门称谓，

① 史料综合来自云南编辑组：《宁蒗彝族自治县纳西族社会及家庭形态调查》之一，云南人民出版社 1987 年版；云南编辑组：《宁蒗彝族自治县永宁纳西族社会及家庭形态调查》之二，云南人民出版社 1988 年版；云南编辑组：《永宁纳西族社会及母系制调查》之三，云南人民出版社 1989 年版。

而一律以兄弟姊妹相称。这些关系中，依母系原则在亲疏和婚姻关系上，有严格的习惯法区别。姨表是属于同一个母系血统的，关系如亲兄弟姊妹，严禁通婚。至于姑舅表和父系的堂兄妹之间，则认为不属于同一（母系）血统，他们之间的婚配关系也不受禁止。同辈之间，对长于自己的兄与姊，统称为“阿木”，对幼于己者，弟称“格日”、妹称“各咪”。这些称谓既适用于姊妹的子女间，也适用于兄弟的子女间，以及兄弟的婚生子女与姊妹的子女间。①

姻亲关系中辈分的区分由于年龄的关系而不甚严格。

夫妇的称谓只有在结婚的和同居阿注间才使用。异居阿注只相互以阿注相称，并不认为是夫妇关系，双方的家庭也不认为有“夸这”（亲戚）关系。一方对于另一方的家庭成员，长辈多随对方以亲属称谓相称，同辈之间可用亲属称谓相称，也可用名字相称。

称谓中最上至曾祖（通性），最下至孙。曾祖以上概以曾祖相称；孙以下，概以孙相称。

无继父、继母、继兄弟姊妹和继子等称谓。

在男子娶妻而姊妹未分居的人家，称父为“阿乌”（舅舅）。他们认为，若称父为“阿达”，就会使同居的姐妹们（孩子的姑母）害羞，称父为阿乌则可以使亲属称谓维持着母系的传统，有利于家庭团结。②

在称谓中有母亲和舅舅之分、子女与外甥外甥女之分，但却没有“父亲”、“姑姑”等称谓，而且母亲与舅舅的阿注同称，舅舅与父亲（母亲的阿注，不一定是亲生父亲）同称谓，男方对自己的子女只能称外甥、外甥女，在摩梭人的亲属制度中，并没有父亲的称谓，因为父亲在另一个“依度”里，很明显舅舅是没有自己的子女的，因为他们的子女在另一个“依度”里。这种特殊的称谓表明了子女属于母家所有，反

① 史料综合来自云南编辑组：《宁蒗彝族自治县纳西族社会及家庭形态调查》之一，云南人民出版社 1987 年版；云南编辑组：《宁蒗彝族自治县永宁纳西族社会及家庭形态调查》之二，云南人民出版社 1988 年版；云南编辑组：《永宁纳西族社会及母系制调查》之三，云南人民出版社 1989 年版。

② 詹承绪、王承权、李近春、刘龙初：《永宁纳西族的阿注婚姻和母系家庭》，上海人民出版社 1983 年版，第 101 页。

映了按母系组织的家庭制度。①

（八）阿注的财产关系

无论长期或短期阿注，仅有的经济联系为双方互赠礼品，临时的阿注往往是由男子单方面向女方送礼，礼品的种类不拘。关系维持到一年以上的，按照惯例，男方每年要送给女方一身衣裙、一条腰带、一双牛皮鞋和丝线、雨笠乃至货币，并给女阿注的母亲、舅舅赠送盐、茶。女阿注每年要回赠男方绣有图案花纹的自织麻布裤和自织的腰带。一般男阿注送给女阿注的物品全是购买来的，而女阿注送给男阿注的物品则全是自己生产的。

还有阿注之间在生产上建立联系的，双方建立“依底”关系和两家联合赶马运输。女阿注的子女有其舅舅协同抚育，男阿注对与女阿注所生子女不承担任何义务，他的义务是在他自己的家里协同其姐妹抚育外甥。

二、纳西族的结婚规定

纳西族一夫一妻的婚姻形式是男女双方经过父母做主，邀媒说合，重礼聘娶，长辈主婚，宴请村邻，举行仪式，以此得到社会公认。结婚主要是习惯法形式意义上的，有两种基本形态：一种是入赘，另一种是娶妻。入赘是男居女方，子女血统从女方计算的婚姻形态；娶妻是女居男方，子女血统从男方计算。结婚的双方已被社会公认为正式夫妻，配偶关系较之阿注同居稳定。结婚一般在三种情况下发生：一是家中没有女嗣而要求男子娶妻；二是家中没有男子，虽不影响嗣后，却缺乏男劳动力，可能会要求男子入赘上门；三是纳西族与外族通婚。解除这种一夫一妻制婚姻关系，要取得双方家庭、家族甚至社会的认可，办理必要的手续后方可离婚。接亲仪程比较复杂，有“开庚”、“插香”、“送彩礼”和“办酒”等程序。青年男女通常在13岁以前，便由父母做主定下了亲事，有的早已选好了对象，在定亲之前，由男方请媒（男

① 史料综合参见云南编辑组：《宁蒗彝族自治县纳西族社会及家庭形态调查》之一，云南人民出版社1987年版；云南编辑组：《宁蒗彝族自治县永宁纳西族社会及家庭形态调查》之二，云南人民出版社1988年版；云南编辑组：《永宁纳西族社会及母系制调查》之三，云南人民出版社1989年版。

女均可）到女家说亲，经女方父母同意后，即按相应程序办理。①

（一）入赘

入赘是男居女方，子女血统从女方计算的婚姻形态，入赘类似于阿注同居中男居女方，子女从母，一般不改变女方家庭的类型和性质。

（二）娶妻

结婚娶妻，是在以母系家庭占优势的环境中产生的一种婚姻形式。男女配偶双方的关系固定，共同住在一个家庭里，共同生产，共同生活。男人所生的子女不再是另一个家庭的成员，而是男人所在家庭的成员，血统也依父系计算，孩子们不仅有母亲，也有了明确的父亲。从而家庭里有了正式的夫妻、父子等父系亲属关系。

元朝对永宁等纳西族聚居地区推行土司制度以后，纳西族的统治者成为当地土司。土司职位的承袭，经中原皇朝确定，但土司职位实行父子相承，父子关系的建立，要改阿注异居为娶妻。所以，阿注异居的婚姻形式改变为结婚，首先是由土司实行，逐渐发展及于土司宗族、僚属以至于部分群众。阿注同居则被看作是从阿注异居到结婚的一种自发过渡的形式。②

官人为土司宗亲，也效学土司实行嫁娶，但若有次女不愿嫁，幼子不愿娶，仍要过阿注异居生活。作为官人的父亲也不能强其女嫁，强其子娶。

责卡（百姓）任为伙头、牛官等官职的，也往往效学土司行婚娶为荣。

俄除了人身依附关系外，俄的婚权也不很完整，某些俄家庭行将绝嗣之际，土司与主子往往强迫配给他们一个男子或女子，或将单身男女配成夫妻，以增加可供奴役的人户。男不婚女不嫁是摩梭人的传统婚姻制度，主子可以用特权强迫婚配。③

此外，也有“兄死弟娶嫂”的“转房”婚俗，④ 即夫兄弟婚，也称利未婚、转房婚，是女性在丈夫死后嫁给其兄弟的行为、习俗或法律。还有一种，就是男人与他妻子的姐姐或妹妹的婚姻。这种婚姻可以在第一个妻子生前，也可以在她死后。一般来

---

① 詹承绪、王承权、李近春、刘龙初：《永宁纳西族的阿注婚姻和母系家庭》，上海人民出版社1983年版，第105、107页。

② 严汝娴、宋兆麟：《永宁纳西族的母系制》，云南人民出版社1983年版，第97页。

③ 杨福泉：《多元文化与纳西社会》，云南人民出版社1998年版，第201页。

④ 云南省编辑组：《宁蒗彝族自治县永宁纳西族社会及其母系制调查》（宁蒗县纳西族家庭婚姻调查之二、三），云南人民出版社1986年版，第321、323页。

说，转房婚制（寡妇与死去丈夫的兄弟的婚姻）和填房婚制在根源上是有关联的，也是主要配偶以外的次级婚配的最普遍的理想形式。一般转房婚制是随意而非强制性的。广义的转房婚也包括改嫁给夫家其他男性，例如亡夫的叔、伯、儿子（女方的亲生子除外）、侄、甥等的情况。夫死后嫁给丈夫儿子的婚姻又称收继婚。多数社会都存在有夫兄弟婚的实际行为。但社会对此类婚姻的态度可分为反对、中立、支持鼓励，甚至被认为是义务。由于这样的男女双方本来就认识甚至熟悉，其结婚可能是个人选择。有的是出于经济考虑。贫困人家娶寡嫂、弟媳等，解决了赡养她们的问题，也省了聘礼。如果寡妇继承了财产，这样的婚姻可以防止家庭财富外流。① 社会视女性为夫家财产的时候，夫兄弟婚也可被理解为一种继承。另外，政治也可成为夫兄弟婚的动机。

三、纳西族的家庭关系

纳西族按血缘关系划分的家庭形态有以下四种：②

（一）母系家庭

在男女完全实行阿注异居婚姻的家庭里，女不嫁、男不娶，配偶双方各居母家，女子在结交阿注中所生子女只属于女方，血统按母系计算，财产依母系继承，这类家庭称为母系家庭。永宁摩梭母系家庭以母亲为核心展开，一般包括三至四代的成员，家庭的人数，一般平均七至八人。摩梭社会里，有母系血缘关系的一群人，居住在同一个住宅或院落里，共同生产生活，抚养后代。对已因此而形成的社会组织单位，摩梭自称为“依度”。“依度”是最小的社会组织单位，其内部情况是相当复杂的，有的是纯母系血缘的，有的是纯父系血缘的，有的是父系、母系血缘并存的，他们共同分享经济资源，抚养后代。③

（二）父系家庭

连续几代人实行男娶女嫁的家庭里，女子从夫居，夫妻共同担负起抚养子女的

---

① 严汝娴主编：《中国少数民族婚姻家庭》，中国妇女出版社 1986 年版，第 138 页。

② 严汝娴、宋兆麟：《永宁纳西族的母系制》，云南人民出版社 1983 年版，第 48 页。

③ 严汝娴：《家庭产生和发展的活化石——泸沽湖地区纳西族家庭形态研究》，载《中国社会科学》1982 年第 3 期。

责任，子女属于父方，血统按父系计算，财产依父系继承，由男子担任家长，多是一夫一妻的小家庭，这类家庭称为父系家庭。永宁摩梭人的父系家庭，一般是近几代才从母系大家庭中分出的小家庭，世系短，人口不多，通常只由一对夫妻及其子女组成，构成这类家庭的基本条件，必须是连续两代以上男子娶妻，或过继其他血统的子女。

从父系制度的发展来看，土司在清代以前即厉行嫁娶，确立了父系家庭。其次，从土司家族分裂出来的司沛等级，早期都是以父系为主的家庭，或以土司为榜样，一直实行嫁娶，基本上保持着父系家庭结构。再次，就是一般责卡和俄等级，也很早就有父系成员。由于家庭的等级、政治地位和经济地位的不同，家庭历代血统也存在着差别。一般而论，司沛等级、担任封建土司政权官职和由外地迁入而沦为俄的家庭，保持了较多的婚嫁习俗，这些家庭父系成分较多。

（三）双系家庭

双系家庭，即家庭中既有血统从母的成员，也有血统从父的成员，形成两系血统成员共居一家的局面，即母系父系并存家庭。

双系家庭世系的计算是按母系和父系两系展开的，每个家庭是一个独立的经济单元，母系财产继承制与父系财产继承制并行，家长（达布）一般以男性为主，共尊一个始祖、共用一个家名、共用一块墓地、实行姑舅表婚等。双系家庭中，姑舅表婚是被认可的，它既不违背母系血统，也不触犯父系的原则，还能够加强姐妹的子女与兄弟的子女之间的关系，缓和两系成员的矛盾，减少父系发展的阻力。①

（四）家族组织

纳西族的“崇窝”（族群），是由一个男姓远亲始祖后裔组成的有血缘亲属关系的家族组织。由于社会经济的发展和迁徙等等原因，这种组织已很松弛和很分散，一个“崇窝”一般分布在不同地区和村落中。一个“崇窝”有一个姓的，有两个姓的，甚至可以有三个姓的；而一个姓的人属于不同“崇窝”的则更多。纳西族先民实行母女连名或父子连名制，没有姓氏，因此后代各种姓氏与“崇窝”无一定关系。分散在各地“崇窝”的人，虽彼此相认，但基本没有整个“崇窝”的活动。“崇窝”之下有

---

① 詹承绪：《永宁纳西族母系父系并存家庭试析》，载《中国社会科学》1981年第4期。

“的只”，是三四代或十多代近亲始祖后裔，一般住在同一个村寨或相邻村寨。他们有共同墓地，彼此不能通婚，还有共同公地或山林，族长由年高望重者担任，主持祭天、分家、调解纠纷、教育不肖子孙等共同事务①。

四、财产管理和财产继承

纳西族的母系家庭居多，或母系家庭、母系父系并存，大部分是妇女当家。母系家庭中，没有父亲、丈夫。大多数男人不娶妻，跟他们的姐妹和甥住在一起，因此，即便男人当家，也是以舅舅的身份当家，不是以丈夫或父亲的身份。少数父系家庭中，可以由男子当家，但他们处理家务也和妻子商量，并不专断独行。

（一）母屋的权利和义务

母屋火塘在纳西族文化中有着特殊地位。“依度”（家屋）是摩梭最基本的社会单位。同一母系亲族成员居住的四合院式房屋，包括母屋、经堂、楞房及畜厩四个独立部分。摩梭房屋四壁用圆木垒成，屋顶叠盖石块压牢木板，俗称木楞房。其中，母屋（又作祖母房或正房）是摩梭家屋最重要的构成部分，融汇了整个摩梭文化的精华，是每个摩梭人生、老、病、死以及人生在世最重要礼仪（成年礼）的所在地，也是所有重要家庭活动的场所。每个家屋的亲属平均近二百人，是庞大的母系亲属网络，被称为“母系大家庭”。②

母屋是家屋的中心点，是整个家庭饮食、款客、议事、祭祀、敬神的核心部分。修建母屋时，必须经过一系列复杂仪式，如占卜吉日、砍伐木料、奠基、上梁升火等。母屋与家屋的门框极具特色，它的顶部相当低，门槛却又特别高，令人不可能大摇大摆横冲直撞，必须低头鞠躬才能进入，这充分体现了摩梭文化对母屋的尊崇。据传，这也是为了阻挡鬼进入母屋，因为鬼不会弯腰。母屋内的上方为锅庄和火塘，火塘上方是冉巴拉，象征火神与灶神。灶神像前放有凹顶方形锅庄石，用作祭供食品给灶神与祖先。火塘下方是两根文化意义深远的木柱子：右柱俗称女性，左柱俗称男性。家中老祖母与老舅舅分坐火塘右左上方，以示两性和谐共处，其他人按辈分与性

① 李近春：《丽江纳西族的文化习俗和宗教信仰》，中国社科院民族所民族学教研室：《云南四川纳西文化习俗的几个专题调查》，1981 年内部印发。

② 陈红光编著：《宁蒗民俗》之一《摩梭风情》，云南民族出版社 1996 年版，第 37 页。

别分坐两旁，长者坐上方，幼者坐下方。男左女右只是一般常规，更基本的原则是女子靠近正门入口的一方，男子靠近后室停尸房一方，暗喻“女生男死”的性别分工。当然，如果来客系尊贵客人、长辈、喇嘛或残疾人，并且主人愿意让位，则可坐到祖母或舅舅这两个位置上。①

阿咪在进餐时负责分饭，所以坐在火塘右边（摩梭人只在盛饭给死人时才反手）；任何人分菜时，必须先敬长辈，后给晚辈，先敬宾客，后给主人。同时，餐前必须先把一点点饭菜、酒茶放在火塘前的锅庄石或锅庄靠近火塘的前端，这就是“初夺”（祭锅庄），意为祖先也需要用膳而且比后人优先；另外，这亦提醒后人应该行善，不能作恶，因为祖先时刻看着自己。②传说，古时有母女相依为命，住在无人知晓的深山里，每天上山砍柴耕作。不幸年迈母亲病逝，女儿悲伤欲绝，每天上山耕作时仍旧准备两人饭菜，其中一份奉祭给母亲火化的树下。一天，树干中传来了母亲的声音：“女儿啊，我没有离开过你，你做的一切我都知道，只是你看不到我而已。以后不必每天辛劳带饭菜来祭我，只要在家中火塘前竖立一块锅庄石，每顿饭前放一点在锅庄石，我就心满意足了。”③摩梭小孩没有自己的房间，一般会睡在火塘边，或到楼房与长辈同睡。过了成年礼，女孩子一般会获得独立房子，做将来走婚之用。相反，许多年轻男人没有自己的房间，因为晚上往女方家走婚。晚饭后，围着火塘聊天的，往往是老人、幼孩及年轻妇女，年轻男人不是外出走婚便是耍乐去了。不走婚的时候，他们会随意睡在经堂或火塘边的小房间里。④

总之，房屋火塘的文化象征与女性地位高有着密切联系。妇女（母亲、姐妹）当家，多是处理家庭内务，称为“内当家”。男人（舅舅、兄弟）在外办理家庭外务，称为“外当家”。多数家庭都有内外两个当家人。但无论内外当家，重要的问题，如典当土地、建筑房屋、买卖大牲畜，必须由母亲、姨母、舅舅（或姐妹、兄弟）一起商量，无论男女都不专断独行。所以，纳西族家庭是由母亲、姨母、舅舅或姐妹、兄弟共同处理家务，共同管理财产。当家人（“达布”）只是在具体安排生产、生活方面起更多的作用。妇女除为内当家与男人（兄弟或舅舅）共同管理财产之外，不仅完全操持家务劳动，在田野劳动上也是主力。如果一个家庭只有两个男人，一个当了喇嘛（不劳动），一个经常外出赶马帮，

---

①②③④　宁蒗彝族自治县县志编纂委员会编：《宁蒗彝族自治县县志》，云南民族出版社 1993 年版，第 63、70、71、75 页。

则家内和田野劳动，就完全是由妇女承担。① 由于妇女在劳动中占重要地位，在财产处理和管理上与男人处于同等地位，并与男人（兄弟）共同继承母亲和舅舅的财产，且家庭的血统须由妇女来继替、延续，这就使得妇女成为家庭的中心。②

人类最初是从原始的血缘家庭发展到母系氏族社会，那时的婚姻也是从群婚向对偶婚发展，妇女相当自由，母亲地位很高，受到社会成员的高度尊敬。如："母虎养小虎，自养自己虎娃；母虎卫虎犊，自卫自己虎犊。""虎"是古代纳西族原始图腾之一，所以有"世上最初无贤能，世人贤能学自虎"之说。③ 妇女在纳西族社会有特殊地位和影响。东巴经中有这样的说法："世有九十九件祸，历来不曾有女祸；大地七十七个仇，从来不兴有女仇。"一直到了元代，男子互相仇杀时，需由妇女来和解："磨些蛮，……男子善战喜猎，挟短刀，……鸣证相仇杀，两家妇人中间和解之，乃罢。"④ 在纳西族社会中，血缘婚和亚血缘婚的衍化遗风残存很久："不是舅父的儿子，不能娶姑母的女儿。"⑤"姑舅表婚"（交错表婚）直至新中国成立前还很盛行。纳西族实行单方面姑舅表婚，从男子方面讲，就是娶舅舅的女儿，俗语说"阿舅则梅干"，意即阿舅的女儿我先要了，称为舅表优先婚。民间认为，这是亲上加亲的最佳婚配。如在永宁地区形成以地缘村落为基础的"通婚集团"，有传统的规矩：凡属同一个集团内的成年男女，只要不违反通婚禁例，都可以在本集团所属各村中任意结交阿注，不受任何干涉或限制；凡男子离开本集团，到别的集团所属村落找女阿注，须事先向该村小伙子们打招呼；对违反上述规矩者，该村小伙子会出面干预，甚至诉诸武力，并有优先通婚的权利。⑥

（二）财产权利

母系家庭的财产管理总的原则是"舅掌礼仪母掌财"，这也是母系家庭权力的分

---

① 云南省编辑组：《宁蒗彝族自治县永宁纳西族社会及其母系制调查》（宁蒗县纳西族家庭婚姻调查之二、三），云南人民出版社1986年版。

② 彭兆荣：《转换："舅""权"互为关系的一个原则》，载《云南社会科学》1994年第2期。

③ 云南编辑组：《永宁纳西族社会及母系制调查》之三，云南人民出版社1989年版，第320页。

④ 詹承绪、王承权、李近春、刘龙初：《永宁纳西族的阿注婚姻和母系家庭》，上海人民出版社1983年版，第77页。

⑤ 史料综合参见云南编辑组：《宁蒗彝族自治县永宁纳西族社会及家庭形态调查》之二，云南人民出版社1988年版；云南编辑组：《永宁纳西族社会及母系制调查》之三，云南人民出版社1989年版。

⑥ 白庚胜：《纳西族民俗志》，中央民族大学出版社1997年版，第63页。

工形式。妇女多处理家庭内务，男子（舅舅、兄弟）多处理外务，但无论内外当家，有重大问题时，例如房屋建筑、买卖大牲畜等，都是各位母亲、舅舅或兄弟姐妹一起商量定夺，无论男女都不独断，共同处理家务、共同管理财产。母系大家庭的财产，除个人的衣物、首饰、被子、小件用具外，其他全归所有成员公有和共有，永宁摩梭人的财产共有制是以子女共有制为基础的。在村落中，家族与家族间采取集体式的分工合作，取得的收益也采取原始的平均主义分配方式。①

兄弟和姐妹，或母亲、姨母和舅舅，共同在一个家庭里相处，其共同财产在某个家庭成员死亡时，自然地由其下一代子女或甥、甥女共同继承。在摩梭人社会中，凡土地、房屋、大牲畜、农具、家具等，为家庭集体所有。属于个人的“私房”，一般只有猪、鸡等小家禽家畜。女子自己劳动得来的麻、麻布，以及男阿注送的礼物，男子在赶马中缴给家长的剩余和农闲时经营其他副业的收入，可留一部分做“私房”。②

按照习惯法规定，在财产的继承和分配上，诸兄弟姐妹中，如果只有一个姐或妹离开大家庭另居，即“报庐”（砌小屋）别居，则一般都不得分有土地与其他财产，或者只能分得极少量的土地。没有分得土地的报庐别居者，只能向旁人租种或借耕土地。一般来说，报庐别居者的劳动力少，无力耕作大片土地。如果从原家析分得大片土地，就得分担土司所加予的钱粮和劳役。所以，也有原家愿分给土地，而自己不愿要土地，仅依靠酿酒、饲养鸡猪等其他副业来维持生活的。

兄弟姐妹之间，如果因析分财产而分居，称为“衣吐”。通常没有一兄或一弟单独分出另立门户的。因为男子不娶，分居时，兄或弟往往依附于一妹或一姐分出去立户；留居原屋者，也是一兄一妹或一姐一弟（或一姐二弟、或一兄二妹），其析分的家产，如土地、房屋、牲畜、家具、农具等，并不是绝对平均按人数析分，而是一剖两半，或母屋略多于分出者。

摩梭母系大家庭财产属家庭集体公有、共有，继承权属母系群体，男女皆有权利。财产的母系继承制即继承者以母系血统成员的身份继承财产，即母死后由其子女、侄儿和侄女继承；舅死后由其外甥和外甥女继承。大家庭中的男性成员可以通过娶妻的方式解决无女继承人的问题，等到生了女儿之后，男女双方可恢

① 郭大烈、杨世光编：《东巴文化论》，云南人民出版社 1991 年版，第 163、165 页。

② 云南编辑组：《永宁纳西族社会及母系制调查》之三，云南人民出版社 1989 年版，第 320 页。

复走婚生活。①

财产及官职的继承上，舅传甥、母传子女或父传子，均被认为合法。但传子只有在男子娶妻的情况下才能实现。在阿注关系中所生子女不算父亲家庭的成员，不可能继承父亲的财产。在母系家庭中，所有成员在财产面前都是平等的。但若发生分居的事，对男女就有不平等的情况出现。如果妇女从母屋分居出来，她只能得到一间小屋（报庐）、一头猪、少许炊具和粮食，土地、大牲畜和房屋全留给母家。若是男子另组家庭从母屋分居，则可要求分给土地、牲畜和房屋，但这个男子是以哥哥或弟弟的身份从母屋分居出来，一般总有一个姐姐或妹妹随同分出，其所分得的土地、牲畜、房屋等财产，仍为兄妹或姐弟共有，所以在这种情况下，也不排斥妇女的财产继承权。而且此兄妹或姐弟从母屋分出另立门户，兄不娶而妹不嫁（或姐不嫁而弟不娶），其下一代仍为子女继承母亲和舅舅财产的母系家庭。

未发生分家时，财产继承制度主要是母系财产继承，即母死财产由子女继承，舅死财产由甥女和甥继承。除土司、总管等家庭外，父系财产继承制很少。个人所有的衣物等零星日用品，一般按性别留给下一代。如母亲的衣服首饰等物，死后首先由亲生女继承，无亲生女由其姐妹的女儿继承；舅父的衣物等用品，由甥继承。男女在财产面前是处于平等的地位，是母系继承或父系继承，以继承者本身是母系成员或父系成员为转移，即以血统为转移。无论母系家庭或母系父系并存家庭，在没有发生分家的情况下，男女在家庭集体财产面前，处于平等地位。未出嫁之女子，有权继承母亲、姨母和舅父的财产。但一旦发生分家析产，女子就明显地被排斥了继承土地、大牲畜等主要生产资料的权利，与男子处于不平等的地位。按照习惯，女子或男子分出母屋别居，未分得土地等财产，称为“报庐”，意即砌小房子；如果与母屋实行析产，称为“一吐”，意即分家。在实际生活中，女子单独一人分出母屋，以“报庐”居多，绝大多数没有分得土地、大牲畜等生产资料，一般只得到一块屋基、一头猪以及少量炊具和粮食；而男子单独一人或与姐妹共同分出母屋，以“一吐”居多，即绝人多数都与母屋实行析产。妇女不能分得土地，已是传统习惯法规矩。

在封建土司不成文的法规中，也有维护男子和排斥妇女对土地等继承权利的规定。妇女在分家时不能继承土地等生产资料，男子分家时继承土地。

① 詹承绪、王承权、李近春、刘龙初：《永宁纳西族的阿注婚姻和母系家庭》，上海人民出版社1983年版，第77页。

继承权的丧失，存在于家庭发生分裂、有成员分居建立新的家庭时，其习惯法的规定是：在诸兄弟姐妹中，如果有人要离开大家庭另过日子，一般不得分割大宗财产，如骡马、房屋、猪羊等，实则是剥夺了其对主要生产资料的继承权。①

（三）男女平等权利

由于妇女在家庭中以及生产中的重要作用，从而决定了她们在社会上也享有较高地位。纳西族社会对妇女多采取尊重态度。担任家长的妇女，可以管理家庭大小事务，有权与他人建立租佃、抵押、借贷等关系，参加有关社会活动。土司同某个家庭的联系，取决于家长，并不取决于男女。土司政权的世袭官职，封建土司也未明确规定非由男子担任不可，在无男子继承时，可由妇女担任。

但也有一些对妇女加以排斥歧视的禁例。如成年妇女一般不能进入喇嘛经堂，不得在经堂两侧房间内住宿。每年十月各家举行隆重祭祖仪式，在院子内由达巴祭祀死去的成员，陪祭者必须是一名男子，或者是未穿裙子，即13岁以下的女孩，即使是担任家长的妇女也不能陪祭。妇女的衣服，特别是裙子，不能挂着和放在门口晾晒。穿过裙子的女子，不能爬上屋顶，越过屋脊。刚生小孩未满21天以前，妇女不能跨过主屋“一梅”门槛，更不能坐在大门口做事和休息。这些禁忌，显然是受喇嘛教的影响，认为妇女是“不干净的人物”。在正式的办酒结婚仪式中，妇女不能担任媒人，因为有人认为她们“说话不作数”，“说的话没有人听”。② 社会上有一些歧视妇女的谚语和成语。如“你是水，我是桥，水再多也不能在桥上流过”，比喻女子比男子低一等。③

男女平等、女性地位高的纳西族的传统与其舅权文化相互之间存在密切联系。舅权即舅父权。舅父在家族事务的仲裁中具有很大的权力，并与亲族间分家析产和评断疑难棘手事务、平息纠纷等相关。由于舅父与外甥在血缘上的联系，当外甥之间有财产纠纷或对其他一些重大事情出现分歧时，作为舅父就有可能较为公正地裁决。他们的干预往往能起很大作用。所以，舅父权在纳西民间传统的家族和宗族关系中占一席重要地位。舅权是母系氏族社会权力结构中的重要组成部分，在氏族中舅父对外甥享

---

① 史料综合参见云南编辑组：《宁蒗彝族自治县永宁纳西族社会及家庭形态调查》之二，云南人民出版社1988年版；云南编辑组：《永宁纳西族社会及母系制调查》之三，云南人民出版社1989年版。

② 白庚胜：《纳西族民俗志》，中央民族大学出版社1997年版，第63页。

③ 郭大烈、杨世光编：《东巴文化论》，云南人民出版社1991年版，第163、165页。

有绝对的权力，包括社会规则、生产技能、生活知识等各个方面，在母系氏族社会向父系氏族社会转化的过程中，舅权起到了桥梁的作用。

五、人身关系

（一）入继

入继的主要原因是为了续嗣。当一个母屋家庭内，姐或妹没有子女，就必须入继养女来续嗣，以延续家世。这个问题涉及财产继承和血统继替，妇女起决定性的作用。有的妇女有子女，不存在上述忧虑，但如果她想入继他人的子女作为其家庭成员，母屋内的男子不能阻止；如果家庭中只有男子，为延续家世而进行入继，则由男子自己决定。

入继有的是因缺乏劳动力，有的是因思念姐妹而入继其子女，也有既为续嗣又因缺乏劳力而过继的。过继来的人，不是作为养子或养女，而是作为妹妹或弟弟。过继来的人数也不止一人，有将姐妹兄弟，或母子女、夫妻子女等四五人一并过继来的。过继的范围没有限制，有的是姐妹之子女，有的是同一个血统的子女，有的是阿注的子女，有的则是邻居或者外地人。凡入继的人，与家庭的固有亲属成员享有同等待遇，不受歧视，可以继承家业。

同母系家庭结构相适应，大多数家庭在无女继承人时，便采取过继养女续嗣，只有少数采取过继养子的办法，以延后代。过继养女称为“木生”，过继养子称为“若生”。过继时，一般要举行简单祭祖仪式，从此以后，被过继者即为过继家庭的后继人，可以继承该家一切财产。但有的家庭，过继养女养子的目的并非续嗣，而是想念女阿注所生子女或其他原因。

过继养女续嗣，是母系家庭的特点，但除了过继同一母系血统姐妹的子女外，过继的结果，其子女已非原来母系血统，而过继与被过继两家，却建立了“跨这”（即亲戚）关系，形成一个新的母系血缘集团。按习惯，过继养女的家庭，因其后代为另一母系血统，她（他）可以在原来母系血统各家之间互通婚姻，这就使得原有母系血统发生了变化，血缘纽结进一步松弛。另一方面，过继与被过继两家结成一个血缘集团，其后代又为同一母系血统，因而按母系原则不能通婚。

至于男子过继女阿注所生子女续嗣，实际上引入了父系成员。过继养子续嗣，一般就必须娶妻，与娶妻续嗣性质基本相同。无论过继养子续嗣或娶妻续嗣，都为父系的发展创造了条件。①

（二）收养

当摩梭母系大家庭中无女继承人时，一般是以过继养女来维持母系家庭的存在，这是缺乏女继承人的家庭为延续母系血缘而采取的补救措施。收养的对象，首先是同一母系亲族之女，其次是兄弟的女阿注之女，最后才是村邻之女。过继继承人时，既可过继一两人，还可过继被过继者本人及其全家。当摩梭母系大家庭中没有男子时，也可以过继养子，但并非为了延续母系血统，而是出于生产上的需要，即解决农业生产所需的男劳动力。

收养的程序，一般是先向某一母系大家庭赠送衣、酒和一定数量的货币，请求过继养女，在对方家庭同意之后，收养人要招待被收养人的村落中的各家代表吃饭，以便取得公认。在正式收养后，要请喇嘛或打巴算一个日子，分别在收养人和被收养人家的火塘边举行敬“宗巴拉”的仪式。② 经过祭祀祖先，改变家名，冠以收养人家的家名后，被收养者即为收养人家的合法继承人，为整个摩梭社区所认可。过继的养女或养子，拥有与该母系大家庭中其他孩子一样的权利和义务。成年后的养女多为“达布”，主持家族的生产和家务劳动。

由于收养关系的产生，在收养人与被收养人之间产生了习惯法规定的“亲属关系”，因此禁止收养人与被收养人两家的男女成员通婚。收养关系一旦产生，一般不会解除。③

六、母系家庭制度的习惯法规定

（一）家族命名规则

永宁摩梭家族都有自己的名称，一般有以下几种命名方式：以始建该家庭的主人

---

①③　史料综合参见云南编辑组：《宁蒗彝族自治县永宁纳西族社会及家庭形态调查》之二，云南人民出版社 1988 年版；云南编辑组：《永宁纳西族社会及母系制调查》之三，云南人民出版社 1989 年版。

②　刘娟：《摩梭人婚姻家庭的法律研究》，张锡盛主编：《市场经济与民族法制——来自中国云南的研究报告》，云南大学出版社 2004 年版，第 314 页。

之名字命名；以始建者的地位、官职命名；以家庭居住地、方位等命名；以古代的氏族图腾命名。有的还可用人物的性格和特征命名，或用动物或自然物命名。

若母系大家庭分出了一个或几个小家庭，需在新分出的家前冠以老家的名字和新分出去主人的名字，或以地理位置，即上下左右前后的方位加原家庭的名字，以示与老家庭的区别和联系。

（二）家庭管理规则

在摩梭母系大家庭中，有一管理内务的当家人，称为“达布”，一般由母亲、长女或家庭中有威信和精明能干的妇女担任，负责安排家庭的生产生活、劳动分工、财产管理、经济开支、家务劳动、接待宾客等，起内当家的作用。舅舅或有本事的男性成员，主持家庭的祭祀活动、大宗物品的买卖、对外交往等事务，起外当家的作用。

“达布”和舅舅都没有特权，凡重大事情都与母系大家庭中其他成员商量决定。①

（三）家庭成员分工规则

每个家庭成员，通常都是按照年龄和性别进行劳动分工。妇女负担整个生产过程的主要工序和生活中的主要工作。男性所担任的劳动任务比妇女简单，仅仅是田间的某些劳动和季节性的运输工作。年老的成员负责指导和检查生产、看家和照顾儿童。少年从事放牧牲畜和其他辅助性的轻微劳动。②

（四）分家规则及法律后果

新家可从老家分得土地以及火塘灰；新家有自己的“宗巴拉”与火塘；春节的年三十晚上在自己新家度过；以自身新家的名义参加家族成员的葬礼；对外界自己以分家自居。

一旦母系大家庭因人口过多或其他原因需要分家时，经全家商量决定，并确定所分出的人口后，就由大家庭负责建好房子。当分出的人正式搬出老屋时，无论男女都要带走生产生活用品以及自己分内的承包地。

分家以后，老屋新屋的人仍以一家人相处，平时的生产劳动、大小事务多共同进

---

①② 史料综合参见云南编辑组：《宁蒗彝族自治县永宁纳西族社会及家庭形态调查》之二，云南人民出版社 1988 年版；云南编辑组：《永宁纳西族社会及母系制调查》之三，云南人民出版社 1989 年版。

行，节日喜庆及红白大事也共同操办。分家中土地及财产资源的分配是两性平等的，分家以后在资源的利用及管理上，两性也享有相同的权利。在土地利用方面，种植作物的种类和收获后的处理，成年男女共同商量决定，由当家的“达布”具体安排。

母系家庭在采取过继等手段续嗣的同时，也有不少家庭从母屋中分裂出来。分家的原因有：男子娶妻或引进女阿注同居，导致一部分或全部兄弟姐妹分家别居；兄弟姐妹间为争当家或其他经济原因，相处不睦，一部分成员自动迁出母屋；土司等封建领主，为增加服役人户，强迫俄等级安家或婚配。几种分家形式中，以女子被排挤到母屋居多，男子较少；分出母屋的女子，以一人居多，而姐妹数人或兄妹、姐弟同时分出的较少。在兄弟姐妹较多的家庭中，如有男子娶妻或带进长阿注同居，一般都会造成部分成员分裂出母屋。但也有一些家庭，只一部分女成员“报庐”，另一部分女成员仍留居母屋。少数家庭虽男子娶妻，也不会引起家庭分裂。①

与分家相联系的是财产继承问题。对于家庭集体所有财产，在家庭成员分家别居时，有析产习惯。女的明显地被剥夺了对土地、大牲畜等主要生产资料的继承权。按传统习惯，个别女子或男子分居，未从母屋分得土地等生产资料，称为“报庐”，意为建小房子；多数成员分居、并对土地等生产资料进行析产，称为“一吐”，意为分家。在实际生活中，女子分居以“报庐”居多，男子分居以“一吐”为主。从母屋“报庐”的女子，一般只能从母屋分得一块屋基、一头母猪和一部分粮食与炊具；如果与母屋关系尚好，在建造小屋时，可得到母屋人力和物力的帮助。②

女子分居前已有子女，可分到一部分生产资料，但若有女无子，则得不到上述财产。假若分居时母屋不给土地，女子可向土司申诉，土司解决时亦按此原则处理。姐妹分家时，如双方均无儿子，分居女子可均分一切财产。

对于无子的女子，不分给主要生产资料的规矩，不仅习惯法中有所反映，而且还得到封建土司的支持。

舅父在家经营的事业和购置的财产，他的生子和生女不得享受，而由其甥和甥女

---

① 刘娟：《摩梭人婚姻家庭的法律研究》，张锡盛主编：《市场经济与民族法制——来自中国云南的研究报告》，云南大学出版社2004年版，第288页。

② 云南编辑组：《永宁纳西族社会及母系制调查》之三，云南人民出版社1989年版，第176页。

继承。①

从以上可以看出，摩梭族的分家习俗，还是比较全面地体现了其习俗、利益、情理、面子等习惯法相互关系的民间规则。

七、妇女在家庭中的权利

妇女在家庭中享有较高地位，祖母、母亲、母亲的姐妹，包括她们的子女，组成一个集团，延续着家庭的世系。

妇女有过继的决定权和操办权，按习惯法，若某家无女继承人时，为延续家庭，必须过继养女做后继人。

在家庭事务管理上，无论是妇女担任家长，还是男子当家，妇女都是家庭内部事务的管理者，即所谓的“内当家”。权利范围较广，凡全家生活安排、经济支出、仓库管理、接待来宾，甚至计划生产等工作等都涉及。“内当家”权利的内容以家务劳动为主，建立在男女地位平等的基础之上。妇女在家庭中的地位较高，受到尊敬。她们在老年以后，按传统习惯应该住在一家的主屋（“一梅”）之内，固定在主屋中心火塘旁边。而这个位置被视为全家的主位，只有老年妇女才有资格享受。少数经济比较富裕的家庭，老年妇女在饮食上还得到晚辈的特别关怀。

即使在封建土司不成文的法律中，也会对俄等级的老年妇女做出例外照顾，规定凡是有三个以上女子服役的人户，若是母亲年老尚需照顾，就只要两人服役，一人可留在家中服侍母亲。

妇女在家庭中的地位，与她们在生产中的作用有密切关系。在纳西族社会，妇女是整个农业生产中的主力，而农业又是纳西人主要的物质生产部门。除犁地中的掌犁一项因女子力所不及，多由男子担任外，其余主要农活大部分由妇女承担，纳西族社会没有妇女不能从事某项农活的习惯法禁令。②

从现实条件看，很多纳西族家庭因为一部分男子当喇嘛、从事赶马经商、为土司

---

① 史料综合参见云南编辑组：《宁蒗彝族自治县永宁纳西族社会及家庭形态调查》之二，云南人民出版社 1988 年版；云南编辑组：《永宁纳西族社会及母系制调查》之三，云南人民出版社 1989 年版。

② 云南编辑组：《宁蒗彝族自治县永宁纳西族社会及家庭形态调查》之二，云南人民出版社 1988 年版，第 217 页；云南编辑组：《永宁纳西族社会及母系制调查》之三，云南人民出版社 1989 年版，第 311 页。

服役，男子从事农业生产的可能也就相对减少，即使没有完全脱离农业生产，参加农业生产的时间也有限。由于妇女在家庭中以及生产中的重要作用，决定了她们在社会上也享有较高地位。

按照纳西族习惯法的规定，人们对妇女多采取尊重态度，没有歧视妇女的现象；担任家长的妇女，不仅可以管理家庭大小事务，同时有权与他人建立租佃、抵押、借贷等关系，参加有关社会活动；封建土司同某个家庭发生关系，并不取决于男女，而取决于家长；一些土司政权的世袭官职，封建土司也未明确规定非由男子担任不可，在无男子继承的情况下，可由妇女担任。契约、执照和账本，可以书写女子的姓名。

第八节

司　法

土司在土知府内设有监狱，一种称为黑监，一种称为白监。重罪关入黑监，轻罪关入白监。看守监狱专门由“沙人”轮流负责，押送犯人由“责卡”专门负责。无论看守或押送犯人，均为徒手，不持武器。在总管、堪布和当权的司沛家中，虽然没有设置专门的监狱，但实际上他们可以随便将人加以监禁。

土司还置有刑具数种，主要有脚镣（“克吐”）、手铐（“罗吐”）、特制的铁枷锁（“舍把”）、木枷（“厄抓”）、打屁股的大木板十块，在正房两侧的木柱上还挂着两根皮鞭。通常是重罪上脚镣，一般罪套铁枷锁，轻罪套手铐，在把犯人或做错事的俾子拿去游村时，则戴木枷。一般情况下，如果不必将犯人关入监狱，则只用麻绳捆绑或用木板打屁股。

土司统治体系中，没有强有力的武装，直接控制的卫兵仅十来名，看押犯人均无武器。在土司法中，没有死刑，对杀人者，一般是先抄没家产，然后监禁，最后降为俾子，或勒令罪犯以大量金钱物资赎身。边缘地区的责卡，保留着“撒羊毛疙瘩”的传统习俗。当土司和基层统治者做事不合古规，或过分苛刻时，外责卡有权起来反对，并要求答复，被反对者必须保证以后不再胡作非为。若答复不够满意，人们有权抄没他的家财，而土司不得干涉。

土司、总管、当权司沛之间，也有互相倾轧和争权夺利的现象。实际上，土司的军政权被总管所掌握，许多重大事情，几乎全由总管独自决定，并不秉承土司。总管不仅集中了政治权力，还增强了经济和军事实力。地租收入、赶马经商的资金、在枪支占有方面，也与土司等量甚至多至几倍。在土司势力逐渐削弱的同时，一些当权司沛也树立自己的力量，有自己的势力范围，他们既不服土司调动，也不服总管管理。他们将捕获的罪犯关在自己家中，用自己的卫兵将犯人就地枪决。

土司对纳西族聚居地区的控制管理是全方位的。如徐霞客记录了在七和这个有哨所、税所和聚落颇盛的村寨。木氏次子庄院除了生产外，兼有丘塘关前哨护任务："丽江设关于岭脊，以严出入，又置塔于东垂，以镇水口"，"有室三楹，东南向西踞之，中辟为门，前列二狮，守者数家居其内。出入者非奉木公命不得擅行。远方来者必止，阍者入白，命之入，乃得入，故通安诸州守，从天朝选至，皆驻省中，无有入此门者。即诏命至，亦俱出迎于此，无得竟达。巡方便与查盘之委，俱不及焉"。木氏土司衙门背靠黄峰，面临玉河，"闻其内楼阁极盛，多潜制，故不于此见客云"。①徐霞客的描述，勾画了一个闭关自守，又有相当经济实力和政治手腕，以及文化素养的封建大领主的概貌。

因此，土司对管辖区域的刑事立法和解释权、刑罚权的全面垄断，也就不足为怪。在一定意义上说，刑事法律制度及其制裁措施的发展史，其实也是一部尖锐的利益争夺史。因为利益意味着资源、权力甚至对他人人身和命运的控制。而以刑罚制裁权手段为保障的等级秩序，则是对既有阶层与社会地位、财富累积等现实利益和等级的有效维护。土司刑法以对私刑的承认和维护，来确认等级利益的合法性。严格的等级划分，执行的是双重标准，维护了土司阶层的利益，没有对下层阶层基本利益的认可。

第九节

纳西族习惯法

除了前面几节涉及的纳西族相关习惯法外，对纳西族各方面的习惯法归纳如下：

---

① 《徐霞客游记》，上海古籍出版社1982年版，第69页。

一、纳西族习惯法概况

禁忌、习惯或习惯法等，都有对人的本能行为进行限制，制止和预防潜在的危险，控制危害性自然力的作用。禁忌是一种特殊的规范形式，具有法律的警示、扼制、保护功能。它提醒人们在生产劳动、婚嫁丧葬、祭祀仪式时遵循规矩，具备相应的行为模式，否则将导致灾难、报应和惩罚。纳西族严禁任何人砍伐神树，认为砍了神树会刮大风下大雨；祭祖时，应参加者都须参加，应做的事都须做，不该做的事就不能乱来；山上一草一木，都不得任意攀摘、砍伐；翁与媳、岳母与女婿之间在一些场合应该回避。这些规矩等都是稳定的禁忌惯例或规则，用以规范、约束人们的行为。纳西族将虎作为祖先图腾，如果猎人打死了虎，轻者要受到鞭笞，重者要罚款，有的还要进水牢。巫术和神判方式的出现，强化了这种威慑、惩罚功能，纳西族的"东巴"是禁忌习俗的解释者、宣传者和执行者，在社会上具有较高的权威和地位。①禁忌具有法律的社会协调、整合功能，是一种约束面最广的社会行为规范，有助于社会关系和社会秩序的建立和延续。从吃穿住行到心理活动、从行为到语言，人们都自觉地遵从禁忌的命令。

对于各地纳西族的习俗，古代文献中多有记载，也反映出纳西族风俗习惯法的基本面貌，如"丽江军民府（古名越析川，近金沙江，金沙一名犁牛，因犁丽声相近而呼曰丽江。）俗甚俭约，境内摩些蛮，……摩些蛮不事神佛，惟每岁正月五日具猪羊酒饭，极其严洁，登山祭天，以祈丰粮灾。祭毕，男女百数执手圆旋，歌舞为乐"②。"兰州（古罗眉川也），勇于战斗，境内多摩些蛮，好附险立寨，少不如意，寨戾之色发于面目，急于战斗，而勇不顾身。论者以为治之能如古法，使之勇于公战，怯于私斗，斯可矣。"③"蒗蕖州（古罗共川也，一名蒗蕖村）。境内居民惟摩些为盛。髫头披毡，男子性强悍。善战喜猎、挟短刃，饰以砗磲，少不如意，辄相攻杀，两家妇人和解乃罢。……刀不离身，性生彻名疑，身之左右常佩刀，虽会亲见官，刀亦不去，夜卧则枕之，群聚之日，则取刀之锐以相夸，……，其风俗大概与摩些同。"也有反映纳西族生活习俗的记载，其中有关于纳西族古代社会解决纠纷机制、方式的记录：

---

① 郭大烈、杨世光编：《东巴文化论》，云南人民出版社 1991 年版，第 233 页。

②③ 郑颙：景泰《云南图经志》卷五。

"少不如意，鸣钲鼓相仇杀，妇女投物和群，乃罢。"① "男子以绳缠头，耳戴绿珠，妇人布冠，好畜牛羊。男勇厉，善骑射，挟短刀，少不如意，鸣钲鼓相仇杀，妇人投物和解乃罢。俗俭约，饮食疏薄。岁暮拉杀牛羊，相邀请，一客不至，则为深耻。正月五日登出祭天。人死以竹箦舁至山下，无贵贱，皆焚之。"② 在《中甸县志稿》和《丽江府志》中更有详细完整的记录："地近蒙番，好佛信鬼。性同北鄙，佩弩悬刀。设流以后，礼教渐兴"，"夷氏不习织纺，男女皆刀耕火种，力作最苦。耕用二牛，前挽中压后驱。平地种豆麦，山地种荞稗，弃地种蔓答。又石时土官愈舍用瓦，余皆板屋，用园木四周相交，层而垒之。高七八尺许，即好椽衍，毯以饭，压以下地。屋内四周皆棚，榻，中置火炉并炊具。改设后渐盖瓦房，然用瓦中仍复板数片，尚介百忿。又夷俗男子廿岁以上如戴帕、卷发辫答之，又有冠礼遗意。又土人东死砚入谊，倪用土巫名刀巴者，杀牛羊致祭。亲戚男女毕集，以醉为哀。次日送郊冰火化，不抬找骨，至每年十一月初旬，凡死人之家，始焚所拾灰烬余物，裹以松枝瘗之，复请场念夷语彻夜，再祭以牛羊，名曰葬骨。改设后屡经禁谕，土人尚惑刀巴祸福之说，自来束河和棕顺母死，殡殓如礼，择地阡葬，题主刻铭，人不见其有祸，此风乃渐革矣。又祭祖以清明，六月十一日，土人庭前植果树一，盛陈果撰牲酒，用刀巳祝攒，寄籍一诀墓。案：葬条用松栗，相传有游猎死者，其子寻之年余，得父死处骸骨腐化已生松栗，因取松葬而栗祭焉。后逐相沿成俗。又宴会每推老年上坐，先酌之，子第依次跪饮始入席，终席们询，无敢越次。丽江县采访，民不喜讼，勤于榆。将士子勤诵读，喜收藏书籍。又妇女初习纺织，近日府城内外，各设立机坊，麓相师法，纺绩之声延渐广。又从前城乡妇女服饰殊异，奢而非制。嘉庆二十四年，署知府王厚庆曲为化导，替环服饰，悉遵体制，焕然改现矣。国制而上，制于土酋，服饰则诡而不文，宫室则民无瓦室。凡婚丧嫁娶，必请土巫刀巴祝鹜，设流后日新月异，盖二百年于兹矣。婚礼先通媒约，娶之日妇乘肩舆，至将揖而入，惟富豪巨族多亲迎者。丧婚疾革，必迁正寝，含饭沐浴不离男妇手。磨娑族最喜血族结婚，除同胞之兄妹弟稍微迴避外，同胸弟足所生之子女，既为结婚之第一条件，次为姑舅姨表之子女，再次为同曾祖之弟妹姨弟，再次始及同族，亦必由亲而反疏，最后始反异姓"③。

---

① 范承勋等：康熙《云南通志》卷二七。

② 雍正《云南通志》卷二四。

③ 《中甸县志稿》卷下《丽江府志》。

二、有关东巴教的习惯法

东巴教具有明显的自然崇拜和多神崇拜的特点，信奉万物有灵，有创教始祖，但未形成至尊的教主；有局部组织，有集会，但无统摄的全教性组织；活动场所限于家庭，无权威的中心——寺庙；有教士，如东巴祭司、经师，但只是普通劳动者；有特定程序，有规范化的道场和经典，对纳西族古代社会生活有重要影响。纳西族大多信仰本民族固有的东巴教，东巴教的宗教教义中，有许多反映社会规范和社会控制作用的内容。

东巴教的“东巴”，原意为“智者”，最初为协助古代纳西氏族或部落酋长做简单礼仪法事、出谋划策，社会地位较高的人，后来成为从事这一行的巫师的专有名称，并把他们从事的巫事活动谓之为东巴教。

原始社会后期，出现了阶级分化，产生了酋长“主”和长老“目”，也出现了原始宗教的巫师。东巴经的格言、谚语中也反映了这方面的内容：“未出祸害前，先请酋和老；还未得疾病，应请巫念经”。“酋老面前需敬肉，牛马槽前要丢草”。“对官赠送牲口粮食痛祸心，对巫酬谢金银钱财驱鬼魂”。这是直接为酋目、长老和巫师们接受他人财物而造的舆论。认为只有如此，才符合那个社会历史时代的道德规范。①

东巴经中有关于纳西族阶级社会情况的记载。东巴象形文中不仅有“奴隶主”的专字，而且还有“帅”和“将”之专字，说明奴隶社会中特别是唐代前期的纳西族地区，战乱频繁。

奴隶们的遭遇在东巴经中有充分的反映，如《多萨欧吐传略》中奴隶被迫挨饿、吃野果、穿草衣、陪嫁、配婚、吊死、打冤家、做牲品、做人牲等。如“女奴主朵者许玛，男奴饿了不给饭，渴了不给水，触怒了男奴”。《鲁般鲁饶》：“所有牧奴们，去找丢失的羊子；果子落了当奴饭，叶子掉了让羊吃。”《哈斯争战》：“哈族他们家，使用着有提布、提那、提爪三个奴隶，财富出自奴隶之血汗，却不给他们穿一件麻布裳，只让奴隶穿上薄蓑衣。”《崇搬图》：“阿普赠了许多陪嫁品，给了九匹乘骑，给了七匹驮马；……给了三个男奴，给了三个女奴。”《忍掉穷和富》：“脚大路窄苦，灰尘人眼苦；带病干活苦，不爱配婚苦；好男仇斗苦，好女裙烂苦。”《开坛迎神经》：“砍柴的男奴吊死在山上，背水的女奴吊死在谷里。”《古生土赤传略》：“古生土赤那

① 白庚胜：《纳西族民俗志》，中央民族大学出版社1997年版，第93页。

个人，带上弓和箭，骑上灰骏马，领着红眼的男奴，去杀苏汝捏麻了。”这些记载充分反映了当权阶层对待奴隶运用刑事制裁的手段进行惩罚。①

据东巴经《普尺阿鲁传略》记载，奴隶主普尺阿鲁骑马察看田地时，被冤家司美那布放下的野鸡吓着，马失前蹄，人摔下来，“灵魂”和三根头发被冤仇弄走。他回到家后请巫师念神祭鬼，巫师用猴子、蝙蝠、童奴做牲品，让猴子骑獐、蝙蝠骑雕、童奴骑黄猪，在司美那布前反复奔跑，引逗司美那布捧腹大笑，让其吐出普尺阿鲁的三根头发。由此可见，在奴隶社会中，巫师是奴隶主的帮手，所谓念神祭鬼，有时是惩治奴隶的手段，他们把奴隶同猴子、蝙蝠一样当作禽兽看待，可由奴隶主任意愚弄、凌辱和践踏。更有甚者，把奴隶当作人牲。据东巴经消灾经类《多萨欧吐传略》记载，其姐朵者许玛曾和苏部落儿子纽森许罗在家偶居，因此，苏子被多萨欧吐所杀，由此引起了一场战争。多萨欧吐被打败，向苏家赔偿了许多财物，其中就有一个男奴，作为抵人命债的牺牲品。

东巴教是一种原始的多神教，在纳西族的原始巫教基础上形成和发展起来，奉“丁巴什罗”为教祖，宣传万物有灵、灵魂不灭的观念。东巴教崇拜自然、鬼魂和祖先，认为天、地、日、月、风、火、雷、雨、山、水、石、木、鸟、兽、虫、鱼等等自然物和自然现象均有神灵，既会赐福于人，又会降祸遭灾，因此就有拜祭这些物象的象形文字经书和仪式，如祭天神、地神、山神、水神（龙王）、风火神、雷雨神、本主神、家神、畜神、五谷神、男神和女神等。这些神灵各司其职，分不同时间祭祀，对祭祀的方式和祭品都有明确规定。

东巴教认为，人的生老病死与鬼魂作祟有密切的关系，各种疾病是不同的鬼魂作怪的结果。人们在生产活动和日常生活中的一切闪失、遭遇或病痛，都可以解释为各种鬼怪在作祟。所以，就必须有一系列的念经、祭鬼驱鬼等活动仪式。

东巴教宣扬灵魂不灭的思想，认为人死后灵魂还存在。非命死者会变成鬼，使家庭和六畜不安，需要祭风超度，而正常死亡的族中家中长者就以祖先对待。认为人死后，其灵魂也如生前一样要穿衣、吃饭和跟祖先团聚，因此就要送魂升路，送到老祖先居住的地方。在家中则要置神龛和立祖先牌位祭祀。纳西族的崇拜祖先和祭祖活动相当频繁。平时一日三餐要敬献食品，早晚要进香；小孩满月命名、定亲、嫁女、结婚、开丧及一般节日要祭祖先；同时还有专门的祭祖节日。

东巴教产生于11世纪以前，从原始的万物有灵论发展而来，信仰多神，既无固

① 白庚胜：《东巴神话研究》，社会科学文献出版社1999年版，第105页。

定的活动场所——庙宇，也无具有约束权力的宗教机构——教会，也没有固定的经济收入，如土地、捐税等。虽然纳西族地区普遍是地主经济或领主经济，但东巴教没有成为地主或领主剥削统治手段之一。东巴教活动仅限于民间跳神送鬼、禳灾除病、超度亡魂等活动，没有参与政治，它对纳西族人民没有直接的束缚力。即使人死后请东巴来念经，也只是一种风俗。东巴尚未成为宗教职业者，东巴教徒一般称为东巴，出身于劳动人民。他们生活在基层，平时从事农、牧或手工业生产，生活来源主要靠自己劳动。念经法事报酬一般是很低的，不成为其主要收入。东巴一般是祖传，也有收徒的，一般为晚上传授，不影响生产，也不收“学费”，东巴教没有宗教职业者。①

东巴经《黑白争战》、《哈斯争战》、《分清神和鬼、分清白石和黑石》等描述了许多战争场面。除了纳西族与外族之间的战争外，还有本民族内部氏族、部落间的战争。氏族之间还有判明是非者：“东族和术鬼之间的是非，由通赤优玛天将来评判，由普顶东格天将来判决；多萨欧吐和九条孽龙之间的是非，由东巴木者东高来判明；素巴金布和九头蛇神之间的是非，由恒神白鹤来判明；素巴金母和多爪蛙鬼之间的是非，由玉绿布谷鸟来判明；崇仁潘迪和楞奇思普鬼互之间的是非，由老英米汝各布来判明；崇仁利恩和精因拖罗鬼之间的是非，由金猴来判明。”② 这就说明，身兼巫师的酋长之类人物从中协调氏族之间的利害冲突。从《新唐书·南蛮传》中可看到一些类似情形，“大部落有大鬼主，百家则置小鬼主”，鬼主是兼任巫师的氏族或部落首领。

巫术是企图借助超自然的神秘力量对某些人、事物施加影响或给予控制的方术。巫术通过一定的仪式表演，利用和操纵某种超人的力量来影响人类生活或自然界的事件，以满足一定的目的。巫术的仪式表演常常采取象征性的歌舞形式，并使用某种被认为赋有巫术魔力的实物和咒语。由此可见禁忌习惯法与原始宗教之间的关联性。

巫师被纳西族称为“桑尼”，不懂东巴文，其巫术无一定的规范性，主要职能是驱鬼。纳西族风俗中的捞油锅、叼红犁、上刀梯等，就隐含了神判的因素，而神判是有解决纠纷、稳定社会的实际功能的。神判方式的运用是谨慎而严肃的，它在纷争双方争执不下而纷争事实又无法确定的情况下才由当事人或调解者进行。无论事实上的真实性如何，它的结果就是一种法律上认定的事实。就这项社会功能而言，它使得一种处于不确定状态的社会关系达到明确并且稳定的效果。作为裁决者的祭司或卜师，

---

① 白庚胜、杨福泉编译：《国际东巴文化研究集萃》，云南人民出版社 1993 年版，第 123、138 页；李国文：《东巴文化与纳西哲学》，云南人民出版社 1991 年版，第 67、89 页。

② 白庚胜：《东巴神话研究》，社会科学文献出版社 1999 年版，第 108 页。

地位很高，做出的决断具有权威性和当然的执行力。①

重卜是东巴教的突出特点，它是原始巫术文化在东巴教中的反映。在古代，祭司与政治关系密切，氏族与部落较大的行动都要通过占卜，最早祭司也就是氏族长老。东巴教有数十种卜法和卜书。如巴格卜左拉卜，推算甲子，推算五行，推算九宫；还有羊髀卜、贝巴卜、寻人卜、合婚择日卜，推算吉凶卜、推算凶星卜、抽图片卜、线卜、鸡胫骨卜、鸡头卜、鸡蛋卜、筷子卜、竹片卜、石头卜草卜、五谷卜、箭卜、香卜、梦卜，等等。举凡婚丧嫁娶、生老病死、放牧行猎、旅行、开沟理渠、播种耕田、盖新房、寻仇打冤家、评判事端乃至裁衣缝衣等，都有相应的卜法。在这些反映宗教意识的占卜中，亦有不少反映古代天文历法知识的内容。

占卜是人们运用神意或神秘方式、神秘力量（也包括用某种自然规律）预知未来、预料自己行动后果的一种手段，在纳西族中是备受重视的。纳西族的占卜表明，原始占卜形式是梦占、物占之类，以后逐渐发展到利用一定工具的占卜。

退口舌是非这类古籍涉及的范围也比较宽广，中心是解决口舌是非问题。口舌是非是争斗而来。据这类古籍记载，起初，人世间本来没有什么口舌是非，大家都过着和睦融洽的生活，后来天上落下一批是非石，落在不同部落，就引起部落之间的战争，人世间就产生了各种口舌是非，为争夺日月、田地、山林川泽、钱财、牲畜、房屋而引起是非，为偷盗事件、为挑拨离间而引起是非，为争夺恋人、为交易不公平而引起是非。消除的办法是举行退口舌是非仪式。

该仪式的程序为：拿一根草绳，打上三个结，结中间各插一根带叶的杜鹃枝，由东巴边念诵古籍，边解开代表祖父、父亲及儿孙辈的三个结，以此来解除祭祀主人家的口舌是非。或者在一个竹筛子里放三个鸡蛋、一个小土罐和一架麻秆梯子，东巴把筛子递给主妇后，由主妇晃一晃筛子，让祭祀主人家的所有口舌是非都由筛眼落到远方的仇地，以此来解除祭祀主人家的口舌是非。②

禁忌具有消极性，巫术则更多的是一类积极的通灵术。巫术是用以沟通并操纵鬼神的一类象征性的神秘的模拟表演及其仪式。其中的神判巫术是祈求神灵裁判人间是非真伪和财产纠纷的一种巫术，神判是一定历史条件下普遍实行的古老裁判方法，也是民间习惯法的重要发展阶段。

---

① 白庚胜：《东巴神话象征论》，云南人民出版社 1998 年版，第 127 页。

② 卜金荣主编：《东巴文化要籍及传承概览》，云南民族出版社 1999 年版，第 86 页。

三、保护自然的习惯法

纳西族有不少诸如“水边树木不能砍，石上青蛙不能杀”之类规则，均是调整人与自然的关系，重构共处秩序，把自身与自然之间相互制约、依存的法则确定下来。人们用牢固的石头作为自然现象和社会习俗的象征，用石头“董”的称呼来概括自然和习俗，以示社会习俗稳定不变。

东巴教祭祀设置时，祭坛上要放两块象征“董”、“色”的石头，意为做仪式只有依照规矩，祭祀才能灵验。在纳西居家大门的两边，也习惯于竖两块石头，意为必须遵照规矩行事，不然人将不人，家将不家。两块石头分别代表“董”神和“色”神。“董”贯穿每个祭祀仪式的始终，仪式的程序是由“董”规定下来的，从准备供品到正式祭天，每个仪式都有规程，称“董模”。每一过程都十分神圣、严肃、认真。打扫卫生，准备供品，按长幼顺序入场，演习射箭杀敌，祝贺新婚，庆祝添丁等，也要遵循规矩。

“董”在东巴古籍中较集中的描述是《为董色除骤》。据该书记载，远古时候，出现了眼明的占卜者，占卜者能预见事物的吉凶。世上又出现了占卜的肩脚骨。有灾难的祭祀人家不知何种鬼怪在作祟，他家就请身强力壮的年轻人往孟汝地方搓竹签，往加熬地方算“左拉”书，往扭牛地方烧肩脚骨，往古宗地方解结绳，往鲁鲁地方炙肩脚骨，往勒补地方掷海吧，在纳西地方用360种占卜方法占卜。占卜的结果显现在肩脚骨上，是粗鬼和尤鬼在作祟。祭祀之家白天想着董神开创的规矩，晚上想着色神立下的风俗。①

世上的人们都遵照同一规矩，不去伤害别人。东巴为别人祭祀，可以使自己不病。为别人待客，可以使自己不饿。为别人架桥，自己不会吃亏。长者领路的恩德不能忘记。走路靠鞋子，鞋的功劳不能忘记。“互相厮杀，不能杀正直的首领；捕杀野兽，不能杀山上的红虎；砍伐森林，不能砍含衣巴达树；放牧不能伤害山神家的鹿和骡，洗麦不能污染水源。不足岁的牲畜不能赶到山上，不能拿别人的东西。爱护牲畜爱惜粮食，互相团结崇敬神灵。不能去接近粗鬼和尤鬼、呆鬼和拉鬼。冷了不穿粗鬼、尤鬼的衣服；饿了不吃粗鬼、尤鬼的食粮；不能与粗鬼、尤鬼攀亲。做生意不去

① 白庚胜：《东巴神话象征论》，云南人民出版社1998年版，第47页。

牟取暴利，生活勤俭节约，用双手开创幸福生活。”①

东巴在准备进行法事道场时，要画卢神和塞神的像，表明一切是照卢神和塞神规定的程序和规范进行。法事道场中要诵读《请卢神》，表示这位规矩神已到道场中，法事道场能照前辈的规矩进行。

东巴教的法事道场众多，基本上每个道场都有一本《开坛经》。这卷《开坛经》，从某种意义上来说，可以称之为纳西族先民所遵循的行为规范。“别人所开的路我不走，别人所架的桥我不过。始祖所走的路我才走，路要走旧路。”“住在村里不损坏寨子，住在正屋不破坏厢房，住在山上不破坏山岭，住着山地不损坏水田，住在水边不破损水泡，住在树旁不损坏树枝。”“来到高原上，未采野自花。来到大海上，没乱撒渔网。来到高山巅，未砍大树木。来到司吉河上游，没舀解秽水。来到深山中，未划杉木板。来到幽谷里，没砍青山竹。来到密林中，未砍大森林。来到山岩间，没乱下扣子。好男放牧未把牛群赶到山坡上，好女洗麦未撒泼在水里。脱卜毡子未挂于树上。”②

从吃、穿、住、行，到生、死、嫁、娶，无所不包，纳西族都受着不成文的某种规范的制约。表现了各氏族之间的严格界限，这些界限是决不能超越的。东巴文化中有关战争的起因，都是超越了这种界限而引起的。

东巴教中有天神、地神、星神、风神、山神、水神、火神、雷电神，并有各种反映自然崇拜的祭仪，如祭天、祭地、祭星、祭风、祭山神、祭水神、祭火神、祭天灾神。各种特定的自然物在东巴教中也成为具有丰富文化含义的符号。

随着人类的过快发展，私欲的无限扩张，毁林开荒、污染水流、滥捕山林动物等一系列违反自然法则的行为大量出现。结果，山崩石流，病虫灾难频频发生，洪水吞噬了田园村庄，冲走了牛羊瓜果，严重威胁着人类的生产生活和生命安全。于是，人们只好求助于丁巴什罗大神，他带着神鹏（修曲神鸟）制服了“署”神（形态似龙）。在丁巴什罗主持下人与自然达成了协议：自然神退去水害，收回疾病灾难；人们也必须停止毁林开荒、破坏水源、捕杀失度的行为。人们可进山放牧、适量采伐，但必须事前征得自然神的同意，必须每年按时祭祀“署”神，以示感谢。③

维护公共利益、维系个人与社会关系的行为规范，在纳西人中历来是非常受重视的，也是每个村寨或社区的人们必须信守的。这些规范多以约定俗成的方式由长者言

①② 白庚胜：《东巴神话研究》，社会科学文献出版社 1999 年版，第 89、101 页。

③ 郭大烈、杨世光编：《东巴文化论集》，云南人民出版社 1985 年版，第 57 页。

传身教给后辈，还有的已见诸文字形成了乡规民约。著名民族学家吴泽霖先生在《磨些人之社会组织与宗教信仰》一文中列举了当时纳西族村寨的一些乡规民约："一、不孝父母者；二、不敬尊长者；三、奸淫妇女者；四、聚众赌博者；五、营业不正者；六、窝留土匪者；七、践踏禾苗者；八、破坏公物者；九、污秽井水道路者；十、会议不来者"①，本村寨的绅老会议可分别轻重予以处罚，并由各村寨中专设的监督人员执行处罚。几户对于关系到全村各家各户利益的山、水、田、林、路等则往往设有专人管理，发生违规约的事或遇到宗族与家族之间的纠纷，亦请德高望重、秉公行事的长者出面决定处罚或调解。纳西人立身处世以诚实守信、知书识礼、乐天达观、互助互敬、热心公益等为美德，用纳西语和汉语的语义兼容的一个"笃"字作为衡量人的伦理道德标准。任何人的言行都要符合"笃"的规范。

习惯是在一个特定的社会共同体内，由社会群体共同确定的社会行为规则。它是一代又一代通过模仿、权威和传统的力量而沿袭下来的，源远流长，经过了长期社会实践的检验，是在群体中统一而普遍适用的，人们彼此知晓，权利、义务清楚。习惯的这种规范性，具有很强的认同效力。

四、风俗习惯法

纳西族有共同的村社活动如祭天、祭北岳庙等，均以村寨为单位。家庭组织是以父系小家庭为单位。婚后即分家，幼子继祖房，供奉祖先牌位，分出的家庭可另立祖先牌位，供三代至十余代不等。诸子平分财产，请族人主持，父母在世亦分一份。女子无财产继承权，不招赘，不收养子，可由侄子过继。五代以内无宗亲的，可以由女儿继承。

祭天是丽江、中甸等地纳西族最古老的传统习俗，是一年中最为隆重的祭祀和喜庆活动，当地民谚称之为"纳西祭天大"。祭天有春节期间举行的春祭和农历七月中旬举行的秋祭，但以春祭最为隆重，称为"大祭天"。祭天的群体由一个村寨的同姓宗亲组成，大的有几十户，小的只有十来户。每个祭天群都有自己固定的祭天场，一般在村边地势较高、树木茂密之处。祭坛左右各栽一棵黄栗树，以代表天父天母；中间一棵柏树代表天舅；前排两棵小栗树，这是纳西族始祖崇仁利恩、衬红褒白夫妇的

① 吴泽霖：《磨些人之社会组织与宗教信仰》，《边政公论》卷四，云南大学图书馆藏书。

代表。主祭品为猪、鸡、大米、酒、香柱等物。①

祭风，纳西语称“哈拉里肯”，“哈”为风之意，“拉里”为游荡、飘荡之意，“肯”为驱除、放走之意，合起来意为“把如风一般游荡的鬼魂驱走”。祭风仪式，就是祭送非正常死亡者的灵魂，让这些含冤游荡的鬼魂离去，让生者能安宁生活。仪式由死者家人举办，村人参与，需请近20位东巴祭司主持，制作90多块木牌画，念诵100多卷经典，用猪、羊、鸡做牺牲，耗费粮物很多。祭风反映了古代氏族制度时期所产生并沿传下来的鬼魂崇拜现象和宗教祭祀文化，其心理本质在于安魂。纳西东巴教认为，人的死亡只是肉体的结束，灵魂将继续存在下去，只不过存在的方式有所不同。死前有家人与亲友守候，并在落气时得以接受含口的属正常死亡；死时无家人亲友在旁，未能接受含口而去者，如自尽、溺水、殉情或在途中死亡者，属非正常死亡。所谓“含口”，即将少许银、米、茶等物放入死者口中，意为给死者的买路钱，让死者能顺利到达祖先的居住地。非正常死亡者，未能得到含口，其灵魂由于没有路费，只能在四处游荡，并时常侵扰四邻和家人。②

西部左所、前所一带文化习俗基本上与云南永宁摩梭人相同。光绪《盐源县志》有关习俗的资料有：第一，婚姻“土司娶邻土官女，始得称嫡所出，乃得嗣职，否则谓之骨头不重。土官家迎娶，前马者戴盔被藤甲，数人吹喇叭以导”。万千夷众乱如麻，小主登场静不哗。承袭古来无长幼，骨头轻重看娘家（原注：土司类皆为婚姻，生子得袭职，次惟土舍之女所出者，否则夷众不服，谓骨头轻，不堪袭职）。第二，丧葬“磨摩则缚木如床，置尸其中，迁户外，亲属各以酒肉至，男女屈一足相携而跳，歌呼达旦，谓之跳锅桩。其大户则数男子兜黎藤甲，执剑旋折而舞……收灰骨而归贮于匣，妇女环向歌哭，明乃延夷巫，俱诣深山埋之，各有瘗所，上竖喇嘛蟠，岁时亦往酹也”。第三，宗教信仰“喇嘛为西番、磨摩诸族所崇，其土司尤信之。木里境内经堂最多，亦最巍耸而香丽，瓷石构木，高若浮图，固若碉楼，中极幽邃，奉小铅佛观音文殊画像，旗幢馥郁，地洁无纤埃，聚喇嘛其中，晨夕梵叹，铃铎声聒耳。五所土司寨亦有之”。喇嘛分黄红教，“清属（即盐源）皆习黄教者，持梵叹殊正。间有习红教者，多邪术”。“巫者曰东巴，亦习梵叹，其经与喇嘛不同，所攘者多水鬼，凡井泉洼池，皆以为有鬼居之，莫敢犯。其攘祷之法：削木片以炭画山魁烟陋状，并捏面肖牛首蛇身各像，缚草屋，剪纸帜，击羊皮鼓逢逢，手摇铃琅琅，箕坐

①② 李国文：《丽江巴甸村纳西族宗教习俗调查》，载《民族调查研究》1986年第3期。

诵，终日乃送诸门外。若祈年祷雨，则夷众醇资，聚巫于山中，烧烟割牲以咒，谓之说山。其巫有能降神者，神既附巫则狂跳跃，烈火中烧腰镰桦头之，内口含手弄或嚼红炭、含沸油而喷之，舌刀吐火，夷固原有此幻术也。"①"鹤庆军民府（古名鹤川，又名漾工川，蒙氏立谋统郡。领剑顺、顺川二州。）附险立寨，境内多摩些蛮，依江附险，酋寨星列，无所统摄。少不如意，相攻杀，此其故俗也。习俗少变，近府治而居者，皆汉僰人，令乐育教化，渐被华风而言语服食吉凶庆吊文俗，俱变其旧矣。"②

五、婚姻习惯法

家庭组织以父系小家庭为单位。婚后即分家，幼子继祖房，供奉祖先牌位，分出的家庭可另立祖先牌位。纳西族在家供奉祖先，木质牌位，年节拜祭，如亲在世，必祭外祖父母。

同姓不同宗可婚，姑舅姨表婚均有，而以姑舅表婚最流行。纳西语"阿纠寄妹戛"即舅家娶姑家女儿的意思。婚姻由父母包办，青年男女婚前自由恋爱，但都不能实现结婚的愿望，因而"情死"的很多，或者相约逃往他乡。纳西族也有"夫兄弟媳"的习俗，但事实上弟娶寡嫂多，兄娶弟媳少。

纳西族实行一夫一妻制，禁止同家族的人结亲。男女一般20岁左右结婚，早婚现象较少。旧时，婚姻讲究门当户对，父母之命、媒妁之言，并盛行姑舅表优先婚配习俗。结婚一般要经过定亲、请酒、举办婚礼等程序。定亲，纳西语叫"日蚌"，意为送酒。男孩长到五六岁，父母便托媒人带一壶酒到适合的女方家为儿子说亲，双方父母同意后，待女孩长到10岁左右便择吉日订婚。之后男方家要向女家行"小酒"、"大酒"等礼，每年端午、中秋、冬至等节都要到女方家送礼。结婚仪式有不见天之俗，在天井搭大帐篷，下铺松毛，扎迎亲牌坊。接亲队伍到达，女家闭门，隔门唱盘问喜歌，答唱对头方开门迎人，接亲者即撒"开门钱"。新娘边祭祖先、拜别父母亲友，边哭泣，表示舍不得离开娘家。新娘进夫家大门时，必须跨过门槛正中的马鞍，以此表示成为男家的成员了。

纳西族青年男女婚前有社交自由，谈恋爱称为"命若贺"，一般不受父母干涉，

---

① 光绪《盐源县志》。
② 郑颙：景泰《云南图经志书》卷五。

通过各种节日活动和红白喜事场合相识交往，定期约会于山间田野，对歌弹弦，倾吐衷肠，互赠情物。这种传统的社交自由，与汉文化影响下的封建包办婚矛盾尖锐，加上社会中的阶级压迫剥削和农民的贫困加深，致使相爱的青年往往不能成婚，为了忠贞于纯洁的爱情，就相约至玉龙雪山或村寨附近风景优美的地方殉情自杀。东巴祭司依据当时所发生的情死悲剧情况，创作东巴经典《鲁般鲁饶》（牧奴迁徙记），并把它作为超度情死者的经书，在道场仪式中反复吟诵。纳西族第一对情死者从情死鬼头目演变成爱神，十二岩子坡这个情死鬼魂的归宿地，也演变成雪山情国（游翠国），并把情死国描绘成不同境界的三个国。经过东巴教的不断传播，民间又形成口传的长诗《游悲》（殉情调）。纳西族社会中的大量“情死”现象是一种非正式制度。通过对纳西族的“情死”发生的考察，我们会发现非正式制度的产生与法律紧密联系：如果法律规定了唯一“正确”的生活方式和价值标准，它和地方性的价值、信仰、意义发生遭遇时就可能创造出预料不到的非正式制度，并由此发现法律可能因为其“制造”的非正式制度而归于失败。从发生于纳西族社会的大量“情死”这一制度悲剧，可认识到法律应中立和宽容地对待社会中的多元价值、信仰、生活方式。①

家庭在纳西族社会很重要。东巴神话很多内容都反映了纳西族社会重血缘、重血统、重家庭、重亲情。

六、丧葬习惯法

纳西族实行火葬，用棺木盛尸烧化，个别地方用罈子盛骨灰葬在坟地里，焚化后不留痕迹。

绝后者，如无生育能力，直至老死膝下无后者；虽曾有子女，但均已死亡，室无后嗣者；有女儿，但已出阁，须别室继其家业者。上述家庭的老人死了，继承其家业的人家，就要请东巴为死者举行祭绝后者仪式，除了把死者的灵魂送往祖先们的居住地，进而送往神的33个福地，让他由鬼转变为神，不致回家作祟外，还要祈求避免重蹈前辙，防止继嗣人家出现绝后的现象。东巴所用替身消灾的方法为：在一个竹筛子里，放一个红眼女奴木偶，周围放着她日常应用的木刀、弓箭、口弦、竹笛、饭碗、戒指、耳环、毡毯、布，以及供其使用的木制的黄牛、牦牛、犏牛和马，然后由

---

① 王启梁：《非正式制度的形成及法律失败——对纳西族“情死”的法律人类学解读》，载《云南民族大学学报》（哲学社会科学版）2006年第5期。

东巴作法，让红眼女带走祭祀主人家的一切厄运和灾难。或者砍来一根约有杯口大小、长约二尺的松枝，修整后，上端刻上人的眼睛、耳朵、嘴巴和双手，下端削尖，把它插在麦面团上，然后由东巴作法，让木偶将祭祀主人家的一切厄运统统带到远方的仇地。以及用柳条编成一男一女和一匹马，马背搭着一个皮口袋，把柳人柳马拿到祭坛里，然后又由东巴作法，让木人木马把祭祀主人家的一切灾难带到远方的仇地。①

纳西族自古以来通行火葬，这在元代李京《云南志略》等史籍中即有记载。经过清代初年改土归流之后，丽江城镇、坝区逐渐改为棺木土葬，但丽江山区及中甸三坝、维西山区、宁蒗永宁等地，仍实行火葬之俗。“依江附险，酋寨星列，不相统摄，善战喜猎，……少不如意，鸣钲鼓相仇杀。两家妇人中间和解之，乃罢。……不事神佛，惟正月十五日登山祭天，极严洁。男女动（辄）百数，各执其手，团旋歌舞以为乐。俗甚俭约，……有力者，尊敬官长，每岁冬月，宰杀牛羊，竞相邀客，请无虚日，一客不至，则为深耻。人死，则用竹箦舁至山下，无棺椁，贵贱皆焚一所，不收其骨。非命死者则别焚之。”②

丽江纳西族葬仪烦琐，分为悬白、正奠、出殡三天。人将断气时，由家人把米（男九粒、女七粒）、茶叶、碎银少许，用红纸包成小包，放入死者口中，叫“含口”。人死后，派人向亲友报丧。亲友拿着米、肉等前来吊丧，并帮助料理后事。由孝子以外的亲人洗尸，给死者穿新衣，停尸于堂屋中，头朝外，白纸盖脸，尸前放一小桌，摆上酒、茶、饭、肉、蛋等祭品，举行祭奠。死者家属披麻戴孝，伏跪两旁。入棺时间，一般在当天或次日晚上举行。正奠期间，祭品八大碗，对前来祭吊者，均需招待酒食，晚上村邻亲友在院中跳“喂麦达”以示哀悼，跳“哦热热”以示驱鬼，第三天才送到坟地安埋。

出殡后第二天，家人再次到坟地复丧，然后做“七”，其中“四七”要由出嫁女儿主办，以报答父母的养育之恩。人死满百日，死者家属及近亲上坟扫墓，焚烧孝子戴的麻布帽子等，此后孝子方可理发，一般亲属可以去孝。人死满周年时做“年斋”，三年孝期满大门可贴红对联。现在丧礼也改革从简，一般是人死后，装殓入棺，亲友前来吊唁，有的由片村组织开追悼会，然后抬至坟地安葬。③

①③ 李国文：《丽江巴甸村纳西族宗教习俗调查》，载《民族调查研究》1986 年第 3 期。
② ［元］李京：《云南志略》。

古籍中也有记载："宝山州（古大匮川也，又名罗邦）焚骨不葬，……贵贱一所焚之，不收其骨，候冬择日走马列焚所用氈覆地呼死者之名，隔氈抓之，或骨或灰，但得一块，取之以归家祭之。祭毕弃迸五山涧弃之。非命死者别焚之，其土官死，则置于床，陈衣服玖好鹰犬于首，妻子无哀、径衣文绣返胜平日，以死者之马令奴额帕驰骤，谓之抬魂。当焚骨之祭，则以鞍脔玩好皆付诸火，其马则以斧击杀之"。① "视同汉制，板屋不陶，父骨不葬，带刀为饰，服食俭约。地近蒙番，好佛信鬼，性同北鄙，佩弩悬刀。设流于后，礼教渐兴"②。

地狱的观念在中古东巴教中既已有之，它是本教地下界观念与佛教六道观念相结合的产物。经典记载，地狱分八界。即：互相残杀后等凉风复活的"等活地狱"；以黑铁绳绞勒罪人的"黑绳地狱"；以众兽、刑具相配合残害罪人的"众合地狱"；因罪人受刑最酷而大声悲号的"大叫地狱"；以铜镬、炭坑煮烧罪人的"炎热地狱"；罪人受煎熬至极的"大热地狱"、"阿鼻地狱"；等等。道教传人之后在丽江纳西族地区修建了城陛庙，城陛庙中所表现的阴间思想及其阴间实景也被同时描绘于《神路图》之上，像犁耕造谣惑众者之嘴舌、以秤吊买卖不公者之身体、以长铁剪乱伦者之男根、以众兽咬啮滥猎者之头脚等场面，都不是本佛地狱中所有的。③

东巴经《什罗祖师传略》认为，地狱即地下界，它在纳西语中称"尼韦"，人们相信它分18层，共有36座黑山、36条黑河。《什罗祖师传略》还称它与33层天界同时出现，住有黑鼠、黑雀、饿鬼、哑鬼，不仅污秽不堪，而且充满了争斗。有时，地狱仅被说成是六界，与佛教中的六道相对应，或许36座黑山与36条黑河都是缘此而衍生成的。关于地狱的恐怖性，《崇搬图》是这样表现的：众鬼煮有99锅灰土水、70锅松烟水，专门与人类为敌。《神路图》中的描绘更是令人毛骨悚然，那里既有恶鬼低唆勾布及其妻子低唆勾母手持斧斤，以叫"西达孜"的利剑刺杀人类，还有被兽逐虎咬的猎人、被犁铧翻耕舌头的受难者、被剪割阴茎的乱伦者、为蛇雕虎耗所纠缠的偷情女子、被倒悬于秤杆上的不法商人，以及受火烧、水煮、石压、鸟啄、拷打、剑劈等等刑罚的罪人。受佛教与道教中的地狱观念的影响，就不可能有东巴神话中的地下界——地狱世界。地狱是一个与天界相对立的存在，它的主要作用就是惩恶净魂，纯粹是一个道德性的存在。如果说天界是一个人死后灵魂必去的终点的话，地狱则是

① 郑颙：景泰《云南图经志书》卷五。

② 雍正《云南通志》卷八。

③ 郭大烈编：《纳西族研究论文集》，民族出版社1992年版，第88、90页。

一个必经的起点和回归之地。按纳西族的习惯，亡魂以死者是否已经结婚并有子嗣为区别确定去向，已婚并有子嗣之亡魂将被家人用种种手段送往“余祖毕吕空、余训吾托氏”，成为祖先群体中的一员。那些未婚或未生子嗣而死去者，其亡魂绝不可能进入祖灵界，它们往往游移四方，对生者造成威胁，因而要请东巴送魂。①

七、日常生活中的禁忌规范②

纳西族的日常生活中，有许多禁忌和规范，一般不能违反。

（一）饮食方面的禁忌

在饮食方面，禁吃狗肉、猴肉、马肉和耕牛肉。有特定身份或职业的人，如喇嘛与东巴，禁吃熊肉和野猪肉。一般人，不能将葱与蜂蜜同吃，在烹茶时，不能以水溅火塘，等等。

（二）信仰方面的禁忌和规范

如三脚架的香灰不能踩踏，三脚架上的五宝不能翻弄。外人不能看祭三多，外人不能在祭天场拴马；不能在灶上走动或跨过灶石；遇到日食、月食时，不能吃饭；焚尸后忌再引火；出猎忌遇仇人；放骨灰忌遇生人。

（三）保护动物方面的规范

如不准打喜鹊和布谷鸟，不准打老虎，朔日、望日不能杀牲，忌养折角牛，忌畜错齿马，等等。

崇拜蛇、蛙，常以蛙和蛇做象征物，民间禁吃蛇、蛙肉，东巴教有专门的祭“术”仪式，多集体祭祀。“术”字就是蛙头蛇尾形。

（四）环境卫生方面的禁忌和规范

如锅庄石上不准撒灰，不得吐痰。傍晚不得扫地。忌置秽物于灶头。忌烧朽木于火塘。

---

① 郭大烈编：《纳西族研究论文集》，民族出版社1992年版，第90页。

② 《纳西族简史》编写组：《纳西族简史》，云南人民出版社1984年版，第63页。

（五）礼仪方面的禁忌和规范

如忌寅时接待宾客。男客不能坐女床。兄妹在场不能讲与两性有关的事。老人面前不能跷二郎腿。公婆与媳妇、岳父母与女婿之间不能讲脏话、丑话、笑话。

（六）特定节日时的禁忌和规范

如正月初一至十五不准带鸡入正房，否则家中将起口舌是非。腊月二十四不能动土。正月初一至十五不准讲不吉利的话，不准议论家族内部的坏事。除夕晚忌不洗脚，而吃团年饭的碗筷忌洗刷。正月初一晨忌陌生人进家门。在家中和村内忌唱“谷气”调。办喜事时忌跳“哦热热”歌舞。除夕晚忌留出嫁女在娘家。正月初一晨忌妇女早起床。

（七）特定日期的禁忌

如鼠日不能做鬼事，牛日不能去温泉浴身，虎日上山放牧将不顺，鬼日不能盖鸡厩，龙日不能围栅栏，蛇日不能出远门，马日不宜挖池塘，羊日不宜出门、出殡，猴日不宜去游泳，鸡日不宜开新米柜，狗日不宜制作脚确，猪日不宜从远方回家。

（八）生育方面的禁忌

孩子满月，亲友所送之礼应为双数，不能重；妇女不能在正房产婴，只能在侧室产婴；妇女分娩时，忌讳生人进家门；妇女产后必须请客、洗衣，燎室除秽；生产后忌摸冷水，不举重物等。

纳西族重视孕妇和生育，社会中对孕妇规定了许多禁忌规定：

食物禁忌：不吃刺激性的食物；生产以后一个月内，只准产妇食鸡肉、鸡蛋、甜酒、蜂蜜、酥油以及晒干的猪牛羊肉，忌吃瓜果豆等。

行为禁忌：不能干重活、背重物；不吃外人送的食物；天黑不外出；不能参加丧事；孕妇不得跨马绳；在孕妇面前忌谈兔和蛇；孕妇不能堵鼠洞。

性禁忌：怀孕后，不能再与男子走婚。

（九）宗教禁忌①

据调查，丽江巴甸村纳西族存在许多宗教方面的禁忌，这些习惯法约束不仅体现在宗教活动中，也体现在日常的禁忌活动中，如：

不能在河里和水潭里洗女人的衣服和小孩的尿布，这类脏水不能倒在河里，否则亵渎龙王神；

不能在河里、水潭里和石头上大小便，否则屁股和生殖器会生疮；

家有亲人出远门，当日不能扫地，也不能将水泼在火塘铁三脚上，否则会给亲人在路上带来不吉利；

上山放牧或做其他事情，不能随便在地上插木桩，否则会将自己的灵魂拴在木桩上；

上山放牧或做其他事情，不能在立有三脚石和烧过火的地方大小便，否则会冲犯石神；洗过尸体的水不能用脚踩；

产妇未满月，外人不得进入产妇住房，产妇满月后，要进行一次除秽祭秽仪式，才能进入家房正屋；

凡是祭天的纳西人，不得吃狗肉，吃过狗肉者，不能参加祭天仪式；

平日不能舂空碓、推空磨和空摇纺纱机；

月经在身的妇女不能睡在楼上的草料堆里，经血污染草料，牲口吃了会死；

女子不能爬到房顶上和果树上摘果子；

女子平时坐于火塘边，只能并拢双腿蹲坐，不能跷腿；

已婚女子，不能在公公面前或其他男子面前将围腰一角挽起别在腰上；

女子不能在男性长者面前抽烟，但在同辈男子长者面前抽烟则不忌讳；

平日带锄、斧之类出门干活，不能在院子里将工具扛上肩膀，唯有去挖葬坑时才能在院子里将工具扛上肩膀进出；

非东巴世家者，平时不能念出、哼出东巴念经的腔调；

东巴及其家人大年三十到正月十五这段时间内，不得念出或哼出平时念经的腔调；

东巴及其家人，平日不能在自己家里或别人家里唱祭大风道场里所念之经的腔调；

---

① 李国文：《丽江巴甸村纳西族宗教习俗调查》，载《民族调查研究》1986 年第 3 期。

不能在家里吹笛子和弹篾弦，否则会被老人骂作去情死的人；

水烧沸后，要赶快端下来；

儿女在院落大门内不能高声喧哗或唱歌，不然会被老人骂作号丧；

新娘不能骑驴，只能骑马，传说美女“达拉阿撒命”做新娘时骑驴，因而被大风卷走变成风鬼；

山里被野兽咬死的动物或家畜，不能吃，也不能拿回家。

（十）其他禁忌①

不要称呼他们为“摩些”或“摩梭”，最好称为“纳西”。最好称男的为“纳西若”，女的称“纳西米”。

入寨时须下马，到主人家照指定地点拴马，不能拴在“祭天”的地方。

不要触摸大门两边的石头（叫“洛塞”，即男女之意，亦即门神）。

不要坐在门槛上，或在门槛上砍东西。

每家的大灶，必须从一个方向上下，不能在灶上走动或跨过灶神。在灶边，客人坐下方或左右方，男左女右。

三脚架的香灰不能踩踏；三脚架中的“五宝”不能翻弄。

不能参观祭祖先。

祭“三多”神（战神）时，不要参观。

郊外的神树（下面陈设祭天堂时的祭品）不能触弄。

翁与媳、夫兄与弟妇之间有回避之俗，不能对坐和单独谈话。岳母与女婿之间也应保持一定距离。

忌跨竖在门口的陆色白石，忌跨火塘的坐锅石，忌水泼火塘中的火。

客人进屋忌讳主人吐唾沫。忌客人坐火塘左边的座位。

忌戴斗笠进屋，忌扛着锄头进厨房。

晚上回家，忌点着火把进屋内。晚上回家先入火塘屋，忌先入卧室。

死者入棺或火葬时，属相相克者忌在现场。披麻戴孝的人，忌进别人家的门。

孕妇忌给死者引路搭桥。孝男孝女忌食死者的伴魂鸡肉。东巴祭司忌吃献给死者的牺牲。

---

① 白庚胜：《纳西族风俗志》，中央民族大学出版社2001年版，第156、161页。

早晨忌讲晚上做的梦，太阳落山后不能扫地。

在家里不能吹口哨，否则认为会把鬼引来。

孕妇不能爬结果子的树木，不能从缰绳上跨过，忌吃不见血的肉。

妇女的裙裤不能晒在院坝里，妇女不能爬阳台和粮架。

蛙蛇进屋，忌伤害，应泼以牛奶或抹酥油，恭送出门。不能伤害耳畔逗转的蜜蜂。

忌反手给人添饭、倒水。忌自己穿过的衣物送给人。忌喝他人喝过的残酒。

第三章 独龙族法史

第一节

独龙族概况

独龙族主要聚居在云南省独龙江流域，长期以来，因山高谷深、交通不畅，使这里成为一个封闭的地理单元。在这块近2000平方公里的地区，生息繁衍着5884个独龙族人（2000年全国第四次人口普查统计数），其中近80%的人口分布在云南省贡山独龙族怒族自治县的独龙江河谷。这里交通闭塞，长期以来独龙族人与外界几乎没有多少接触，历史上鲜为人知，可能是在某种极为偶然的情况下被发现的。《元一统志》做了简略的记录。他们居住分布在怒江（古代称为俅江）贡山境内的独龙江上游，历史上称他们为“俅人”。当时和他们接触的只有同区域内的少部分吐蕃人。整个明代没有见到有关汉族历史文献对“俅人”的记载，直到清朝才开始出现在历史典籍中。到了近代，他们逐渐集中到俅江下游西南独龙河流域，所以称他们为独龙族。

有关独龙族的族源及其历史，文献中记载较少。独龙族的《创世纪》中，有反映同胞兄妹成为夫妻的神话传说，说明独龙族曾经历了远古漫长的原始社会阶段，这就为追寻独龙族的“历史遗迹”提供了线索。从《独龙族社会历史调查》（二）中我们可以了解到有关独龙族的族源有两种传说：一是他们世居独龙河；二是由怒江等地迁来。在判断独龙族的起源时，当然不能只凭神话传说做依据，由于独龙族先民人口较少，居于高山峡谷之中，又不断处于迁徙流动和不断融合的历史发展过程中，因此，在元、明以前的汉文史书中，很难发现对他们的记载，只能从整个地区范围内去识辨其先民的发展梗概。

汉代在独龙族先民所居之地的西南夷地区设益州郡、永昌郡，属当时嶲唐（今保山）、不韦（今保山南部施甸一带）二县管辖的范围。随后，在唐、宋两代，此地属“南诏”、“大理”地方政权管辖。汉文典籍中，关于独龙族的记载，最早的一部可能是唐代樊绰所著《云南志》（也称《蛮书》）。《云南志》卷六《云南城镇》记述说：“南诏特于摩零山上筑地，置腹心，理寻传、长傍、摩零、金弥城等五道事云。凡管金齿、漆齿、绣脚、绣面、雕题、僧耆等十余部落。”已故的历史学家方国瑜先生对这一段历史地理经过缜密考释，在其《云南志校补》中确定了《蛮书》中所载高黎贡山以西、“镇西”“蛮貘”以北和察隅以南这一大片范围，正是当年丽水节度统辖之境，其管辖区内有“僧耆”等部落。① 根据向达先生在其《蛮书校补》中的考证，以及汉文史书中对独龙族生活习俗的零星记载，学者们得出了一个结论：距今1000多年前的僧耆部落与独龙族有着密切的联系，可能是独龙族的先民。②

最早明确提及独龙族的文献是《元一统志》，其《丽江路·风俗》条曰：“丽江路，蛮有八种，曰磨些、曰白、曰罗落、曰冬闷、曰峨昌、曰撬、曰吐蕃、曰卢，参错而居。”据方国瑜先生考证，“‘撬’之族名少见，字书‘撬’读牵么切，与‘求’读奇尤切，二字音读相近，则‘撬’即俅江之居民，为今独龙族。又《元一统志》所载‘蛮有八种’之次第，磨些、白、罗落、冬闷，在丽江路之东部多有之，而峨昌、撬、吐蕃、卢，则多在西部，且吐蕃及撬在西部之北，峨昌在西部之南，卢则西部之南北多有；此从民族分布可知元代丽江路西界至怒江以西达俅江也。”③ 这里的记载与现在滇西北的民族分布情况基本类似，说明独龙族的先民一直居住在原已分布的地区。明代的史书上，虽未发现有关独龙族的记载，但并不意味着“撬”的先民在原已分布的地区消失了。

从清代文献看，雍正以后有关独龙族的记载较前为多，也相对较为详细。雍正《云南通志》说：“俅人，丽江界内有之。披树叶为衣，茹毛饮血。无屋宇，居山岩中。”乾隆年间对独龙族进行记录的《清职贡图》卷七，记载内容多为康熙年间的情况。而《丽江府志略》上卷也有关于俅人的简略记载：“与怒人相近，言语不通。耳穿七孔，附以木环。”道光《云南通志》卷一八五引了《清职贡图》的记载：“俅人，居澜沧江大雪山（怒山）外，系鹤庆、丽江西域外野夷。其居处结草为庐，或以树皮覆之。男子披发，着麻布短衣裤，跣足。妇耳缀铜环，衣亦麻布。种黍稷，采黄连为生。性柔懦，不通内地语言，无贡赋。更有居山岩中者，衣木叶，茹毛饮血，宛然太古之民。俅人与怒人接壤，畏之不敢越界。”伯麟在其所著《种人图说》记载：“俅人，近知务耕植，常为怒人佣工。丽江府俅江外有之。”

由于这些记述者都未亲自前往独龙族居住地，多是听传闻或抄袭旧志，所以这些

① 《独龙族简史》编写组：《独龙族简史》，云南人民出版社1986年版，第3页。

② 关于独龙族起源根据《独龙族社会历史调查》、《贡山怒族独龙族概况》等资料以及前人的研究成果整理所得，可能有其他说法，但目前多采用此说。

③ 方国瑜：《中国西南历史地理考释》下卷，中华书局1986年版。

记载都很粗略，但至少对当时尚比较原始落后的独龙族人民的生产生活状况做了较为真实的反映，我们可以从中了解到独龙族的基本情况。

对独龙族的情况进行较详细记载的是夏瑚的《怒俅边隘详情》。1908 年，时任“丽江知府分驻阿墩子弹压委员兼怒俅两江事宜”的夏瑚亲履独龙族居住地，写下了 13000 余字的《怒俅边隘详情》，较为详细地记述了独龙族的居住环境、生活和生产方式，同时也提出了一些改善独龙族生活状况、加强统治的建议。

历史上独龙族生产水平十分低下，以刀耕火种①的农业生产为主，采集和渔猎仍占一定比重。生产工具十分简陋，小型铁质工具和木、石工具并用，所以农作物产量低，不得不依靠采集和渔猎做补充。手工业生产只能进行粗麻布的纺织、编制竹藤篾器、修理小农具和织补渔网等。

独龙族内部没有商人，也没有集镇，交换还处于原始的以物易物的阶段，人们通过这种交换，也只能取得极其有限的物品。虽然早已出现了“物易物”的原始的商品交换方式，但因一直处于封闭的环境中，独龙族与外界的联系和商品交往不多。

他们大都居住在独龙江河谷两岸的山坡台地上，并按照家族和血缘近亲关系，组成大小不等的自然村落。土地是公有的，在家族公社范围内，自由采集，自由渔猎，自由开垦，耕地连种三年，丢荒另开，唯有屋旁园地私有观念已深，代代继承，分家分产。贫富分化没有产生，生活比较艰苦，到新中国成立初，独龙族都还停留在父系氏族公社解体阶段。② 他们在家庭、社会组织和婚姻习俗等方面还保留着浓厚的原始公社的残余。独龙族信仰原始宗教。女子有文面的习俗，女孩到了十二三岁时就开始文面。因地区和爱好不同，文面的图案、纹型在各地区有明显的差异。在其民族节日“卡雀哇”上，人们举行剽牛祭天的仪式，到现在，作为一种开展歌舞活动的节日保留下来了。

独龙族有自己的语言，属汉藏语系藏缅语族，语支未确定，但与贡山怒语基本相通。由于受外界影响少，语言发展缓慢。没有文字，为记事或传送统治者的命令，则采用刻木、结绳。像民间、官方、打仗、结婚、借债、赔偿等都用刻木、结绳来记载，以刻木为多。

独龙族人民世代在独龙江流域过着稳定的生活，形成自己独特的社会组织，他们

① 所谓“刀耕火种”，首先是在山上开垦一块荒地，即砍掉树木和杂草，将焚烧草木产生的灰均匀撒在开垦的土地上，一年后播种耕地。

② 王文光等编著：《云南的民族与民族文化》，云南大学出版社 2000 年版，第 190 页。

在进行采集、狩猎、交往、居住等方面形成了一定的规则，这就是独龙族的习惯法。它是独龙族人民日常生活的准则，也是判明是非的准则，家族之内和家族之间的社会秩序，就是靠它来维持的。恩格斯曾精辟地指出："一切争端和纠纷，都由当事人的全体即氏族或部落来解决，或者由各个氏族相互解决；……在多数情况下，历来的习俗就把一切调整好了。"①

独龙族人民有着淳朴的原始美德，"路不拾遗，夜不闭户"，"老有所归，幼有所养"，以及对鳏寡孤独者和老弱病残者都有特殊的照顾。②

独龙族的习惯法主要是处理时有发生、处理较轻的男女通奸和极少发生、处理较重的盗窃问题。处理时或由当事人和解，或由老人调解，间或用神断，但有时也向土司衙门告状。在大家庭里，除个人首饰及武器外，一切财产皆为公有。贫富差别小，有互相帮助的习惯。内部少交换，契约关系少，借贷无利息。个人和村寨间的纠纷械斗，双方死亡人数相等则人命相抵，如一方多死了人，另一方则要赔偿命金，命金由全村人平摊。③

第二节

历代中央和地方政府对独龙族的治理

自两汉时期，汉武帝开发"西南夷"地区，设立郡县管辖，贡山这个广大的地区，就与内地的封建王朝有了政治上的联系。唐开元年间，蒙舍诏王皮罗阁在唐朝的支持下统一了六诏，建立了南诏地方政权。公元762年，皮罗阁的儿子阁罗凤亲自率领大军西征"西开寻传"，征服金齿、银齿、绣脚、绣面、雕题、僧耆、茫蛮、寻传、朴子、"裸形蛮"等众部落，把南北朝时期分裂的永昌郡内的各民族部落再度统一起

① 《马克思恩格斯选集》第4卷，人民出版社1995年版，第92页。

② 云南省编辑组：《云南少数民族社会历史调查资料汇编》（一），云南人民出版社1986年版，第211页。

③ 独龙族没有文字，靠刻木结绳、口传相授等方式来记录社会中发生的大事，又居住于崇山峻岭之中，与外界联系较少，汉文的历史文献中关于独龙族的记载较少，只能根据现有资料及前人的研究成果梳理其习惯法的脉络和痕迹。

来，其势力达到了伊洛瓦底江流域。① 南诏时期，贡山属剑川节度；南宋大理国时期，贡山归谋统郡管辖。也就是说，在唐、宋两代，此地由“南诏”、“大理”地方政权进行管辖。在元、明、清三代，这一地区为丽江木氏土司和丽江路军民总管府的辖地。元代贡山居临西县，隶属丽江路。明代王朝对边疆民族地区实行“以夷制夷”的“羁縻”政策，推行土司制度，独龙江流域属丽江纳西族木氏土司下属的维西康普土千总禾娘和叶枝土千总王氏管辖。②历史上独龙族虽为各土司辖地，事实上对这一地区的管理甚少，尚未派遣官员进行直接统治，只是由其代理者土官所管辖。据道光《云南通志》卷一八五引用《清职贡图》的记载，俅人，“不通内地语言，无贡赋”，这就说明在此之前独龙族不向中央王朝缴纳税赋。清雍正元年，丽江木氏被“改土归流”，废土知府，设流官，贡山菖蒲桶区仍由维西土千总和察瓦龙土司分段管辖，隶属丽江府维西厅。《高宗纯皇帝实录》卷四三七载：“乾隆十八年四月乙卯，云南总督硕色又奏，丽江府属女土弁禾志明、头人王芬、保长和为贵、和可清等，于改土归流后，仍然循夷俗，收各寨山租陋规，又任所管康普怒子，赴求马（即独龙族）地方放债取利，准折人口，送充规额，殊属藐法。今免议外，其头人、保长、催头等，照例枷责，并出示晓谕。如管下再有放债准折等情，即照红苗越境抢夺例办理。报闻。”③后来，管理怒江上游和独龙江的康普女土千总禾娘因为独生子得重病久治不愈，邀请拉萨的丙布大喇嘛来医治，虽说没有治好，但禾娘为了酬谢丙布大喇嘛的辛劳，就把怒江上游和独龙江的管辖权作为香火钱送给西藏的丙布大喇嘛。从此怒江上游和独龙江一带合归西藏喇嘛寺来收税了。④ 而同期康普土千总每年仍照例收取“俅贡”。两边土千总的属官每次来收取贡物或苛税时，除了要另建草房供其住宿，并以丰盛食物招待外，还必须摊购沙盐，到期无力归还者，便利上加利，最后无力归还或贡物不足者，则被强掠为奴。距今180多年前，与独龙地区东邻的傈僳族奴隶主，也经常越过高黎贡山，沿着独龙河下游北进，先是以强迫纳贡为名，继则大肆掳掠这一带独龙族人民当奴隶。独龙族人民虽经多次联合反抗，终因力量悬殊，最后作为战败者，被迫以“人首钱”或“人首税”的形式（独龙语称作“目时”，傈僳语叫“窝卜”），每年向傈僳族奴隶主缴纳贡物或以人抵贡。凡是在反抗斗争中被傈僳族俘去的人，由各

---

①② 李金明：《独龙族文学简史》，云南民族出版社2004年版，第101、129页。

③ 中国科学院民族研究所、云南省民族研究所编：《云南省独龙族历史资料汇编》，1964年版，第1页。

④ 《怒江文史资料选辑》编委会编：《怒江文史资料选辑》第22辑，1993年版，第152页。

家族共出实物陆续赎回。实物一般是砍刀、铁锅、铁三脚、麻布、猪、牛等。①

独龙族人民不堪忍受土官的统治而向内地中央王朝“求纳为民”。《维西见闻录》记载：“怒子，居怒江内，界连康普、叶枝、阿墩之间，迤南地名罗麦基，接连缅甸，素号野夷。男女披发，面刺青文，首勒红藤，麻布短衣，男著裤，女以裙，俱跣足，覆竹为屋，编竹为垣。谷产黍麦，蔬产薯及芋。猎禽兽以佐食，无盐，无马、骡。无盗，路不拾遗，非御虎豹，外户可不扃。人精为竹器，织红文麻布，麽些不远千里往购之。性怯而懦，其道绝险，而常苦栗粟之侵凌而不能御也。雍正八年，闻我圣朝已建设维西厅，相率到康普界，贡黄蜡八十斤、麻布十五丈、山驴皮十、麂皮二十，求纳为民，永为岁例。头人闻于别驾，别驾上闻，奏许之，犒以砂盐。官严谕头目，俱约其栗粟，毋得侵凌。迩年其人以所产黄连入售内地，夷人亦多负盐至其地交易。人敬礼而膳之，不取值，卫之出。自入贡以来，受约束，知法度。省志乃谓其刚狠，好杀，过矣。”②③ 这说明独龙江南部地区的人们深受丽江府所属土官的剥削，而清政府对此种行为进行了一定限制，但由于“山高皇帝远”，清政府未派人直接对此地进行管理，所以收效甚微。北部察瓦龙藏族土千总管辖的独龙族人民受压迫程度更甚。

1908 年，清朝丽江知府彭继志委派夏瑚为阿墩子弹压委员兼管怒、俅两江事宜，当夏瑚巡视独龙河一带时，独龙人民群起请愿。在独龙族人民的多次要求和反对下，夏瑚“每到一处，开诚布公，剀切劝谕，老少妇孺，咸给赏需。遴派火头甲长，给以印谕，赏以银牌、小帽、衣裤、盐布等项，俾餍其心，使之约束夷众，不准杀人、拉人、买卖人口”④，夏瑚委派了袁裕才任“俅管”，统管怒俅两江事务，又委派大小伙头十余人，代替了叶枝土司和喇嘛寺等对独龙江地区的统治。夏瑚的巡视，建立了独龙江地区的基层组织雏形，使其代表中央王朝统治管理其地其民，王朝对此地的管理从此开始。同时又以政府官员的身份为弱小者主持了公道，解除了“强悍者每将懦弱者一家大小捉交擦蛮（即察瓦龙土司），以偿牛债。或杀其强壮，捉其弱小以偿，此等事无岁无日”的“第一惨状”。

辛亥革命后，独龙河划归菖蒲桶殖边公署统辖，1918 年改为菖蒲桶行政委员会公署。1933 年又改为贡山设治局，先后在独龙江设立公安局和区公所。

---

① 刘达成：《独龙族》，民族出版社 1998 年版，第 17 页。

② 余庆远撰：《维西见闻录·夷人》，《小方壶斋舆地丛钞》第七帙，杭州古籍书店 1985 年版。

③ 经过方国瑜先生的考证，这里的“怒人”指的应是“俅江居民”，即独龙族。

④ 夏瑚：《怒俅边隘详情》，引自方国瑜主编：《云南史料丛刊》第 12 卷，云南大学出版社 2001 年版，第 147 页。

国民党统治势力进入独龙江地区之后，为排斥察瓦龙土司的统治势力，推行保甲制度。共设四保，一村为一保，每个自然村为一甲，设甲长一人。甲长三年轮换一次，掌管村中各种事务，负责为国民党征纳税收。保长和甲长都由国民党来委派，都是“卡桑”（独龙语，即独龙族中的族长），他们在村中有较大的权力。

从独龙族的历史演进来看，呈现出以下几个特点：

1. 自汉代以来，包括独龙族在内的独龙江、怒江流域的各少数民族，就与中原的封建王朝有着相应的隶属关系。

2. 由于独龙族居住地山高路远，交通极其不便，靠溜索才能到达独龙族居住区，所以历史上各中央王朝对这里的管理力度较弱，长期以来并不纳税，直到清朝才对独龙族有了更多的了解，也开始向中央王朝纳税。

3. 独龙族居住地在高山大川的环绕下，独龙族的生活、生产状况很少为外人所知，与外界的联系也少，相互间的交流与影响较少。

4. 历史上独龙族人民深受傈僳族蓄奴主和西藏察瓦龙土司们的剥削压迫。

5. 独龙族在长期的发展过程中一直保留着自己独特的原始习惯，受其他文化影响较小，属于“习惯法律文化圈”范畴。①

第三节

独龙族的社会组织

按血缘关系组成一定的社会集团是人类脱离原始游群的标志，也是原始社会的基本特征。根据独龙族的历史传说和现实的经济、政治联系，其社会组织结构可分为氏族、家族公社、家庭和宗教组织。

一、氏族组织

据民族调查资料记载，远古时期整个独龙河有木金、当生、木仁、陇吴、江勒、

① 王学辉：《云南独龙族原始习惯法初探》，载《现代法学》1994 年第 4 期。

姜木雷、凯尔却等15个父系家族。独龙语称氏族为“尼柔”，意即由同一祖先的后代所组成的具有血缘关系的共同体。特点主要有：

1. 氏族是按父系计算的。

2. 氏族以血缘亲属关系做基础，他们是由同一始祖传下来的后裔，只因人口多了，住在原来的地方已难以生活下去，同一氏族这才分散居住。

3. 氏族的名称没有图腾的内容，但具有一种超自然的象征含义。

4. 历史上氏族有共同耕种的公有土地和捕鱼区域，但随着私有制的出现，氏族内部只有共同的打猎区域，别的氏族不经过本氏族成员的同意，不得随便狩猎。

5. 每个氏族有若干个不等的家族。最大的包括15个家族，最少的仅有一个家族。

6. 严格遵守家族外婚制，属同一氏族的各家族之间可以通婚。

随着生产力的发展和私有制的萌芽，氏族组织开始分解，有些较大的氏族分裂为几个兄弟氏族（或胞族），父系氏族组织已很松弛，它仅成为一种各兄弟氏族及各个父系大家族所公认的祖先象征物而已。各兄弟氏族之间基本上是独立的，但还有着密切的政治上和经济上的联系。他们彼此间承认出自同一个父系祖先，经济上互相帮助，遇有外族侵袭时，组成暂时的“氏族联盟”共同抵御敌人。

二、家族公社

家庭公社是通过原氏族成员的不断分裂（迁徙）而产生的。家族一般是由一个父亲祖先的直系后代所组织的血缘集体，即父系家族公社，独龙语称为“吉可罗”或“其拉”（意思是整体或全部）。家族公社虽然不是完整的经济单位，但较之于原氏族组织，在经济、政治生活等方面则有相当的联系，具体表现为：

1. 每个家族公社都占有一定的地域。家族公社有自己公有的山林、猎场、渔口子（捕鱼的地方）和祭祀的地方，还有一定的公共耕地。各公社之间以自然地势如山脊、溪流为界限，未经许可，外家族成员不得迁入本家族的领域内或开垦荒地、狩猎、捕鱼。

2. 每个家族公社都有一个名称，多与家庭的领地相同，往往以所居住地方自然环境的特征命名，也有以家族长的名字命名的。为了严格划分家族公社界限和保存公社成员的共同世系，家族公社成员的名字必须冠以家族名称，加上父名，如系子女，还要冠以母名，再加爱称，最后加上本人排行。较大家族公社，由于人口增长或迁徙等原因而分裂出新的小家族。

3. 家族公社内有一名称为“卡桑”（独龙语，意即能说会道）的家族长。“卡桑”不世袭，有的是自然形成而为全体成员公认的，有的则是由成员推举的。一般由能说会道、辈分较高、经济富裕的男子担任，有的往往是由氏族头人担任。家族长的职能是：对内公断事务，排解纠纷，领导生产，主持祭祀山神及“卡雀哇”仪式，处理嫁娶事宜，划分家族地界等；对外宣布械斗，指挥作战，缔结盟约，承头向土司纳贡，向设治局纳款，轮派夫役及办理与其他家族公社之间的事宜等。

4. 各个家族公社之间是平等、独立、互不统属的。长期以来，一直没能形成统一的政治和军事组织。有近亲关系的各个家族之间则互称“裴干”（亲戚之意）。

5. 家族内部严禁通婚，但也有个别的家族例外。

独龙族社会内部的家族组织，已经发展到村落公社的形式，以一个村落为一个家族。它已处在瓦解的阶段，而被个体的小家庭逐渐代替。随着生产的发展，家族组织所起的作用日渐淡薄。

三、个体家庭

这是家族公社下的基本经济单位。生产力的发展，使家庭生产成为可能，家族公社虽然拥有共同的地域，但已不再是社会经济的基本组织形式，代之而起的是一夫一妻的家庭，家庭成为生产、消费的基本单位。

1. 独龙人家中的火塘，是一对夫妇的象征，少者一个，多者达三个。按习惯，在独龙人大家庭里，凡男子娶妻之后，家长立刻在房屋内增添一个火塘，新夫妇便围塘而居，大家庭中有几个大火塘便象征着有几个小家庭，这种火塘分居制，独龙语称为“卡尔信”。小家庭里不论有几个孩子，都只能随父母围火塘而居，火塘成为维系这个小家庭的主要纽带。如小家庭已分离出去时，火塘即行撤除。

2. 家庭以父家长为主。每个大家庭都以辈分高、年长的男子为家长，有的家长同时也是整个父系大家族的家族长，独龙语称为“吉马戛”，他在家庭中拥有最高权力，凡生产、祭祀、嫁娶、交换、派夫、诉讼、对外联系等，都由其决断。

3. 每一个大家庭都有自己的共耕土地，归大家庭长期占有和使用，凡是大家庭成员都参与共同耕作，收获粮食归大家庭成员集体占有。此外，大家庭内部的各个火塘（小家庭）也有自己的小量自营土地，耕作时仍然由大家庭成员协作共耕，收获物归各个火塘（小家庭）所有。

4. 世系是以男子计算的。家长是男子，但妇女在家庭中还是有一定地位的。

5. 在这种大家庭中有轮流煮饭、主妇分食、主妇管仓库的习俗。由于一个大家庭内包含着数个小家，而整个家庭的人又生活劳动在一起，土地为家族所公有，这就形成了粮食平均分配到每个火塘（小家），由小家主妇管仓的情况。因吃饭时大家庭有共同分食的习惯，这样，每个火塘就必须轮流煮饭，如某火塘的粮食已煮完，则由其他还有粮的火塘承担煮饭任务。但对分食却同样平等对待，这是必须共同遵守的习惯和义务。

6. 大家庭内的财产分公有和私有两种：像土地、房屋是公有的，而私有的一般为个人使用的物品。

四、宗教组织

独龙族信仰的是原始宗教，伴随人们的宗教活动，往往进行巫术占卜。而独龙族中的巫师“南木萨”和“乌”则是宗教活动的中心人物，他们在独龙人的社会生活中扮演着重要的角色。例如，事情发展得好与坏、对或不对、失物的下落、亲人的平安等都由巫师占卜确定，甚至连神判中的“捞油锅”、生病的治疗都在巫师主持下进行。

第四节

独龙族的法律

在漫长的原始社会中，独龙族各村寨各家族之间虽未形成统一的权威管理机关或明文法规，但也有世代相传的社会习惯法来调整人们相互间的关系。这些习惯法就是全体社会成员在生产、生活中应自觉遵守的行为规范。多少世纪以来，他们正是依靠这些习惯法来维持社会秩序和维护各家族成员间的物质利益。独龙族的习惯法已深入到人们的生活当中，成为有一定约束力的社会习惯与传统影响，来调整人们相互间的关系。

一、刑事法律

独龙族社会中很少有犯罪现象发生，偶尔的犯罪主要是打杀“南木萨”事件、过失杀人及偷盗现象。

（一）打杀“南木萨”

“南木萨”除了会替人治病、砍鬼、“卜拉”拯救灵魂等外，还被认为会指使“南木”（独龙人认为天上有许多鬼，这些鬼的名字就叫“南木”）去杀害得罪自己的外家族人或仇人。因而，人们对“南木萨”又敬又怕，有时甚至是仇视。所以，偶尔他们就会悄悄打杀“南木萨”。人们将“南木萨”杀死后，偷偷丢进江中。一般不让远处的人知道，即使别的人知道了也不会报官。附近的人更不会报官，人们反而会认为有些“南木萨”被杀是一件快事。“南木萨”的家人哪怕知道其被杀，也不敢报复，因为众怒难犯。①

（二）过失杀人

除打杀“南木萨”外，独龙族社会中还没有发现故意杀人的现象，不过偶尔由于玩耍或喝醉酒也会发生过失杀人的现象。杀人者要偿命，会当场被受害者氏族成员打死。也有个别以重金（一般黄牛数头或由死者家属指定的九样东西）赎命，但需征得死者家属和头人的同意后才能以此种方式结案。在西藏察瓦龙土司管理的时期，对这类事件，村中没有自行处理的权力，而由察瓦龙土司将杀人者打死。

（三）偷盗

独龙人私有观念淡薄，历史上很少有偷盗现象，只是到了近代才出现。他们因此十分憎恨偷盗行为，把偷盗视为最可耻、最不光彩的行为，对偷盗的处罚也极为严厉。一般是对偷盗者判处死刑，没收其全部财产归本氏族公有。有时不仅要进行物质赔偿，还要将偷盗者的妻女送入受害者家中干活抵补其损失。

① 《怒江文史资料选辑》编委会编：《怒江文史资料选辑》第6辑，1986年版，第19页。

二、民事法律

（一）原始土地所有制

1. 血缘集团公共占有、集体垦种的土地，独龙语叫“奇木枯”。这种占有形式，是人类社会进入初期农业阶段时对土地的占有形式。到了生产季节，由家族长召集全体家族成员大会，共同商量垦种的地点和时间，种子由各户平均分摊，收获时也按各户平均分配。生产资料集体占有，共同占有，共同消费，有公共仓库来储存收获物。以后有了进一步的发展，由各家使用自己的劳动工具，平均出籽种，收获物也归各个家庭支配，单独消费，既没有公共粮食也没有公共仓库。① 但由于生产力的发展，像铁质农具的使用，家族公有共耕关系已越来越束缚人们的生产积极性。

2. 血缘集团公共占有、由个体家庭开垦或合伙耕种的土地，独龙语称“夺木奢”。这种类型的土地，家族成员既可随便开垦，亦可合伙耕种，亦可同其他家族成员一起来耕种，不因耕种这种土地而承受任何义务。入伙的各户，平均出劳力，平均出种子，收获时平均分配。但土地仍为公社所有，伙耕户只是暂时性地占有和使用。这种形式的土地还保留以血缘为单位，血缘集团内不分彼此，都有权使用。但也说明原始大家庭已趋于崩溃，个体小家庭开始成为社会的基本经济单位。伙有土地在丢荒轮歇期间，在取得原来共耕小集体的同意之后（有时送上一瓶水酒，或一些兽肉），新的共耕小集体即可以耕种这块土地。② 形成伙有共耕的主要原因在于生产力水平低下，刀耕火种的农业在很大程度上不是需要依靠集体的力量，加上生产工具的简陋，人们为了避免挨饿，可以从共耕的粮食中得到补充。

3. 几户伙同占有土地。这种占有形态已开始突破原始公社的土地制度，就是原属血缘集团集体占有的一部分土地，被几户伙同占有，占有者除使用权外，也有丢弃、出借、转让乃至出卖等处置权，土地的私有观念进一步加强，是原始公有向个体家庭私有转变的一种过渡形态。这种伙有关系的形成往往是由于几方共同开垦荒地形成共同占有，或者兄弟分家，原先其父占有的土地不再分割，而由兄弟伙同占有。伙

① 根据《独龙族社会历史调查》（二）整理所得。

② 中国科学院民族研究所云南少数民族社会历史调查组编：《独龙族简史简志》，1963 年版，第 19 页。

耕者可能互为兄弟、亲戚或属于同一个家族、同一氏族，土地占有者可以不参加伙耕，收获后，由借地者送给其少量报酬，但也有不送的。尽管某些土地已为私人占有，但这时候还未出现以占有的土地为优势的剥削和雇佣。①

4. 个体家庭占有土地。这种土地由个体家庭私人占有，可以自由处理，子孙可以继承，也可以出借出卖，还可以丢荒。个体家庭占有的土地一般都是房前屋后已长期固定了的小块耕地——园地，独龙语称“结白”，种植蔬菜、小米等农作物，由家庭自我安排。私有观念已经很强，围有篱笆或有其他私人占有的标志。

（二）占有和使用土地的方式

1. “火山地”的标志。在选择好作为火山地的森林后，就立即打上标志，比如在森林边缘砍倒几株或一片小树木；或者在林地边缘砍光一块草地；或者在林地边缘用两片劈开的竹子架成交叉形；或者在林地边缘，竖一根剥去树皮的大木柱；或者在林地边缘选一棵或几棵大树，用刀砍刻交叉形或锯齿形的痕迹；或者在林地边缘选一棵大树，把树梢树枝都砍去。只要一块林地有了这些标志，就已表明某一成员对此林地享有占有及使用权。以这种方式占有的林地，耕种一次以后，便失去了占有与使用权。待树木又重新成长，到了可以砍烧的时候，其他成员则有权占有与使用。

2. “水冬瓜地”的公示方法。在没有脱离刀耕火种的独龙族聚居地区存在一种称之为“水冬瓜地”的习惯法。为了标示开垦人的先占权，要在开垦的土地周围种上几棵特殊的树木，即水冬瓜树。事实上，在现实生活中，这种方式作为物权（尤其是占有权）的公示方式以不同的形式广泛存在，因此也得到了习惯法的承认。

（三）猎场的所有权

独龙人狩猎有公共的猎场和私有的猎口。公共的猎场范围是以村寨的区域界线四至为界，根据家族的名字命名。私人的猎口系私有观念形成后通过“号”的方式占有的，但只限于本家族或本村寨成员才能支号，不能越出村寨区域界线去号。私人号猎口，是在公有猎场的原始森林内，选择野兽常经过的兽路，以刀剥去大树的皮，砍以锯齿形符号，或在路口以两个相映成趣的木桩架成交叉形（其法与地同），一经号定，此猎口即为私人占有，但这种占有只排斥其他个人在该猎口中打猎。若侵入私人猎

---

① 中国科学院民族研究所云南少数民族社会历史调查组编：《独龙族简史简志》，1963 年版，第 21 页。

口，被占有者发现，除追回猎获物外，还要受到习惯法的处分；但是若系村寨成员集体的狩猎，却不受限制。此外，甲村的成员不管是个人或集体，不能无端侵入乙村的公有猎场，若违反，除没收其猎获物外，并以习惯法制裁。但是在特殊情况下则例外，如甲村的成员不论是个人或集体，在本村猎场追击一只鹿或野牛、山驴等，若猎物向着乙村猎场逃跑，可以越界至乙村猎场追击。若它继续逃跑，则跑到哪里追到哪里，可接连闯进丙、丁等村猎场，直至猎获为止。在哪个村的猎场猎获该兽，则将肉分送给该村一部分，这在习惯法上是承认的。独龙人把到别的家族猎山内狩猎看作是一件最不光彩的事。他们知道，到别的家族猎山上打猎，就会破坏那里的动物资源，甚至会导致灭绝，那里的家族就不能获得猎物，就必然会挨饥受饿。因此，他们一般都不到别的家族猎山上去狩猎，即使要去，事先也需得到对方的准许，所获猎物的一半要送给对方。

（四）标

在独龙族流域的河谷中、密林里、山崖下，人们常会见到路边插着根长约2—3厘米的竹棍，上端削成箭头的形状，斜对着大石岩或某个方向。独龙人把这个叫作“打啊得恰”，直译为汉语就是“标”。标是独龙人用以表明所有权的一种标志。① 标棍顶端所指的方向放着属于他们自己的东西，比如岩蜂窝、土甲蜂、野兔、山雀等野味。只要有这么一个标志，其他独龙人就知道这件东西已经有了主人，不会再去动它。有的时候主人忘了拿，即使放上十年八年，也绝不会丢失。

其实标的式样并不仅仅有竹棍一种，用石头、茅草同样可以做标。主人只要用大小不一的几块石头往属于自己的物品上一压，就有了等同于法律的效用，别人便无权占有这件东西。

独龙江山高地陡，人们并不总是把东西搬回家或随时带在身上，有些重的或常用的东西如粮食、行李或生产工具等，常被主人堆放在路边地旁。只需在上面放上标，别人看见了标，就不会擅自拿走用掉。

（五）商品交易、债务、分配等其他方面的规定

1. 在商品交易方面的规定。独龙族内部没有商人，也没有集镇，交换还处于原

---

① 赵伯乐主编：《新编怒江风物志》，云南人民出版社2000年版，第211页。

始的以物易物的阶段，交换分为两种：

一种是民族内部的交换。一般是与访亲问友结合在一起，具有互相帮助的性质，因而没有一定的比率。在农闲时，独龙族人带上盐巴、沙罐（均是从外地换来的）、麻布等物到边界进行交换，这种交换通过事先认识的朋友进行。这些朋友多为第一次交换时所认识，他们之间既不是亲戚，也不是同一家族成员，但都是独龙族。他们在边界换回斗箩、刀、水桶、花带、花棉布等。这样的交换每年进行一次，往往是边界的朋友到达独龙河，把所需要的东西带走后，独龙河的人选择农闲时到朋友家取回自己所需要的东西。

另一种是与其他民族的交换。独龙族人民一般是用黄连和贝母同汉族、纳西族和白族等民族的商人交换铁器、食盐乃至黄牛，多半是不等价交换。例如，一把铁斧换三捧黄连，一捧贝母及三大碗黄蜡、一口大猪换一尺五寸铁锅一口，六排（三丈）土布换两捧黄连及一张麂子皮，或一至二捧贝母。①《菖桶志第十三·商务》记载："菖属夷人无度器，布帛交易，布之宽，以方为度，麻布以手拿之。……仍旧以手为度也。""菖属量器，在昔以竹为之，每粮一筒，约有三碗。……夷人仍旧用竹筒，殆习惯使然也。""菖属在昔无衡器，贸易交往，皆以物易物，比较轻重相等，则易之。"②从这里的资料可以看出，由于缺乏度量衡，独龙族人之间以及与外界之间的交易一是不便进行，二是在交易过程中容易被他人欺骗，这也就造成了独龙族商品交易活动不发达，难以形成复杂的交易规则，同时他们也鄙视做生意赚钱的人。只是由于物物交换频繁了，才逐渐形成比较固定的标准。随着交换价值的产生，出现了交换双方用木刻记账，定期进行结算的形式。每当结算完毕，双方便当面焚毁木刻。

2．在债务方面的规定。借贷中主要是借地。借地不分亲戚，也不分家族，彼此间均可相借。借地的人，多半是较贫困而地少者。被借的地多为火山地，也有少数水冬瓜地。借地年限一般为 1 年，借一块地要给粮食或其他东西。如借一块 5 斗的地，要给 1—2 斗粮食或者一捆黄连。如果没有粮食，则要在第二年将自己的一块地无偿地给借主种 1 年，以作为交换。除借地以外，生产工具、粮食和牲畜都可以借。一般是借多少还多少，只是在借的时候送一点酒和吃的东西就行了。③ 借债时，独龙人用

---

① 云南省编辑组：《云南少数民族社会历史调查资料汇编》（二），云南人民出版社 1986 年版，第 14 页。

② 《怒江文史资料选辑》编委会编：《怒江文史资料选辑》第 21 辑，1993 年版，第 128 页。

③ 云南民委编：《独龙族文化大观》，云南民族出版社 1999 年版，第 250 页。

木刻的方式来记录债务关系。如果借的是几升玉米，则在木刻的两面刻同样数字的缺口，中劈两份，各执一半。还清时，两家当场烧掉。借牛、借猪，都用竹劈子量胸围，然后用拳量竹劈子，有几拳就在木刻两边各刻几个缺口，中劈之后各执一半，半年或一年还清，木刻就烧掉。①

3．分配制度。分配方法总的来说是原始平均主义的分配，也就是绝对平均分配。劳动力以个为计算单位，不分强弱。独龙族经常说，同样的两只手，应得同样的一份。所以，共耕中不论是平均出劳动力也好，还是彼此不同劳动力的多少而有多少出多少也好，其分配都是绝对平均的，一家一份。但也不尽然，因受外界影响，主要是私有观念的发展，也有按共耕出的劳动力个数的比例来分配收获的，这种分配方式较之原始平均主义是进步了一大步。②

（1）粮食的分配。实行严格的平均分配。为了贯彻绝对平均分配的原则，在分玉米时，先用大竹箩分，次用中竹箩分，最后用手掰；如果是分配小米，分到最后甚至实行一穗一穗地分，以便保证平均。在独龙族的社会里，就是母亲与已婚的儿子共同耕种的"勐旲"，也要按照绝对平均主义原则分配农产品，儿子和儿媳共同分一份，因为母亲是一个人，则只能分到半份。③ 食物的分配同生产物一样实行平均分配的原则，具体办法是以个人为单位，不分年龄大小，每人分得一份。为了照顾已婚的夫妻，则把他们的食物分在一起，年幼儿童应分的份也同样分在父母的盛器里，儿童与父母围坐而食。

（2）猎物的分配。在狩猎生产活动中，原始共产制的分配形式较为盛行。集体狩猎是狩猎的主要形式，拥戴有经验的猎人担任领导。按照独龙人的传统习惯，第一箭射中的猎手，分给兽皮和一只后腿作为鼓励，其余全部分给各家。即便是个人狩猎所得的猎物，也照例集体分享。猎手们只是把自己猎获的野兽头骨、角爪留存下来，悬挂在显眼的地方，以此炫耀自己的勇敢和力量。在《九条江的野兽》的狩猎歌④中唱道："我打来的野牛，让全村的人分享"，反映了独龙族平均分配制度。

不论对生产物的贡献大小，个人不能独占，否则，被人看不起，受社会指责。在

---

① 云南省编辑组：《云南少数民族社会历史调查资料汇编》（一），云南人民出版社 1986 年版，第 220 页。

② 云南省编辑组：《云南少数民族社会历史调查资料汇编》（二），云南人民出版社 1986 年版，第 12 页。

③ 宋恩常：《云南少数民族社会与家庭制度研究》，云南大学历史研究所民族组 1978 年版，第 31 页。

④ 李金明：《独龙族文学简史》，云南民族出版社 2004 年版，第 109 页。

19世纪末期，当时独龙江两岸野兽成群，独龙江乡麻必洛村叫麻必登的一家人到山上围猎，一次就猎获了40多头野牛。他们一家平时出猎，半天之内就猎获三四只麂子，全年猎获的野牛、麂子、山驴等物，均在几十只以上，足够13口人吃4个多月。但由于一家的猎获物习惯上要集体平均分享，麻必登一家仍然没有解决温饱问题，一年中有3个多月时间靠采集野果生活。①

三、婚姻继承法律

各民族先民在长期的婚姻实践中，发现血缘婚姻给民族成员的体质和智力带来极大危害，为了使民族成员的繁衍正常、健康进行，各民族先民逐渐形成一套婚姻规则。就像其他民族一样，独龙族最早的习惯法，应该说最先在婚姻领域内出现。

（一）婚姻规则

1. 盛行严格的家族外婚制。在这种固定的家族外婚集团中，男子固定地与舅方家族②联姻并形成较固定的婚姻集团，甲家族的男子固定地娶乙或丙家族的女子为妻。这种婚姻关系，独龙语称为“伯惹”，意即“弟兄和姊妹的婚配”。这种婚姻的特点，是在固定的婚姻环状连锁集团中，甲氏族的每一个成年男子都可以成为乙氏族每一个姊妹的丈夫，但在诸姊妹中只能有一个是这个男子主妻。与此同时，乙氏族的每一个姊妹在甲氏族的诸弟兄中（诸夫中）有一个主夫。因此，独龙语称两个婚姻集团之间的一切男子为“楞拉”（丈夫），称一切女子为“仆玛”（妻子）。例如，在他们的歌谣中就有：“恳求你把女儿许配给我的儿子做妻子吧！我们家族的人呀，都是以你们家族的姑娘做妻子的啊！祖祖辈辈是这样的啊！”③

2. 盛行妻姊妹婚。在独龙族的婚姻关系中，这也是一种较为普遍的形式。按古老传统习惯，凡属固定的婚姻集团，某一家所生的几个姊妹，必须先后共嫁给同一个丈夫，独龙语称为“安尼南”，意即娶姊妹。他们认为，几个姊妹共嫁一夫，可以和睦相处，可以亲上加亲，而且财产和劳动力都不会外流。这种婚姻，实际上是以妻子作为内部财产不得转嫁给固定婚姻集团以外的氏族而保存下来的。例如，《格鲁嘟南》

① 《怒江文史资料选辑》编委会编：《怒江文史资料选辑》第17辑，1991年版，第124页。

② 在《木彭九和木尼斤》的神话故事中提到了独龙族特有的“舅表婚”的婚姻习俗。

③ 刘达成：《独龙族》，民族出版社1998年版，第92页。

歌谣唱道："阿爸格鲁呀，给我老四金妮作陪嫁吧！"① 体现出这种妻姊妹婚的痕迹，这种遗俗一直延伸到20世纪70年代。

3．实行转房制。转房制是把妻子作为家族内部财产及劳力不得外溢的古老习惯而保存着的一种婚制。其特点是：三个兄弟中如果大哥死了，长嫂便转给二弟为妻；如果二弟死了，则大嫂、二嫂都转嫁给三弟为妻；如果三弟不愿，可转嫁给堂兄弟或叔父为妻，最后亦可转嫁给其父为妻。②

4．基本已形成一夫一妻制，一夫多妻所占比重较小。一夫一妻是独龙族基本的婚姻形式。独龙族的一夫多妻是伴随着父权制的发展而出现的，也可看作是妻姊妹婚、转房制的另一种转化形式。比如，诸兄弟中大哥去世，按习惯其妻转给二弟，二弟死了，诸嫂也一并转给三弟，甚至也有儿子死后如无弟兄可转，儿媳也可归公公所有，这样就出现了多妻。也有的是因为男子先后娶姐妹二人为妻导致的。有的多妻，主要是家族长或富裕户为购买劳动力而采用的另一种手段，独龙语称之为"仆玛旺"，即买女人。娶妻支付的聘礼叫"特布加雷"，意即价钱和东西，意思就是说，女人是物品，聘礼是价钱。这样一来，女子被当作一件物品，通过一定的价钱被男子买过来，而且被男子当作奴仆看待。③ 从这里可以明显地看出：在父权制已确立的年代，男子凭借在经济上的主导地位和其他一些为习惯公认的特权，开始在家庭中占据支配地位，使妇女屈从在男子的权威之下，形成了男子对妇女的奴役。

5．实行非等辈婚。按独龙族的传统习惯，只要是在固定结婚集团内的嫁娶，不管年龄大小或辈分长幼，他们并不计较。比如，父亲死了，儿子可以娶父亲的小妻；儿子如果死了又无弟兄，公公可纳寡媳；有的亲姊妹可以分嫁父子，姑母和侄女也可以共嫁一夫。④从独龙族社会历史调查资料发现，发展到后来，像这种非等辈婚已是少数，以等辈婚为多。

（二）婚嫁程序

独龙人的婚姻大多遵于父母之命与媒妁之言。结婚由父母决定，子女无权过问，更无恋爱自由，但也有个别逃婚的情形。

---

① 李金明：《独龙族文学简史》，云南民族出版社2004年版，第279页。

② 刘达成：《独龙族》，民族出版社1998年版，第94页。

③④ 中国科学院民族研究所云南少数民族社会历史调查组编：《独龙族简史简志》，1963年版，第29、27页。

据《云南边地问题研究》① 中记载，婚嫁仪式分为三个步骤：

第一为议婚。婚事的议定，多是由男方父母向女方父母提出，有时也请族长做媒人。求婚时，一般都带去少量的礼物，如一瓶酒、一把刀。若女方父母答应，则将礼物收下，否则原物带回。

第二为订婚。女方父母答应之后，男方便正式送礼，一般是一头猪，富者有一头牛、几口铁锅、一个铁三脚架、一把刀、一个耳环及麻布、珠子、水酒之类，送东西的多寡、好坏，以男方经济条件而定。送猪肉，是给女方双亲赔喂奶价钱的意思。②这就算正式订婚，独龙语称“仆玛旺”，即买姑娘的意思。女方把男方求婚的礼品均分给家族成员。男家贫穷，由亲族赞助，如一次交不足者，可以至生育子女后陆续凑交。女家的，系银耳环、料珠、麻毯等。③

子女的婚事从小由父母议定，所以在成年后也有因各种原因提出退婚的。若女方提出，则将原物退回；若男方提出，原礼退一半。如订婚后，女方死去，则可由其姐妹代替。

订婚后，男方需要经常送东西给女方，其种类有酒、三脚架、耳环、刀子等物。在结婚前，男女双方有来往的自由，也可同居。

第三为结婚。结婚之时，由数十男女拥新娘步行至夫家，集合两家的亲戚朋友，设宴饮酒，结婚仪式非常简单。结婚后三五天，新娘领着新郎回到娘家居住几天，同时，要送些鸡、鸡蛋、酒之类东西，娘家则招待新婚夫妇，新郎则要帮助岳父家干活。这以后，若岳父有事，可以随时唤女婿来帮忙做事，女婿不能拒绝，是必尽的义务。结婚后，女方每年要回娘家一次，那时需送酒、肉、粮食等。结婚后如果夫妻生育有孩子，还要向女方家送礼以表示感谢。

（三）离婚

独龙人离婚的情况很少。如遇夫妻感情不好，可让妻妹来顶替，然后妻子可以再嫁。丈夫死，寡妇可以转房给兄弟，如家族内没有适当的人转房，也可另嫁，彩礼归夫家所得。寡妇回娘家，在习惯上是不允许的，寡妇的身价一般要比姑娘低一些。

---

① 云南省民族研究所民族研究室编：《云南省独龙族历史资料汇编》，1964 年版，第 4 页。

② 云南省编辑组：《云南少数民族社会历史调查资料汇编》（二），云南人民出版社 1986 年版，第 48 页。

③ 《怒江文史资料选辑》编委会编：《怒江文史资料选辑》第 21 辑，1993 年版，第 134 页。

离婚如系男方主动提出，则不要女方家退还彩礼，但如属因女方与人通奸引起的离婚，女方家应退还其中一部分彩礼。如系女方主动提出离婚、女方与人私奔或订婚后女方突然死去，则女方家必须赔还全部彩礼。离婚时若有两个小孩，通常是大的归男方，小的归女方。如系一子一女，则子归其父，女归其母。独子或独女分给其父，婴儿哺乳期内和女方怀孕期间，习惯上是绝不允许离婚的。

没有父母的孤儿，习惯上由叔父或舅父母抚养。兄弟间分家，如一个无子，也无过继的习俗，但兄弟的儿子有奉养的义务。嫁出的女子，若年老又无子女，可以回娘家度其晚年。①

（四）继承

按独龙族的习惯法，父母死后，家庭中的一切房屋、土地、粮食、牲畜、农具等归各个儿子所有，但不平分。若无子嗣，财产归家族成员所有，女儿只能继承母亲的挂珠、手镯、耳坠之类装饰品。② 但也有材料记载，最小的儿子有继承房屋和其他财产的权利，并有抚养双亲的义务。③

死者的财产应保留在本氏族内，由本氏族的较亲近的同族人来继承，若父母已故而无子时，有女儿则可找女婿，这财产就可保留在本家族或氏族内了。虽然，独龙族的财产不多，但这情况仍严格地遵守着。④

四、环境保护方面的规定

独龙族在种植火山地后，为了恢复地力，鼓励人们大量种植水冬瓜树，谁在家族公社占有的领地内种植了水冬瓜树，地就归谁所有，确认了水冬瓜地的使用权或所有权，激发了人们种树的积极性，克服了刀耕火种的弊端，防止了水土流失，保护了独龙江一带的生态环境。

由于经济社会发展滞后，独龙族人体所需要的动物蛋白大都靠猎取野生动物来获得。独龙族生产水平不高，对野生动物的需求比其他民族更多，也更为急迫。然而，

① 刘达成：《独龙族》，民族出版社 1998 年版，第 99 页。

② 杨毓骧：《贡山独龙族社会文化考察》，载 1986 年《民族调查研究》，第 58 页。

③④ 云南省编辑组：《云南少数民族社会历史调查资料汇编》（二），云南人民出版社 1986 年版，第 44、41 页。

独龙族人对此却有着超乎寻常的理智，或许他们在思想观念上并没有可持续利用的认识，但在其狩猎行为中却充分体现了适度和可持续的原则。比如猎取野牛，他们会预先根据实际需要确定射杀的数目，安排数量相等的猎手去捕猎，每人只许射一箭，同时为了避免牛群受惊，相互顶撞踩踏，他们总是射杀落在后面的牛，而且还尽可能地少捕杀，以保住大多数野牛，让其繁衍生殖，继续提供充足的肉食。

五、平等互助与拾金不昧方面的规定

独龙族一直保持着团结互助的传统美德，无论谁家有事，全村寨的人都不计报酬地主动过来帮忙。尤其对老弱孤寡和病人，都有共同赡养和扶持的义务。在分配各种食物时，只要条件允许，总要首先优厚地照顾这几种人。对村里的缺粮户，习惯上粮食多的人有义务予以帮助。在《大家一起来喝酒》的歌谣中这样唱道："我家的猪养肥了，我家的米酒煮好了，欢迎大家一起来，围着火塘吃肉喝酒。以后你家杀猪，大家又到你家去。这是我们的习惯，这是我们的习俗。"① 反映了独龙人世代相袭的"有肉大家吃，有酒大家喝"的原始传统美德。

独龙人拾到别人的东西，一定想办法归还原主，如果确实知道失物的主人，甚至无偿地翻山过江去找到失主。②

六、有关纠纷的解决

按照独龙人的习惯法，处理纠纷的办法有三种：调解、"天断"、复仇。解决的纠纷主要有盗窃、奸情、债务、婚姻案和人命案等等。

按照独龙人的旧时习惯，不同的案件有不同的处理方法和内容，且视情节的轻重而确定。执行习惯法的人是家族头人，即"卡桑"。

（一）解决纠纷的方式

1. 调解。调解纠纷的过程是：纠纷发生于村区域界线内则由本村"卡桑"出来

① 李金明：《独龙族文学简史》，云南民族出版社 2004 年版，第 109 页。

② 云南省编辑组：《云南少数民族社会历史调查资料汇编》（一），云南人民出版社 1986 年版，第 211 页。

解决；原告被告双方不是居住于同一个村子，则由其所在地的"卡桑"参加解决。原告说一条理由，"卡桑"即在原告面前摆一粒玉米或竹片，被告说一条理由，即在被告面前摆一粒玉米或竹片，最后谁的玉米粒或竹片多，谁就打赢了官司。在这个过程中，独龙族人并不看重事件本身的严重性，只看你有无事实根据，有无理由。调解中缺理者向对方道歉，头人则教育今后见面不要记前嫌。用这种方法解决民事纠纷，很少出现不服输的情况。一般的纠纷由原被告双方供给前来参加的人茶水，不招待吃饭，重大的纠纷则由原被告以酒肉招待。判决后，要当场把判决情况刻在木刻上，各执一半，以为凭证。调解时，调解人居中，肇事当事人坐对面两侧，如当众调解，其他人围圈而坐，如在室内则围火塘。届时，调解人先发言，然后肇事者申诉理由。另一种调解形式是当事人与其拥护者各为一组，调解人居中传递讨论情况，倾听双方理由并尽力使意见趋于一致，"卡桑"根据大家的意见做出最后决定，肇事双方喝酒，表示和好，最后"卡桑"说"能卡朵多"（现在问题解决），大家说"施那阿亚"（大家同意），随即散会。① 调解纠纷时所凭借的证据是人证、物证。

2. 捞水锅。对于无人证、物证，悬而未决，"卡桑"也无法决断是非的复杂案件，就采取神判的方式解决。独龙族的神判仪式，是以捞汤锅、捞水锅的方式解决纠纷，独龙语称"克尔大"。这种方式主要用于偷盗案。开始前，双方言明各自拿出等量的东西摆在现场，多数是一口锅、一头猪，煮油锅所耗费的东西，也由双方等量凑齐。办法是原告给大铁锅盛满油或水后加热煮沸（若系水锅则放蜂蜡增加温度），放一小石头于锅中，由被告赤手取出锅内小石头，被灼伤为输，不被灼伤为赢。输则被告失去自己事先摆好的东西，赢则除烧火的铁锅、铁三脚归被告所有外，原告还要以实物赔被告受诬的人格损失。②

3. 砍猪头。砍猪头的神判方式是专门针对青年男女的婚姻问题的。独龙族人民的传统婚姻制度特别复杂。与独龙族父系社会末期的发展阶段相适应，盛行家族外婚制（父系家族实行外婚制），一般有固定的婚姻集团，家族内部严禁通婚，同时严禁交错"从表婚"（后来有所变化）。如果舅家的儿子和姑家的女儿相爱，非结婚不可，解决的办法只能靠神判了。具体的做法是：男女双方各出猪一头（不大

---

① 云南省编辑组：《云南少数民族社会历史调查资料汇编》（二），云南人民出版社 1986 年版，第 114 页。

② 云南省编辑组：《云南少数民族社会历史调查资料汇编》（一），云南人民出版社 1986 年版，第 213 页。

不小），各请巫师“乌”一人，每个巫师各准备锋利的砍刀一把，于某月的某个双日聚于一起，各挥刀砍向猪的脖子，砍时“乌”口中念念有词。砍毕，视砍的结果决定双方当事人能否婚配：(1)如果男方的猪一刀被砍断，女方的猪也一刀被砍断，则男女双方无论如何也不能婚配，必须从此一刀两断，不再来往。(2)如果男方的猪被一刀砍断，而女方的猪没有被砍断，二人可以婚配，但意味着女方婚后可能会出很多麻烦，例如寿命不长，生育不良，会经常得病，等等。(3)如果女方的猪被一刀砍断，男方的猪未被一刀砍断，二人可以婚配，但意味着男方婚后麻烦很多，如寿命不长，生育不良，经常得病，生活不顺，等等。(4)如果男女双方的猪都未被一刀砍断，则二人可以婚配，但意味着麻烦更多，会出更多的问题，比如男女双方均会寿命不长、生育不良、经常得病、诸事不顺等。总之，整个家庭不得安宁，幸福的日子不会来临。①

4. 复仇。每个“克恩”对外都是一个整体，如果“克恩”中的某个成员遭到外来的侵害与凌辱，则等于整个“克恩”的全体成员遭到侵害与凌辱，而整个“克恩”乃至同一氏族的近亲成员都要为之报仇雪耻。如果调解失效便进行血族复仇，受害者不达到复仇的目的决不罢休，因此血族复仇可以持续许多年，甚至几代传下去。由于这种原始战争直接威胁着双方每个成员的生命安全和日常的生产和生活，这样血族复仇便开始被同态复仇所代替，只惩办引起争端的个人，仅使所受的损失得到相等的补偿。随着独龙族社会家畜业的发展、铁器和黄牛的不断输入，于是同态复仇又进一步过渡到以猪、牛和铁器等财物来抵偿生命和损伤的阶段，使以命抵命和以伤抵伤的同态复仇被经济补偿所代替。只有调解无效，而对方又拒绝以物质补偿时，才最后采取流血的同态复仇。②

（二）对盗窃案件的处理

按习惯法，对偷盗案件的处理很重，尤其是偷盗粮食，只要捉到，证据确实，一般都要判处死刑，查抄其全部财产。据资料记载，茂顶、戛木力两村 140 年来发生过两起偷粮食的案件。一例是距今 140 多年前，有一人偷粮食，失主发现后跟踪追到途

---

① 郑维川主编：《云南民族村寨调查——独龙族贡山丙中洛乡小茶腊社》，云南大学出版社 2002 年版，第 146 页。

② 宋恩常：《云南少数民族社会与家庭制度研究》，云南大学历史研究所民族组 1978 年版，第 38 页。

中，将小偷捕获，人证物证俱全，偷者也低头承认，处理的结果是将偷者打死示众，查抄其全部财产如牛、猪、鸡、狗等归失主所有。另一例也是偷盗粮食，顺脚迹追寻了十多里找到小偷，但偷者拒绝承认。以其脚与脚印相验的结果是脚之大小相同，脚底之趾纹亦相同，旋即查出赃物，据此定案，调解的结果除追回失物外，还判其13岁的女孩给失主终身为奴，免除刑罚和抄家处分。①

（三）对婚姻案件的处理

关于婚姻案件的纠纷，主要的解决办法是追赔彩礼。独龙族的婚姻观念是“等价交换”。男女订婚时，男方要给女方一定的彩礼，自此无论婚前婚后，如果女方病死或与姘夫私奔，女方都必须以其姐妹顶替，否则按原数退还男方彩礼。如果彩礼数目争执不下，男方便出示当初木刻记实，这是最有力的证据。据资料记载，蓝旺度在其内弟订婚时所付之彩礼由其负责刻木记载，旋即女方死去，男方持此木刻至头人处控告女家，调解纠纷的结果，由女家按木刻所记彩礼如数赔出。遇有离婚案件，如是男方提出离婚就由男方赔偿“洗脸钱”，不再索还彩礼，如是女方，则须退还全部彩礼。②

男女奸情，如系强奸妇女，无论女方已婚、未婚，只要控告，男方都须赔偿，或锅，或牛，或麻布，往往是女方提出什么就得给什么，赔偿叫“洗脸钱”，意思是洗脸以挽回女方的面子。如系已婚男女通奸，通奸男子也须赔偿通奸女方的丈夫，也叫“洗脸钱”，意在奸夫给其丈夫挽回面子，但通奸妇女没有给奸夫之妻“洗脸钱”的习惯。③

（四）伤人、杀人案件的处理

按照独龙族的传统习惯，审理杀人事件要在屋外的空场地上进行。为了防止双方在审理过程中重新发生流血冲突，双方一般相距数百公尺，由双方“克恩”的“卡桑”代表各方来到中间进行辩护，有时还邀请其他“克恩”的“卡桑”做仲裁人。“克恩”里的男性成年人，为了维护本“克恩”的集体利益和声誉，一般都出席参加旁听和辩护。在独龙族社会里，所有争端的审理必须经过双方“克恩”大多数成员通过才认为有效，审理杀人事件更是如此，因为杀人不仅是某家或某个成员的事情，从物质到精神都与整个“克恩”直接有关。如杀人者这一方支付给死难者家庭的赔偿

---

① 本案例来自北京民族事务委员会网站。

②③ 云南省编辑组：《云南少数民族社会历史调查资料汇编》（一），云南人民出版社1986年版，第214页。

物，便由全“克恩”共同负担，这在他们看来“犯罪成为集体的，正如受屈辱是集体的一样”。① 反之，所接受的赔偿物也不是由死难者家庭独享，而是由全“克恩”共同分享。打架斗殴案件，也实行物质赔偿。赔偿内容、数量，各地有所不同，一般是轻者赔几筒水酒、几升粮食，重者赔两元钱、一头猪、几只鸡。打死人的赔法以“九九”最有特色，即死者家属提出9样东西，每一样赔9件。如一条命赔9头牛、9头猪、9口锅、9个锅架、9块麻布、9筒水酒、9升粮食、9只鸡、9把刀子或黄连、贝母、皮子之类，但事实上犯罪人是赔不出这么多东西的，因此常以小件算大件，或由全“克恩”的人来承担。② 独龙人和蔼善良，极少有伤及人命的事件发生，这条习惯法虽传之已久，但极少有触犯这一刑律的人。

（五）债务纠纷的处理

独龙族人债务纠纷很少，偶尔发生纠纷，只要债主拿出木刻为凭，债户便不再有异议。这说明独龙族人民之间的经济关系比较简单，社会中没有人放债，没有人赖账，同时也说明独龙族人民很讲信义。

发生在两个家族之间的纠纷由两个家族长出面解决，解决不了，就请威信高的另一家族的族长出面协调。这第三个家族已超出了家族的范围，带有了区域性，这是独龙族社会向前发展的标志之一。

独龙江流域的独龙族头人“卡桑”调解纠纷时，不但不收报酬，还要自己出资请当事人饮水酒，调解结束，又引导双方喝“和气酒”、“团结酒”，而自己一无所获却毫无怨言，因此，在群众中有极高的威信。

（六）诅盟

独龙族为了保证与相邻民族间的和平，在械斗双方经调解停战后，通过诅盟这种原始宗教仪式确定对双方具有约束力的盟约。独龙族通过这种方式与周边民族结成联盟，并各自受其约束。虽然这种形式充满了神秘的宗教色彩，但从法制史的角度来看，仍可看作是族与族之间订立盟约的端倪，也应是独龙族习惯法的一种。

1. 立石诅盟。在灵山县丙当村路旁立有一石，这便是120年前为了消弭与傈僳

---

① 〔法〕拉法格：《思想起源论》，王子野译，三联书店1963年版，第71页。

② 云南省编辑组：《云南少数民族社会历史调查资料汇编》（一），云南人民出版社1986年版，第214页。

族之间的边界冲突，依据民族风俗习惯，敌对双方以石柱为神明，在此诅盟。诅盟之词为：

“……独龙不知年，纪年野牛角。独龙不知月，纪月观草木。独龙不知日，纪日察结绳。独龙不知事，纪事刻石柱。……独龙江之地，与怒江接境。傈僳酋长强，前来占猎场；部落会议上，调解秩序乱。双方的酋长，各申述理由：有一条理由，记颗小石头。

一方发言道：‘东边高黎贡山，西边担当力卡山，中间独龙江，我们占有了，插上了符号，标志很显著；望你方遵守，切勿毁坏掉。凡河谷阱沟，凡森林山岭，凡一草一木，全归我们要。’

对方反驳道：‘那里有绿草？草嫩野牛吃；那里有碧泉？泉甜马鹿喝。那里有浓阴？阴凉任鸟歇，那里有深潭？潭清任鱼跃。你们可以要，我们当然要；不能要的话，谁也不能要。’

一方又说道：‘森林獐麂鹿，由我们猎取；卤水泉野牛，由我们射杀。猎场的熊罴，由我们追捕。江里的鱼虾，由我们网罗。红雉白鹇锦鸡，由我们扣套。’

对方反驳道：‘虎豹馋独食，野猪尚合群；蜜汁从来共饮，猎物自古平分。鸟兽虫鱼类，此天以利人；瓜果蕨葛属，此地以利人。天地本无私，一切都均平；山水原无主，取用任凭人。’

一理投一石；堆石双方前；数来复数去，数量都一样。各持石据理，纠纷如麻乱；你说你的对，我说我的当。道理平如水，勿凸凹坻坎；牛角须掰直，勿纽斜拐弯。投石难断决，改用捞石判；陈设沙石锅，火烧赤热热。丢入两颗石，如雀卵圆白；熬煎石乱翻，沸腾正扬汤。烧火童扇风，裁判叟念咒：‘若是理直者，伸手入沸汤；筋肉无危害，毫毛无损伤。若是理曲者，伸手入沸汤；筋肉立糜烂，骨化羹俎浆。’

‘蛋黄白混淆，麻纤维缠绞；难分曲与直，快快捞石看。’赌咒蹲火旁，诣鬼神宣判；曲者不敢前，直者傈缩肘。欲将下手捞，见之心胆寒；双方皆束手，不愿去指染。（这里的‘曲者’指独龙族人；‘傈者’指傈僳族人。——作者注）

捞石探汤止，厮杀正酝酿；滚木礌石设，矛横弩更张。……”①

最后两族放弃了争斗，在巫师的主持下，杀鸡宰牛喝咒水，巫师诅咒：“不遵诅盟，天崩地裂；雷劈电烧，存殁俱殃。”一方跟着咒道：“我若叛盟，断头挖心，同此

① 王均：《独龙族石柱诅盟的考察》，载1984年《民族调查研究》，第144页。

鸡牛。”另一方同样咒道：“我若违誓，蹬脚断气，同此鸡牛。”一场血雨腥风的纷争就这样解决了，避免了更大的战争，也避免了两族的伤亡。当时处于原始社会阶段，科学落后，迷信鬼神，人们以这种方式虔诚祝祷，确保和谈结果。

从上述这段诅词中我们可以看出，独龙族解决纠纷的方式有调解、神判，为了减轻两族之间的矛盾，保障今后的和平相处，最终以诅盟的形式结束了两族之间边界的纷争。他们认为通过诅盟，便可达到和睦相处、互不侵扰的目的，如果背叛盟词，定将咎由自取。

2. 砍石诅盟。历史上贡山傈僳族蓄奴主来到独龙江地区，不但杀人，还强抢独龙族人为奴。傈僳族蓄奴主强迫独龙族人民上税，激起了独龙族人民的强烈反抗。经过谈判，按民族习俗立石盟约。双方在石碑上砍了七刀，意思是独龙族承认傈僳族蓄奴主为自己的主人，并立石为证。独龙族每年在青苞谷熟（约8月）时上税一次，每户黄连一包，不能多要，也不得少交，人鬼不得破坏盟誓。立石后杀鸡、猪各一只，将血浇在石碑上，并盟誓。誓词大意为：独龙人若变卦，就像猪、鸡一样的死；傈僳人若变卦，则像鸡、猪一样断命。①

（七）禁忌

禁忌是关于社会行为、信仰活动的某种约束。禁忌包括两方面含义：一是对受尊敬的神物不许随便使用，以免遭到惩罚；二是对受到鄙视的人和事物，不许随便接触。最早的禁忌是原始人对大自然充满崇拜、畏惧而产生的。禁忌与法的关系，有人认为“法的源头乃在禁忌”，这无疑揭示了法尤其是习惯与禁忌之间的密切联系。一般认为，少数民族习惯法在发展过程中，受到了民族禁忌的深刻影响，它直接影响着民族习惯法的内容、形式。独龙人的禁忌，大都与原始宗教有关，认为若犯了某条禁忌，触犯了某种鬼，会给人们带来极大的不幸，因此禁忌也就成为独龙人日常生活中严格遵守的行为规范。

1. 婚忌。严格恪守族外婚制，禁族内婚。旧时，各家族之间还有固定的婚姻集团。定亲或迎娶忌无彩礼。忌离婚。若妻弃夫，家中尚有妹，则由妻妹来抵，否则要退全部彩礼。若夫弃妻，妻家可少退或不退彩礼。旧时，独龙族禁与藏族通婚，现已改变。

---

① 云南省编辑组：《云南少数民族社会历史调查资料汇编》（二），云南人民出版社1986年版，第21页。

2. 产忌。忌产妇在室内分娩。以为其“不洁”之气，会冲犯室内的弓弩等狩猎用具，致使狩猎无获。产妇分娩时必须至室外，待生下婴儿洗净后方可抱回室内。分娩时，忌男人照料，否则，“不洁”之气会导致男人一生不吉，甚至双目失明。女子出嫁，不得回娘家生子，否则，会影响娘家子孙兴旺。一旦发生，女婿须送两瓶酒及若干兽肉给岳丈家，作为补偿。

3. 丧葬禁忌。死者咽气前，须将家中所留种子转移他家或他处，否则种子不会发芽；出殡时，尸体不可从大门抬出，只能从撬开的地板下抬出。他们认为，尸从门出，恶鬼还在房中，家中还可能再死人，甚至导致全家死绝。殡葬日，全寨停止一切生产劳动。

4. 宗教信仰禁忌。鬼林中的树木严禁砍伐，否则寨中人会病死，粮食歉收；主人出门打猎时，客人不得来访，否则客人灵魂会把猎物夺走；猎获的兽肉、捕得的鱼，忌用香油炒吃，否则将猎而无获。

七、独龙族法律的特点

1. 独龙族的法律制度属于原始习惯法。独龙族缺乏成文法规，都是依靠人们之间口传身授来确保习惯法的延续。由于独龙族在历史上没有文字，记录社会的重大事件都是依靠刻木结绳来完成，因此对社会关系的调整更多地依赖于习惯、惯例、族规、宗教、禁忌、道德规范等。其法律表现形式没有复杂的部门法划分，没有实体法、程序法的明确界限。

2. 独龙社会受外界影响较小，其习惯法在发展过程中变化不明显。在独龙人漫长的历史演变过程中，一直保留着本民族的原始习惯法，没有较大的发展变化。

3. 保护人们相互之间的平等关系。独龙族在新中国成立时还处于原始社会末期，所以在民族社会经济发展过程中，他们一直很重视保护人民之间的平等关系，相互之间很少有借贷关系（即使有借贷也基本上是借多少还多少，不存在利息），在分配上不论男女老弱，一律得到相同的份额，对鳏寡孤独者和老弱病残者都有特殊的照顾。

4. 独龙族的习惯法体现了浓厚的原始民主色彩。不论是家庭生活还是处理民族整体的事情，遵循原始的民主和睦的习惯，一般大小事情都会与氏族全体成员商量，在家庭中甚至连买小猪也要商量，如果有一人不同意，则宁愿再等等，待都同意后再买。发生纠纷多数由“卡桑”等进行调解，而调解时整个家族都到场，调解的结果双方认可、大家同意，便解决了纠纷。

5. 习惯法在许多方面表现了禁忌的内容。许多禁忌本身就是民族习惯法的规范，全体成员必须共同遵守。比如氏族外婚既是独龙族的婚姻禁忌，同时也是其习惯法的重要内容。

6. 没有完备的法制，独龙族习惯法更偏重于对土地、婚姻、家庭方面的规范。由于私有观念不强，有关商品交换、借贷方面的规定不够具体，只有零星的规定。

7. 以罚代刑是很显著的一个特点，其刑罚很不发达，刑事案件也较少，处罚的方式除了复仇之外，还可以用处罚财产代替刑罚的执行。应该说在社会经济极其不发达的时期，剥夺犯罪者的财富甚至是仅有的生产资料、生活资料，这的确是一种极大的惩罚，罚的数量按罪错大小定。

8. 独龙族普遍沿用或保留着神明裁判的审判方法，并且将神判（天断）作为最高的审判和最后的裁决，举行神断仪式后谁输了谁就得认罚。因为原告和被告都同时平等地接受神的审查，反映了更为原始、民主、虔诚的心理状态，这与以强制和压力的方式相比更令人信服。

9. 重视运用调解来解决纠纷。在独龙人的社会中，“卡桑”具有较高的权威，为了保持独龙族社会内部的和谐，一般都采用由“卡桑”调解的方式来解决纠纷。调解使独龙人社会保持了稳定的社会秩序，也避免了独龙人之间以及各家族间的流血冲突。

第四章

傈僳族法史

第一节

傈僳族概况

傈僳族是我国少数民族中人口较多、分布较广的民族，亦是一个跨境而居的民族。根据1990年第四次全国人口普查统计，傈僳族人口数为57.46万；2000年第五次全国人口普查统计，傈僳族人口数为63.49万。云南省怒江傈僳族自治州的泸水、福贡、贡山、兰坪四县是傈僳族的主要聚居区，聚居的人口数为24.44万。其余则分布在云南的迪庆、丽江、保山、德宏、大理、楚雄、临沧，以及四川的德昌、西昌、盐源、盐边、木里等地，大多与汉、彝、白、傣、纳西等族人民交错杂居或小块聚居，由此形成了傈僳族大分散、小聚居的分布格局。此外，据缅甸学者提供的数据，国外约有40多万傈僳族人，主要分布在缅甸、泰国、新加坡、印度等国，菲律宾、日本等国也有零星分布。① 傈僳语属汉藏语系藏缅语族彝语支，它与同语支的彝、拉祜、纳西、哈尼语等有较近的亲缘关系。傈僳语较为统一，内部没有语支，方言较少且方言间的语法无甚差别，故各地傈僳族可以相互通话。历史上傈僳族并未创立文字，直到20世纪初才逐渐创立了几种傈僳文。② 所以，有关傈僳族的族系源流、历史文化等缺少民族文献记载，都是以口耳相传的方式保存和流传。同时，由于历史的局限性，汉文史籍对傈僳族往往也仅存零碎记载，而且有的记载与傈僳族的发展并不相称。

一、傈僳族的族系源流

傈僳族是一个历史悠久的民族，从地理分布、语言系属、氏族图腾、风俗习惯等方面考察，傈僳族与彝族有密切的族源关系。唐代即公元7世纪以前未见有傈僳族的

---

① 郭净、段玉明、杨福泉：《云南少数民族概览》，云南人民出版社1999年版，第279页。

② 20世纪以来傈僳族先后分别使用过三种文字：第一种是西方传教士创制的拼音文字；第二种是维西县傈僳族农民汪忍波创制的音节文字；第三种是新中国成立后创制的拉丁字母形式的新文字。参见王文光：《中国古代的民族识别》，云南大学出版社1997年版，第301页。

文献记载，因为当时属于彝语支的大小部落数以百计，古人无民族学知识，无法加以鉴别；再加之由于封建的大民族主义，对少数民族一概称之为“蛮夷”，所以无法确定其族属。① 据学者考证，傈僳族的历史可以追溯至战国时期，傈僳族先民当时属氐羌部落，尚无明显分化；秦汉时期为“叟”、“巂”、“濮”部落；唐代为“乌蛮”部落集团的一支；公元8世纪始称“栗粟”，可见这一时期傈僳族基本形成了以家族和氏族为单位的小集团；元末明初，傈僳族先民经过不断发展融合，从彝语支部落集团中分离出来，逐渐形成了独立的民族群体，即现代意义上的傈僳族民族共同体。

首先，从傈僳族的神话传说、氏族图腾及风俗习惯中可以得到傈僳族族系源流的一些线索。傈僳族创世神话《创世纪》与彝族诺苏、撒尼、阿细等支系的创世神话就有许多共同点，如都说到“兄妹结合传人烟”的故事。傈僳族神话《虎氏族的传说》与彝族神话《虎氏族》都讲到女子与虎成亲婚配，虎生子成为虎氏族，而且傈僳族和彝族中的虎氏族都将虎作为本氏族的图腾加以崇拜。傈僳族神话《岩石月亮》说傈僳族与彝族乃同一族源，而彝族神话《马樱花》亦谈到彝族与傈僳族是同母所生、同出一源。在风俗习惯方面，许多习俗在傈僳族和彝族中得以共同保留，如尝新饭前先喂狗的习俗。相传谷种是狗从天上偷来的，因此尝新饭前应先喂狗，以示不忘狗偷谷种之功。从上述共同的神话、生活习俗及文化特征，不难看出傈僳族与彝族的亲缘关系。

其次，从史籍记载来看，傈僳作为族名最早见于唐代樊绰所撰之《蛮书》，当时写作“栗粟”。该书卷四《名类》载：“栗粟两姓蛮、雷蛮、梦蛮，皆在茫部台登城，东西散居，皆乌蛮、白蛮之种族。丈夫妇人以黑缯为衣，其长曳地。”② 所谓“栗粟两姓蛮”，即为今傈僳族的先民。对此，《新唐书》记载为“粟蛮二姓”，该书卷二二二《南蛮传下》载：“粟蛮二姓、雷蛮三姓、梦蛮三姓，散处黎、巂、戎数州之鄙，皆隶勿邓。”③ 元代《云南志略·诸夷风俗》说：“罗罗，即乌蛮也。……自顺元、曲靖、乌蒙、乌撒、越巂，皆此类也。”④ 可见，元人认为彝族原属乌蛮部落集团。明代《景泰云南图经志书》卷四《北胜州》说：“有名栗些者，亦罗罗之别种也，居山林，无室屋，不事产业，常带药箭弓弩，猎取禽兽。其妇人则掘取草木之根，以给日

① 《傈僳族简史》编写组：《傈僳族简史》，云南人民出版社1983年版，第8页。

② ［唐］樊绰：《蛮书》卷四，《名类》，中华书局1962年校注本。

③ ［宋］欧阳修、宋祁：《新唐书》卷二二二，《南蛮传下》，中华书局1975年校点本。

④ ［元］李京：《云南志略》，《诸夷风俗》，云南民族出版社1986年辑校本。

食。岁输官者，唯皮张耳。"①"罗罗之别种"即是说傈僳族是彝族的一支，这里明人也把傈僳族作为"罗罗"即彝族的一支来看待。清代对傈僳族有了更加深入的认识，正式出现了"傈僳"这一称谓。清代《皇清职贡图》载："傈僳，相传楚庄蹻开滇时便有此种，无部落，散居姚安、丽江、大理、永昌四府。其居六库山谷者，在诸夷中为最悍。其居赤石崖金江边地与永江连界者，依树木岩穴，迁徙无常。"②清乾隆《丽江府志略·官师略·种人附》说傈僳"有生熟二种，……近惟居澜沧江边者，称为熟傈"。③可见，清代以来，傈僳族已经成为一个独立的民族群体。

二、傈僳族的历史发展

（一）唐代以前

公元1—3世纪，属彝语支的"叟"、"嶲"、"濮"等部落聚居于越嶲、犍为、台登、邛都、定筰等广大地区（今四川西昌、冕宁、盐边一带），傈僳族先民是其中一个部落集团。此时，既未形成统一的族称，也没有统一的组织，只是一些大小不一的、分散的部落。三国时期，蜀国统治下的定筰县（今四川盐边一带）已出现"筰"、"嶲"、"邛"、"昆明"、"摩沙"等不同部落集团的名称。据《华阳国志·蜀志》"越嶲郡定筰县"条载："筰，筰夷也。汶山曰夷，南中曰昆明，汉嘉、越嶲曰筰，蜀曰邛，皆夷种也。县在郡西，渡泸水。宾刚徼，曰摩沙夷。"④现今，云南的藏族仍将傈僳族称为"筰巴"，这说明三国时期的"筰"当为傈僳族的先民。两晋时期，大姓爨氏统治云南全境，才大体上划分为"西爨，白蛮也。东爨，乌蛮也"⑤，这一划分虽然不尽科学，但却第一次将属于彝语支的部落集团列入"乌蛮"。傈僳语既属彝语支，故傈僳族即为"乌蛮"的一支。从三国时期到隋代，史籍中始终没有出现"傈僳"这一族称，这说明傈僳族并未形成一个稳定、强大的部落集团。

---

① ［明］陈文：《景泰云南图经志书》卷四，《北胜州》，云南民族出版社2002年校注本。

② ［清］傅恒等：《皇清职贡图》卷七，《姚安等府傈僳蛮》，广陵书社2008年排印本。

③ ［清］管学宣、万咸燕：乾隆《丽江府志略》上卷，《官师略·种人附》，丽江县县志编委会办公室1991年翻印本。

④ ［晋］常璩：《华阳国志》卷三，《蜀志》，巴蜀书社1984年校注本。

⑤ ［唐］樊绰：《蛮书》卷四，《名类》，中华书局1962年校注本。

（二）唐代

到了唐代，傈僳族先民“乌蛮”的一支，在唐人樊绰所撰的《蛮书》中首次载为“栗粟两姓蛮”。《新唐书》也说：“勿邓地方千里，……又有粟蛮二姓、雷蛮三姓、梦蛮三姓，散处黎、嶲、戎数州之鄙，皆隶勿邓。”① 公元8世纪，唐朝与吐蕃之间的矛盾日益加深，为了拉拢南诏，剑南西川节度使韦皋对南诏采取了团结政策，并把当时地处吐蕃、南诏及四川西部缓冲地带的勿邓、两林、丰琶等部落的大鬼主（即部落首领）都争取过来，同吐蕃相抗衡。唐贞元五年（789），由于勿邓、两林、丰琶及所辖“栗粟”诸部抗击吐蕃有功，唐朝“诏封苴那时为顺政郡王，苴梦冲为怀化郡王，丰琶部落大鬼主骠傍为和义郡王，给印章、袍带。三王皆入朝，宴麟德殿，赏赉加等，岁给其部禄盐衣彩，黎、嶲二州吏就赐之”②。可见，在唐代，中央政权已经与“乌蛮”部落有了密切的联系，并加强了对边疆地区的治理。而这一时期“栗粟”部落受勿邓、两林、丰琶三大“乌蛮”部落统治，仍未形成较大的、统一的部落组织。但因此时“栗粟”始见于文献记载，可以认为傈僳族在唐代基本形成了以家族和氏族为单位的小集团。

（三）宋元时期

宋元时期，史籍中很少有关于傈僳族的记载。原因是宋代默认大渡河以西为“大理国”管辖之地，较少过问这一区域的政事；北宋衰亡，辽、夏、金统治黄河流域，南宋偏处临安，更无暇远顾西陲。③《元一统志・丽江路军民宣抚司》“风俗形势”条载：“蛮有八种：曰磨些、曰白、曰罗落、曰冬闷、曰峨昌、曰撬、曰吐蕃、曰卢；参错而居，故称一族。”④“卢”与“傈”同声，“卢蛮”即“傈族”，而傈僳语谓“人”或“族”为“僳”，故“卢蛮”即“傈僳”。⑤ 可见，经过不断的融合、分离，到元代傈僳族已经形成有一定范围的部落群体，并与其他民族交错杂居。

---

① ［宋］欧阳修、宋祁：《新唐书》卷二二二，《南蛮传下》，中华书局1975年校点本。

② ［宋］欧阳修、宋祁：《新唐书》卷二四一，《南蛮传下》，中华书局1975年校点本。

③《傈僳族简史》编写组：《傈僳族简史》，云南人民出版社1983年版，第15页。

④ ［元］孛兰肹等：《元一统志》卷七，《云南诸路行中书省・丽江路军民宣抚司》，中华书局1966年校辑本。

⑤ 尤中：《云南民族史》，云南大学出版社1994年版，第178页。

（四）明代

随着明代中央政权对云南统治的逐渐深入，史籍中有关傈僳族的记载逐渐增多。明嘉靖年间，倪辂《南诏野史》下卷《南诏各种蛮夷》记载：“力些，即栗粟，衣麻披毡，岩居穴处，利刀毒矢，刻不离身，登山捷若猿猱。以土和蜜充饥，得野兽即生食，尤善弩，每令其妇负小木盾前行，自后射之，中盾而不伤妇，以此制服西番。”① 又有天启《滇志》卷三〇《羁縻志·种人》说：“（力些）惟云龙州有之。男囚首跣足，衣麻布直撒衣，被以毡衫，以毳为带束其腰。妇女裹白麻布衣。善用弩，发无虚矢。每令其妇负小木盾径三四寸者前行，自后发矢中其盾，而妇人无伤，以此制伏西番。”② 从这两条史料来看，明代的傈僳族仍处于游猎采集经济阶段，这也决定了其居处无定、迁徙无常。明嘉靖、万历年间，丽江木氏土司与西藏农奴主之间为争夺中甸、临西（今云南维西）、阿墩子（今云南德钦）、宁蒗等地的统治权，持续进行了80余年的战争。嘉靖二十七至二十八年（1548—1549），不堪忍受战争之苦的傈僳族人在头人木必的率领下，从金沙江渡过澜沧江，翻越碧罗雪山，进入怒江地区。这也是傈僳族首次进行的大规模、有组织的迁徙活动。

（五）清代

清代开始出现“傈僳”的称谓，而且因居住地和经济生活的不同，有了定居的“熟傈僳”与仍然游猎的“生傈僳”之别。清乾隆《丽江府志略·官师略·种人附》载：“（傈僳）有生熟二种，岩居穴处，或架木为巢，囚首跣足。高鼻深眼，身着麻布，披毡衫，猎取禽兽为食。居无定所，食尽即迁，佩弩带刀，虽寝息不离，性凶暴嗜酒，一语不同，即持刀相向，俗好仇杀。近惟居澜沧江边者，称为熟僳。”③ 又有清人檀萃《滇海虞衡志》卷十三《志蛮》说：“力些，一名㹮苏，一名栗粟，一名㹮湫，有生熟二种。……现在维西跳梁者，即是此种。”④ 清人余庆远《维西见闻纪·夷人》也对傈僳族做了详细记载。通过上述史料，可以看到清代傈僳族内部已经出现了经济发展不平衡的现象，一部分地区的傈僳族逐渐进入定居的农业经济阶段，另一

① ［明］倪辂辑，［清］胡蔚增订：《南诏野史》下卷，《南诏各种蛮夷》，巴蜀书社1998年影印本。

② ［明］刘文征：天启《滇志》卷三〇，《羁縻志·种人》，云南教育出版社1991年校点本。

③ ［清］管学宣、万咸燕：乾隆《丽江府志略》上卷，《官师略·种人附》，丽江县县志编委会办公室1991年翻印本。

④ ［清］檀萃：《滇海虞衡志》卷一三，《志蛮》，中华书局1985年标点本。

部分则仍过着游猎采集的生活。19 世纪以来，傈僳族人因不堪清政府的压迫，出现了几次自东向西的迁徙：清嘉庆八年（1803），维西恒乍绷起义后的迁徙；清道光元年（1821），永北唐贵起义后的迁徙；清光绪二十年（1894），永北丁洪贵、谷老四起义后的迁徙。19 世纪末，西方传教士相继进入傈僳族地区，基督教和天主教对傈僳族也产生了很大影响。

第二节

历代中央和地方政府对傈僳族的治理

一、中央政府对傈僳族的治理

傈僳族是我国西南地区的古老民族之一，傈僳族人民是古羌人的后裔之一。① 在民国以前，中央政府对傈僳族大都进行间接治理，傈僳族先民最早受到中央王朝的治理当在秦汉时期。从战国至秦代，史籍中就有“绳水”、“笮水”的说法，皆因靠原始的溜索过河而得名，近现代傈僳人中还有用溜索渡江者。“绳水”、“笮水”即指今天的金沙江和雅砻江，此两江流域是傈僳族先民活动的地方。公元前 221 年，秦朝统一全国后，为巩固统治，在地方普遍推行郡县制，以郡统县。在西南夷地区虽然未置郡县，却“置吏”于夜郎、滇等部族对其加以治理。在西汉，中央政府分别于元鼎六年（前 111）和元封二年（前 109），在金沙江、雅砻江流域设置越嶲郡、益州郡管辖当地少数民族。

三国至隋代，史籍中没有出现过类似“傈僳”的族称，而只有“笮夷”这一称谓。三国时期，傈僳族先民“笮夷”部落集团居住在蜀国统治下的定笮县。晋人常璩《华阳国志·蜀志》“越嶲郡定笮县”条就有“笮，笮夷也”的说法，对于定笮县的设置过程，该条又载：“汉末，夷皆锢之，张嶷往争。夷帅狼岑，槃木王舅，不肯服。

① 王恒杰：《傈僳族》，民族出版社 1987 年版，第 17—18 页。

嶷禽，挞杀之，厚赏赐余类，皆安。官迄有之，北沙河是。”① 这段史料清晰地反映出中央政府在对傈僳族先民进行治理时既有武力征服的一面，亦有笼络怀柔的一面。

到了唐代，傈僳族先民“乌蛮”的一支，在《蛮书》中被首次记载为“栗粟两姓蛮”。唐天宝年间，当时游离于唐、吐蕃、南诏三股势力之间的勿邓、两林、丰琶等乌蛮部落的首领得到了唐朝的封赐，《新唐书·南蛮传》记载：“勿邓、丰琶、两林皆谓之东蛮，天宝中，皆受封爵。及南诏陷巂州，遂羁属吐蕃。贞元中，复通款，以勿邓大鬼主苴嵩兼邛部团练使，封长川郡公。及死，子苴骠离幼，以苴梦冲为大鬼主，数为吐蕃侵猎。”② 此时的“栗粟”部落受乌蛮勿邓部落所统治，同书又载：“栗蛮二姓……散处黎、巂、戎数州之鄙，皆隶勿邓。”③由此可见“栗粟”与勿邓部落之间的隶属关系。

元末明初，傈僳族先民经过不断发展、融合，逐渐从彝语支部落集团中分离出来，形成了独立的民族群体。在这一时期，史籍中有关傈僳族的记载增多。元末，傈僳族大致分属德昌、会川、丽江、大理、武定等路；明代，傈僳族分属建昌军民指挥使司、盐井卫军民指挥使司，丽江、鹤庆、永昌、姚安诸军民府，以及大理、永宁、武定等府。元明时期，中央政府在西南边疆民族地区推行土司土官制度。例如，民国《西昌县志》收录了有关明代威龙长官司的记录，当时威龙州土司就是傈僳族人。④而居住在武定环州境内、大姚铁索箐的傈僳族，则受到环州、姚州当地土官的统治。

清代，傈僳族大致分属四川西昌府，云南丽江府、大理府、永昌府、楚雄府、永北直隶厅及武定直隶州。18 世纪前后，怒江地区分别由 6 个土司管辖：菖蒲桶（贡山）以北由藏族土司管辖；知子罗（碧江）、上帕（福贡）分属丽江纳西族木土司及维西康普土千总禾娘、叶枝土千总王姓管辖；知子罗下段由兰坪兔峩土司罗姓（白族）管辖；泸水的老窝、六库由云龙旧州段姓（白族）管辖。⑤ 这里的兔峩土司乃明代兰州土知州罗克的后裔，老窝、六库土司则为明代云龙土知州段氏之后裔。直到清末，怒江流域的傈僳族仍分属丽江府、大理府管辖。其中，泸水为六库、鲁掌、登梗、卯照、老窝 5 个土司所分治；碧江一区为兔峩土司的领地；贡山为维西的桥头、

① ［晋］常璩：《华阳国志》卷三，《蜀志》，巴蜀书社 1984 年校注本。

②③ ［宋］欧阳修、宋祁：《新唐书》卷二二二，《南蛮传下》，中华书局 1975 年校点本。

④ 王恒杰：《傈僳族》，民族出版社 1987 年版，第 19 页。

⑤ 云南省历史研究所：《云南少数民族》（修订本），云南人民出版社 1983 年版，第 201 页。

叶枝土司所辖；福贡第四区以下为傈僳族聚居地区，不从属任何土司。① 清末官员夏瑚在察访怒江地区后，作有《怒俅边隘详情》一文，该文也颇能说明清末中央政府以土司管理傈僳族地区及其效果：

查怒江上自藏属擦瓦龙、松笼、喇卡起，下至耳目止，二十余站，系维西属；又自耳目起二十余站，至云龙州属之六库、老窝地，……维属自腊早以上，虽有土司，不过每年遣人收受钱粮一次，并未驻扎管理，不惟无益，反多滋扰；腊早以下，原有土司管理，曩因收粮之人过于需索，傈民聚众逐杀之，嗣后即无人敢往收粮，不服管束，不安耕凿，相率以抢劫为生，……以数千里膏腴之地，任其荒芜，数千里纯朴之民，任其顽梗，殊非慎重边疆，固我邦本之道。②

可见，在清代，中央政府对怒江地区的治理变化不大，基本延续了元明以来的土司土官制度，而没有对傈僳族进行直接管理。

1912 年起，云南军都督府（后改为督军府）在怒江地区建立了菖蒲桶、上帕、知子罗等 3 个“殖边公署”。1916 年，殖边公署改称“行政公署”，设置警备队，并正式划分了各行政公署的辖区范围。③ 1928—1933 年，云南地方政府将上述行政公署先后改置为“设治局”（相当于县）。在基层社会，国民党进入怒江地区后开始推行保甲制度，相当大一部分土司、头人被委任为乡、保、甲长，转变为国民政府在基层的代言人。可以说直到民国时期，中央政府才开始对傈僳族有真正意义上的直接治理。

二、地方政府对傈僳族的治理

唐宋时期，傈僳族先民“施蛮”、“顺蛮”曾分别受到南诏、吐蕃、大理政权的统治。施蛮和顺蛮虽被史家记为两个名称，实则为同一个民族群体。④《蛮书·名类》说：“顺蛮，本乌蛮种类，初与施蛮部落参居剑、共诸川。”可见，唐代前期滇西六诏乌蛮并存之时，傈僳族先民居住在今云南剑川、鹤庆、丽江等地。施蛮则居于“铁桥

---

① 云南省编辑组：《傈僳族怒族勒墨人（白族支系）社会历史调查》，云南人民出版社 1985 年版，第 2 页。

② ［清］夏瑚：《怒俅边隘详情》，方国瑜主编，《云南史料丛刊》第 12 卷，云南大学出版社 2001 年版。

③ 《傈僳族简史》编写组：《傈僳族简史》，云南人民出版社 1983 年版，第 78 页。

④ 王文光：《中国古代的民族识别》，云南大学出版社 1997 年版，第 283 页。

西北大施赕、小施赕、剑寻赕”①，即今迪庆维西至怒江贡山、福贡一带。南诏兼并其他各诏之时，吐蕃政权曾封授施蛮、顺蛮部落主为王，剑川、鹤庆、丽江等地处于吐蕃神川都督府管辖之下。此时，作为傈僳族先民的施蛮、顺蛮依附于吐蕃政权。

唐贞元十年（794），南诏以武力夺取了吐蕃神川都督府地。据《蛮书·名类》记载，贞元十年，“南诏攻城邑，虏其（施蛮）王寻罗并宗族，置于蒙舍城，养给之”；同时，“虏其（顺蛮）王傍弥潜宗族，置于云南白岩，养给之。其施蛮部落百姓，则散隶东北诸川”。②这样，作为傈僳族先民的施蛮、顺蛮又回到了南诏政权的统治之下。施蛮、顺蛮亦由此形成了与乌蛮不同的另一民族——“卢蛮”，史家尤中认为“卢”与“傈”同声，卢蛮即指“傈僳”。③ 明代正德《云南志·丽江军民府》记载：

兰州在府西三百六十里，……唐时地属南诏，为卢蛮所居，名罗眉川。宋时，大理段氏始置澜沧郡，以董庆者治之，后周姓强盛，遂与董分为二郡，以江为限。元初内附，至元间置兰州，属丽江路。本朝洪武十五年改属鹤庆府，后仍旧，编户四里。

巨津州在府西北三百里，唐为罗婆九赕，濮、卢二蛮所居，后么些蛮夺其地，南诏又并之，属丽水节度。元初内附，至元间，于九赕置巨津州，属于丽江路。本朝因之，编户六里。④

从上述记载，可以大致看出南诏、大理政权对傈僳族的设治状况，同时还反映出元代以来中央王朝将傈僳族地区逐渐纳入统一多民族国家的历史进程。

元明时期，部分傈僳族人还受到外族土司统治。其中，以15—16世纪居住在云南丽江、维西一带的傈僳族受丽江纳西族木氏土司统治最为典型。据清代光绪《丽江府志稿》记载，木氏土司在其领地拥有“庄奴”（私庄农奴）、“院奴”（家奴）达两千余人，其中大都为傈僳族人；同时，木氏土司管辖下的傈僳族人还须承担税赋、实物纳贡及各种夫役杂派。明嘉靖、万历年间，木氏土司与西藏统治集团为争夺对中甸、巨甸、德钦、维西、宁蒗等地的统治权，爆发了长期的战争，当时就有大批傈僳族人被木氏土司征派为兵丁。正是丽江木氏土司对傈僳族人的兵丁苦役，致使部分傈僳族人在本族首领木必的率领下西迁至澜沧江和怒江一带居住，并逐渐成为怒江流域的统治民族。

---

①② ［唐］樊绰：《蛮书》卷四，《名类》，中华书局1962年校注本。

③ 参见尤中：《云南民族史》，云南大学出版社1994年版，第178页。

④ ［明］周季凤纂修：正德《云南志》卷一一，《丽江军民府》，方国瑜主编，《云南史料丛刊》（第6卷），云南大学出版社2000年版。

第三节
傈僳族的社会组织

傈僳族多居住在边远的高寒山区，因受自然环境的影响，傈僳族社会的生产力发展十分缓慢。《蛮书》卷二《山川江源》说：“高黎共山在永昌西，下临怒江。……冬中山上积雪苦寒，夏秋又苦穹赕、汤浪毒暑酷热。河赕贾客在寻传羁离未还者，为之谣曰：‘冬时欲归来，高黎共上雪。秋夏欲归来，无那穹赕热。春时欲归来，平中络赂绝。’”① 可见，险恶的自然环境成为外部文化由东向西渗透的天然屏障，中央政权的势力也鲜有进入。同时，因历代统治者的压迫，傈僳族经常被迫在战乱中迁徙，这也阻碍了傈僳族社会经济的发展。一定的政治制度和精神文化，必然是一定经济制度的反映。低下的生产力发展水平难以造就能够控制和统摄整个傈僳族的政治力量的经济基础，因而傈僳族始终处于被动地位而受制于人。元时的“卢蛮”（即傈僳）在丽江路辖境范围内普遍与么些等族“参错而居”，内部分散为许多不大的氏族、部落，受邻近其他大民族的土官统治而隶属于丽江路。② 长期以来，傈僳族未能形成自己的民族政权，亦没有与之相联系的政治制度。但在傈僳族社会同样存在与其生产力发展水平相适应的社会组织，这种社会组织往往带有原始的首领色彩。

一、氏族组织

氏族是源自同一祖先，具有同一名称，并以血缘关系相结合的有组织的社会集团。傈僳族把由同一祖先的后代所组成的集团称为“初俄”，即氏族。氏族组织在人类的古代是普遍存在的。③ 傈僳族社会发育较晚，因此历史上各地区的傈僳族内部曾广泛存在着氏族组织。各氏族都有自己的名称。整个怒江地区的傈僳族，新中国成立前尚保留虎、熊、猴、羊、蛇、鸡、鸟、蜂、荞、竹、麻、茶等十多种氏族的名称，

---

① ［唐］樊绰：《蛮书》卷二，《山川江源》，中华书局 1962 年校点本。

② 高志英：《元以来纳西族与傈僳族社会发展差异原因初探》，载《云南学术探索》1998 年第 1 期。

③ 〔美〕摩尔根著，杨东莼、马雍、马巨译：《古代社会》，商务印书馆 1977 年版，第 372 页。

这些以动植物命名的氏族名称，同时又是该氏族图腾崇拜的象征。①

纵观历史，傈僳族是一个不断迁徙的民族，在其迁徙过程中基本上也是以氏族为单位。随着生产力的发展和人口的增长，每个氏族组织不可避免地出现了多个分支，居住地也随之不断分散。因而每一氏族组织除了象征性地保留有共同的名称、姓氏、图腾崇拜对象及某些共同的观念外，在经济和社会生活等方面便出现了关系逐渐淡化的现象。在血族复仇械斗时，氏族内部还有互助之责，但基本上氏族仅剩下一个躯壳。② 当氏族组织趋于解体之时，属于同一氏族之下的各个家族逐渐发展起来，家族组织便逐渐取代了氏族组织。

二、家族及村社组织

傈僳语称家族为“体俄”，是在同一氏族之下逐渐独立发展起来的社会基层组织。③各家族都有自己的小聚居区和土地，有本家族的“鬼树”和公共墓场。各家族都有自己的族长，家族成员间在经济上保持伙有土地，共同耕作；在生活上则保持互助盖房、换工协作、煮酒共饮、杀猪共食、男女婚嫁共同出聘礼、共同吃财礼、共负债务和共同承担血亲复仇的义务等。④ 各家族就是通过以上这些经济合作和生活互助，自然和谐地将整个家族紧密联系起来，并成为独立的社会基层组织。

在家族联合的基础上傈僳族社会又产生了村社组织，傈僳语称为“抗”，意为一群血亲关系相近的人共同居住的地方。每个村社都具有相对独立性。村社的组成有以下三种情况：第一，以一个氏族内的一个大家庭为单位组成；第二，由氏族内的两个或多个家族联合组成；第三，由几个不同氏族的家族混杂组成。⑤这些村社组织具有生产资料公有制与私有制并存的二元结构，处于从氏族公有制向私有制过渡，从血缘关系向地缘关系过渡的社会结构变迁的中间阶段。村社组织亦占有一定的地域，村社之间交替使用垒石、立桩为界、削树尖为记、结草圈地等方法来确定土地、山林的归属。本村社成员均有权开垦和使用土地。同一村社成员间有互助协作的义务，特别是

---

①③ 云南省历史研究所：《云南少数民族》（修订本），云南人民出版社 1983 年版，第 209、210 页。

② 中国科学院民族研究所云南民族调查组、云南省民族研究所：《傈僳族简史简志合编》，内部排印本 1962 年版，第 62 页。

④⑤ 《傈僳族简史》编写组：《傈僳族简史》，云南人民出版社 1983 年版，第 107 页。

在向土司缴纳贡礼、村社间发生械斗时，这种原始的互助关系更为突出。① 每一村社组织都有一个头人，较大的村社则在几个族长中推举威信较高的人担任头人。

三、保甲制度

民国时期，国民党在傈僳族地区的统治建立后，相继推行保甲制度，并强化了土司制度。怒江地区被划分为上、中、下三段，段设团政（相当于区长），下有保董、甲长、排首等，并使其互相配合，管束人民。保甲制度从政治上把过去分散的、互不从属的村社联系起来，建立了统一的行政组织。但是，原来以家族为基础的村社组织并未由此瓦解，而是长期与具有强制色彩的行政机构并存。村社头人在土司统治区内，按其影响和作用多被指派为大小伙头，国民党设治局统治期间又在此基础上分别被委任为乡长、保长、甲长等。他们只承担派款、派粮、派夫等任务，家族及村社组织的内部事务，仍继续由村社头人管理。

四、宗教组织

傈僳族信奉原始宗教，相信万物有灵，因此在傈僳族的生活事象中存有强烈的巫术观念。巫术现象普遍地表现在傈僳族社会的生产生活之中，成为傈僳族法文化体系的一部分。但是，历史上傈僳族社会并未形成稳定的原始宗教组织，与巫术相联系的是施行巫术的巫师。傈僳族人经常举行各种祭祀鬼神的活动，各种宗教祭祀仪式则由巫师来主持。

20 世纪 20 年代后，基督教大规模传入傈僳族地区，从而使傈僳族固有的原始宗教受到冲击。英国、美国、法国、加拿大、瑞典等众多西方国家的基督教会纷纷派出传教士到傈僳族地区，以教堂为传教基地，大肆进行传教活动。基督教会通过在傈僳族地区建立的教会组织，有效地传播其价值理念，建立规范体系，以组织整合的方式满足人们的宗教与非宗教需求。教会组织都有统一的教规、较严密的组织、较完备的礼仪和各种形式的宗教活动。教会组织把神职人员分为四等："密鲁扒"即教会会长；"马扒"即传教士，大部分是由外国牧师一手培养的傈僳族贫苦子弟及孤儿；"密枝

① 中国科学院民族研究所云南民族调查组、云南省民族研究所：《傈僳族简史简志合编》，内部排印本 1962 年版，第 63 页。

扒”即管事，负责管理教会的财务、行政及教徒的婚姻诉讼等事，密枝扒多数是原来的宗教或村寨头人；“瓦枯扒”即礼拜执事，专门负责带领教徒做礼拜或讲道、领唱圣诗等。①

五、社会组织中的族长、头人和巫师

（一）族长和头人

在傈僳族社会中，各家族都有自己的族长，各村社也有1—2个公认的头人。村社头人称“实扒”或“搓吾”，有的也称“傈僳王”。族长和头人多由本家族内辈分较高、年龄较长、能说会道、经济相对富裕的男子担任。因家族及村社成员经济上的平等自由和各家族组织的相对独立，族长和头人的形成既不靠世袭，也不由民主选举产生，而是在长期生产生活中自然形成的。

族长或头人的资格和条件是：第一，做事公正；第二，能主持祭祀；第三，善于调解本族村民间的各种纠纷；第四，能歌善舞；第五，善于指挥打仗和组织生产。②族长和头人拥有绝对的权力，家族及村社其他成员必须服从他们的领导。族长和头人的权力主要有：第一，有权主持祭祀，充当家族成员结婚的公证人；第二，有权调解家族内部的纠纷和公断事务；第三，有权管理家族及村社的土地，家族成员开垦荒地必须征得族长和头人的许可；第四，有权代土司征收、缴纳贡品；第五，在与外族发生矛盾时作为本族当然的代表进行交涉，发生部族械斗等敌对行动时则有权指挥战斗。

（二）巫师

在长期的原始宗教活动中，傈僳族社会逐渐出现了不脱离生产劳动的巫师。巫师往往同时担负着占卦、诵经祭祀、撵鬼驱邪等任务，有时还兼有“神医”的职能，有的往往也是当时政治上的领导者和生产上的组织者。③巫师在傈僳族社会并非一种职业，因而人数较少，一般每个村社有1人至2人。傈僳族的巫师分为“尼扒”、“尼古

① 李月英：《云南怒江傈僳族的宗教信仰》，载《中央民族大学学报》（社会科学版）1997年第5期。

② 斯陆益：《傈僳族文化大观》，云南民族出版社1999年版，第313页。

③ 胡玉英：《傈僳族社会生活中的巫文化》，载《云南民族学院学报》（哲学社会科学版）1998年第2期。

扒”和“佐扒”三种，他们被认为是人与鬼神间的沟通者。

1. 尼扒。“尼扒”是社会地位较高的巫师。他既生存于现实的人的世界，又能介入神秘的“尼”的世界，是人与“尼”之间的沟通者。尼扒有只神鹰——尼准，它是尼扒的法力之源。有些村社头人同时也是尼扒。

2. 尼古扒。“尼古扒”又称“比扒”，是傈僳族社会主持祭祀仪式的祭司。尼古扒不能与“尼”进行对话，因而法力不及尼扒。尼古扒有只神鸟——达斯涅，尼古扒的祈祷由此神鸟传递给“尼”来实现。尼古扒一般为村社的年长者，因经常主持祭祀仪式而有较高的社会威信。

3. 佐扒。“佐扒”又称“发扒”，是卜卦者。佐扒只是利用刀、竹签、鸡蛋、鸡脚等为问卜者占卦看相、测卜吉凶，因而社会地位较低。

第四节 傈僳族法的起源

傈僳族在悠久的历史中创造了灿烂的文化，而其传统法文化则是傈僳族文化中的宝贵财富，亦是中华法制文明不可缺少的一部分。直到 1949 年前后，傈僳族社会发展程度尚不高，仍旧保留了不少原始遗风，以刀耕火种的原始农业为主、狩猎和采集为辅，实行以物易物的初级交换方式。傈僳族法的起源可以说与其社会生产方式是紧密相连、不可分割的，傈僳族法是傈僳族社会经济状况的反映，在其社会生活中起着直接的规范作用。长期以来，傈僳族因社会生产力的低下，并未形成统一的立法机构和成文法，但在傈僳族社会却广泛存在世代相传的、较为稳定的不成文习惯法。这些习惯法是全体社会成员在生产、生活中自觉遵守的行为规范，并起着调整社会关系、维系社会秩序的作用。同时，这些习惯法又往往与图腾禁忌、道德规范、宗教规则等融合在一起，如禁止氏族内通婚、实行血族复仇等。所以要追溯傈僳族法的起源，就必须对傈僳族的图腾禁忌、道德规范、宗教规则等加以解读。

一、来源于传统道德

道德是由经济关系所决定的，以善恶标准去评价，依靠内心信念、传统习惯及社会舆论来维持的一类社会现象。傈僳族的传统道德是在傈僳族历史长河中世代相传并逐渐积累下来的文化现象。在其产生和发展的过程中，起到了规范人们行为、判别是非、惩恶扬善、维持社会稳定的作用。传统道德贯穿于傈僳族社会的自然习惯之中，随着社会的发展变迁，这种习惯便逐步成为人们自觉遵循的法。在傈僳族社会中，较为普遍地形成了和睦相处、维护团结、尊老爱幼、平等互助等传统道德。这些传统道德对傈僳族社会生活产生了很大的影响，并成为习惯法的重要来源。

傈僳族传统道德认为，“爹大娘大不如‘理’大”，而“理”的内容则涵盖了傈僳族人在长期社会发展进程中，追求合理、公平、公正的道德理想。这反映到行为规范中，傈僳族社会保留有原始互助的习惯，傈僳族人认为拒绝帮助他人就等于拒绝他人对自己的帮助，因此傈僳族人帮助他人时从来不计报酬、不讲价钱，而且将帮助孤寡老弱及穷困者视为自己的义务。同时，由于和睦相处、平均分配传统的普遍存在，在傈僳族社会中保留了较为完整的共耕制度。也正因如此，新中国成立初期中央政府在傈僳族地区推行计时计工、按劳分配制度时，曾一度遭到傈僳族人的抵制。由此，我们不难看出傈僳族传统道德与法的源流关系。

二、来源于禁忌

任何一个民族都有与其物质生产水平相适应的习俗及禁忌，傈僳族也不例外。比如，傈僳族人在月圆时忌下种，怕虫吃庄稼；七八月间忌织麻布、砍树和抛石入塘，怕触怒山神；认为蜘蛛是教人织布的，忌打死蜘蛛；忌在湖泊边喧哗与投掷石棒，因为山上的湖泊都是龙王的海域；村里死人，忌吃辣椒、生姜和葱，因为只有与死者有仇的人才会故意这么做；忌客人从前门直接走到后门，因为只有死人出殡才这样；忌与外人吵架、哭闹和打骂畜禽，特别是在新年忌吵嘴、出远门；忌在人群中说脏话、放响屁；晚辈忌在长者面前抽烟；忌在别人家里吹口哨；忌横跨火塘神台；切菜板不能刮洗，否则会把福气刮去，次年就没有油、肉等。①

可见，傈僳族社会普遍存在着种种禁忌，这些禁忌渗透于傈僳族人生产、生活的各个领域，在约束个体、规范群体等方面具有重要意义。同时，由于文化的延续性及人们的崇古性，其中部分禁忌便形成一种有它自己基础的力量，并逐渐发展成一种习惯、传统，到最后则演变为法律。

---

① 云南省编辑委员会：《傈僳族社会历史调查》，云南人民出版社 1981 年版，第 20—21 页。

三、来源于图腾崇拜

图腾崇拜是氏族制度下许多原始民族共有的一种特征，也是氏族集团用以象征血缘亲族、划分氏族界限的神物和标志。直到20世纪50年代，傈僳族社会还保存着氏族制度的残余，各氏族集团都有自己的图腾，图腾既是傈僳族人崇拜的对象，又被当作氏族的名称和标志。傈僳族的氏族图腾有荞、虎、熊、猴、羊、蛇、鸟、蜂、鱼、麻、菜、竹、霜、犁、火、雀、柚木、鼠、猫头鹰、鸡、叶、谷等20多种。① 傈僳族人认为，他们的氏族是由动物、植物或非生物转化而来，并与这些自然物有密切的血缘关系，这些自然物是他们的祖先，因此他们将这些自然物当作本氏族的图腾加以崇拜。民间对各氏族的崇拜物有种种传说。虎氏族认为他们的女祖先上山打柴，遇一大虎，虎变为一青年男子便与之交配，后来所生的子女都取名“腊扒”，即虎氏族，凡虎氏族成员上山不准猎虎。② 其他氏族如熊、猴、蛇、鱼等也都存在类似的传说。这说明由图腾崇拜形成的一些规则对本氏族成员具有普遍的指导意义。

同时，既然图腾是氏族成员亲缘关系的标志，那么图腾崇拜就自然成为维护氏族体制稳定的重要因素。傈僳族人依据同一图腾认同对方为同一氏族成员，从而在同一氏族成员之间便产生了一定的权利义务关系。这种权利义务关系必然要通过一些本氏族成员所普遍遵循的规则来加以维系。傈僳族人在图腾崇拜过程中，也是通过统一的祭祀、献牲、歌舞等崇拜行为来表达自己的祈求和愿望。

四、来源于宗教信仰

因生产力水平的低下和对诸多自然现象的不理解，傈僳族人在历史上曾普遍信仰原始宗教。清人余庆远《维西见闻纪·夷人》载：“栗粟，近城四山，康普、弓笼、奔子栏皆有之。……婚以牛聘，丧则弃尸，不敬佛而信鬼。”③ 清人杨琼《滇中琐记》也说：“栗粟，维西、中甸、建浪、云龙、腾越，各边地皆有之。……栗户不敬佛而

① 张泽洪：《中国西南的傈僳族及其宗教信仰》，载《宗教学研究》2006年第3期。
② 《傈僳族简史》编写组：《傈僳族简史》，云南人民出版社1983年版，第108页。
③ ［清］余庆远：《维西见闻纪·夷人》，丛书集成初编本，商务印书馆1936年版。

信鬼。"① 傈僳族先民笃信灵魂不死、万物有灵，在他们看来山有山灵、树有树鬼、水有水神，世间的一切事物都为"米司"（天神）所支配，而在它之下则有分门别类的30多种"尼"（鬼或精灵）。傈僳族人对"米司"和诸"尼"由敬生畏，凡举家里办喜事、丧事，做噩梦，有人得病，以及在生产活动中播种、收割、狩猎、建房等都要进行祭祀，以求得神灵的保佑。民族之间的纠纷也认为有鬼灵从中作祟，因而有勒墨鬼（白族）、么些鬼（纳西族）及怒族鬼等。②

在傈僳族社会，这种鬼神意识渗透到傈僳族人的行为举止、生活习俗和生产活动之中。傈僳族人对鬼神的敬畏约束着他们的言行举止，在一定程度上使一些不轨行为受制于超人间的力量，从而使人的行为得到规范，人与人之间的矛盾得以缓解。19世纪以来，随着基督教和天主教对傈僳族的影响日益增大，其教义教规也对傈僳族人的行为产生了新的约束。可见，傈僳族法的起源也可以从宗教信仰中去寻觅。

五、来源于生产实践

傈僳族人在长期的生产实践过程中，探索出了一套适合当地实际情况的生产劳动经验。随着傈僳族社会的发展，这些生产劳动经验便形成了具有普遍性的生产习俗，指导着傈僳族人的生产实践。例如，傈僳族人以山花开落、山鸟啼鸣、草木枯荣、降雨下雪等自然现象的变化作为判断生产时令的物候，创立了特有的"花鸟历"。傈僳族人将一年划分为10个时间不等的季节月，即花开月（3月）、鸟叫月（4月）、烧山月（5月）、饥饿月（6月）、采集月（7、8月）、收获月（9、10月）、煮酒月（11月）、狩猎月（12月）、过年月（1月）、盖房月（2月）。③ 在花开月、鸟叫月、烧山月禁止上山狩猎，以免猎捕到怀孕的动物，傈僳族人认为猎捕到怀孕的动物一年都要走霉运。可见，花鸟历既具有指导生产实践活动的积极作用，又反映出傈僳族人的某些行为规范和道德准则。

又如，在生产活动中，傈僳族社会产生了"瓦刷"的耕作形式。"瓦刷"即协作

---

① ［清］杨琼：《滇中琐记》，民国元年腾越李根源藏本。

② 中国科学院民族研究所云南民族调查组、云南省民族研究所：《傈僳族简史简志合编》，内部排印本1962年版，第70页。

③ 谢蕴秋：《云南境内的少数民族》，民族出版社1999年版，第266页。

之意，农忙季节任何一家都可邀请家族及村寨成员来协助劳动，劳动完毕，主人只招待一顿水酒及苞谷稀饭，不付任何报酬。① 随着生产力水平的提高和私有制的发展，“瓦刷”又由原始协作转变为一种特殊的雇工形式了。可见，傈僳族社会中新兴耕作制度亦是在生产实践活动中逐渐得以产生、确立的。

第五节

傈僳族的法律

傈僳族的法律制度是中华法制文明的重要组成部分。但因历史的局限，加之长期以来傈僳族“有夷话，无夷字”②，有关傈僳族法律制度的史籍记载几乎付之阙如。从已有的社会调查资料来看，傈僳族社会发育程度较低，并未出现统一的成文法，但却形成了具有一定约束力的不成文习惯法来调整人们相互间的关系。这些习惯法对杀伤、盗窃、土地房屋买卖、债权债务关系、订婚离婚纠纷等做出了不见诸文字但比较明确的规定。总的来说，历史上傈僳族的法律制度很不完备，在法律思想、法律形式、法律内容、司法制度等方面都较为简略，并带有浓厚的原始宗教色彩。尽管傈僳族法律制度具有上述特点，我们仍应对其进行仔细归类、分析，以便能较为系统地把握傈僳族的法律制度。

一、传统法律思想

（一）带有宗教色彩的神权法思想

长期以来，傈僳族社会生产力发展缓慢，狩猎采集是其主要经济手段，人们过着“岩居穴处”③ 的生活。与之相应的是，傈僳族先民认识大自然的能力非常有限，进

① 《傈僳族简史》编写组：《傈僳族简史》，云南人民出版社 1983 年版，第 96 页。

② ［清］刘毓珂等：光绪《永昌府志》卷五七，《种人》，台湾成文出版社 1967 年影印本。

③ ［清］管学宣、万咸燕：乾隆《丽江府志略》上卷，《官师略·种人附》，丽江县县志编委会办公室 1991 年翻印本。

而将大自然神秘化并赋予自然万物以魂灵，形成了万物有灵观，盛行“鬼神”、“天命”等宗教迷信思想。在这种宗教观的支配下，山有山灵、树有树鬼、水有水神，要利用大自然就要先求得神的准许，所以为了不开罪各种神灵便要祭神。同时，傈僳族人相信神的力量，认为神是公正而伟大的，任何人在神面前都是平等的，罪行在世俗社会或许可以蒙混过关，但却无法蒙骗神灵和逃避神灵的惩罚。因而，在傈僳族社会又形成了“神判”的纠纷解决机制。《维西见闻纪·夷人》载：“失物令巫卜其人，亦以此法明焉。”① 傈僳族人这种对大自然的敬畏及神灵观具有浓厚的神权法性质，体现出“天罚”与“神判”的鲜明特色。

（二）体现和谐的“天人合一”思想

傈僳族人认为，神灵的意志是自然界万事万物存在的根据，这种思想观念奠定了“人神感应、天人合一”的关系格局。由于自然万物无不具有魂灵，所以举凡日月星辰、山川河流、动植物等都成为人们崇拜的对象，人们对各种神灵都极度敬畏。同时，在傈僳族创世神话《创世纪》中提到了人的起源：生活在深山密林里的傈僳族先民祖祖辈辈与老猿、野鼠为邻，所以根据神鸟和藏兔鼠的讲述，人是山上的猿、地下的鼠创造和发明的，人是万物中的一种，与万物同生共存。② 这种朴素的唯物主义思想说明，人是大自然的产物并依赖于大自然，如果不顺应大自然便会受到惩罚。所以，傈僳族人崇尚与大自然和睦相处，由此产生了利用和保护大自然的一些规则和习惯。

（三）“有福同享”的平均主义思想

历史上，由于傈僳族社会生产力水平比较低下，个人对集体具有很大的依赖性。在这种情况下，傈僳族社会基本不存在脱离劳动的社会上层人员，与此相适应的道德规范便只能是共同生产、平均分配。因此，傈僳族人长期过着“有福同享、见者有份”的原始平均主义生活。人们在共耕地上共同劳动，互不计较劳作时间的多寡，秋后平均分配收获物。一家缺粮，全家族互助；全家族缺粮，则大家集体协作，上山狩猎采集。家中煮酒吃肉的时候，不管大人、小孩每人平均分给一份，家中来客也同样

① ［清］余庆远：《维西见闻纪·夷人》，丛书集成初编本，商务印书馆1936年版。
② 黄昌莉：《从创世神话中探讨傈僳族的远古生活》，载《中央民族大学学报》（人文社会科学版）2001年第1期。

分给一份。傈僳族猎人狩到猎物时，肉平均分配给家族成员，路过者也“见者有份”，而猎人只得头、四肢和皮毛，并以此为满足和引以为荣。这种平均主义思想使人们相互间建立了密切的联系，增强了民族的内聚力，同时也是傈僳族社会崇尚平等、公平价值观的一种自然表达。

（四）维护男权的伦理法思想

傈僳族社会是一个以男权为中心的社会，所生子女“从父不从母”的血缘关系和财产继承关系决定了男子在社会中处于支配地位。在以男权为中心的村社中，一般族长也是村社头人，而头人则由家族内辈分较高、能说会道、较为富有的男子担任。在婚姻关系方面，由于买卖婚姻的性质，决定了妇女在家庭中处于从属地位。在家庭中，妇女的主要任务是照顾家人、生儿育女、喂养家畜、织麻、采集及从事一些田间生产劳作，家庭的经济大权则掌握在父系家长手里。在财产继承上，女儿没有财产继承权，寡妇如果改嫁，不能带走亡夫的财产。此外，傈僳族社会还有较多的道德、习惯、禁忌等来约束妇女的行为，如女人不能切肉，更不能杀牲畜待客；女人不能跨越男人的弓箭、长刀、背板①等。这些意识反映到宗教上表现为：一是妇女不得参加宗教祭祀活动；二是祭司均由男性担任，继承者为祭司的男性后代（如无男性后代，可物色一族内男子）。② 可见，无论在家族还是公共领域里，始终保持着“男帅女，女从男”③ 的男主女从关系，这也折射出傈僳族社会维护男权的伦理法思想。

（五）鬼神观念中的功利主义思想

在历史上，傈僳族和其他民族一样曾普遍信仰原始宗教，在他们看来，大自然的万事万物皆由“米司”统治、支配，在它之下有分门别类的诸“尼”。因此，傈僳族社会形成了较为独特的鬼神观念。一方面，傈僳族先民对“米司”和诸“尼”由敬生畏，一旦遭遇自然灾害或生老病死，便要举行祭祀来请求鬼神开恩。另一方面，在祭祀的过程中，傈僳族人又表现出对鬼神的蔑视态度，具体体

---

① 背板是傈僳族男子挎在身上用来装弓箭、长刀的一种器物。

② 袁芳、杨国才：《云南怒江傈僳族妇女与宗教》，载《中央民族大学学报》（哲学社会科学版）2003 年第 1 期。

③ ［西汉］戴圣：《礼记·郊特牲》，岳麓书社 2004 年校注本。

现为以言辞猛烈地抨击诸“尼”。例如，在天干旱时首先祭龙祈雨，在此之后如果仍然不降雨则举行骂龙仪式并吟唱祭歌《骂龙调》；当有人患病时先祈求“尼”，如果病还是不愈则以骂“尼”、驱“尼”治病。可见，傈僳族的鬼神观念具有一定的功利性，而这种功利性往往又会对规则的发生、适用、解释产生一定的影响。

二、刑事法律

刑事法律制度是针对较为严重的违法行为而设置的法律制度。史籍中有傈僳族人“性刚狠嗜杀”①、“俗好仇杀”②、“好斗轻生”③ 的琐碎记载。这说明傈僳族社会的刑事法律比较简单、严酷，并没有形成完备的刑法规范体系和制度体系。在傈僳族社会，对违法行为进行处罚时往往是刑事处罚和民事责任相互交织在一起，并未进行严格区分。同时，对诸如杀人、伤害、偷窃等一些常见的犯罪行为则存在刑事习惯法来加以约束和制裁。可见，傈僳族的刑事法律制度不甚发达，这反映了初民社会中的刑事法律所具有的基本特征。

（一）杀伤罪及其处罚

因某种原因伤害他人，导致死亡的，须出棺材、祭品、寿衣等，并支付死者亲属一定的抚恤金。如致他人轻伤，须向伤者道歉，并视肇事者的经济情况，赔以鸡、乳猪、漆油等。如系重伤，则还应负责伤者的医治。因傈僳族人“性凶暴嗜酒”④，故在酒醉后杀伤他人的，则按情节轻重赔以抚恤金即可。

（二）偷窃罪及其处罚

傈僳族有“宁可乞讨，不去偷窃”的传统，因而偷窃者受到社会的强烈谴责。如果发现偷窃行为，一般是偷一赔二。在偷窃者无力赔偿时，可由其亲属代为赔偿。如果发现在地里或房屋内偷窃别人的粮食或财物，可以当场将偷者打残或打死，偷者并

---

① ［清］余庆远：《维西见闻纪·夷人》，丛书集成初编本，商务印书馆 1936 年版。

②④ ［清］管学宣、万咸燕：乾隆《丽江府志略》上卷，《官师略·种人附》，丽江县县志编委会办公室 1991 年翻印本。

③ ［清］张泓：《滇南新语·夷异》，丛书集成初编本，商务印书馆 1936 年版。

大受舆论的斥责。[①] 如果偷窃地里的苞谷，除了赔偿原物外，还要罚一头猪，并由偷窃者宴请全村社成员或送各家一块猪肉。

（三）诬陷罪及其处罚

对诬陷他人偷窃者要给予重罚，一般是罚所诬陷偷窃财物数额的13倍。傈僳族有句俗语叫“滕哭此尼，滕里此刹”，意即偷窃者罚12倍，冤枉好人要罚13倍。此外，诬陷他人偷窃者还须杀猪煮酒，宴请被诬陷者的家族成员，并送上一头小猪给被诬陷者赔礼道歉。

（四）通奸罪及其处罚

通奸也是为傈僳族社会所强烈斥责的行为。发现与有夫之妇通奸者，有的地方一般只罚一筒酒或数元半开银币了事，有的地方则要请头人召集全村族人“讲理”，当场训斥奸夫，并罚赔一头牛、一个三脚架、一件衣服给丈夫。[②]如果奸夫当场被丈夫杀死，也不必赔命金。在有的地区，若发现通奸行为，通奸双方将被当众烧死。

（五）拐逃罪及其处罚

发现拐逃他人妻子或未婚妻者，必须由拐逃者的姊妹去顶替被拐之妻。如果没有姊妹顶替，则用牛来折算被拐之妻的身价，并赔偿牛若干头。

（六）杀魂罪及其处罚

傈僳族人认为，杀魂是一种极不道德的行为。“肯扒”即杀魂者，他能把要杀的魂引到野外掩埋或压在石头下，从而使人患病而死。一旦发现肯扒，并得到村社成员一致确认时，即对肯扒处以罚金，并驱逐出村社或村社成员不与他来往而使之孤立。

通过对傈僳族社会犯罪行为及其处罚方式的列举，可以看到傈僳族的刑事法制带有明显的地域性和民族性。从“罪”的方面来看，并不存在严格的罪名体系，犯罪行为的确定一般是依据一定的道德标准和案件的具体情况，因而罪的确定具有一定的任意性。就“刑”的方面而言，主要包括罚处赔偿金、罚物、处死、驱逐出村社等，其

---

①② 《傈僳族简史》编写组：《傈僳族简史》，云南人民出版社1983年版，第113页。

中罚处赔偿金的适用范围较为广泛，从杀伤到普通的纠纷均有适用，而且对同一案件的处理方式还可能因发生地域、具体情况等不同而有所区别。处罚方式及程度并无定制，具有“临事制刑”① 的特点。同时，刑事法律还往往依靠私力救济的方式来加以实施。这些都说明傈僳族社会刑事法律制度有其不完备性。

三、民事法律

（一）社会分层和民事权利

长期以来，傈僳族社会处于“种火蔴以为衣，猎野兽以为食”② 的游猎采集经济阶段，并未出现阶级分化，这就使得人与人之间的关系为一种原始的平等关系。随着生产力水平的提高和生产资料私有制的出现，傈僳族社会产生了贫富不均的现象。富裕农户大多是村社头人、蓄奴户或教会上层，傈僳语称其为“搓波扒”。但是，富裕农户并未完全脱离生产劳动，有时与穷人存在一些变相的雇工关系。除少数富裕农户外，还分化出一部分中等农户，傈僳语称为“杂比扒”，意为够吃户。因受地主经济的影响，中等农户出现了两极分化，有的上升为富裕户，有的则下降为贫苦户。贫苦户占绝大多数，傈僳语称其为“刷扒”，即穷人之意。傈僳族社会虽然出现了分层，但是各层次农户所享有的民事权利并未出现明显的分化。

19 世纪以来，傈僳族地区曾一度出现家长奴隶制，这是一种原始社会向阶级社会过渡时形成的家长奴役形式。奴隶的主要来源是收养子、买卖人口、掠夺人口、人身抵债等。家长奴隶制的特点是：奴隶在日常生活中与主人差别较小，奴隶主不脱离劳动，但劳动量较奴隶轻，有些地方的奴隶以“养子”、“养女”的形式出现，允许在奴隶中相互婚配；对奴隶可以打骂、出卖，但较少有杀害奴隶的情况。③ 虽然傈僳族称奴隶为“搓扒”，意为卑下之人，但是奴隶还是可以成为民事关系的主体并享有一些民事权利。

---

① ［春秋］左丘明：《左传·昭公六年》及孔颖达疏，岳麓书社 2006 年校点本。

② ［清］刘毓珂等：光绪《永昌府志》卷五七，《种人》，台湾成文出版社 1967 年影印本。

③ 斯陆益：《傈僳族文化大观》，云南民族出版社 1999 年版，第 400 页。

（二）所有权制度

土地是农业社会最重要的生产资料，因而土地所有权是物权法律制度的核心。历史上，傈僳族社会的土地所有权基本上可以划分为个体农户私有、家族共耕伙有、家族或村社公有三种形式。其中，个体私有制是主要的，家族共耕伙有是原始的土地公有制向私有制发展过程中的一种过渡形式，家族或村社公有作为一种原始土地的残存形式，在整个土地占有关系中的比例是很小的。①

1. 个体农户私有。个体农户私有制是随着生产力的发展和原始氏族公有制的瓦解而逐步发展起来的。私有的土地多为水田和已经固定或半固定的耕地。此外，随着地主经济因素的不断增长，私有土地已经出现了买卖、分种、租佃等形式。

2. 家族共耕伙有。家族共耕伙有制是傈僳族社会普遍存在的一种土地半私有及耕作方式上的原始协作形式。这种制度能在傈僳族社会长期存在的原因在于：在生产力发展水平较低的情况下，各家要大面积地开垦土地是无能为力的，因而必须以协作的方式进行集体劳动，才能克服落后的生产力所带来的困难。家族共耕伙有制可分为以下三种形式，伙有土地的所有权也较为复杂：

第一种，土地属于家族祖遗，由家族成员共同占有、共同耕作，并按户平均分配收获物。此时，土地一般不能分割，伙有户只有土地占有及使用权，而不能进行土地买卖。

第二种，由家族成员共同出资买地，共出劳力、籽种等，并按户平均分配收获物。这种伙有地的所有权属于私人，由伙有户按份私有，而且伙有户在征得其他成员同意后，可以退出伙有或将自己那份土地卖给他人。

第三种，几户家族成员共同开垦家族或村社的公有土地，并通过垒石、立桩、削树尖、结草圈地等方式将土地“号定”伙有，并按户平均分配收获物。这种土地照例不能进行买卖。

随着家族关系的日益淡化，同一村社的不同家族成员也可以通过共同买地、共同开地而伙有土地，这就使得村社组织实际上已成为经济的共同体。一家农户可以同时加入两个以上的共耕组，最多的有同时加入六个组的，这样便形成了多角共耕关系。② 这种多角共耕关系又使得收获物的分配方式更为复杂。

3. 家族或村社公有。家族或村社公有土地一般是距离村寨较远的山林、猎场及

---

① 云南省历史研究所：《云南少数民族》（修订本），云南人民出版社 1983 年版，第 206 页。

② 《傈僳族简史》编写组：《傈僳族简史》，云南人民出版社 1983 年版，第 98 页。

贫瘠土地，公有土地并不进行定期分配，本村寨成员在征得头人同意后（送一只小鸡、一瓶水酒），即可以自由进行开垦；新迁入户也可以在头人同意下“借地”耕作。① 这种自由开荒和借地耕作实际上属于一种土地的“自然分配”方式。随着私有制的出现，村社头人、富裕户通过霸占、借种、出售等方式逐渐将公有土地转化为私人所有。因而，家族或村社公有土地在整个土地所有关系中所占比例逐渐下降，后来仅仅作为一种原始的残余形式得以保留。

（三）契约制度

契约是随着社会关系的复杂化和经济交往的扩大化，特别是商品交换的逐步发展而出现的。这种通过交换和在交换中才产生的实际关系，后来获得了契约这样的法的形式。② 因长期以来生产力发展水平的低下，傈僳族社会原始的自然经济一直占据着统治地位。但是，傈僳族内部已出现商品交换，但很不发达，盛行以物易物的原始交换方法。③ 当然，契约并不局限于商品交换的流通领域，而是按其所调整的法律关系之不同，涉及买卖、借贷、雇佣等方面。

1. 买卖契约。就土地买卖而言，土地的价格视地的好坏、远近及卖方是否急需钱等情况而有所差别。新中国成立前，最好的牛犁地每“架”可卖1—3头牛，最好的水田每“架”可卖2—3头牛。④ 如果有较多的买家来争购同一块土地，卖家会抬高土地的价格。土地买卖的主要原因有：一是生了疾病，且没牲畜驱鬼的；二是由于婚姻，聘礼较重，由此丧失土地的；三是由于氏族械斗造成直接和间接的损失而出卖土地的；四是兄弟分家，因而土地进一步分散。⑤

对于土地、房屋等的买卖主要有三种订立契约的方式：一是买卖双方自己订立契约，而不需要中间人；二是买卖双方请中间人从中做证；三是买卖双方刻木为契，并以此作为解决纠纷的凭证。在交易活动中，买卖双方经常综合使用上述方式，如买卖双方一般先请中间人从中做证，待买卖成交后又刻木为凭。中间人一般即为契约的担

---

① 中国科学院民族研究所云南民族调查组、云南省民族研究所：《傈僳族简史简志合编》，内部排印本1962年版，第54页。

② 《马克思恩格斯全集》第19卷，人民出版社1963年版，第423页。

③ 《傈僳族简史》编写组：《傈僳族简史》，云南人民出版社1983年版，第90—91页。

④ “架”为傈僳语，是用来计量土地面积的单位。

⑤ 王学辉：《法人类学的体验——云南省怒江大峡谷傈僳族习惯法文化简析》，载《西南民族学院学报》（哲学社会科学版）2002年第7期。

保人，若因契约的履行发生纠纷，则由买卖双方请中间人出面调解，并重新刻木为凭。事情完结之后，由理亏一方煮酒、宰杀猪羊来款待另一方及仲裁人，并以唱调子的形式赔礼道歉。

2. 借贷契约。《维西见闻纪·夷人》载："栗粟，近城四山，康普、弓笼、奔子栏皆有之。……借贷刻木为契，负约则延巫祝，置膏于釜，烈火熬沸，对誓置手膏内，不沃烂者，为受诬。"① 可见，"刻木为契"是傈僳族人订立借贷契约的重要方式，当出现契约纠纷时则以类似"捞油锅"的神判方式来解决。最常见的借贷关系发生的原因是为了结婚或祭祀而向他人借牛，一头牛的年利息一般为一"拳"。办法是用一根篾绳子量牛的胸围，然后将篾绳对折起来，再以拳头量，如有六拳，则明年就将还一条七拳大的牛，如多出或不及七拳，可以用粮食找补。② 为表明双方已成立借贷关系，一般是将所借牛的胸围刻在借方的门上，或用一根同样长的竹竿划为两半，双方各执一半为证。此外，以结绳的方式来订立借贷契约也较为普遍，如借了几斗粮食就在绳上打几个结，然后每偿还一斗就解开一个结，当结解完时债务也就清偿了。借钱或其他物品也常照此办理。

20 世纪以来，随着地主经济因素的日益增长，傈僳族地区的高利贷也开始盛行起来。高利贷的种类主要有实物借贷、货币借贷、放秋烟（大烟）和放秋谷等。高利贷的利率很高，而且利率的浮动完全为放贷者所左右。以为食而借粮，季收利率在 40% ~50% 左右；以为种而借粮，秋后收利率则 10 倍；此外，尚有借此粮还彼粮或借彼粮还此粮的利率也各有不同。③

3. 租佃契约。在地主经济因素的冲击下，土地占有关系日趋不平衡，20 世纪以来土地租佃关系逐渐开始出现。因一部分村社头人、富裕户及进入傈僳族地区的外地商人集中了大量土地，贫苦农户则要靠租赁土地耕种来维持生活。地租形态主要为实物地租，土地租佃形式分为定租和活租两种。定租的租率最低为 10%，最高可达 50%。活租有多种形式，租率并不固定，一般是由土地所有者出土地、籽种、牛工、劳动时的饭菜，佃户出劳力，收获时对半分成，或土地所有者分 1/3，佃户分 2/3。这种活租形式实际上是由家族共耕伙有制演变而来的。

4. 雇工制度。随着生产力水平的提高和私有制的出现，雇工制度逐渐发展起来。

① ［清］余庆远：《维西见闻纪·夷人》，丛书集成初编本，商务印书馆 1936 年版。
② 《傈僳族简史》编写组：《傈僳族简史》，云南人民出版社 1983 年版，第 112 页。
③ 斯陆益：《傈僳族文化大观》，云南民族出版社 1999 年版，第 376—377 页。

历史上傈僳族社会的雇工形式主要有三种，它们都不同程度地笼罩着一层原始的外衣。

（1）瓦府。“瓦府”即实物雇工之意，它是由早期的协作换工转化而来的一种实物雇工形式。在农忙季节，村社头人或富裕户就以粮食、肉、酒、盐、麻布等实物来换取劳动力。这是一种不等价的雇佣方法，一个工的报酬只合一斤半猪肉或三斤苞谷，有的只合一碗水酒。①

（2）长工。长工一般是因无力清偿债务而以劳动来抵债的人。雇用长工的为数不多，长工除由主人提供伙食外，每年所得的报酬约为苞谷一石（约200公斤）、麻布衣一套。长工的劳动时间长短由主人确定，在主人认为债务已获清偿时即可离去。

（3）瓦刷。“瓦刷”即协作之意，原为傈僳族社会的一种原始协作形式。在农忙季节，每家都可以邀请家族及村社成员协助劳动，待劳动完毕，主人只需招待酒饭而不必支付任何报酬。这种原始的协作形式在早期傈僳族社会具有纯粹的协助性质。随着生产资料占有关系不平衡现象的出现，一些占有土地较多的村社头人、富裕户便经常利用瓦刷的方式来使用劳动力。某些村社头人及富裕户每年以“瓦刷”雇工人数竟达150—200个劳动力，而所支付的酒饭招待仅及应付报酬的20%~35%，“瓦刷”实际上已由原始协作变为一种特殊的雇工形式了。②

（四）丧葬制度

历史上，傈僳族社会存在多种丧葬制度。《维西见闻纪·夷人》有傈僳族人“丧则弃尸”③ 的说法。清人张泓《滇南新语·夷异》载：“惟丽郡、中甸、维西之把傈、傈僳、模傈，剽悍奉喇嘛，其亲死，必延喇嘛问之，名刀把，或擦妈向尸诵经咒，刀把谓死者无罪，则悬尸山树之极巅以风，曰天葬。谓有罪，则笼尸沉诸江，曰水葬；或割尸饲禽兽，而火其骨，截胫骨作筒吹之，曰火葬，此皆焚书舍身喂鹰虎之说也。”④ 乾隆《永北府志》卷二五说：“死后火化，抛弃骸骨。”⑤ 光绪《永北直隶厅

---

① 中国科学院民族研究所云南民族调查组、云南省民族研究所：《傈僳族简史简志合编》，内部排印本1962年版，第49页。

② 《傈僳族简史》编写组：《傈僳族简史》，云南人民出版社1983年版，第96页。

③ ［清］余庆远：《维西见闻纪·夷人》，丛书集成初编本，商务印书馆1936年版。

④ ［清］张泓：《滇南新语·夷异》，丛书集成初编本，商务印书馆1936年版。

⑤ ［清］陈奇典：乾隆《永北府志》卷二五，乾隆三十年刻本。

志》卷七有“死后棺葬”① 之说。

到了近代，人死后一般都带棺土葬，对死于非命者则实行火葬。成人死后，全村社停止劳动2—3天，由村社成员携酒带肉到死者家吊丧，并帮忙为死者洗脸、梳头、更新衣。死者停放在火塘边，头向地势高处，头前供酒饭各一碗、肉若干斤。然后，请祭司射三支箭，为死者开路，祝福死者的灵魂和祖先团聚，这种祭祀仪式傈僳语叫“玛甲马”。傈僳族有停柩择日的习惯。停柩期间，村社成员要到死者家中唱丧歌、跳丧舞，傈僳语称为“施勿登”。埋葬日期一般选在属鼠、兔、猴、猪、蛇、鸡日。殉葬物一般不入土而悬挂在墓上方的木桩（傈僳语叫“骂把”）上任其腐烂，葬后第三年扫墓一次，以后就不再扫墓祭奠。②

四、婚姻继承法律

（一）婚姻制度

历史上，傈僳族的婚姻制度基本上实行一夫一妻制，但一夫多妻也较为流行。民国《中甸县志稿》卷下说：“力贽族，亦有黑力贽、白力贽两种，但其婚姻一律平等，绝无贵贱之分。”③ 这说明傈僳族男女在婚前享有较大的社交自由，不受父母和他人的干涉。各村社还为青年男女提供固定的社交场所，称为“公房”。随着父权制的确立，青年男女的婚姻多由父母包办，彩礼很重，具有买卖婚姻的性质，因而出现了逃婚、抗婚的现象，叙事长诗《逃婚调》就反映了这种情况。此外，在盛行姑舅表优先婚配和转房制的同时，一些地区还保留着亚血缘族内婚的残余。创世神话《创世纪》中提到的“兄妹结合传人烟”故事就折射出原始血缘婚姻制度。基督教传入后，主张在教徒中推行一夫一妻制，废除公房制、转房制，提倡婚姻自由、不收彩礼等，这些又对傈僳族人的法律观产生了影响。

1．婚姻的成立。傈僳族的婚姻程序分为订婚和结婚两个阶段。通常男女在幼年时，即由父母代为订婚，有的甚至指腹为婚。男女双方的父亲一般在公共场合议定订

---

① 叶如桐：光绪《永北直隶厅志》卷七，《兰坪土千总》，凤鸣书院藏光绪三十年刻本。

② 王学辉：《法人类学的体验——云南省怒江大峡谷傈僳族习惯法文化简析》，载《西南民族学院学报》（哲学社会科学版）2002年第7期。

③ 段绶滋：民国《中甸县志稿》卷下，云南省图书馆藏本，1939年版。

婚事宜，然后由男方家请媒人到女方家商议彩礼。一般是以牛作为评定女子身份的标准，《维西见闻纪·夷人》也有“婚以牛聘”① 之说。彩礼很重，最少为3—4头牛，富裕户则多达7—8头牛。彩礼的多少有时并不完全在于女子的能干、漂亮，有的还要看这个女子有多少首饰而定价值。② 彩礼议定之后，由男方选择订婚日期，并将彩礼送到女方家，女方家则宴请宾客以示祝贺。

傈僳族男女一般在年满16—18岁时，由男方选择传统吉日，举行结婚仪式。结婚仪式古朴大方，各地大同小异。旧志记载：“婚时新妇步行，两人舁棚、遮护而行。贺者以羊为礼，相与吹葫芦笙、开跳舞会。”③ 婚后几天，新郎新娘要携酒肉“回门”，即回女方家帮助家人从事劳动，一住数日方归。如果在怀孕后，男方反悔不愿娶女方为妻，则男方必须送一头牛、一个三脚架和一瓶酒给女方家。丈夫死后一年，寡妇可以改嫁。改嫁仪式没有初婚时那么隆重，一般是在晚间举行。陪送者也必须是寡妇，仪式只有鳏夫和寡妇参加。寡妇如嫁给家族以外的男子，所收彩礼归亡夫家所有，前夫所生子女留前夫家，亦可随母到新夫家。④

2．婚姻的终止。在傈僳族社会，婚姻终止的原因包括夫妻一方死亡和离婚两种。傈僳族婚姻一般较为稳定，离婚被视为一种不道德的行为，但男女双方仍然可以离婚。如果男方主动提出离婚，不能向女方索要订婚时所给的彩礼，而且还须送一头牛给女方遮羞（傈僳语称“肖绷”）；如果女方提出离婚，则必须退回全部甚至加倍的彩礼，此外还须送一头牛给男方遮羞。就离婚的程序而言，由男女双方共请中间人刻木为凭，并在木刻上涂抹少量猪血和酒，由双方对天发誓后，木刻由中间人长期保管。如果以后任何一方反悔或否认，就出示木刻为证。离婚后的财产归男方所有，小孩一般是男随父、女随母。可见，傈僳族社会在婚姻关系上是以维护夫权、男尊女卑为原则的。

3．其他重要婚姻制度。（1）一夫多妻制。多妻者主要是无子或政治上的当权者和富裕户，几个妻子之间的地位是平等的。⑤家中的重大事情由“多妻”共同商量，但第一个妻子主要负责管理家务。有的家庭因无子嗣，则由妻子出面给丈夫做媒，让丈夫再娶一妻。

---

① ［清］余庆远：《维西见闻纪·夷人》，丛书集成初编本，商务印书馆1936年版。

② 怒江州民族事务委员会、怒江州州志编纂委员会：《怒江傈僳族自治州民族志》，云南民族出版社1993年版，第20页。

③ 转引自胡小平：《亲历傈僳族原始奇特的婚礼》，载《中华文化画报》2006年第8期。

④⑤《傈僳族简史》编写组：《傈僳族简史》，云南人民出版社1983年版，第117、118页。

（2）公房制。公房一般是村社的公共聚会场所或一些富裕户专门为子女修建的小房间。青年男女在婚前可以到公房聚会，并进行自由的社交活动。

（3）姑舅表优先婚配。傈僳人有句俗话：“树最大的是杉树，人最大的是舅舅。”① 因此，形成了“有女先问舅”的习惯。舅家的男孩可以优先和姑母家的女孩结婚，只有当舅家没有男孩或表示不要时，姑母家的女孩才能另许他人，即便如此也得事先征得舅舅的同意。结婚彩礼中要准备“舅舅钱”，成婚前须到舅家送上“舅舅钱”。

（4）转房制。“兄死弟娶寡嫂，弟死兄娶弟媳”被傈僳族人看作是当然的权利与义务。但转房仅限于平辈之间，婶母不能转给侄子，儿媳不能转给公公。如果家族内没有合适的转房人选，寡妇在丈夫死后一年可以改嫁。转房制是原始对偶婚的一种变形。

（5）掠夺婚。掠夺婚亦称抢婚，是指男子以暴力掠夺女子为妻。掠夺婚不但得到傈僳族社会的允许，而且被看作是一种荣耀。抢来的媳妇受到家族成员的爱抚，在家族中的地位较其他妇女为高。有些地区的掠夺婚则仅限于“抢”寡妇。

（6）互易婚。互易婚亦称互换婚，傈僳语叫“负向苞”，主要在贫苦户之间进行。双方都有年龄相当的男孩、女孩，经双方家长同意便可互相换婚。互易婚可以免去彩礼，但仍然要举行婚姻仪式，“舅舅钱”也是不可少的。

（7）妻姊妹婚。傈僳族社会存在少量的妻姊妹婚，即一个男子娶两姊妹为妻，或一个女子嫁给两兄弟为妻。

（二）家庭关系

傈僳族社会基本上是由一夫一妻的父权制小家庭所构成，这种家庭一般只包括父母和未婚子女两代人。儿子自结婚之日或在婚后一年便另盖房屋，与父母分居，组成独立的小家庭，傈僳语称之为“海徒”。分居时，儿子可以从父母那里分得少量的土地、耕畜和其他生产生活资料。傈僳族家庭关系较为稳定，离婚现象并不突出。但在家庭中男女地位并不平等，性别分工具有“男主外女主内”的特征，家中经济大权，家庭事务决定权，甚而陪客谈话权都掌握在丈夫或长子手中。② 同时，傈僳族社会也

① 徐治：《怒江峡谷人家：傈僳族》，云南人民出版社、云南大学出版社 2003 年版，第 14 页。

② 袁芳、杨国才：《云南怒江傈僳族妇女与宗教》，载《中央民族大学学报》（哲学社会科学版）2003 年第 1 期。

将妻子服从丈夫、子女服从父亲视为一种传统美德，傈僳族俗语“黑头发不大，白头发大”便是佐证。长期以来，因家业主要靠男子继承，狩猎、犁地、开荒等均需男子承担，故习惯上重视儿子和多子，少子或无子会被人看不起，形成了多子多福的生育观念。① 20世纪以来，基督教在傈僳族社会的广泛传播在一定程度上改善了傈僳族妇女教徒在家庭中的地位，但基督教作为一种人为宗教仍在建构以男权为中心的社会制度。

（三）继承制度

傈僳族社会一般实行幼子继承制，即幼子和独子不与父母分居，承担赡养父母的义务，并享有继承父母财产的权利。因此长子、次子必须与父母分居，才能为幼子的财产继承创造先决条件；长子无财产继承权的导因，可能是长子不一定是婚生子之故。② 女儿没有财产继承权，但可以招婿，赘婿经家族成员同意后可以继承财产。寡妇如果不再改嫁，可以继承亡夫家的财产。对丧失劳动力的老人和孤儿，一般由家族中较近亲的人承担抚养的责任，同一村社的近邻也有尊老抚幼的社会义务。年老夫妇绝嗣时，可以收养子，一般是讨兄弟的儿子或招婿为养子。养子须在得到家族成员的认可后才能取得财产继承权。无嗣又不收养子者死后无人继承财产，此时财产归本家族中最亲的一支享有。

五、纠纷的解决

纠纷解决制度是指纠纷解决组织的性质、任务、组织体系、运作机制等方面规则的总称。历史上，傈僳族社会并未形成一个具有统一性、权威性的权力机构来处理各种纠纷，因此傈僳族先民曾普遍通过血族复仇的方式来解决纠纷。史籍中就有傈僳族先民“俗好仇杀”③、“性刚狠嗜杀”④ 的记载。当然，傈僳族人还经常以族长或头人调解、公断、神判等多种方式来解决社会纠纷。20世纪以来，基督教的广泛传播也对

① 马世雯：《傈僳族的传统思想及其当代社会观念的演变》，载《云南民族学院学报》（哲学社会科学版）2000年第5期。

② 《傈僳族简史》编写组：《傈僳族简史》，云南人民出版社1983年版，第114页。

③ ［清］管学宣、万咸燕：乾隆《丽江府志略》上卷，《官师略·种人附》，丽江县县志编委会办公室1991年翻印本。

④ ［清］余庆远：《维西见闻纪·夷人》，丛书集成初编本，商务印书馆1936年版。

傈僳族社会的纠纷解决制度产生了很大影响。这些都体现出傈僳族社会纠纷解决机制的多元化。根据傈僳族社会纠纷解决制度的缘起，可将纠纷解决制度划分为原发型纠纷解决制度和外来型纠纷解决制度两种。

（一）原发型纠纷解决制度

1. 调解与公断。在傈僳族社会，族长和头人拥有绝对的权力，氏族、村社的各种事务主要就靠族长或头人安排解决。所以，傈僳族中发生纠纷时，一般都先由族长、头人或其他有威望的人以口头方式进行调解。如果家庭、氏族、村社间发生了较为严重或复杂的纠纷，族长或头人往往将纠纷当事人集中到公共场所，以类似当地司法官员的身份来公断这一纠纷。在公共场所，头人坐于中间，当事人则分列两旁，在当事人的面前分别摆一只竹筒，当事人每陈述一条理由便由头人往其竹筒里放一粒苞谷，最后看谁的竹筒里苞谷最多，谁就算赢了。① 然后，由头人当场宣布公断结果，并刻木为凭。现在，在怒江州福贡县文管所就保存有一块木刻，据当地人介绍，这块木刻便是因公断一桩婚姻纠纷案而做。此外，傈僳族人还经常以唱调子的方式进行说理，以解决纠纷。②

2. 神判。神判是一种“听天由命”式的具有浓厚宗教色彩的裁判活动，傈僳族社会对一些是非难断或调解无效的纠纷常以神判的方式来解决。史籍中就有傈僳族先民“失物令巫卜其人，亦以此法明焉”③ 的说法。但是，神判一般并不轻易举行，因为傈僳族人认为神判是一桩很严肃的事，而且神判仪式往往都很隆重。神判方式主要有捞油锅、拔火桩、喝血酒、抛血酒四种。

（1）捞油锅。捞油锅是最为残酷的神判方式，多用于因杀魂、偷窃等疑案引起的纠纷。如果有人因凶病死亡，死者家属请巫师打卦，如认为系被某人杀魂所致，则被指为杀魂者在巫师及中证人的监督下，以手伸入煮沸的油锅或沸水中将石块捞出，如三日内手无恙即为无罪；如手被烫伤，即认为有罪。④ 如果神判为杀魂者，会被驱逐出村社，抄没财产，并不许再回原籍居住；如果神判为偷窃者，则必须负担失窃财物

---

① 陈子丹、魏容：《傈僳族的原始记事方法与文书档案》，载《云南档案》2002 年第 2 期。

② 傈僳族有句俗语，“盐不吃不行，歌不唱不得”，因此调解、公断纠纷也常采用唱调子的方式。

③ ［清］余庆远：《维西见闻纪·夷人》，丛书集成初编本，商务印书馆 1936 年版。

④ 中国科学院民族研究所云南民族调查组、云南省民族研究所：《傈僳族简史简志合编》，内部排印本 1962 年版，第 75 页。

双倍的罚金。

（2）拔火桩。拔火桩也是一种较为野蛮的神判方式。这种神判方式是把一根长约二尺的石柱插入土中一半，并在石柱周围架柴点火将石柱烧烫，然后由被告伸手去拔出烧烫的石柱，如果拔者的手被烫伤就算输理，否则对方就要加倍赔偿。

（3）喝血酒。喝血酒即由原被告各杀一只鸡或小猪，并请中人做证，然后双方对饮血酒，如果被告在短期内患病或死亡，即为输理，否则即为诬告，原告要杀一只小猪向被告赔礼道歉。喝血酒一般用于解决因偷窃、抵赖等引起的纠纷。

（4）抛血酒。所谓抛血酒即由原被告双方请一中人，约定时间，杀一只鸡，将鸡血滴入酒中，然后抛在地上，如短期内被告发生疾病或其他凶事，即为输理。① 抛血酒多用于因财物被盗或被损坏又不知何人所为、通奸等引起的纠纷。

3. 械斗。械斗源于血族复仇的古老遗俗，傈僳族称之为“舍来乎”，意为互相打杀。傈僳族社会械斗的原因主要有疾病传染、被指为杀魂、因债务关系而强占土地、强占耕牛、抢人抵债、婚姻问题等。不同家族成员或不同村社之间若发生了这些纠纷，一般先由当事人邀请头人及中间人说理，如果双方积怨太深难以调解则可由一方提出械斗。械斗之前，双方都竭力邀请与自己血统较近的亲友参加，如系氏族内部的械斗，血统较近的家族自然形成一个集团以对待敌对的一方，如果是两个氏族间的械斗，则全氏族必群起而抵抗。② 妇女一般不参加械斗，而承担烧饭、护理伤员等后勤工作。妇女有调停械斗之权，如双方死伤较多时，一方的妇女可奔临战地旁边，挥裙高呼停战，习惯上规定战斗中严禁射杀妇女，否则械斗更要延长。③

傈僳族有械斗择日的习惯，械斗日期一般选在属虎日或属猴日，忌讳在属龙日械斗。④ 械斗过程充满了浓厚的宗教色彩，出阵械斗前须由作战首领将一碗鸡血酒祭山神，并请巫师（尼扒）作法祈求战神的保护。祈祷完成后，由作战首领用树叶将酒蘸在全体战士身上，然后全体大声呼啸，直奔敌阵。双方械斗数日并无伤亡时，械斗就暂告一段落；如果双方死亡人数相等，也可结束械斗；如果只有一方的人被杀死，则械斗仍将继续。对于战死之人，由双方酌赔命金，以牲畜或银元偿付。

---

①③ 中国科学院民族研究所云南民族调查组、云南省民族研究所：《傈僳族简史简志合编》，内部排印本 1962 年版，第 75、64 页。

② 《傈僳族简史》编写组：《傈僳族简史》，云南人民出版社 1983 年版，第 110 页。

④ 傈僳族人认为虎象征勇猛，猴象征灵活，械斗正需要勇猛的精神和灵活的动作，而龙象征火山爆发，凶气太盛，所以在属龙日械斗死伤必大。

（二）外来型纠纷解决制度

20 世纪以来，随着基督教在傈僳族地区的广泛传播，傈僳族社会原发的纠纷解决制度受其影响开始发生变化。这种变化表现为相当部分笃信基督教的傈僳族教徒不再以本民族传统的方式来解决纠纷，而是通过传教士或教会中的长老执事来寻求纠纷的解决。基督教传入傈僳族地区后，教会依据本地情况，迎合当地少数民族的淳朴民风，另立十条戒规，内容涉及禁止偷盗、欺诈、赌博、杀人害命、吸烟饮酒、买卖婚姻，提倡一夫一妻制，反对崇奉上帝以外之其他鬼神，讲求清洁卫生等。① 由于这些戒规准则与傈僳族的传统道德较易契合，因而受到人们的信服，这也使基督教的教规和价值理念在纠纷解决中得以顺利适用。在教会中主持解决教民纠纷的可以是外国牧师和传道长老，在处理上可以给予罚金或宣布罪状，同时纠纷解决机构发生变化导致处罚和纠纷解决程序上的转变，如在教民中出现反教会罪等。② 当然，教会在解决纠纷时往往也采用傈僳族社会原发的纠纷解决方式。

---

① 沈坚：《基督教与云南怒江傈僳族社会》，载《历史教学问题》2006 年第 1 期。

② 方慧、胡兴东：《清末民国时期基督教传入对西南信教少数民族法律文化的影响》，载《世界宗教研究》2006 年第 1 期。

NUZU FASHI

第五章

怒族法史

第一节

怒族概况

怒族的主体聚居于世界著名大峡谷——怒江峡谷。据 2000 年第五次人口普查，怒族共有人口 27738 人。怒语称怒江为“怒米挂”，“怒”为“黑”之谓，“米挂”为“江水”之谓，怒江即“黑江”或“黑水”之谓。碧罗雪山在怒江东岸，海拔 4000 多米；高黎贡山在怒江西岸，海拔 5000 多米。

怒族属于汉藏语系藏缅语族。“怒族的先民应该是唐宋时期乌蛮中比较落后的部分。”① 史籍中未见对两宋时期怒族的记载，元代称怒族为“潞蛮”，明代称怒族为“怒人”，清代记载称“怒子”。怒族由四个支系组成，贡山怒族自称“阿龙”，福贡怒族自称“阿怒”，碧江怒族自称“怒苏”，兰坪怒族自称“若若”。怒族先民的四个支系中，有的是土著民族，如贡山、福贡的怒族；有的则是从外地迁入，如碧江怒族。各个支系在历史长河中不断发展、融合，形成了今天的怒族。

20 世纪 50 年代，在怒族聚居的村寨周围发现了新石器时代遗址和许多新石器时代的遗物。在怒族地区还出土了夹砂陶器，说明怒族先民在原始时代已掌握烧制陶器的技术。17 世纪以前，怒族社会还处于以父系为主的家庭公社时期。李思聪的《百夷传》记载：“怒人颇类阿昌。蒲人、阿昌、哈喇、哈杜、怒人皆居山巅，种苦荞为食，余则居平地或水边也，言语皆不相通。”② 天启《滇志》卷三〇载：“怒人男子发用绳束，高七八寸，妇人结布于发。”③ 这一时期，土地主要属于家庭公社所有，由家庭成员共同耕作。共耕的收获按家族平均分配，实行原始的平均主义。从 17 世纪开始，怒族除受丽江纳西族木氏土知府所属维西康普土千总和叶枝土千总统治外，还受察瓦龙藏族土千总及兰坪兔峩白族罗姓土司的统治。此外，迁入怒江地区的傈僳族头人，也在一些地方强占怒族的土地，甚至掠夺怒族人口为奴隶。“雍正八年，闻我圣朝已

---

① 王文光：《中国民族发展史》下册，民族出版社 2005 年版，第 816 页。

② 钱古训撰，江应樑校注：《百夷传校注》附录一，云南人民出版社 1980 年版，第 152 页。

③ 刘文征撰，古永继校点：天启《滇志》卷三〇，《羁縻志》第十二，云南教育出版社 1991 年版，第 1000 页。

建设维西，相率到康普界，贡黄蜡八十斤、麻布十五丈、山驴皮十、麂皮二十，求纳为民，永为岁例。头人闻于别驾，别驾上闻，奏许之，犒以砂盐。”① 这一时期，由于改土归流政策的实施，清政府的中央集权进一步加强，西南地区经济相对发展，政治相对稳定，怒族原始经济受到极大的冲击，个别地区出现了商品交易。史载“怒人”常以竹器、麻布等手工制品和采集的黄连等药材与当地其他民族进行交换，或辗转运至云南腹地销售。“公元 1913 年，在兰坪县营盘街设立怒俅殖边总局”②，对怒族等民族进行管理。

第二节

历代中央和地方政府对怒族的治理

怒族的先民应当是唐宋时期乌蛮中比较落后的部分。

南诏时期，《蛮书》中有了关于怒江地区的记载。南诏政权前期设宁北节度使，后改剑川节度使，下统傍弥潜城和牟郎共城。其中，傍弥潜城治所在今兰坪境内，牟郎共城治所在今福贡境内。③

大理国时期，置兰溪郡，治所在今兰坪县。④

元朝时，今兰坪、碧江、福贡、贡山属丽江路统治。这一时期，怒族称为“潞蛮”。史载“兰州，在兰沧水之东。汉永平中始通博南山道，渡兰沧水，置博南县。唐为卢鹿蛮部。到段氏时，置兰溪郡，隶大理。元宪宗四年内附，隶茶罕章管民官。至元十二年，改兰州”。⑤ 兰州即今兰坪县，博南即今永平县，卢鹿蛮部“可能即为今日自称‘怒苏’的怒族先民”。⑥

明朝政府在怒族地区实行羁縻政策和土司土官制度。1384 年设世袭丽江木氏土知

---

① 余庆远撰：《维西见闻纪·夷人》，《小方壶斋舆地丛钞》第七帙，杭州古籍书店 1985 年版。

② 王文光：《中国民族发展史》下册，民族出版社 2005 年版，第 816 页。

③④ 方铁：《西南通史》，中州古籍出版社 2003 年版，第 268、373 页。

⑤ 宋濂等：《元史》卷六一，《地理四》，中华书局 1976 年版。

⑥ 《民族问题五种丛书》云南省编辑委员会编：《怒族社会历史调查》，云南人民出版社 1981 年版，第 2 页。

府，兰坪、碧江和福贡的部分地区归丽江土知府下辖兰州罗氏土知州管辖；贡山和福贡的部分地区属康普土千总禾娘和叶枝土千总王氏管辖。这一时期，怒族对统治政权的贡纳基本上是象征性的，杨慎本《南诏野史》下卷载："每年贡麂皮二十张，山驴皮十张，黄蜡八十斤，麻布三十庹以代赋税。"①

清初，怒族尚未向中央政府纳贡。云贵总督硕色在乾隆十八年（1753）《伴送遣回俅夷折》中称："丽江府属之怒江两岸怒子、傈僳，……散居高山密林，刀耕火种，食尽迁移，栖岩穴，原未报纳粮赋。""怒江东西两岸怒子、傈僳……，皆系刀耕火种，迁移靡定，改土归流之时，原未增报条粮。"②

清朝雍正元年（1723），废丽江木氏土知府，改设流官。兰坪归属丽江，土知州罗氏迁往兔莪，辖兔莪、碧江等地。1752年，清政府为加强对怒族地区的统治，设置了六库、老窝两个土千总，后又增设卯照土舍、鲁掌土舍、登埂土舍，隶属永昌府。福贡、贡山属维西守备厅，隶丽江府，先后受康普、叶枝土司管辖。雍正五年（1727）起，清中央政权对怒族地区控制加强。据硕色《伴送遣回俅夷折》，"迄雍正五年，……怒夷愿贡土产黄蜡、麂皮、麻布等物，折缴银一十二两四钱二分，历年造册，报部在案"③。至雍正八年（1730），怒族一些头人"相率到康普界，贡黄蜡八十斤、麻布十五丈、山驴皮十、麂皮二十，求纳为民，永为岁例。头人闻于别驾，别驾上闻，奏许之，犒以砂盐"④。鄂尔泰《奏陈怒彝输诚折》记载："鹤庆府属维西边外，有怒江三道，过江十余日路，有野夷一种，名怒子，劫杀抢掠，久居化外。新设维西通判陈权约束抚绥，颇有条理。怒子等群生感激，相率来维，将麂皮二十张、山驴皮十张、麻布三十分、黄蜡八十斤，烦通事禀请，愿将此土产作赋，永远隶属圣朝。该通判加以劝谕，令将土产带回，而从怒子各交颈环叩，愿将前项土产著为年例，以表倾心，情甚恳切。该通判始准收存，薄示奖赏，具报前来。臣查怒子内向，愿年纳土产，事虽微细，意颇谆诚，随经批司，准其交纳；该通判变价交司存公，并于奏销钱粮文尾货币叙明。其每年交纳之时，准赏给盐三百斤，以为犒劳，业已存案。"⑤ 据此可知，到雍正年间，清中央政权对怒族的统治已经成为定制。怒族人民

---

①②③ 转引自《怒族简史》，云南人民出版社1987年版，第19、18、19页。

④ 余庆远撰，《维西见闻纪·夷人》，引自方国瑜主编：《云南史料丛刊》第12卷，云南大学出版社2001年版，第65页。

⑤ 《永昌文征·文录·卷十》，转引自《怒族简史》，云南人民出版社1987年版，第19页。

"性怯而懦"，"自入贡以来，受约束，知法度"①，与中央政权保持了良好的关系。

光绪年间，中央政府已经介入怒族地区的司法管理。阿墩子弹压委员夏瑚："抵白汉洛后，旋将教民杂居各处巡视一周，均称安谧，虽有钱债口角衅故数起，据任司安收片请面述，当传两造，分别和平断结，均各相安无事。"②

夏瑚于光绪三十三年至三十四年（1907—1908）两次代表中央政府到怒江地区和独龙河视察，委派袁裕才为"怒俅总管"，专管怒、俅两江事务，并把怒江划分为四个行政区，分设团总、保董、伙头等。③

清末，中央王朝在贡山驻军。清政府在贡山驻兵80名担任巡防。其中，50名驻扎于腊早之江边，20名驻于菖蒲桶，10名驻于永拉喀。

清朝宣统年间，在贡山茨开设立小学，经费银25两，学生二三十名。

此外，怒族还受察瓦龙藏族土千总的统治。怒族要按照"山规陋俗"，负担人口、黄连、黄蜡、麻布、皮张、豕、羊等贡物④。他们还对怒族进行抢掠，清朝官员庆复记载："古宗人等进至怒地，若见怒子人众则以贸易为生，如见怒子人少，或遇打柴割草之男妇，即行掳掠。"⑤在清政府的干预下，才不得不出资将收做奴隶的怒族、独龙族送回。⑥

迁入怒江地区的傈僳族头人，也在一些地方强占怒族的土地，甚至掠夺怒族人口为奴隶。17世纪中叶，傈僳族进入怒江地区，通过借地、开荒，兼以武力，逐渐占有了大片土地，并使自己成为这一地区的统治居民。怒族要受傈僳族"怒管"⑦及奴隶主的统治。怒族群众要向傈僳族"怒管"交纳官贡、贷贡、大贡等贡品。傈僳族"不仅占用土地，而且恣意掳掠怒族人口为奴隶"。⑧

① 余庆远撰：《维西见闻纪·夷人》，《小方壶斋舆地丛钞》第七帙，杭州古籍书店1985年版。

② 夏瑚撰：《怒俅边隘详情》，引自方国瑜主编：《云南史料丛刊》第12卷，云南大学出版社2001年版，第147页。

③⑤⑧ 《怒族简史》，云南人民出版社1987年版，第34、27、23页。

④⑥ 参见硕色：《伴送遣回俅夷折》，转引自《怒族简史》，云南人民出版社1987年版，第20页。

⑦ 傈僳族中受康普、叶枝、菟莪等纳西族、白族土司委任的官员。

第三节

怒族的社会组织

一、氏族

怒族曾经经历过母系氏族社会。怒族神话传说记载："远古时候，天降群蜂，歇于怒江边拉甲底村。后来，蜂与蛇交配，生下了别阿起（斗霍）女始祖'茂英充'。""茂英充长大后，又与虎、蛇、马鹿等交配，生下的孩子后来就分别成了蛇、虎、马鹿、麂子、鸡等氏族的祖先。"① 剥去神话外衣，我们可以发现其母系氏族社会形态的合理内核。舅父权是母权制社会的残余痕迹。在怒族社会中，舅父称为"奥剖"，意为最尊敬的父辈。怒族谚语云："天下最长的是道路，亲间最长者为舅父。"另外，怒族女性婚前性生活自由，怒族村寨中有"公房"供青年男女交往之用，这也是怒族存在母系氏族社会残余的表现。

怒语中氏族已经有了专门的词汇。贡山怒族"阿龙"称氏族为"勒"，福贡怒族"阿怒"称氏族为"体其"，碧江怒族"怒苏"称氏族为"起"。碧江县托平村有蜂氏族"表起"和虎氏族"劳起"；普乐村有"腊老姚"（虎）、"腊蚌姚"（熊）、"腊里姚"（麂子）、"腊乌齐"（蛇）、"腊快姚"（岩缝里钻出来的人）五个氏族；知子罗村有"米也比"、"惹有期"、"陶加"（汉语意思不详）三个氏族；一区九村有"斗霍"（住在上面的人）和"达霍"（住在下面的人）。贡山有"达木遮"（豹）、"达马陈勒"（调解氏族纠纷之意）等。

在其他民族进入怒江之前，氏族就是怒族社会最高的政治、经济、军事组织。氏族头人"阿莫染"，其任职标准是办事公正、德高望重、能说会道、作战勇敢、精通本氏族的历史并具有丰富的生产生活经验。"阿莫染"由氏族成年男子提出候选人，氏族"老人会议"讨论决定。"阿莫染"一经选出，终身任职，但不能世袭。"阿莫

① 攸延春：《怒族文学简史》，云南民族出版社2003年版，第30页。

染”的主要职责是对内管理氏族事务，排解纠纷，对外领导氏族成员抵抗侵略或进行掠夺。“阿莫染”在氏族中有很高威信。过去一些有威望的“阿莫染”，至今仍为人们传颂。“阿莫染”没有特殊的权力。在调解纠纷时，当事人双方送一点礼物给他，但他也要拿出酒来请大家喝。如调解命案，当事人双方要拿出一头牛或相当的财物，送给参加调解的人。“阿莫染”没有绝对的权力，凡氏族大事，需经“老人会议”或氏族全体成年男子商议决定。

每个氏族在选好自己的居住地后，按习惯要在寨中钉下一棵木桩，自此，该氏族只能向山上及桩之东、北方向发展。各氏族拥有自己的公有山林、猎场、土地，只有本氏族的成员才享有该区域的所有权，其他氏族成员在未征得该氏族同意前不得占有或使用该区域，否则将被视为侵略行为。①

二、家族

随着私有制出现，个体家庭也开始形成，氏族由若干个父系家族取代。

福贡怒族“阿怒”称父系家族为“的康”，碧江怒族“怒苏”称父系家族为“谷”，意为由同父系祖先传下来的后裔组成的人群。碧江九村“斗霍”、“达霍”两个氏族之下分为“敖皮谷”、“敖哈谷”、“敖云谷”等几个大的家族。福贡木古甲村的“朴浪青”氏族之下分为“次帮”、“谷乃比”、“夏鄂”、“拉腾”、“西子里”五个父系家族。兰坪怒族“若若”主要有欧、蜜、李等六七个家族。家族之下还有更小的单位“的拉”，意为由同胞兄弟组成的家支。

家族之间和家族内部的纠纷由“阿沙”解决。“阿沙”的产生无成员推选形式，只要办事能力强，为人公道正派，能说会道，就为家族公认。“阿沙”不能世袭，妇女不能担任。“阿沙”一般也是巫师。“阿沙”对内具有调解纠纷的职能，但对调解案件无绝对权力。如果调解无效，当事人可再请其他“阿沙”解决。“阿沙”处理案件应当不偏不倚，否则会为家族成员遗弃。“阿沙”也无特权，只是在调解重大案件时，当事人需送其一头牛、一口铁锅或一个铁三脚。除家族中有“阿沙”外，对一般比较能干的老年男子，也统称为“阿沙伯”。原为“阿沙”的，如因年老不能继续工

① 参见《怒族简史》，云南人民出版社 1987 年版，第 75—78 页；《怒族社会历史调查》，云南人民出版社 1981 年版，第 14—15、35—37、108—111 页；陶天麟著：《怒族文化史》，云南民族出版社 1997 年版，第 39 页。

作，也可称为“阿沙伯”，以示尊敬。

每个家族都拥有一部分公有土地和山林，各个家庭必须与其他家庭一起协作开发家族的公有地或向家族内部的其他家庭借部分耕地以维系生活。每个家族成员都有维护家族各种利益的义务，防止家族财产外流，抵御外来侵略。家族中如有鳏寡孤独，其他血缘较亲的家支有赡养义务，并享有继承权。家族成员要卖土地，其他家族成员有优先购买权。收养子也必须先在家族内挑选。如家族利益受到伤害，每个成员都有参加血亲仇杀的义务①。

三、村寨

随着历史的发展，个体家庭及私有制进一步发达，成员的活动越来越自由，土地买卖出现，人口迁徙，使得原来由单一氏族或家庭构成的村寨发生了变化，不同民族成员共同组成的村寨逐渐增多，这种村寨在民国前已经成为怒族社会中最大的政治、经济、军事组织。

村寨由各氏族共同选出一个村寨头人来管理。各村寨之间没有隶属关系。如遇重大事件或外事纠纷，一个村寨或关系较好的几个村寨就会自行结成临时性的联盟，并推举一个头人为军事首领，统一指挥作战。矛盾解决后，联盟又自行解散。各个村寨将溪谷、江河、山岭等作为自然的疆界，每个村寨又包括两个或两个以上的氏族。

村寨成员共同占有耕地，互助协作，共同承担义务，共同享有权利，紧密结合在一起。每个成员均可在村寨领地范围内充分地享有土地或其他资料、资源的所有权和使用权。村寨内部也通过通婚、共同的节日等增强村寨组织的凝聚力②。

---

① 参见《怒族简史》，云南人民出版社 1987 年版，第 78—80 页；《怒族社会历史调查》，云南人民出版社 1981 年版，第 14—15、68—70 页；陶天麟著：《怒族文化史》，云南民族出版社 1997 年版，第 40—41 页。

② 参见《怒族简史》，云南人民出版社 1987 年版，第 78—80 页；《怒族社会历史调查》，云南人民出版社 1981 年版，第 68—69、125 页。

第四节

怒族法律的起源

一、神话传说中反映出法的起源

从贡山怒族“阿龙”的创世神话《创世纪》中可以看到很多怒族法律的起源。

《创世纪》叙述天神讷拉格波创造了万物，人分为天上人、地上人和地下人。故事的以下内容涉及了民法中相邻关系的起源：

从地上到地下也有路可通，地上人还经常到地下人那里去做客。就因为地上人时常把洗衣服的脏水倒在通往地下的洞口，这些脏水流进洞里，弄脏了地下人，他们一生气，就把通向地上的路给堵死了。①

在本案例中，相邻关系的双方是地上人与地下人，相邻关系的纠纷是因为地上人不当使用自己的权利——倒洗衣服的脏水引起的，作为相邻关系的一方，地下人有权要求地上人在实现自己合法权益时尊重其合法权益，在地上人无视地下人合法权益，将脏水倒在通往地下的洞口，造成了不利后果——弄脏了地下人时，地下人便采取了自卫的手段——把通向地上的路给堵死了。

《创世纪》的以下内容反映出了法的公平和正义精神：

古时候,身小力弱的红蚂蚁是地上人派去给天上人送贡物的使臣。小红蚂蚁们天天驮着老重老重的贡物,爬上爬下,不嫌累不叫苦,忠心耿耿地为地上人和天上人干活。……每次他们俩(地上人)得意洋洋地从天上下来的时候,都要讥笑在活木梯上上下下不停奔忙的小红蚂蚁:“小蚂蚁,没本事,到天上,肚肠空,哪像我,吃得肚子圆又圆。”

小蚂蚁们听了这些话，很生气！忍不住一而再、再而三的讥笑，蚂蚁们起来造反了，它们不再为地上人送贡物到天上去了。②

在第一个法律关系中，用工方天上人与劳动者地上人之间是等价有偿的关系，地

---

①② 攸延春：《怒族文学简史》，云南民族出版社2003年版，第18—19、19页。

上人通过劳动取得报酬——吃得肚子圆又圆。在第二个法律关系中，用工方地上人与劳动者小红蚂蚁之间是不平等的关系，小红蚂蚁不嫌苦不叫累地提供了劳动，地上人却不支付任何报酬，让劳动者小红蚂蚁肚肠空。因此产生了小红蚂蚁不再为地上人送贡物到天上去，终止双方法律关系的后果。这个传说中法的公平和正义精神已现端倪。

贡山怒族“阿龙”的洪水神话有许多法律起源的内容。神话中说“天神讷拉格波决定发洪水惩罚世上的恶鬼坏人”①，反映出法要有强制力保证——天神讷拉格波的法力，法起源时的目的——惩罚恶鬼坏人；违法所要承担的法律后果——被洪水淹没。神话中关于兄妹通婚的内容则反映了早期血缘内对偶婚的婚姻关系。

福贡怒族“怒苏”关于其始祖“茂英充”的神话反映的是群婚制的婚姻关系。

二、宗教、禁忌、礼仪中反映的法的起源

怒族的原始宗教中自然崇拜非常普遍。对山、水、树、石、天等均应进行祭祀。反映出怒族法的起源在于其与自然界的交流，人们要在自然界中生存、发展，必须遵守自然规律，与自然和谐共处。

怒族进行狩猎时不能伤害领头野牛。他们认为，头牛是神牛，它不会死，会复活，伤了头牛，要遭大难。从动物学的角度来看，头牛是牛群中最为凶猛的，射了头牛之后，它会狂奔乱窜，牛群因此大乱，造成野牛之间相互顶撞、踩踏，死伤无数。这显然是一种对自然资源的浪费。不打头牛的禁忌，可以看作是自然资源保护法的起源。怒族社区中不能伤害狗。如果别人打了自家的狗，狗的所有权人认为比打了自己造成的伤害还要严重。伤害了他人家的狗甚至会造成械斗的严重后果。狩猎是怒族的重要生活来源，狗是狩猎活动中重要的生产资料，不能打狗的禁忌可以认为是一种生产资料特殊保护规范之滥觞。

舅父是怒族最受尊敬的父辈。外甥的婚姻大事需征得舅父的同意。在婚礼上，舅父要与外甥媳妇一起跳“生殖舞”及其他有交合动作的舞蹈。外甥女出嫁时，夫家要送舅父一头牛做彩礼。外甥如果不育或子女难养，要备礼向舅舅请罪。这些甥舅礼仪，实质上是舅父权的体现，是母权制社会关系规范的起源。怒族社会尊老的礼仪较多。与老人同行，老人要走在前面。家中的位置，老人坐尊位。不经老人同意，不能从老人面前经过。调整社会关系的规范当肇始于此。

① 攸延春：《怒族文学简史》，云南民族出版社2003年版，第24页。

第五节

怒族法律思想与法律规范

一、法律思想

（一）神判思想

历史上怒族主要的纠纷解决机制是抛血酒、喝血酒、捞油锅、拔石桩等神判机制，其思想基础是怒族万物有灵的观念。怒族谈鬼色变，很少诅咒，更不敢轻易喝血酒。他们相信，如果自己有了违反规范的行为而喝下血酒，必定会遭鬼魂缠身，不得好死，给家人和亲属带来诸多不幸。如果自己是清白的，鬼神就会保佑自己在捞油锅、拔石桩的时候不被烫伤、烙伤，即使被烫伤、烙伤后也能在鬼神的保佑下迅速康复。

（二）平等思想

在怒族社会，其纠纷的裁决均使用同样的方法，无论其是贫是富、是贵是贱，甚至是与其他民族的纠纷，其裁决方法完全一样。尽管这些裁决方法是原始的，但对每个当事人来说却是平等的，是完全意义上的形式公平。

（三）男尊女卑思想

怒族丈夫如怀疑其妻与他人通奸，可对其进行拷打，他人不得干涉。丈夫如不愿再要妻子，可将其卖与他人。捞油锅或开水锅时，女性成员还会成为赌注。妇女不能睡长老的床。

（四）尊重生命思想

怒族社会劳动力比较缺乏，社会成员平均寿命不长，故其尊重生命，在故意杀人案件中不是简单地杀人偿命，而是采用偿命金的方式，以财产刑代替生命刑，避免对劳动力的再次破坏。

（五）和谐思想

在与自然的关系上，怒族祭祀山神、水神、树神、石神、天神，打猎不能打头牛，讲究与自然和谐共存。在与人的关系上，怒族也很讲究和谐。即使是在故意杀人这样的重大案件中，通过一定的仪式，故意杀人者与被害人家属仍可以重新修好，不再为敌。在“索人头”这样的大规模冲突之后，经过调解、赔偿和一定的仪式，冲突双方又可以重归于好，永不相犯。

二、刑事法律

历史上怒族的刑事法律规范主要涉及盗窃、故意杀人、逃婚和通奸，刑罚主要有财产刑、肉刑、侮辱刑和拘禁刑。

盗窃是怒族最憎恨的行为。怒族社会长期以来形成了路不拾遗、夜不闭户的善良风俗，在怒族村寨常常可以看到谷物一堆堆放在田边，山头上到处是牛羊，并无专人看管。史载：“无盗，路不拾遗，非御虎豹，外户可不扃。”① 如果抓获盗窃行为人，怒族会将其交由头人进行处罚，处罚的轻重根据盗窃的动机、价值、对象、手段等情节来定。情节轻微的可以适用财产刑，即加倍赔偿其盗窃的财物。如果盗窃行为人无法支付其应赔偿的财物，则要用火将其手烙伤。情节严重的则要割去一只耳朵。烙手及割耳都兼具肉刑与侮辱刑的性质，受刑者既要承受肉体的痛苦，又将留下耻辱的印记，不易容于社会。

故意杀人也是历史上怒族刑事法律规范调整的行为。按照怒族刑事法律规范，故意杀人者应当支付被害人亲属偿命金。偿命金一般为七头活牛与七头干牛。所谓干牛并非牛制品，而是价值与牛相当的其他财物，如猪、鸡、铁三脚等。偿命金应一次付清，不能拖欠。因生产力较为低下，物质匮乏，故意杀人者往往要动用家族的力量才能完成。经过一段时间，一般为两年或三年，被害人亲属还可以通过中间人向故意杀人者索要一头活牛和一头干牛的偿命金，故意杀人者应备酒并杀猪一头以款待被害人

① 余庆远撰，《维西见闻纪·夷人》，引自方国瑜主编：《云南史料丛刊》第12卷，云南大学出版社2001年版，第65页。

亲属。此后，中间人将一根红线从中割断并抛血酒为誓。经过这一仪式，双方重新和好，不再为敌。

夫权是怒族社会极力维护的一项权力，故逃婚和通奸行为也要受到处罚。怒族青年男女的社交虽很自由，但婚姻一般仍由父母及舅舅包办。如女子与情人私奔又被发现或抓到，一般由“拐逃者”的父母或亲属代理与当事人交涉。在福贡需以活牛、干牛各七头，并要一名女子顶替，其赔偿的数额与故意杀人中的偿命金相近。在碧江则需由女方之亲属另找一女子代替，并赠给活牛一头。如女方有未婚姐妹并征得双方同意，可以其姐妹代替，有时用奴隶代替也可。如丈夫认为妻子与他人通奸，但妻子不承认，则丈夫有权刑讯其妻，他人不得干涉。如此后妻子再与他人行奸，丈夫有权拷打其妻，并将辣椒放入火中烧烤以熏呛其被打伤之妻。如丈夫不愿再要通奸之妻，可以将其卖与他人。各地对奸夫奸妇的处罚有所不同。在福贡，奸夫应向本夫支付一头牛、一头猪、一只铁三脚及一瓶水酒。在碧江，奸夫应赔偿本夫半开银元 9 元，奸妇则要以挂珠一串、贝壳一只赔付奸夫之妻以示“掩羞”。

如果对方当事人侵害己方权益达到严重程度，怒族人还会对对方课以拘禁刑。在路上或田里将对方当事人抓回囚禁，并戴上木脚镣等械具，然后通知对方亲友，通过谈判后可用牛或金钱将被拘禁人赎回①。

三、民事法律

（一）物权法律规范

怒族的物权法律规范主要涉及所有权，其他物权因社会经济发展形态的限制，法律规范尚不多见。

1. 公有制。福贡怒族“阿怒”及碧江怒族“怒苏”的所有权形态保留有较多的公有制。原碧江第九行政村的土地有“村公有地：属于整个九村所有”，只要是九村的居民，无论是哪一个氏族、哪一个民族，都可以自由开垦耕种村公有地，但只有使用权而没有所有权，所有权属村公有，使用权也不得进入市场流转。“氏族公地：属于一个氏族所有”，“斗霍”、“达霍”是该村的两个主要氏族，两个氏族都各有自己

① 参见《怒族简史》，云南人民出版社 1987 年版，第 82—84 页；《怒族社会历史调查》，云南人民出版社 1981 年版，第 19—20 页。

的公地，凡属“斗霍”氏族的，就可以自由开垦“斗霍”氏族的公地，但只有不能流转的使用权，所有权归氏族公有；“达霍”氏族的公地也适用同样的规范。“家族公地：属于某一家族集体所有”①。例如，“达霍”氏族中分为“敖哈谷”、“敖皮谷”、“敖云谷”三个家族，各家族都有自己的公地供本家族成员共同开发，但家族成员只有使用权，没有所有权，且不得在市场流转。

2. 共有合作制。贡山怒族“阿龙”的“棉阿白”及碧江怒族“怒苏”的“猛卡麻”是共同拥有、合作开发的所有权规范。此类所有权规范是指在一定范围内相关人群对某一区域的土地共同具有所有权，该范围内的当事人并不具有按份共有的所有权，只有共同拥有的所有权。该范围内的人群对土地进行合作开发，按份平均承担对该土地的资金及劳力投入，对其收益也按份平均分配。

3. 私有制。怒族的房屋、首饰及一部分土地等财物，其所有权已经属于是私有制形态，个人享有其私有财产占有、使用、收益、处分的完全充分的所有权。对于这些财物，由典当等形式产生的其他物权规范也已经形成。

（二）债权法律规范

借贷法律关系形成的合同之债在怒族社会中有一定发展。借贷合同已经分为单务无偿合同和双务有偿合同，实物借贷以单务无偿合同为主，货币借贷以双务有偿合同为主。债务必须还清，当事人死后，其子女或其他后代亦应偿还其所欠债务。

单务无偿的借贷合同。在因疾病、死亡或缺乏粮食之紧急情势中，当事人得向其亲友告贷，标的有牲畜、粮食等。借牲畜主要用途为祭鬼，借粮食主要用途为种子，不是口粮。如缺乏口粮，当事人可向亲友直接“要粮”，无须言借。“要粮”时，借方应带一只鸡或其他物品，作为礼物送给贷方，然后取回所需之粮，取回之粮无须归还。若标的为牲畜，则合同到期后应以大小、年龄、身体状况相当的同类牲畜归还，稍有出入，贷方亦不计较。一般说来，借方为表示感谢，并为便于日后再借，其归还之牲畜，往往较所借之牲畜在质量规格上更高一筹。

在双务有偿的借贷合同中，借 1 元半开，年利玉米 6 升，合同到期不能还本付息，则还须计算复利，复利利息按青黄不接、玉米价格最贵时计算。借 1 斗粮，秋后

---

① 《民族问题五种丛书》云南省编辑委员会编：《怒族社会历史调查》，云南人民出版社 1981 年版，第 26 页。

到期利息为 5 升；借 500 克猪肉，年利息为 4 升粮；借 1500 克猪肉，年利息为 500 克黄连；借一碗白酒，秋后到期利息为 2 升粮。到期不能还本付息，同样要计算复利。债权如果到期无法实现，则可以通过折价、变卖债务人的土地、房产或其他财产赔偿债权人。借贷双方将借贷的物品价值刻于竹筒之上，劈开竹筒之后，双方各执一半以为合同。订立合同之时当事人还应请中人进行见证。借贷双方也有采用刻木记事的方法将借贷合同刻在借方门上的。①

侵权之债则主要通过怒族内部特有的一些纠纷解决机制解决，下文均有专门阐述。无因管理和不当得利之债，因怒族社会经济发展程度原因，尚无专门法律规范进行调整。

四、婚姻继承法律

（一）婚姻制度

怒族的婚姻制度以一夫一妻制为主，但仍停留在较为原始的亚血缘族内婚。怒族的婚配原则是嫁女应当“先内后外，由近而远”，女性一般应在同一氏族甚至同一家族内寻找配偶。除父母、兄弟、同胞兄弟姐妹之外，从兄弟姐妹、再从兄弟姐妹之间，甚至不同辈分之间均可结为配偶，“贡山达拉、秀楞、茶腊和彭登 4 村，有 68 对夫妻，其中姑舅表兄弟姐妹通婚者 26 对；姨表婚者 3 对；三代以上内婚者 10 对”②。怒族的姑舅亲在婚姻中有优先权，某家有女欲嫁，首先应当满足其姑舅表亲的婚姻要求，只有其姑舅表亲没有婚姻要求之后，才能考虑别的人选。如果男性怒族娶了外氏族或其他民族的女子为妻，则备受赞扬，远道而来的媳妇也备受尊重。

怒族婚姻中还留有原始群婚残余。碧江县部分怒族行政村，在举行婚礼的晚上，参加者要跳一种象征群婚的性交舞蹈。新婚之夜，新郎可以与任何一个随新娘来的女子发生性关系，同样，新娘也可以与任何一个男子发生性关系。③

一些氏族、家族头人及较富裕的男子也可以通过买卖的方式娶几个女子，一般说来，不会超过三个，这三个女子中，除正房具有家庭主妇的地位外，其余偏房都只是

---

① 新中国成立以后怒族仍有在借方门上刻木记载借贷关系的。家父 1954 年即在怒江工作，此为家父亲见。

②③ 《怒族简史》，云南人民出版社 1987 年版，第 86 页。

丈夫的奴仆，没有地位。

转房制也是怒族婚姻的一种重要形式。所谓转房制，就是兄死后，寡嫂可以转归夫之弟为妻；弟死后，弟媳可转为夫之兄为妻；如无兄弟，则在家族近亲中寻找一个适当对象。只有男方不愿意，或家族成员中没有适当对象的情况下，女方才可以选择别的配偶。

怒族中还有“振金抗努巴缕”即“讨男子”的婚姻形式。“振金抗努巴缕”与汉族的入赘有着本质的不同。汉族的入赘一般是没有男性后代的家庭采取的形式，赘婿的社会地位低。怒族的“振金抗努巴缕”则不论女方有没有男性后代，只要双方愿意就可以“振金抗努巴缕”，女方“振金抗努巴缕”和男方娶妻没有什么区别。“振金抗努巴缕”中的丈夫地位和娶妻的丈夫一样，岳父岳母对女婿也是视同己出。

（二）婚姻程序

贡山怒族“阿龙”的婚姻要经过喝“开口酒”、送聘礼、婚礼三个程序，如系逃婚或抢婚，还要“补婚”。

所谓喝“开口酒”，就是提亲与定亲的程序。提亲的一方请媒人带着一“查罗”（约2—3千克）“开口酒”到对方家求婚。媒人一到当事人家门口便问：“我们是从很远的地方来的，能否到你家借宿一夜？”主人会回答：“我们家没有好床好被，就请你们随便住吧！”媒人到主人家后，把“开口酒”放在适当的位置，待宾主落座后就说：“天上的鸟儿要成双，地上的动物要成双，请你们将某某嫁给某某吧！”事实上，主人对求婚者的有关情况已十分了解。如果父母对求婚者满意，则会私下再问一下子女是不是喜欢求婚者。如果子女也同意，主人家就说：“季节到了果树要开花，姑娘大了要出嫁，你们说的某某我们已经同意了，请回去告诉他（她）吧！”然后，双方还要把聘礼谈妥。求婚成功，媒人要将带来的酒迅速地倒在碗中，满碗酒以敬主人，主人则要先用树叶蘸些酒洒到神位上，以示对神灵的尊重，再将酒一饮而尽。如主人不同意媒人的提亲，或者聘礼没有谈妥，则求婚不成功，主人就坚决不喝酒，改用茶来招待媒人一行。如果媒人没有受到当事人的特别吩咐，就将酒带回家；如果当事人要求媒人一定办成这门婚事，则媒人可将“开口酒”留下，迅速离开。主人家则要设法将酒送回对方家，到时当事人又可以再次提亲。“阿龙”人在媒人前来提亲时都会做出明确答复，不需要再次去提亲。当然，也有被求婚者的执着打动的。“开口酒”是不能随便喝的，喝了“开口酒”，就算完成了定亲仪式，轻易不能反悔。媒人在得到肯定答复后，要立即通知提亲的当事人，让其再送一两“查儿”（约10千克）酒来，对方的父母要将亲友请来共同庆贺，并将订婚的消息通知亲友。

在迎亲前，提亲方要将喝“开口酒”时定下来的聘礼送到对方家，这就是送聘礼。如果是男方娶妻，聘礼一般是两三头牛。如果家境贫寒，也可以只送一个铁三脚架、一口铁锅、一把砍刀、一件布、两“查儿”酒。如果是“讨男子”，要的聘礼就比娶妻的多一两倍。接亲的头一天，娶的一方要与媒人一道去送聘礼。送聘礼时，媒人要先行一步，以通知对方。嫁的一方知道娶的一方到后，就要将门关好，并静静地待在家中，无论前来报信的媒人怎么叫门都不开。媒人只能从屋顶上翻进屋，或将地板撬开钻进屋。媒人进屋后，嫁的一方的亲友就会蜂拥而上，对其又扭又捏，但无论受到怎样的对待，媒人只能忍气吞声。之后，嫁的一方的父母会出来向媒人道歉。作为聘礼的回赠，嫁的一方要送一把长刀、一把斧头、一把镰刀等做陪嫁。

正式的婚礼在订婚一年之后。有的地方则是定亲之后开始煮酒，待酒煮好之后择日成亲，从定亲到婚礼不超过两个月。举行婚礼之日，娶的一方要用松枝扎好彩门，屋里屋外还要用一层松毛铺好。嫁的一方要等到傍晚才能进娶的一方的家门。傍晚，娶的一方的亲友要带着酒，请一对青年男女端着一个篾簸箕，簸箕内要放四个碗，再在簸箕旁边竖上几朵象征吉祥如意的酥油花，到村口迎接嫁的一方及送亲的客人。嫁的一方到村口时，娶的一方要点燃火把，斟满酒，并用双手将酒举过头，弓腰一一向对方及送亲的人敬酒。送亲的人均要喝完一碗酒后才能落座。开饭前，每位客人都要先将主人敬的第一杯酒倒入预先准备好的小竹筒里，待回家后与家人同饮。饭毕，客人们要到新房内按辈分为序依次落座，等着为新郎新娘祝福。主婚人是娶的一方中德高望重、能说会道的长者。祝婚开始时，先由伴娘伴郎将一对新人引入“新房”向双方的父母磕头谢恩。礼毕后新人坐在父母对面，亲友要拿一个装有六七斤玉米和一对银手镯的簸箕放在新人面前，以此祝愿新人成家后五谷丰登、六畜兴旺、财源茂盛。主婚人宣布新婚夫妇各自的权利义务，致祝词。致祝词完毕，亲友将自己的礼钱放入簸箕内并对新人祝福，新人要一一答谢。送礼完毕，主婚人要将礼钱当众点清，分为两份，一份给新婚夫妇，一份用来酬谢前来帮忙的亲友。这些程序完成后，主人在门前空地上烧起篝火，新人和客人一道通宵唱歌跳舞。新郎新娘不能同房，客人们也不能睡觉。第二天天明，婚礼才告结束。主人家还要送一二斤猪肉给前来祝婚的客人，让其带回家与家人共同享用。

逃婚、抢婚是“阿龙”婚姻中的另类程序。如因女方父母向男方索取的聘礼太高，男方无法支付，当事人双方就会采取逃婚或抢婚的方式完成婚礼。所谓逃婚，就是私奔。男女双方逃到外地，待生米煮成熟饭后，如女方的父母及亲友承认这种事实婚姻，他们就可以回来补办婚礼；如果不同意，他们就只能永远背井离乡。所谓抢婚，就是男方邀约同伴在双方约定好的地点埋伏起来，女方在双方约定好的时间独自一人赶到，男方寻机将女方抢走，女方假装无力反抗，造成事实婚姻后迫使女方父母承认。抢婚后女方父母要的聘礼往往会更多，纠纷激烈时还会引起械斗。逃婚或抢婚的夫妻，一旦时机成熟，都要“补婚”，就算已是生活了几十年的老夫妻也不例外。在按照本民族的婚姻程序举行婚礼之前，事实婚姻并不能得到“阿龙”群体的最后肯定。正式举行“补婚”一般在娘家进行。补婚的婚礼之日，“新郎”、“新娘”要身着盛装，请人抬两大桶酒，并送一头肥猪到岳父岳母家作为“聘礼”。“补婚”的程序和初婚相同，首先，要由“新郎”、“新娘”共同向岳父岳母敬酒，如果岳父岳母一饮而尽，说明他们已接受这对事实夫妇。然后，“新郎”、“新娘”用酒饭招待女方的亲友。宴毕，同样还有祝婚及歌舞仪式，喝酒、唱歌、跳舞通宵达旦，到第二天“补婚”仪式才算结束。作为回礼，岳父岳母家也送些小鸡、小猪、簸箕之类物事给“新郎”、“新娘”。

福贡怒族“阿怒”及碧江怒族“怒苏”的婚姻要经过恋爱、“米玉下”、“纳佳下”和婚礼四个程序。

恋爱是“怒苏”、“阿怒”男女青年的必经程序。成年之后，青年男女便会在夜幕降临时相约远离村寨，这些青年男性和女性的数量相等，他们按男女分组，围着篝火而坐。女性织麻，男性削箭，展示才能并谈情说爱。男性还要弹“达比亚”①，女性吹口弦，互唱情歌。找到意中人后和衣相拥而卧。双方觉得可以互托终身后，还要举行一次约婚仪式。傍晚，男女青年们又按约定的时间和地点，点燃篝火唱歌跳舞。在约婚程序中，男方要将一个大贝壳和一串珠子送给女方作为定情物，女方也要将花挎包作为定情物交换。此后，男女双方各自回家征求父母的意见。

“米玉下”就是提亲。“米”，问之谓也；“玉”，酒之谓也；“下”，送之谓也。“米玉下”意即带酒去问。双方家长表示原则上同意之后，男方便请一位能说会道之媒人带上酒到女方家提亲。媒人到了女方家后便开始唱歌，歌词大意是赞扬男方家的酒特别好，女方家父母也要和着唱，歌词主要内容是女孩如何秀外慧中、能歌善舞、

① 怒族弦乐器。

勤劳善良，并据此提出聘礼的数额。媒人与女方父母即就聘礼进行委婉的讨价还价，经过磋商，双方达成一致意见后，女方父母便开口喝酒，表示同意。一些富裕的人家还要拿出自家的酒请媒人一同喝，以表示自家家境殷实。协议达成后，“米玉下”便告完成。任何一方反悔，均要支付对方违约金，违约金为对方所付财物之数倍，具体数额双方商定。

“纳佳下”意为送茶，即送聘礼之意。“纳佳下”程序中，当事人双方还要请“禹谷苏”（巫师）卜卦选择吉日，确定婚期。

婚礼前几天，男方的亲友就要带着礼物来祝贺，同村的青年男女也来新郎家中帮工，重要的一项工作就是将新房所有的地板加固，因为新娘方的亲友进门后就要尽情跳舞，并有意地用脚猛跺地板。如果地板不牢固，出现损坏，女方就会嘲笑男方，男方的亲友也会感到脸上无光。如果地板牢固，没有出现损坏，男方便可炫耀自己的地板如何牢固。“怒苏”和“阿怒”认为，新房的地板牢固，象征着新郎洪福齐天。女方在出嫁前也要为新娘赶制新衣，备好佩戴的一应首饰。出嫁前一天，女方也要邀请亲朋好友前来做客，并请好伴娘。婚礼之日，男方吃过早饭后便要带上 20 千克左右的酒到女方家接新娘，酒在路上喝一半，另一半要送女方守家的人。到女方家后，女方亲友设下“酒阵”，共 4 杯，每杯约 250 克，男方要选派两名酒量甚宏之士前往“冲阵”，此二人须得将酒一饮而尽。男方喝完后回敬女方，女方“应战”之人只需喝两杯，有男方应让女方之意。在此期间，男方的人不能在女方家醉倒，如有人醉了要迅速带走。女方家还需招待客人喝酒吃肉，唱歌跳舞。天黑前，男方要接走新娘及送亲的人，女方家人除留一人守家外其余均要送新娘到新郎家。到男方家，大家又要唱歌、跳舞、喝酒。宴毕，由主婚人端酒祝福新人，对新郎新娘宣讲他们各自的权利义务及怒族的传统家庭道德规范。新郎新娘还要在主婚人主持下宣誓。之后，大家歌舞饮酒通宵达旦。次日凌晨，女方的长辈要对女方进行家庭规范教育。为了表达对长辈教育新娘的谢意，男方要送 3—5 千克教育酒给女方亲属。另外，新婚夫妇要送伴郎伴娘 2—3 千克肉、若干酒及布料。婚礼之后 2—4 日，新婚夫妇要带着酒肉回女方家，女方父母则要送新婚夫妇小母鸡、小母猪、钱、玉米、豆等，以示祝愿他们五谷丰登、六畜兴旺、吉星高照、财运亨通之意。

在一些“怒苏”村寨，新婚三个月内，新郎新娘只能同吃、同劳动，不能对话，更不能同房，除吃饭及劳动外，双方互不干涉。三个月后，男方父母请头人来商量建房。新建之房只能在新郎父母房屋的左、右、上三方，绝不能在其下方。房屋建好后由新郎独自先住若干天，再把躲藏起来的新娘找来，新郎与其强行行房后婚姻才算正式开始。

（三）离婚与再婚

离婚现象在怒族社会中较为少见。男方提出离婚，要送一头牛给女方“掩羞”；女方提出离婚，要将结婚时收受的彩礼加倍退还男方。离婚后，女方除自己的衣服及饰物外，不能带走任何其他家庭财产。

寡妇再嫁不受社会歧视和干涉，故怒族社会寡妇很少。丈夫过世后，妻子回娘家待嫁，但其婚姻仍由丈夫家决定。再嫁时，其聘礼只需黄牛一至两头即可，聘礼归亡夫的直系亲属所有。如系转房，则不需要任何彩礼，只要通知家族成员，杀猪煮酒请大家吃一顿，就算完成婚礼。

（四）继承法律规范

怒族继承的财产包括两大部分：一是氏族、家族财产；二是家庭财产。

氏族、家族的财产指在某一特定氏族、家族势力范围内的一切资源。凡属氏族、家族共有的财产，任何个人无权处分。对于这部分财产，怒族通过族内婚，使氏族、家族成员的成分保持纯洁，财产的继承范围也就限制在本氏族、家族内部了。

家庭财产的继承人的确定，碧江怒族采用父子连名制，以保证各个父系家族的直系亲属享有财产继承权。只有直系子孙才能享有本家族财产的直接继承权，非直系的成员被排除在财产继承权之外。其他地区的怒族，财产“主要是由幼子继承，原因是由于群婚残余的影响，怒族男女婚前性生活较为放任，因而长子不一定是婚生子，为了保持父系的直系血亲的继承权，从而确定了幼子的主要财产继承权”。① 在一个家庭中，长子或其他非幼子的儿子结婚后，要在父母家的左、右、上三方围着建新房，父母将部分土地及少量财产分给他们，供其独立生活之用。长子及其他非幼子要帮助父母劳动，在父母年老之后还要与幼子一道承担赡养义务。父母过世后，其财产均归幼子继承。如幼子不承担赡养义务，经多次劝诫仍不思悔改者，家族有权取消其继承权，另立对老人承担赡养义务者为继承人。

---

① 《怒族简史》，云南人民出版社1987年版，第89页。

鳏寡孤独者，从与其血缘最近之亲属中选定承担赡养义务的对象，幼子仍为首选。双方达成遗赠扶养协议，在遗赠人过世后，由受遗赠人继承其财产。

五、其他法律规范

（一）市场管理法律规范

怒族对市场交易地点、交易信号、交易方式、一般等价物等均有习惯法进行规范。怒族有固定的市场交易集散地。在碧江，一是在六村东边凹初的老林里，一是在老母登的毕阿垮。兰坪与碧江的市场交易集散地设在兰坪石登区的舍格拉、挡格拉两地。兔莪街是怒族自己创立的第一个集市。交易的信号是打枪，火药枪一响，就如同拍卖中的落槌，碧江怒族即带上物品与兰坪怒族进行交换。市场交易中的一般等价物为黄牛、铁三脚及盐，各种物品价值均可由这三种等价物进行换算：一个农奴值3—6头黄牛，一架中等水田值一头黄牛。到对方居住地交易的一方，其食宿由在居住地交易一方负责，回程的盘缠亦由在居住地交易一方承担。诚信经营，童叟无欺。

（二）标准化法律规范

怒族有较为完备的度量衡法律规范。

怒族度的单位有军、妙头、提头、提亚、提来五种。1军，是成年人拇指与中指伸平之后总长度的一半。1妙头，是成年人拇指与食指伸平之后的总长度。1提头，是成年人拇指与中指伸平之后的总长度。1提亚，是成年人将一手伸平，从中指指尖到胸椎骨的总长度。1提来，是成年人两手分别向左右两个方向伸平后左手中指指尖到右手中指指尖的总长度。

量的单位有毫、合、怒比、钱、两。1毫等于成年人一个捏紧的拳头。1合等于一个竹筒。合之上为怒比，怒比之上为钱，钱之上为两。这些计量单位还可以进行较为准确的换算：1合等于10毫，1怒比等于10合，1钱等于10怒比，1两等于9钱。量器有拳头、竹筒、木斗、梯角、眼等。

衡的测量主要通过手测或用绳与拳头的比例来进行。手测比较简单，就是用手掂量掂量，以确定其重量。对于较重的物品，比如牛，就要用绳先测量出其胸围，然后将其胸围折半后换算为成年人拳头的个数，作为其重量。

（三）劳动法律规范

怒族的劳动用工方式主要有借工和雇工，互助帮工也很常见。

借工又叫换工。农忙时节，当事人双方可以建立借工法律关系，即出工方出人帮助借工方劳动，借工方在出工方需要时偿还。借的是男工要用男工来还，借的是女工可用女工来还。还的工作量与借的工作量应当基本相当。

雇工有雇长工和雇短工两种。长工一般未婚，没有固定的劳动报酬。一类长工在为雇主工作一定时间之后，雇主为其娶妻。一类长工大部分时间为雇主工作，其余时间可以耕作自己的小块土地，出外“背背子”①，或挖黄连，收入归雇工所有。短工的劳动力来源一般是土地较少、常缺粮食的人家。雇短工按时计酬，一个男工一日的工钱约为玉米一升。

怒族民风淳朴，经常互助劳动，并不收取报酬。当事人劳动力不足时，可以请人来帮助劳动。当事人要先煮好酒，准备好饭菜后向亲友或邻居发出邀请，接到邀请的人一般都会前来帮助劳动。如果是建房或婚丧嫁娶之事，帮工的人不请自来，主人只需提供一点儿水酒及帮工之人所需伙食即可。

（四）教育法律规范

1. 教育者。怒族是一个能者为师的社会，每一个怒族成员，包括父母、兄长、亲友、同伴，都可以而且应当成为教育者，都负有教育的责任。

2. 教育的目的。教育的目的是使受教育者掌握生产和生活的技能，能动地遵守怒族社会的行为规范，为怒族社会的发展提供保障和动力。

3. 教育的场所。教育活动大多在生产劳动和生活中进行，整个教育与日常生产生活息息相关。每个家庭的火塘是怒族人学习的重要课堂，怒族许多重大事件都与火塘有关，民族历史类的重要歌谣都要在火塘边唱，这类歌谣称为“火塘边唱的歌”。“哦吆”② 是重要的社会教育场所。怒族少年在十来岁时，要离开父母，到“哦吆”寄宿。在“哦吆”里，少年们要学习弹琴、跳舞、制弩削箭、搓麻绕线。到了青春期，“哦吆”又成了他们谈情说爱的场所。

4. 教育的种类。怒族教育的种类有游戏教育、礼仪教育、生产教育、特殊人才教育等。游戏教育包括“打仗”、“打猎”、“捉迷藏”、“分配”等。通过游戏学习生

---

① 搞运输之意。

② 段伶：《怒族》，民族出版社 1991 年版，第 48 页。

产和生活知识。怒族的游戏教育还有性别差异，男孩主要参加“打仗”、“打猎”等游戏，女孩主要参加“编织”、“做饭”等游戏。礼仪教育包括尊老爱幼、团结互助、基本道德的教育。基本道德规范主要有勤劳勇敢、不偷盗、不侵占他人财物、路不拾遗等。生产教育的主要内容是狩猎教育、采集教育、刀耕火种教育、捕鱼教育、手工业教育等。特殊人才教育主要涉及头人和巫师的培养。头人及巫师在怒族社会中具有较高的社会地位，他们掌握较多的知识，有着丰富的经验。头人主要是在生产生活实践中培养，巫师的培养则有固定的范式：老巫师先喝下一碗酒，再倒出一碗酒并对其念咒，弟子将念过咒的酒喝下，老巫师在屋内边念咒语边作法，完成规定动作之后，老巫师便含一口酒喷向弟子，问弟子看见鬼没有，弟子如果说没有看见，则说明老巫师还未教会弟子，传授工作还要继续，直到弟子见到鬼后才算完成。弟子如果能见到鬼，则还需要跟师傅练习几年，直到师傅认为其可以出师了才算作一名合格的巫师。

六、纠纷的解决

怒族的纠纷主要通过抛血酒、喝血酒、捞油（开水）锅、拔石桩、祭“玛日”等神判机制解决，怒族在解决内部矛盾时也已采用初级的仲裁模式，而“索人头”是矛盾不可调和时采用的血亲仇杀纠纷解决方式。

（一）神判机制

1. 抛血酒。当财物被盗或丢失，所有者不知盗窃者或拾得者是谁时，怒族解决的方式之一是抛血酒。所谓抛血酒，就是由所有者与被怀疑为盗窃者或拾得而拒不归还者共同请一位有威望、有信誉的裁判或巫师，由裁判或巫师杀死一只小鸡，将鸡血注入酒杯，与酒混为血酒，争议双方在裁判或巫师的主持下发誓，裁判或巫师将血酒抛洒出去。之后，无论谁先从抛有血酒的地方经过，其即被确认为盗窃者或拾得而拒不归还者。

2. 喝血酒。如所有人怀疑他人偷了自己的东西，但没有证据，则可以要求嫌疑人与其一道去请巫师或头人裁决。头人和巫师的裁决方法之一是喝血酒。喝血酒时，双方当事人的家属及亲戚应在场。先由头人或巫师念咒语，然后杀死一只公鸡，将鸡血注入酒杯，与酒混为血酒，嫌疑人当着头人或巫师及对方当事人、双方当事人家属和朋友的面将血酒喝下。嫌疑人喝了血酒后三年内如果患上重病或死亡，则被认为是盗窃者，喝血酒者因此而遭受的一切损失及灾难是鬼神对他的惩罚，其家属和亲戚不得追究。如果三年之内喝血酒者安然无恙、无病无灾，则证明其是清白的，鬼神佑其平安，所有人不得对其再行纠缠。

3．捞油（开水）锅。捞油锅或开水锅是处理土地、继承或情节严重的盗窃、强奸或侵害人身、财产等重大利益纠纷的方式。捞油锅和捞开水锅的程序完全一致，不同之处仅在于锅中所盛之物一为油，一为水，其沸点不同，对当事人胆略的要求不同，可能造成的伤害程度不同。是捞油锅抑或是捞开水锅要按照纠纷的激烈程度确定。如果矛盾十分突出，纠纷非常激烈，赌注太大，则捞油锅；如果矛盾并未激化到十分突出的程度，纠纷也没有白热化，赌注还不至于让当事人倾家荡产，就可以捞开水锅。捞油锅或开水锅有严格的程序。首先，当事人应选择一名共同认可的裁判或请头人主持。地点应选择在村外，要有一定的空间。地点选择好之后，当事人双方要用松枝、杂木枝条将场地的四周围起来。原被告双方用来围地的树枝有严格区别：原告方所用围地之树枝均要将树皮剥光，意即希望将被告方的手烫得像剥了皮的树枝一样；被告方所用围地之树枝则要保持树皮完好无损，意即希望鬼神保佑自己的手能像树皮一样毫发无伤。除裁判或头人外，当事人双方及来观看的任何人均不得带有武器。裁判或头人配备一把长刀或木棍，用以维持秩序，防止械斗。裁判或头人按照与当事人的亲疏将旁听人员分为两部分，原告的亲戚朋友站在原告一方，被告的亲戚朋友站在被告一方。两造具备，维持好秩序后，裁判或头人将一口大铁锅架到事先筑好的灶上，在双方当事人及旁听人员的监督下，用油或水将锅灌满，生火烧锅。根据当事人性别的不同，烧锅的时间也不同。如果捞锅者系男性，则烧锅时间为烧完九背①柴；如果捞锅者系女性，则烧锅时间为烧完七背柴。烧锅完毕后，裁判或头人将一块石头投入锅中，由当事人捞起。捞锅之前，当事人双方还要设定赌注，赌注由裁判或头人进行斡旋，当事人双方接受。一般说来，赌注较小的为一头牛、一头猪，大的则四到七头牛不等，有的甚至还要将对方家庭的女性成员（一般是妻、女）作为赌注。捞锅者一般为被告，被告也有权要求原告方捞锅，但此类情况不多见。当事人双方在捞锅之前都要请巫师来进行祭祀，祭品为猪或鸡。原告方巫师的祈祷词为："希望出七个太阳，烫焦他的手。钢铁之神啊，我求你将他的手烧烂！取过七个风箱，让他的手像树枝一样脱皮，像芋头皮一样易剥，像苞谷花一样发泡，将他的手变成松明、麻秆秆。"被告方杀的猪要用火烧毛，不能除蹄，鸡也不能去除爪壳，意即希望被告方

① 背篓，怒族背物之器具。

的手能毫发无损。被告方巫师的祈祷词为："请九江的神来帮我们捞石，求七河的神来帮我们取石，请雨神帮我们捞石，求雪神帮我们取石。请用雪水灌进他的手心，用野葡萄水浇他的手掌。请地海龙神帮助我，求地海龙王协助我。请九十兄弟帮助我，请七十姊妹协助我。保佑我们捞油锅取胜，保佑我们捞油锅获胜。"双方祈祷完毕后，被告在裁判或头人及对方当事人、旁听人员的监督下，从沸腾的油或水中将石头迅速取出。三天之后，如捞石者的手没有受伤溃烂，则捞石者为胜方；如捞石者的手发生受伤溃烂的情况，则捞石者为负方。①

4. 拔石桩。拔石桩也适用于处理较严重的纠纷。争议双方要先将一根石桩埋入土中，石桩长约二尺，留在土外部分可一尺许。在当事人双方的监督下用柴架在石头上烧石桩。根据当事人性别的不同，烧桩的时间也不同。如果拔石桩者系男性，则烧桩时间为烧完九背柴；如果拔石桩者系女性，则烧桩时间为烧完七背柴。石桩烧红后，被告方对天发誓，赤手将石桩拔出。如果拔石桩者未被灼伤，则其为胜方；如果拔石桩者被灼伤，则其为负方。如果石桩被火烧断，则拔石桩者亦为胜方。②

5. 祭"玛日"。当事人双方发生争执或债务纠纷无法解决时，一方会请巫师到野外祭"玛日"以惩罚对方。在怒族的神灵中，"玛日"是一种处罚不诚实行为的鬼神，他能降灾于撒谎、诈骗的人。因为祭"玛日"，巫师将得罪另一方，故需要对外保密，并支付巫师一定数量的报酬。报酬以半开计，一般来说，降灾给对方要付一元钱；要置对方于死地，则要付五元钱。祭祀用品为小猪和鸡，一天数十只，吃不完即烧毁。巫师在祭祀中用怒语念祭词。祭词的大意是："神灵啊！他欠了我的债不还，还要想让我得病，他欺骗了我，他诬赖了我，把疾病还给他吧，把灾难降给他吧，要让他得痨病，魂死肉不死③地活受罪！"念完祭词后，巫师还要拿起酒杯，邀约实际上并不在场的对方当事人同饮，并诅咒说："喝吧，朋友，谁骗谁倒霉！谁亏理，谁先死！"

（二）仲裁

1. 申请的提出。在财产分配、继承及婚姻、债务、生活等方面发生争议时，双

---

① 参见《怒族简史》，云南人民出版社1987年版，第82页；《怒族社会历史调查》，云南人民出版社1981年版，第20页。

② 参见《怒族社会历史调查》，云南人民出版社1981年版，第20页。

③ 怒族人认为得慢性病的人到后期，魂魄已经离开了肉身，但肉身仍在痛苦地挣扎。

方当事人可以选择仲裁的模式。如果选择仲裁，争议的双方应属于同一社会组织，遵守相同的规范。仲裁模式的采用应取得争议双方的同意。

2. 仲裁员的选择。仲裁员一般由头人担任，但应征得双方当事人的同意。

3. 裁判的程序。仲裁员在程序开始前准备好若干粒玉米或若干根竹签之类计数物品。仲裁开始，双方当事人及其他旁听人员来到仲裁员家，围坐于火塘边。在仲裁员的主持下，争议双方轮流发表意见。仲裁员在一方当事人陈述完一条理由后即为其投下一粒玉米或竹签。在双方当事人做最后陈述后，仲裁员确认双方当事人均不能再提供支持其主张的理由。然后，在双方当事人及旁听人员的监督下，仲裁员开始计算投下的玉米或竹签的数量。数量多的一方，支持其主张的理由多，自然成为仲裁中的胜方。仲裁中，旁听人员可以发表自己的意见，仲裁员也应当听取旁听人员的意见。

4. 裁决书的制作和执行。仲裁结束后，仲裁员要将仲裁结果制作成相同的两个木刻，交由双方当事人保存，并告诫双方当事人不得反悔。但仲裁员没有绝对的权力，其仲裁结果没有强制执行的手段，其仲裁的权威性主要是靠传统的习惯和仲裁员本人的威信。

（三）“索人头”

怒族在土地纠纷、偷盗、夫权受到严重损害、矛盾到了白热化的程度，无法通过上述神判或仲裁的方式恢复平衡时，便会采用“索人头”的方式解决纠纷。

“索人头”实际是一种血亲仇杀。血亲仇杀的范围很广，有的发生在家族与家族之间，有的发生在氏族与氏族之间，有的发生在村寨与村寨之间，有的发生在怒族与其他民族之间。“索人头”要求同一家族、同一氏族乃至同一村寨中的人员必须全部参加，也就是说，只要属于同一血缘共同体或同一利益共同体，都要参加到相应范围的“索人头”中去。“索人头”之前，双方都要杀牛，以集合共同体中有战斗力的人员。为了增强战斗力，还要通过“散牛毛”方式邀约不在同一村寨的亲友加入己方的队伍。所谓“散牛毛”，就是将牛肉连皮带毛切成小块，分送到远方的亲友处，并告知械斗的缘由、对方当事人等情况，接到牛肉的人要在约定的时间前来助战。如果冲突的规模较大，还要求与家族、氏族、胞族、村寨有血缘关系或友好关系的个人或组织前来参战，组织成一个临时性的军事同盟。出战之前，民主选举军事首领，参战人员均归其节制。参战人员均自带刀甲弓弩。如果共同体内部某一成员与对方有亲属关系或某种利益关系，则可进行回避，不参与到战斗中。但即使是这些回避人员仍应向本共同体提供力所能及的物资或其他支援。队伍集结完毕后，要向对方发出战书性质的木刻，预约战斗。战斗前，还要杀猪宰牛，进行祭祀活动，祈求战神的保佑。首领还要进行战前动员，带领全体参战人员喝血酒盟血誓，誓言的大致意思是“勇敢向前，誓报血仇，杀死敌人，共同偿命”。誓毕出发到战斗地点。作战时，双方在一定距离内互射毒箭。战斗人员背披蒙有牛皮的木板，兼有盾牌和铠甲的作用，背对敌人前进，并寻机转身向敌人射击。每战死一人，则点一次烟火，一则激发己方人员的仇恨，同仇敌忾，替死者报仇；一则通知对方，己方已失去一名成员，对方要付偿命金。如果双方认为达到以命抵命的平衡，不愿再战，则战斗结束。如果双方不肯善罢甘休，则最终必然短兵相接，打肉搏战，而伤亡就难以预料了，战败的一方，甚至连村寨都要被烧毁。

战斗中，任何一方都不能伤害妇女儿童。战斗结束后，双方可以进行谈判。有时谈判还可以请调停人进行斡旋。谈判以死亡及伤员人数为筹码，双方要如实通报伤亡情况。如果伤亡人数相同，则两两相抵，互不相欠；如一方伤亡人数较多，则对方应支付偿命金。偿命金没有统一标准。死亡一人，标准较低的为九头牛，标准较高的为二三十头牛。活牛多少、干牛多少则根据谈判的结果确定。妇女也可以作为偿命金支付给对方。支付偿命金一方，由全体参战人员或组织平均承担；接受偿命金一方的首领将其中的一半补偿死者家属，剩余的偿命金平均分给参战人员或组织。伤亡的人越多，要支付的偿命金就越多；偿命金一日不能兑现，仇杀就一日不会停止。常有一些共同体因无力偿还偿命金而亡命天涯。

谈判成功，善后事宜处理妥当后，双方还要组织一个讲和仪式。仪式一般由德高望重的人士主持。仪式开始，双方各交一瓶酒给主持人，主持人将两瓶酒倒入一个碗中，有时还加入鸡血兑成鸡血酒，然后由主持人带领双方头人对天盟誓，誓词的大意是“自此以后，永远和好，不再为敌”。誓毕，双方头人共同喝完这碗酒，并将一颗大钉子钉在大树上或岩缝中，以此为凭，表示永不反悔之意。为了表示友好，双方往往还会进行联姻。

怒族人数较少，性柔弱小，用“索人头”的方式解决纠纷的时候并不多见。从以上描述可知，“索人头”是一种纠纷解决方式而非典型的军事行动。

第六章

普米族法史

第一节

普米族概况

一、族称和族源

普米族作为中华民族大家庭中的一员，是一个有着悠久历史的民族。“普米”这一称呼系本民族的自称，但这一自称在不同地区的普米族中也有一定的差异，兰坪自称“平米”或“批米”，宁蒗自称“拍米”①。“米”意为“人”，“普”意为“白”，因此普米的含义就是“白人”，其内涵为“纯洁善良的民族”。在历史上，其他民族对普米的称呼不一。汉族和白族称普米为“西番”，彝族称其为“窝朱”，藏族和摩梭人称其为“巴”，丽江纳西族称其为“博”，傈僳族称其为“流流帕”，壮族称其为“密而伙”，苗族称其为“阿曼加”等，而史书古籍中多记载为“西番”或“巴苴”。其族源于古代我国西北部的羌戎游牧部落，后沿横断山脉南下。“西番”是忽必烈率领蒙古兵征大理国之时，才随同蒙古兵进入云南的。《维西见闻纪》说：“巴苴，又名西番，亦无姓氏，元世祖取滇，渡自其宗，随从中流亡至此者，不知其为蒙古何部落人也。”② 其实，“西番”并非蒙古族部落。③

普米族的语言属汉藏语系藏缅语族羌语支，分为南北两个方言，不同地方的普米族在语言上差别不大，可以进行基本的交流、对话。南部方言以兰坪、丽江、维西三县交界处的老君山、喇叭山区域为代表；北部方言区主要集中在宁蒗北部永宁、拉伯、翠玉等地区，并与紧邻的四川“西番”（已划为藏族）语属同一方言。普米族的文字只是一种图画文字，只是韩规（巫师）使用，所以又称为

① 严汝娴、王树五：《普米族简史》，云南人民出版社 1988 年版，第 6 页；方国瑜、周汝诚、王思庆、刘璐、批力、刘传麟在《兰坪、宁蒗“西番”族识别小结》（《普米族研究文集》，云南民族出版社 2002 年 1 月版，第 6 页）中将兰坪普米族自称译为“普英米”，宁蒗的自称译为“普日米”。

② 余庆远：《维西见闻纪》，《小方壶斋舆地丛钞》第七帙，杭州古籍书店 1985 年版。

③ 详见第二节。

韩规文。

现普米族主要分布于云南省的兰坪、丽江、维西、永胜和宁蒗县。1960 年，根据本民族人民的意愿，居住在云南境内的“西番”正式定名为普米族。1982 年我国第三次人口普查时，其人口有 24000 多人，1990 年人口普查为 29000 多人，2000 年人口普查为 32923 人。另外，居住在四川的“西番”族，由于在宗教信仰等方面受到藏族的影响较大，因而被划分为藏族。但是，“事实上，四川境内的这部分藏族所说的语言不同于藏语而同于云南的普米语，而普米语又接近于羌语和嘉戎语”，因而，“四川木里地区的‘藏族’和云南的普米族原本是一族”。①

二、历史发展概况

普米族源于我国古代游牧民族氐羌②。从汉文历史记载和本民族传说及考古资料来看，普米与氐羌有族属关系。《明史》记载：“西番，即西羌，族种最多，自陕西历四川、云南西徼处皆是。其散处河、湟、洮、岷间者，为中国患尤剧。”③ 而“自陕西历四川”的说法是因为明朝时候还未划出甘、青两省，其地统归陕西省管辖。

有关古羌人的特征，在《后汉书》中有着较为详细的记载：

西羌之本，出自三苗，姜姓之别也。其国近南岳。及舜流四凶，徙之三危，河关之西南羌地是也。滨于赐支，至乎河首，绵地千里。赐支者，《禹贡》所谓析支者也。南接蜀、汉徼外蛮夷，西北接鄯善、车师诸国。居无所常，移随水草。地少五谷，以产牧为业。其俗氏族无定，或以父名母姓为种号。十二世后，相与婚姻，父没则妻后母，兄亡则纳嫂，故国无鳏寡，种类繁炽。不立君臣，无相长一，强则分种为酋豪，弱则为人附落，更相抄暴，以力为雄。杀人偿死，无它禁令。其兵长在山谷，短于平地，不能持久，而果于触突，以战死为吉利，病终为不祥。堪耐寒苦，同之禽兽。虽

① 费孝通：《关于我国民族的识别问题》，载《中国社会科学》1980 年第 1 期。

② 关于普米族源于古代氐羌这一论点，详见严汝娴、王树五：《普米族简史》，云南人民出版社 1988 年版，第 27—29 页。

③ 张廷玉：《明史》卷三三〇，《西域二西番诸卫》，中华书局标点本，1974 年版。

妇人产子，亦不避风雪。性坚刚勇猛，得西方金行之气焉。①

从《后汉书》的记载中，我们可以看出，古代的羌族是“居无所常，移随水草。地少五谷，以产牧为业”的游牧部落。羌族尚武，性格刚毅，以战死沙场为荣。羌族当时的婚姻制度是：父亲亡后，可娶后母，兄长死后，可纳嫂子。② 这主要是出于壮大本族力量的考虑，“故国无鳏寡，种类繁炽”，使得羌族人丁兴旺，面对外来侵扰的时候，有足够的力量进行自我保护。同时，羌族在其内部规定了杀人偿命的刑事法律制度，这在当时能够起到维护内部稳定、集合本氏族力量的作用。同时，这个刑事法律制度一直影响到了封建社会时期的普米族社会。③ 羌族内部没有君臣之别，而是“以力为雄”，谁强大，谁的地位就高。总体上看，羌族对后世之所以影响深远，跟其民族的性格及其民族最初的内部制度是有着不可分割的关系的。

《后汉书》又记载了一个名叫爰剑的羌人的故事④。爰剑被秦所俘，成为奴隶，后逃回了三河间（黄河上游、赐支河、湟水），并被羌人推举为首领。爰剑在秦地学到了一些耕种狩猎技术，并将这些技术带回了羌地，教给了羌人。从这个故事里可以看到古羌人最初同秦人交往的情况。同强秦相较，羌人的势力无疑显得十分弱小，经济发展也较为落后。

后来由于秦国向西边开拓疆土，西逐诸羌，羌人的农业生产遭到了极大的破坏，迫使羌人再度放弃自己的土地，向西南、西北逐水草而居，到处迁徙。“其后子孙分别，各自为种，任随所之。或为牦牛种，越嶲（在四川西南，今作越西）羌是也；或为白马种，广汉（今川西北）羌是也；或为参狼种，武都（今甘肃东南）羌是也”。⑤从古羌人被强秦所逐，不得不向南迁徙，寻找自己的生存空间的历史可以看出，羌人与秦国的关系还处于一种消极对抗阶段。这种对抗并非是建立在双方力量均等的基础之上，因而弱者只能是选择逃避。这些羌人南迁到西南地区，逐渐发展成了众多的氏族部落联盟。

两汉时期，据《史记》记载，“西南夷君长以什数，夜郎最大……嶲以东北，君长以什数，徙、筰都最大。自筰以东北，君长以什数，冉、駹最大。其俗或土著，或移徙，在蜀之西。自冉駹以东北，君长以什数，白马最大，皆氐类也。此皆巴蜀西南

①④⑤ 范晔：《后汉书》卷八七，《西羌传》，中华书局标点本，1965 年版。

② 在普米族的婚姻规范中也含有“转房婚”的规定，详见曲扎偏初、叶咏歧、刘娟、胡文明：《普米族传统习惯法法规条款概述》，《普米族研究文集》，云南民族出版社 2002 年版，第 281 页。这也在一定程度上印证了古羌人是普米族的先民。

③ 详见《普米族刑事法律制度》部分。

外蛮夷也。"① 自岷江上游地区偏西南而下经大渡河至金沙江地带，居住着属于羌人的许多部落，分别为冉駹、徙筰、邛都。

在唐代，徙、筰（普米族先民）居住在大渡河两岸，徙在北面而筰在南面。唐天宝以后，在这个区域的部落，以勿邓、两林、丰琶最为著名，称为"东蛮三部"，其地在大渡河以南，台登（今冕宁县）以北。其中，两林在勿邓南70里，丰琶又在两林之南。而两林的首领被推举为三部之长，号"都大鬼主"。《新唐书》中记载：

勿邓地方千里，有邛部六姓，一姓白蛮也，五姓乌蛮也。又有初裹五姓，皆乌蛮也，居邛部、台登之间。……又有粟蛮二姓、雷蛮三姓、梦蛮三姓，散处黎（今四川汉源县）、嶲（今越西县）、戎数州之鄙，皆隶勿邓。勿邓南七十里，有两林部落，有十低三姓、阿屯三姓、亏望三姓隶焉。其南有丰琶部落，阿诺二姓隶焉。两林地虽狭，而诸部推为长，号都大鬼主。②

在唐宋时期，普米族先民的"东蛮"诸部在大渡河一带生活，人口和生产力得到了较大的发展，其生活发生了巨大的变化，经济方面取得了非常大的成就。在宋代，据《宋会要辑稿·蕃夷》中记载，"黎州过大渡河外，弥望皆是蕃田，每汉人过河耕种其地，及其秋成，十归其一，谓之蕃租，土丁之耕蕃地者十有七八。"③ 这时，"东蛮"诸部与汉族发生了租佃关系，向租种其地的汉人收取"蕃租"，说明一部分"西番"在这时已经进入了封建社会。④

但变中亦有不变的成分，那就是其发展过程中的稳定性、继承性。普米族先民经过几千年飘荡的风风雨雨，之所以能够使其部落的实力得以保存并不断壮大，跟其内部人民勇敢、坚强和有韧劲的特性是有密切关系的。

元代是云南普米族形成的关键时期。《维西见闻纪》说："巴苴，又名西番，亦无姓氏，元世祖取滇，渡自其宗（今维西塔城其宗），随从中流亡至此者，不知其为蒙古何部落人也。"⑤ 当蒙古兵还没有进攻大理国之前，与大理联系紧密，到公元1253年，元宪宗命其弟忽必烈率10万大军兵分三路征讨大理时，一部分"西番"人即随同蒙古兵南下，一部分随西路的兀良合台军由今香格里拉县进入维西，另一部分则随

① 司马迁：《史记》卷一一六，《西南夷列传》，中华书局标点本，1959年版。

② 欧阳修、宋祁：《新唐书》卷二二二，《南蛮传》，中华书局标点本，1975年版。

③ 《宋会要辑稿·蕃夷五》。

④ 何耀华：《拍米依源流》，《普米族研究文集》，云南民族出版社2002年1月版，第41—43页。

⑤ 余庆远：《维西见闻纪》，《小方壶斋舆地丛钞》第七帙，杭州古籍书店1985年版。

中路的忽必烈军由今宁蒗进入丽江北部，“西番”充当其部队的前锋，使得金沙江沿岸的丽江、永胜各处要隘均有“西番”人驻扎。于是，今天云南普米族的人口分布已见雏形。关于这段历史，普米族的民间传说可以印证①。

这样，自维西县，经今香格里拉县、丽江、宁蒗而至今四川的木里、盐源一带，元朝云南行省境内的普米族人，仍然保留着他们固有的生活和生产方式。从元代开始，永宁（今宁蒗）地区就设置了土官政权，并对后世产生了深远影响。

明代是云南普米族社会从畜牧业向农业转变的时期。明朝时期普米族的分布状况与元朝时期基本相同。天启《滇志》卷三〇说：“西番，永宁（今宁蒗北部）、北胜（今永胜）、浪蕖（今宁蒗）凡在金沙江北者皆是。”② 普米族社会的经济发展是很不平衡的，如前述，一部分“西番”人早在宋代就已经进入了封建社会，其农业已经相当发达，但是，其余很大一部分直至明代仍然过着游牧生活。景泰《云南图经志书》记载：“永宁府所辖四长官司多西番民，性最暴悍，佩刀披毡，无室屋，夏则山颠，冬则平野以居，而畜牛马，有草则往，无草则移，处无定所。妇人以松膏泽发，搓之称缕，下垂若马鬃。然又有所谓野西番者，则长往而不可制。”③

清代的云南普米族社会得到了进一步发展。清代云南境内的普米族的分布区域同于明代。但总体上，各地普米族社会经济的发展是非常不平衡的。分布在丽江、维西一带的普米族仍然同么些杂居。丽江改土归流后，废除了么些封建领主对土地的所有权，并规定土地可以自由买卖，百姓从向土司交钱粮改为向地方政府纳粮。同时，普米族百姓拥有了一定的土地。但是维西一带还存在小部分的么些小封建主，当地的普米族人“亦么些头目治之”。改土归流后，普米族人就能够比较容易地接触到汉族移民，吸收到外来文化，使得这个区域生产力得到较大的发展，最终从领主经济转变为地主经济。在普米族聚居区的永宁（今宁蒗）等地区，则仍然沿袭着封建领主的统治，主要还处于封建领主经济阶段。土司也还是占有包括土地、牲畜在内的生产资料，对农奴进行层层剥削。另外，一部分没有生产资料的农奴，开始走出家门，走门串户，“或斫竹易食，或负板营生”，或赶马为生，成为封建社会中的贫民和家庭手工业者、小商贩。

---

① 云南省编委会编：《基诺族普米族社会历史综合调查》，民族出版社 1990 年版，第 131—133 页。

② 刘文征：天启《滇志》卷三〇。

③ 郑颙：景泰《云南图经志书》卷四。

同明代相较，清代云南境内的普米族社会的经济有进一步的发展。他们种植的农作物主要是荞、稗；同时也仍然放牧，畜牧业在其经济生活中还占有一定的比重。到清代后期，云南普米族社会基本上处于自给自足的自然经济状态，其生产力水平同周围的汉族、白族、纳西族等基本无异，大都进入犁耕阶段。① 其畜牧业、家庭手工业以及商业贸易等也都有了长足的发展。②

清末，随着封建领主和地主阶级对普米族人民剥削、压迫的日益沉重，广大老百姓在不堪忍受的情况下，陆续爆发了反抗统治阶级的斗争。当然，这种斗争也有其本身的局限性。在永宁地区，普米族人民通过“散羊毛疙瘩”③ 这种形式向各个联络点传送消息，通知集合群众，然后对“做事不合古规”的土司、总管、头人等进行抄家、宰杀牲口等。

第二节

历代中央和地方政府对普米族的治理

由于资料收集的困难，这部分主要是根据普米族的神话传说，以及部分史书中有关普米族先民的历史记载经过整理而形成的。这种“断章取义”的方式虽然不够科学，但在史料有限的情况之下，也是不得已而为之的选择。我们试图通过厘清普米族历史发展的脉络，为进一步阐释普米族的法律制度打下一个良好的基础。因为，法律制度终归是历史的产物。

---

① 见严汝娴、王树五：《普米族简史》，云南人民出版社 1988 年版，第 79—80 页。

② 云南省编委会编：《基诺族普米族社会历史综合调查》，民族出版社 1990 年版，第 149—161 页。

③ 云南省编委会编：《基诺族普米族社会历史综合调查》，第 149—161 页、第 166—167 页。据其记载，“清光绪二十八年（1902）正月初，宁蒗拖支、木底箐一带普米族已纳完粮、赋，但永宁土司属官‘陈把事’又来勒索苛征，加派银两，并故意放纵其牦牛百余头下坝糟蹋农作物，致使许多百姓庄稼颗粒无收。普米族人民气愤之极，木底箐松布达拉、格开列等人秘密商量，向普米族村落散出了‘羊毛疙瘩’。当时各村人户得到松布达拉的‘羊毛疙瘩’后，便齐集陈把事家，宰杀了其牦牛 30 多头，向官府进行了评理斗争。后经总管出面调停，陈把事答应以后不再放纵牲畜践踏庄稼，负责赔偿损失。此事以农民胜利而告终。”

一、元代以前的中央王朝及地方政权对普米族的治理

在元代以前，总体上来说，普米族先民经历了从被迫南迁到逐渐加强同中央王朝联系的历史变迁，同时，与诸如蜀汉、吐蕃、大理等地方政权也有着千丝万缕的联系。

在两汉时期，普米族先民与中央王朝的关系逐渐从逃避发展到了渴望沟通、交流的态势。

随着西汉政权的不断强大，汉武帝元鼎六年（前111），“乃以邛都为越巂郡，筰都为沈犁郡，冉、駹为汶山郡，广汉西白马为武都郡”。① 大致是以这三个区域的部落为基础设郡的。“邛都为彝族先民，徙筰为西番人（今称普米或藏族）先民，冉駹为羌族先民”。② 汉王朝在普米族先民居住的筰都设沈犁郡，这是有史记载以来第一次在普米族先民的居住地设立行政管辖权，从而将普米族先民正式纳入了中央王朝的统辖之下。这种行政建制上的改变，客观上促使普米族先民与中央王朝的联系愈来愈密切。

东汉时期，这种交往更是达到了一个前所未有的高度。

白狼为普米族先民的部落，③ 东汉明帝永平年间（58—75），益州刺史朱辅是一个“好立功名，慷慨有大略”的人，其在任期间，运用怀柔政策“宣示汉德”，使白狼、槃木、唐菆等“百余国”向东汉王朝奉贡称臣。④ 筰都夷白狼王唐菆一行自今川西一带来到首都洛阳，奉贡称臣，并向汉明帝献上《白狼歌诗》，以示臣服之心。《白狼歌诗》是普米族先民智慧的杰作。⑤《白狼歌诗》全文分为《远夷乐德歌诗》、《远

---

① 方国瑜：《关于笮人的事迹》，《普米族研究文集》，云南民族出版社2002年版，第22—24页。另外，任乃强先生亦认为笮人是普米族先民，详见其《筰都与白狼夷》，《普米族研究文集》，云南民族出版社2002年版，第19页。

② 司马迁：《史记》卷一一六，《西南夷列传》，中华书局标点本，1959年版。

③ 任乃强：《筰都与白狼夷》，《普米族研究文集》，云南民族出版社2002年版，第19页。文中论述：“所谓筰都夷，自呼为‘白狼’。……今称‘普米族’的便是。”

④ 详见范晔：《后汉书》卷八六，《南蛮西南夷列传》。

⑤ 《东观汉记》存有《白狼歌诗》本民族语译音（偶数句部分）与田恭意译对照。《后汉书》亦注存之。关于《白狼歌》的族属问题，详见陈宗祥、邓文峰：《〈白狼歌诗〉本语研究述评》，《普米族研究文集》，云南民族出版社2002年版，第97—111页，以及胡文明：《白狼歌诗研究的一部拓新之作——评〈白狼歌研究〉》（一），《普米族研究文集》，云南民族出版社2002年版，第112—116页。

夷慕德歌诗》和《远夷怀德歌》三部分，主要表达了白狼王永远臣服于汉王朝的忠心，白狼人永为臣民的誓愿。同时，在《远夷慕德歌诗》中白狼王表示了向汉族学习的愿望。《白狼歌诗》见证了普米族先民同汉族中央政府的紧密关系，也说明民族友好、民族之间和睦相处是各个民族共同的心愿。同时，我们可以从中感受到普米先民一些观念的转变，我们也可以想象白狼王从比较贫穷落后的西南一隅到达繁荣兴旺的洛阳后，其所见所闻对心理的冲击之巨大，这种冲击必将影响其民族的发展。

和帝永元十二年（100），白狼楼薄王唐缯等，再次率族人17万口，“归义内属”，“诏赐金印紫绶”。①

由是可以说，在两汉时期，普米族先民从开始被动地接纳西汉王朝的统治到后来主动向中央王朝的统治者表达愿臣服之心的转变，一方面可以说是中央王朝统治者的温和民族政策促成了这种转变，另一方面也是普米族先民为了自身的发展而逐渐意识到了向汉族地区学习的必要性。

在蜀汉时期（221—263），诸葛亮治蜀，建兴三年（225）任命张嶷为越嶲太守。张嶷用武力征讨白狼国，并杀死了白狼王。《三国志·蜀书》记载：

定莋、台登、卑水三县去郡三百余里，旧出盐铁及漆，而夷徼久自固食。嶷率所领夺取，署长吏焉。嶷之到定莋，定莋率豪狼岑，槃木王舅，甚为蛮夷所信任，忿嶷自侵，不自来诣。嶷使壮士数十直往收致，挞而杀之，持尸还种，厚加赏赐，喻以狼岑之恶，且曰：“无得妄动，动即殄矣！”种类咸面缚谢过。嶷杀牛飨宴，重申恩信，遂获盐铁，器用周赡。②

这里记载了在蜀汉时，白狼王与张嶷争夺盐泉，③ 被张嶷“挞而杀之”。但张嶷并未屠杀其民，使得白狼国得以继续保存。盐泉在一定意义上系普米族先民手中的重要资源——不仅仅只是一种经济资源，而且还包含一定的政治因素在里面。“定莋”，即今天之盐源县，此县以拥有黑白两盐泉而闻名四方。在当时当地，因盐系稀缺资源，从百姓日常生活到军队出征打仗无不受其制约。从而，盐泉成了各方争夺的焦点，甚至可以说“得盐泉者得天下”。官府要想统治其地，也必先控制盐泉。因而，

① 范晔：《后汉书》卷八六，《南蛮西南夷列传》。

② 陈寿：《三国志·蜀书》，中华书局1959年版。常璩撰《华阳国志·蜀志》也记载“县（定筰）在郡（越嶲）西，……有盐池，积薪，……张嶷往争”，可用来互相印证。

③ 任乃强先生在《筰都与白狼夷》（《普米族研究文集》，云南民族出版社2002年版，第21页）中分析说：白狼槃木王唐菆之所以能够获得上书汉明帝并献诗的礼遇，跟其拥有盐泉有一定的关系。

《三国志》中的记载亦不难理解了。同时，我们也可以说白狼国之所以能够得以继续保存也跟其在当地的重要性有关。试想如果将其灭国，盐泉又必将成为周围各族的争夺对象，势必酿成大乱。

在唐代，勿邓、两林和丰琶因地处中央王朝与地方政权之间，为了保存自我，一方面要依附于强大的中央王朝，接受其封号，另一方面又不得不周旋于其他各个地方政权之间，以维持自己狭小的生存空间。"东蛮诸部"处于唐、吐蕃和南诏之间，常常卷入各方势力的冲突之中。起初勿邓、丰琶、两林为吐蕃占据。后韦皋任西川节度使，联合"东蛮"三部及南诏，击败吐蕃，贞元五年（789）收复三部。因有功于朝廷，唐朝诏封三部首领为"顺政郡王"、"怀化郡王"、"和义郡王"，"给印章、袍带"。

到宋代，大渡河以南"东蛮诸部"，主要受大理控制，但是也接受了宋朝的封号。其中，以邛部（即勿邓）势力为强，其首领自称"百蛮都鬼主"。邛部成为大理与西川之间的缓冲地带，并为大理与宋之间的联络发挥了一定的作用。开宝二年（969）六月，邛部都鬼主阿伏主动向朝廷纳贡，以示效忠之心。开宝四年（971），阿伏命令其弟卑吠等率众帮助朝廷平定叛军，阿伏被诏封为"归德将军"。又据记载，因邛部与两林之间发生争斗，朝廷介入调停，并命令各部之间不得互相侵扰、要和平相处。这一时期，中央王朝在维护"东蛮诸部"内部的团结与稳定方面发挥了一定的积极作用。《宋史》载：

> 邛部川蛮，亦曰大路蛮，亦曰勿邓，居汉越嶲郡会无县地。其酋长自称"百蛮都鬼主"。开宝二年六月，都鬼主阿伏白黎州，期以十月令王子入贡，成都府以闻，诏嘉纳之。四年，黎州定远兵士构叛，聚居鹿角溪，阿伏令弟游击将军卑吠等率众平之。诏赐阿伏银带、锦袍，并赐其众银帛各百，以为归德将军。六年，阿伏与山后两林蛮主勿儿言语相失，勿儿率兵侵邛部川，颇俘杀部落。黎州以闻，并赐诏慰谕，令各守封疆，勿相侵犯。①

二、元明清时期在普米族社会设立土官政权②

元代，是普米族社会发展的重要时期，对云南普米族来说，更是其形成的关键时

---

① 脱脱等：《宋史》卷四九六，《蛮夷四》，中华书局标点本，1977 年版。

② 由于四川"西番"人在新中国成立后被划分为藏族，本书不再对其元明清时期的历史进行梳理。

期。① 明清时期是普米族内部进一步融合的时期，其社会经济得到了很大的发展。元代，在普米族聚居的永宁（今宁蒗）地区设立了土官政权，开始由“西番”人对自己民族进行统治。明清两代基本上沿袭了元代的这个制度。

明代曾在普米族的主要聚居区设永宁土府和蒗蕖土州（今宁蒗），土官皆为“西番”人。《土官底簿》永宁土知府条载：“卜都各吉，澜沧卫西番人，先系本州土官，洪武十六年征南将军札拟本州知州。”② 这种沿袭元代的土官制度，在明代中期得到进一步加强，并逐渐形成了严格的封建等级制度，具体分为土司（贵族）、责卡（百姓）、俄（俾子）三个等级。土司是其管辖的区域内最高统治者，是当地最大的领主，占有了包括土地、牲畜在内的生产资料；百姓等级则是向封建领主领种“份地”的佃耕农民，向领主交纳地租、赋税，以及需要承担各种劳役，有一定的人身自由，可以自由安排劳动时间，但政治地位较低，其中一部分在后来担任了土司的基层官员——总伙头、伙头等职；“俄”等级是领主的世袭奴隶。③ 百姓等级是普米族社会的主体和中坚力量，人数最多。另外一些散居在维西、丽江一带的普米族则受么些④封建领主的统治。

第三节

普米族的社会组织

云南普米族的居住地比较分散，各地的社会经济发展也不平衡，新中国成立前大体可以分为两类：分布在今天兰坪等地的普米族社会处于地主经济发展阶段；宁蒗等地的普米族社会则处于封建领主经济阶段。处于宁蒗等地的普米族主要是由封建土司统治。在新中国成立前，土司是世袭的，土司下面设立总管（也是世袭）1人，总管下面设巴司（也是世袭）2人，每个巴司下面有乡长2人，4个乡长下有44管，每个管管辖6到10个村，每个村有总伙头（相当于村长）1人，总伙头下有小伙头二三

① 严汝娴、王树五：《普米族简史》，云南人民出版社1988年版，第68页。
② 龚荫：《中国土司制度》，云南民族出版社1992年版，第701页。
③ 云南省编委会编：《基诺族普米族社会历史综合调查》，民族出版社1990年版，第146页。
④ 即纳西族。

人，小伙头下有派首1人，派首下有知开使2人。① 封建统治阶级为了维护这种土司制度，制定了一系列有利于自己统治的法律，用以保障本阶级既得的政治、经济利益。

兰坪普米族的地主阶级占有了大部分的土地生产资料，并且每个地主家庭都还蓄养了奴隶。一些拥有土地的普米族农民因欠地主的债，被迫将自家的土地卖给地主。最后，一些欠债较多者，因无力偿还利息、地租等，不得不卖身为奴。地主阶级主要就是通过这种方式来蓄养奴隶的。②新中国成立前兰坪县实行了保甲制度，但是这种保甲制度还是以封建社会的政治制度为基础的，只是在统治阶级的称谓上发生了一些形式上的变化，一部分地主阶级中的成员摇身一变成了保长、甲长等。因而，普米族人民受压迫、剥削的状况没有得到任何改善，甚至变本加厉。

第四节

普米族的法律思想和法律起源

一、神话传说——《直呆木喃·创世纪》③

普米族没有本民族的成文史，但在普米族中广泛流传着“起源神话”、“洪水神话”、“迁徙传说”等等，这些多是反映上古时代普米族先民的社会生活的。同时，也是摆脱了蒙昧和野蛮而步入文明大门的普米族先民，由于生活和实践的需要，力图通过对宇宙、人类起源等的认识，来表达本民族朴素的世界观和价值观。神话传说，在某种意义上也是历史学宝贵的财富。

《直呆木喃·创世纪》（以下简称《创世纪》）就是一篇内容丰富、形式多样、广

①② 详见《民族问题五种丛书》云南省编委会编：《基诺族普米族社会历史综合调查》，民族出版社1990年版，第102、101页。

③ 见胡文明、范咀华：《普米族史诗〈直呆木喃·创世纪〉的哲学思想》，《普米族研究文集》，云南民族出版社2002年版，第229—238页。在杨照辉著的《普米族文学简史》，也记载了《直呆木喃》，二者内容基本一致，云南民族出版社1996年版，第32—39页。

为流传的普米族史诗。《创世纪》同其他普米族神话传说相比较而言，具有独特的代表性。它作为普米族先民对宇宙万物以至人类起源等等的认识，可以说是一部包罗万象的典籍，对于我们研究普米族法律的起源有着一定的学术价值。

（一）宇宙万物的产生

《创世纪》说：

茫茫的“直呆木喃”洪水时代，
没有天地和万物，也没有生存和死亡。
宇宙全是黑压压的洪水，
没有白天和黑夜的迹象。

不知那（哪）个世纪，水底生长一只癞蛤蟆，
是它一气汲干滔天洪水，它也因此大腹便便。
从此洪水消失，出现宇宙和大地，
接着出现光明和黑暗。

仁慈博爱的喏提天神，
为了繁衍世间万物，
她向大地撒下一把种子，
无垠的大地从此生息万物。

普米族有关宇宙万物的产生，以及癞蛤蟆创世的神话，同汉族盘古开天辟地的传说有着很多的相似的地方。从宇宙混沌初开到癞蛤蟆创世以及喏提天神创造万物，都是通过神化了的自然力量来表达的。在有的普米族地方流传着其他的创世传说①，但从神话传说的内涵、价值取向上来看，都基本是一致的。正是从这种一致性，我们可以看出普米族先民的思想、意识等。

① 其他关于普米族的创世神话中比较有代表性的是《杀鹿人》，详见杨照辉：《普米族文学简史》，云南民族出版社1996年版，第6页。

（二）人类的起源

《创世纪》接着说：

“直呆木喃”洪水时代，
拍咪①像动物般野蛮蒙昧，
是“阿苟波地”② 指教拍咪寻到神泉，
从此拍咪渐生智慧，超脱成人。

“直呆木喃”洪水时代，
拍咪还没有语言，
拍咪最初的语言是“阿唔依唔”，
从“阿唔依唔”发展成今天的语言。

普米族人认为人最初跟其他动物没有区别，“像动物般野蛮蒙昧”，在现在看来这种认识无疑是比较科学的。人与动物的区别在于人的智慧。同时，我们从这种“蟾蜍舅舅”的称呼上来看，它在一定程度上反映了母系氏族的特征。在普米族中，舅舅是具有很高地位的。普米族的禁忌中就明确规定“忌伤害青蛙，传青蛙为舅舅，藏话‘河构巴丁’”③，“忌不尊重舅舅，俗语云：‘舅舅一层天’，或说舅舅与父母同等”④。普米族的语言是从“阿唔依唔”发展过来的。“阿唔依唔”相当于汉语里“哎哟”等词，“这反映出蒙昧时代的普米人，以采集野果为生，在劳动中自然会出现诸如从悬崖上摔下或被荆棘刺伤事发出悲痛的呼喊声”⑤。普米族的韩规⑥文是韩规（相当于祭司）进行宗教活动时使用的一套拼音文字符号系统。

---

① “拍咪”即普米。

② 据胡文明、范咀华在《普米族史诗〈直呆木喃·创世纪〉的哲学思想》（《普米族研究文集》，云南民族出版社 2002 年版，第 232 页）中解释：“阿苟”在普米语中意为舅舅，“波地”意为蟾蜍，“阿苟波地”意为“蟾蜍舅舅”。杨照辉在《普米族文学简史》中也讲述了一个《青蛙教人祖喝智慧水》的故事，云南民族出版社 1996 年版，第 23 页。

③④ 见曲扎偏初、叶咏歧、和健全、熊贵华：《川、滇普米先民的原始禁忌》，《普米族研究文集》，云南民族出版社 2002 年版，第 292、293 页。

⑤ 见胡文明、范咀华：《普米族史诗〈直呆木喃·创世纪〉的哲学思想》，《普米族研究文集》，云南民族出版社 2002 年版，第 232 页。

⑥ 关于“韩规”有多种译法，有译“汗规”、“韩归”、“汗归”等，本书采用“韩规”这一译法。

（三）从“蒙味时代”到“野蛮时代”①

“直呆木喃”洪水时代，
拍咪还没有火。
拍咪最初的火种是冬撒介匹雷神赐给，
拍咪从那时学会用火。

“直呆木喃”洪水时代，
拍咪住在树洞和岩穴。
拍咪最初建造住房是山蚂蚁拖木钻穴教会的，
从那以后拍咪学会建造木楞房。

“直呆木喃”洪水时代，
拍咪不会储藏粮食。
拍咪最初储藏食物是蜜蜂采花酿蜜教会的，
从那以后拍咪学会储食物，四季备用。

“直呆木喃”洪水时代，
拍咪不会耕耘土地。
拍咪最初耕耘土地是钻山鼠抛土翻地教会的，
从那以后拍咪就会耕耘土地。

“直呆木喃”洪水时代，
拍咪不会劈竹编篱笆。
拍咪最初劈竹编篱笆是顶巴印曲山神教会的，
从那以后拍咪就会劈竹编篱笆。

“直呆木喃”洪水时代，

---

① 见恩格斯：《家庭、私有制和国家的起源》，人民出版社 1972 年版，第 19—25 页。恩格斯认为：“蒙昧时代是以采集现成的天然产物为主的时期；人类的制造品主要是用作这种采集的辅助工具。野蛮时代是学会经营畜牧业和农业的时期，是学会靠人类的活动来增加天然产物生产的方法的时期。文明时代是学会对天然产物进一步加工的时期，是真正的工业和艺术产生的时期。”

拍咪不会纺线擀毡。
拍咪最初纺线擀毡是蜘蛛织网教会的，
从那以后拍咪就会纺线擀毡。

“直呆木喃”洪水时代，
拍咪没有歌。
拍咪最初的歌是“阿哩呀哩”，
从最初的“阿哩呀哩”发展成今天的歌。

“直呆木喃”洪水时代，
拍咪还没有歌调。
拍咪最初的歌调是“溜”调，
从“溜”调发展成今天的九十九调。

“直呆木喃”洪水时代，
拍咪不会修饰装扮。
拍咪最初修饰装扮是孔雀开屏教会的，
从那以后拍咪就会披红戴绿，梳妆打扮。

《创世纪》通过这种直观、形象生动的描绘，将普米族先民发展的图景栩栩如生地展现在了我们眼前。从恩格斯“史前各文化阶段”的三个分类中①，我们可以看出：《创世纪》中所描述的普米族先民从学会使用火、建造房屋、储藏粮食、耕种土地、编篱笆到掌握一定的纺织技能、学会歌唱打扮等的图景表明了普米族先民已经从“蒙昧时代”发展到了“野蛮时代”。在这个发展过程中，普米族先民已经从学会使用火——满足基本生理需求，发展到了开始“修饰装扮”——满足自身精神需求的阶段，这无疑是一个巨大的历史进步。此时，普米族先民已经开始步入文明的大门，并最终走向“文明时代”。

二、社会制度、宗教以及法律的起源

“直呆木喃”洪水时代，

① 恩格斯：《家庭、私有制和国家的起源》，人民出版社 1972 年版，第 19—25 页。

拍咪不会做生意。

拍咪最初做生意是蜥蜴互易获物教会的，

从那以后拍咪就会做生意，

“直呆木喃”洪水时代，

拍咪不会偷盗抢劫。

拍咪最初的偷盗抢劫是黄鼠狼偷鸡教会的，

从那以后拍咪就学会偷盗抢劫。

“直呆木喃”洪水时代，

拍咪不会分家。

拍咪最初分家是族长和伙头娶妻另居，

从那以后，拍咪就有娶妻分家。

“直呆木喃”洪水时代，

拍咪没有贵贱等级。

“尔古代代达”、“白归代代达”。

拍咪的首领是猴王统领群猴教会的，

从那以后拍咪就有族长和伙头。①

“直呆木喃”洪水时代，

拍咪没有韩规教。

拍咪最初的韩规是鹦鹉学舌教会韩规诵经说唱的，

从此后，拍咪就有韩规诵经说唱祭神撵鬼。

“直呆木喃”洪水时代，

① 据胡文明、范咀华在《普米族史诗〈直呆木喃·创世纪〉的哲学思想》（《普米族研究文集》，云南民族出版社2002年版，第236页）中解释，“尔古”在普米语中意为鸡蛋，“白归”意为兄弟，“代代达”意为一般大，“尔古代代达”、“白归代代达”意为“鸡蛋一般大、兄弟一般大”。反映了普米族氏族社会里“氏族成员之间是平等的、互助的”。“‘伙头制’是普米族社会进入封建领主制后设置的政治组织。”本部分只是探讨普米族的神话传说时期，因此，在文中并没有涉及“伙头”，而只提“族长”。

韩规没有经书。

韩规最初的经书是鸡头骨和羊头骨裂纹，

从鸡羊骨经书发展成今天的经书。

从《创世纪》中我们可以看出，在原始社会时期，人们过着共同劳动、共同消费、平等互助的生活。伴随着社会生产力的向前发展，出现了剩余产品，于是人们将自己的剩余产品同别人进行交换，互通有无，各取所需。当这种交换达到了一定规模的时候，我们就把它叫作“做生意”。随着这种交换的进一步扩大和发展，人们就拥有了越来越多的剩余产品，并形成了个人的私有财产。同时，私有观念也就出现了。有了私有财产，也就出现了贫富差距，出现了等级。同时，人，一旦有了“私”的观念，有了财产观念，一方面，为了保护自己的私有财产不受他人任意占有，组成家庭就显得非常必要，另一方面，一些人也企图用非劳动途径来获取他人的财产，于是乎，种种偷盗、抢劫行为也就出现了。这时，最原始的“法律”便应运而生，发挥其调节社会的功能和作用。最初的“法律”就起源于这种内部的调节机制，这同“刑起于礼”的说法是比较一致的。在这个体系中，主要是通过“族长”的自上而下的管理实现的。同时，这种“法律”在当时总是同宗教禁忌紧密相连的，禁忌也构成了最初“法律”的重要部分。“族长”的管理也要借助宗教这种神秘的“武器”。

第五节

普米族的法律制度

本节所阐述的普米族法律制度主要“是实行民主改革以前，川、滇普米族人基本通用的习惯法，以及解放后一些地区普米人调解民事纠纷时仍沿用的部分传统习惯法”。① 虽然其主要调整的那个具体历史时期的普米族社会关系已不可考，但就其规范的内容来看，主要调整的是封建社会时期普米族社会的社会关系。

普米族的法律制度内容相当广泛，主要包括刑事、民事以及纠纷解决等方面。其

① 曲扎偏初、叶咏歧、刘娟、胡文明：《普米族传统习惯法法规条款概述》，《普米族研究文集》，云南民族出版社 2002 年版，第 281—286 页。

中，民事法律制度包括有关婚姻、财产的分割与继承以及债权、债务及土地买卖等的规范；刑事法律制度更是涉及了社会生活的方方面面，主要包括了故意杀人、故意伤害、强奸、猥亵妇女、放火、失火、乱伐、盗伐森林、树木以及侮辱、虐待、盗窃等规范；其纠纷解决方式因地区的不同而异。①

普米族社会的这套地方性规范，主要是普米族先民在长期的生活与劳动过程中逐渐形成的，用来调整和解决普米族内部日常生活中的各种矛盾、冲突。这些规范，对于保证普米族社会有序地向前发展起到了重要作用。时至今日，其规范中的一部分仍然发挥着作用。因而，我们绝对不能忽视其存在的有限合理性，以及其所蕴含的重大价值。

一、刑事法律

普米族刑事方面法律主要规定了故意杀人、故意伤害、盗窃、抢劫、强奸、猥亵妇女、放火、失火、乱伐、盗伐森林以及侮辱、虐待等方面的罪名和刑罚规范。普米族刑事方面的法律有的是根据“犯罪的社会危害性”来确定处罚方式及处罚的强度；有的则是根据“犯罪的主观方面”的不同而定不同的“罪”，例如，规定了放火和失火。另外，普米族刑事方面的法律规范也有根据被侵犯对象的不同而处罚各异的，例如，如果故意伤害喇嘛、韩规等，则比一般故意伤害案的处罚重。同时，这些法律制度也在一定程度上打上了阶级社会的烙印，例如，如果杀害伙头等社会地位较高者，处罚也更重。普米族的刑事法律制度也具有独特的宗教特色。例如，按照规定，如果有人砍伐了龙洞（潭）的树，则需要请韩规（或达巴）念经祈祷。②

普米族刑事法律规范中规定了一系列的处罚方式：死刑、赔偿金、处罚金、赔礼道歉等。其中，赔偿金既包括现金赔偿，也包括物质赔偿。同理，处罚金也包括罚现金和物。赔礼道歉则指的是具有普米族特色的被罚者要向受害者宰牲敬酒赔罪。

总体上来讲，普米族刑事方面的法律制度对维护过去普米族社会的安定团结发挥了十分重要的作用，同时，这些法律制度也是普米族社会历史发展的产物，是普米族人集体智慧的结晶。

---

① 详见“纠纷解决机制”部分。

② 曲扎偏初、叶咏歧、刘娟、胡文明：《普米族传统习惯法法规条款概述》，《普米族研究文集》，云南民族出版社2002年版，第285—286页。

（一）故意杀人、故意伤害

根据普米族刑事法律制度的规定，关于故意杀人，除了一些特殊情况外，一般实行“杀人偿命”或者“赔偿人命金”的原则。故意杀人者在杀人后可以在二者之间进行选择。这条形式上平等的规定，其实暗含了实质的不平等。如前述，普米族刑事法律制度的制定者主要是普米族社会的统治阶级，换句话说，该法反映了统治阶级的意志。普通普米族人在杀人后由于无力支付这种“人命金”，只能选择“偿命”；而对较富裕的封建统治阶级的人来说，杀人后自然会选择“赔偿人命金”。因而，“用钱可以买人命”便成了事实。这种实质的不平等导致封建统治阶级更加作威作福，甚至草菅人命。这种制度对普通普米族人的伤害是显而易见的，在一定程度上对普米族社会的稳定和和谐构成了威胁。

同时，因被害人的不同，在普米族的法律制度中具体规定了故意杀人的儿种特殊情况：

1. 妇女因婚后与他人通奸，并谋害亲夫的，杀人偿命或赔偿人命金。但是，如果妇女与人通奸，“亲夫察觉后将奸夫用刑致死，或使奸夫自尽，则由亲夫赔偿奸夫家人命金”。① 这跟普米族的民事法律制度的规定恰好形成了呼应的关系。普米族的法律制度中关于通奸规定如此多，说明在传统普米族社会是非常注重伦理道德的，个人的通奸行为实质上是关乎整个族的声誉的。因而，从社会（特指普米族社会内部）危害性来看，通奸同普通的“违法”行为是有区别的。

2. 如果被害人是喇嘛或者韩规，除了杀人偿命或者赔偿人命金外，杀人者还要负责超度被害人的一切费用。在普米族社会中，喇嘛、韩规为人与神之间的媒介，其社会地位较高，受到普米族人普遍的尊敬。因而，对杀害喇嘛、韩规的行为的处罚则更重。

3. 如果被害人是伙头、保长等有社会地位的人，杀人偿命或赔偿人命金白银250两。从明确了人命金的具体数额来看，说明在过去的普米族社会中，它的等级制度体现在社会生活的各个方面。在法律上，则表现为明确了地位较高者所拥有的种种特权。同一般的普米族人相比，他们在法律上受到了更多、更大程度上的保护。

在普米族的法律规范中，区分了故意伤害的伤害结果，主要分为轻伤和重伤，分别给予不同的处罚。值得注意的是，轻伤不属于普米族刑事法律规范的调整范围，在

① 曲扎偏初、叶咏歧、刘娟、胡文明：《普米族传统习惯法法规条款概述》，《普米族研究文集》，云南民族出版社2002年版，第284页。

其列举的有关故意伤害的内容中都是属于重伤。一般情况下，致人重伤的，要向受害人宰牲敬酒赔礼，并赔偿一定的赔偿金（包括物质赔偿）。同时，其规范中有关故意伤害的分类也十分详尽，其分类的标准是根据受害方的人体部位的不同而处罚各异。如将人双目致瞎和一只眼睛致瞎的处罚则不同：如系前者，加害人须向受害人赔偿银元300元、布1件，赔偿引路人白银200元；如系后者，则要向受害人赔偿白银3锭、布3件。同时，伤人者都必须向受害人及其家族宰牲敬酒赔礼。同样，将人一只手与双手致残，以及一只脚与双脚致残等的处罚也不一样。① 如果将人致伤的部位比较特殊（如将人耳郭、耳垂、门牙、鼻子等致缺），其赔偿的方式除了前面几种外，加害人还须向受害人赔偿一定的禽、畜以用来驱邪或治病。

为了保护普米族社会中一些具备特殊身份者（如喇嘛、韩规等）或者处于社会生活中比较弱势一方的人人身不受非法侵犯，在普米族的刑事法律规范中特别规定了以下几种不同情形的重伤：

如果受害人是比较弱势的一方，如将未成年人或者一男子将一女子打成重伤的，如果是前一种情形，加害人除了要赔偿受害人看病驱鬼的一切的费用外，还要向受害人及其家族宰牲敬酒赔罪；如果是后一种情形，加害人除向受害人宰牲敬酒赔罪外，还要接受处罚金处罚。

如果受害人的身份系喇嘛、韩规，加害人一般除了要受到众人谴责外，还必须向受害人宰牲敬酒赔罪，并赔骑马一匹。

如果聚众伤人致人重伤的，加害人要向受害人宰牲敬酒赔礼，并接受一定的处罚金处罚。

如果丈夫将妻子打成重伤，女方家庭出面干涉，加害人则须向女方娘家宰牲敬酒赔罪。

（二）盗窃、抢劫

在普米族社会中，严禁通过不法手段取得他人的财产，对私有财产的保护是其法律规范的重要内容之一。在封建社会时期，地主阶级和土司统治集团为了保护自己的私有财产以及维护社会的稳定，制定了相当严厉的针对盗窃、抢劫等侵犯财产的刑事规范。发生盗窃案件，根据其影响的大小，盗窃者分别要向土司、总伙头等送“官

① 曲扎偏初、叶咏歧、刘娟、胡文明：《普米族传统习惯法法规条款概述》，《普米族研究文集》，云南民族出版社2002年版，第284页。

礼”，否则将会加重处罚。有时候，“官礼”甚至比被盗财物的价值还要大很多。如果普米族百姓盗窃了土司、总伙头等土司统治集团成员家的财物，其处罚较一般的民间盗窃案更重，赔偿也更多；民间发生盗窃案件，除开送“官礼”、赔偿失主的损失外，偷盗者还必须向全村人宰牲敬酒赔罪。按照普米族刑事规范的规定，打伤偷盗者是不负任何责任的。一般情况下，全村人还会将偷盗者抓去“吊打一天一夜”。①

如果价值比较大的财物被盗，对偷盗者的处罚较一般的盗窃案件则更重。偷盗者除返还原物或作价赔偿外，还要加罚10倍于被盗财物价值的处罚金。如果涉及被盗财物的价值较大，但一直无法破案的，“失主可在大型娱乐场所或超度亡灵场上动员知情人前来‘吃报口’，并许下‘报口金’”。② 破案后，“报口金”③ 则须偷盗者支付。

针对“惯偷”，普米族的刑事规范中也有相应的处罚规定，对其可实行砍手的刑罚。

对于一般的抢劫行为，被抢人如果打伤抢劫者是不承担任何责任的，这与有关打伤偷盗者可以免责的规定是相同的。倘若是公开抢劫，在这种情况下即使打死抢劫者，也不追究任何责任。

（三）强奸、猥亵妇女

在过去的普米族社会中，一般情况下妇女总是处于弱势地位，她们的人身权利必须要得到有效的保护才行。在普米族有关强奸的刑事规范中（同其有关通奸的规定也有相似之处），区分了“族内奸”（强奸者系本家族内的男子）和“族外奸”（强奸者系其他家族的男子）。如果是“族外奸”，强奸者要赔偿受害人夫家10倍的聘金，如果受害人自杀，则要根据其自杀方式由强奸者赔偿人命金。同时，普米族的刑事规范中也根据受害人的年龄来确定处罚的方式，即奸淫未成年少女与强奸已婚妇女的处罚

---

① 云南省编委会编：《基诺族普米族社会历史综合调查》，民族出版社1990年版，第165页。其中记载：“黑二甸（属宁蒗）阿补家女婿（当地俗称“姑爷”）盗去邻居王久初家布一件，一类号码珠子一串。事被发觉，阿补家否认，王家要去告官，两家便发生吵嘴纠纷。阿补家人气急了，趁黑夜去烧王家房子，不料连同附近的熊家和自家房屋均被火烧毁。全村人将阿补抓住，吊打一天一夜。总伙头认为事情严重，便将其押送土司官府处置。阿补家无法赔偿众人的损失，交不出罚款，土司便将其全家五人降为俾子。”同时，又记载了另外的有关盗窃的案例：“格老村兄肯肯曾窃走伙头熊东龙家鸡一只，被抓去吊打一天一夜，令其赔还鸡一只外，还须送‘官礼’茶叶五筒，并用猪、羊各一只，粮食五升、酒一坛办招待，向全村人谢罪。”

② 曲扎偏初、叶咏歧、刘娟、胡文明：《普米族传统习惯法法规条款概述》，《普米族研究文集》，云南民族出版社2002年版，第286页。

③ 所谓“报口”，即知情人向失主提供盗窃案件的一些线索。

不同。（根据普米族的习俗，未成年人指未满虚岁13岁，没有举行穿裙仪式或者穿裤仪式这种成年礼的女孩、男孩。成年礼后，便可以结婚。）对奸淫未成年少女的处罚包括赔偿银元100元、布5件、白丝裙1条，并向受害者本人及其家族宰牲敬酒赔罪。

猥亵妇女方面的规定则根据受害人身体暴露部位的不同而处罚各异。如致使女性乳房裸露与女性其他隐秘部位裸露的处罚就不相同。①

普米族有关对妇女犯罪的规定是根植于其本民族特有的民族风俗习惯的，并与其相关的民事规范又有着比较紧密的联系。

（四）放火、失火与乱伐、盗伐森林、树木

过去，由于受到社会经济发展水平的限制，普米族有关放火、失火的规定涉及的对象比较单一，主要指房屋和森林。房屋和森林作为普米族社会的财产，如果不能加以有效的保护，那么将会导致社会秩序的混乱不堪，最终影响到普米族社会的发展。同时，这种根据犯罪主观方面的不同来区分故意与过失的规定在当时的普米族社会中还是比较先进的。对犯罪者进行适当的处罚，本身也是社会进步的表现。如果只看结果，不看犯罪者的主观方面，而笼统处之，则有失公平。一方面，纵容了社会危害性较大者的行为；另一方面，对社会危害性较小者的行为的处罚则显得过于沉重。

具体来说，放火烧毁别人房屋者，首先要作价赔偿受害者所遭受的一切损失，同时，要向受害者宰牲敬酒赔罪。倘若无法赔偿损失，土司有权将其全家降为俾子。②烧毁“冤家”的房屋，则不追究任何责任。

如果是失火烧毁房屋或者森林，则按照规定进行一定的赔偿，但不需要向受害者宰牲敬酒赔罪。③过去的普米族人在从事种植业的同时，也发展畜牧业，因而，森林是其财富的重要来源。烧毁森林对受害者来说，损失的不仅仅只是有形的树木，也严重影响到了其家庭畜牧业的发展。从这个意义上来讲，明确了森林失火的责任和处罚方式也就有效地保障了受害者长期的经济收益。

在普米的规范中，有关乱伐、盗伐森林、树木的规定主要根据其所砍伐树木的来源不同而处罚各异。如果砍伐罐罐山④上的树木，砍1棵罚栽5棵，另外还须进行一

①③ 曲扎偏初、叶咏歧、刘娟、胡文明：《普米族传统习惯法法规条款概述》，《普米族研究文集》，云南民族出版社2002年版，第285页。

② 云南省编委会编：《基诺族普米族社会历史综合调查》，民族出版社1990年版，第165页。

④ 罐罐山系普米族祭放祖先骨灰的地方，山上的树木禁止砍伐。

定的物质惩罚，用来祭罐罐山；如果砍伐自己家用来烧香用的树，砍1棵栽3棵，另外也须进行物质处罚，用来请韩规念经祈祷；如果砍伐了全村共用的坟山的树，砍1棵栽10棵，并要向全村人宰牲敬酒赔罪（因人去世砍伐树木除外）；如果砍伐了龙洞（潭）① 的树，砍1棵栽5棵，并进行物质处罚，用来请韩规（或达巴）念经祈祷。其具体处罚措施中比较先进之处就在于“砍树者必须种树”这种处罚方式。这种处罚方式同一般只重视经济上的惩罚手段不同，它还考虑到了要求乱伐、盗伐树木者通过实际的行动来弥补本人过失这个层面。

（五）侮辱、虐待

在普米族社会中，有关侮辱和虐待行为的规范主要体现了普米族人的传统美德。

普通普米族人之间是一种平等的关系，人与人之间应该相互尊重，如果侮辱他人，将会受到处罚。例如，按照普米族相关规范的规定，“把别人当牛、马、狗戏弄的（如用绳索套颈等），戏弄者要向被戏弄者本人及家族宰牲敬酒赔罪”②。

孝道作为中华民族的传统美德，在普米族的传统社会中也得到了发扬。在普米族社会中，子女、儿媳要孝敬父母，绝对不允许虐待父母。倘若有了虐待父母的行为，将会受到比较严厉的处罚，如果系屡教不改者，丈夫或者家族可对其用刑。从可以用刑这个处罚方式可以看出，虐待父母在普米族社会中乃是“大罪”。如果儿媳虐待公婆，夫家、娘家都要对其进行教育、规劝，对于屡教不改者，丈夫可以行使“夫权”，甚至提出离婚；如果子女虐待父母的，家族长老要出面进行干涉，限期改正，如果屡教不改，仍然我行我素的，家族长辈可按族规对其用刑。

二、民事法律

普米族的民事法律制度主要包括债权、债务及土地买卖。普米族债权、债务及土地买卖方面的制度明确了债权人与债务人之间的权利、义务，同时，规定了土地买卖的一些原则。

---

① 在普米族人看来，龙洞（潭）系龙王栖身之所，其周围树木也禁止砍伐。

② 曲扎偏初、叶咏歧、刘娟、胡文明：《普米族传统习惯法法规条款概述》，《普米族研究文集》，云南民族出版社2002年版，第286页。

（一）债权与债务

有关债权与债务的原则，主要指的是债权人（债主）与债务人（债户）的关系不受等级、血统、贫富等因素的影响，债权人与债务人之间是平等的民事关系。这条规定对过去的普米族社会来说，是相当重要的。因为，只有在明确了这个原则后，在等级森严的封建社会时期，各个民事关系主体才可能在平等的基础之上进行各种有关债权与债务的民事行为，同时，这个原则也有利于保护处于弱势地位的广大普米族老百姓的合法财产不受非法侵犯、侵占。例如，在借养牲畜的时候，饲养人与牲畜所有人往往是有贫富差距和等级差距的，主要是贫农向其他拥有牲畜的人户借养牲畜。① 所以，如果没有这个原则，处于下层的普米族老百姓的正当利益就无法得到有效的保护。

1. 借款与借物及其利息的计算。普米族的民事法律规范中把借款分为大额借款或时间较长的借款与小额借款或者时间较短的借款。

涉及数额较大或时间较长的借款必须要有证人做证或者要订立书面形式的合同。② 同时又规定如果债务人不能按照约定还款，债权人可以用债务人的财产作为抵押。这无疑是从形式上来降低交易风险，保护了债权人的权利。同时，这种合同一般是要计利息的。但是，在遇到不可抗力，诸如自然灾害等情况，造成债务人无力偿还债务时，债务人可以同债权人通过协商，请求债权人减利。债权人则根据其实际情况，免除其部分或全部的利息。这里需要说明的是，数额较大的借款合同的债权人一般都是社会地位比较高的封建统治阶级，债务人则多是普通的普米族百姓。由于债权人可以用债务人的财产作为抵押，以及要计利息，很多债务人在无力偿还债及利息的时候，只好将自己的家庭财产（包括土地）拿来抵债还利，最后甚至只好“卖身”（主要指兰坪等地区）做奴隶。③ 而在宁蒗地区，因为欠债而无力缴纳地租的普米族百姓，失去的是继续耕种“份地”的权利，最后沦为俾子。

---

① 详见《民族问题五种丛书》云南省编委会编：《基诺族普米族社会历史综合调查》，民族出版社 1990 年版，第 149—151 页。

② “借款数额较大，时间较长，要请人做证，或立契约，要求如约还债”，详见曲扎偏初、叶咏歧、刘娟、胡文明：《普米族传统习惯法法规条款概述》，《普米族研究文集》，云南民族出版社 2002 年版，第 283 页。根据《基诺族普米族社会历史综合调查》（第 106—107 页）的结论，在新中国成立前，一般的普米族家庭的子女读不起书，能够读书的多为较富裕的家庭，而涉及数额较大的合同正如正文所述，其债权人主要是“社会地位比较高的封建统治阶级”，因而，其完全具备订立书面合同的能力。

③ 云南省编委会编：《基诺族普米族社会历史综合调查》，民族出版社 1990 年版，第 101 页。

小额借款或者短时间借款的，根据债权人对债务人的信任程度，债权人可以收取较低的利息或者不收利息。关于小额借款合同或者短时间借款合同，就没有像大额借款合同或者长时间借款合同那么要求严格，不必请证人做证，也没要求必须具备书面形式的合同。

同时，又规定了“借他人牲口用于请客或驱鬼治病，过称折价，届时按价偿还，不计利。借他人羊、猪用于超度送灵，过称计斤，借户届时还以牲口，斤数少者补以对方差价，不计利”。① 这些规定说明在普米族社会的一些活动（如超度送灵等）中借他人东西不收取利息，一方面说明这些活动的重要性，另一方面是因为这些活动本身对借户来说是不能给其带来实际经济收益的，所以不计利息。

2. 借养牲畜。借养牲畜主要涉及饲养人与牲畜所有人之间的权利与义务关系。在普米族的民事法律规范中，基于借养对象的不同，将借养母猪与借养母牛、母马、母羊等分开来讲。如借养母猪，母猪所有人可以根据母猪产崽总数决定其要收回的幼崽数量；② 而在借养母牛、母马、母羊的有关规范中则规定第一次所产幼畜归饲养人所有，从第二次起，所产幼畜由饲养人与牲畜所有人对半分。在过去的普米族社会中，借养牲畜是比较普遍的，特别是在下层老百姓中更是普遍，因为他们由于自己经济能力的限制，无力购买，只能通过借养这种方式来发展牲畜。③

（二）土地买卖

如笔者在借款与借物及其利息的计算中所论述的那样，将土地买卖同借贷联系起来看，就能够清楚地发现，这二者其实是有紧密联系的。由于新中国成立前的普米族社会主要处于地主经济发展阶段④或者封建领主经济阶段⑤，土地这种生产资料的所有权主要集中在地主、富农或者领主的手中。在宁蒗地区，一切土地的所

---

① 曲扎偏初、叶咏歧、刘娟、胡文明：《普米族传统习惯法法规条款概述》，《普米族研究文集》，云南民族出版社 2002 年版，第 283 页。

② 在普米族的民事规范中具体规定：“借他人的母猪自家饲养，每次产崽 2 头以下的，母猪的主人可以拉回 1 头，每次产崽 3 头以上（含 3 头）的，母猪的主人可以拉回两头。”详见曲扎偏初、叶咏歧、刘娟、胡文明：《普米族传统习惯法法规条款概述》，《普米族研究文集》，云南民族出版社 2002 年版，第 283 页。

③ 详见《民族问题五种丛书》云南省编委会编：《基诺族普米族社会历史综合调查》，民族出版社 1990 年版，第 149—151 页。

④ 主要指兰坪、丽江等地区。

⑤ 主要指宁蒗等地区。

有权都掌握在土司的手中，百姓等级的普米族人只能向土司领种“份地”。因而，在这些地区与土地买卖相关的仅仅指的是佃权的转移，并不是真正土地所有权的转移，即是说只是转租。如果某普米族百姓家绝嗣，土司要将其土地收回，不得进行转租。

在兰坪、丽江等地，经过改土归流后，由于废除了封建领主的土地所有权，普米族老百姓手中拥有了一定的土地这种生产资料。在这个区域的普米族社会的土地是可以自由买卖的。但是，到了封建社会末期，随着土地兼并的愈演愈烈，兰坪等地大量生活在贫困线上的普米族人被迫将手中的土地卖给地主、富农等，失去了土地这种生产资料，变得愈加贫困，有的甚至沦为奴隶。

普米族的民事规范中规定了土地买卖必须要请人做证，要给予证人一定的报酬。但是，土地买卖契约没有限定必须要具备书面的形式。同时，又规定了“土地不能卖给冤家”。①

三、婚姻继承法律

婚姻制度涉及订婚、结婚、离婚等方方面面；家庭方面的制度主要是指导家庭内部成员之间如何和睦相处，以及规定家庭成员的义务；财产的分割、继承方面的制度则明确了分割权、继承权。

（一）婚姻制度

普米族的婚姻主要实行“媒妁之言，父母包办”，一夫一妻制，② 男婚女嫁。在没有特殊原因（主要指妇女的不贞洁）的情况下，不准丈夫抛弃妻子。俗话说：“只要敬过罐罐酒，铁树椿桩也要守三年。”这对保护普米族妇女的权利起到了重要的作用。普米族有关调节家庭关系的规范中，明确了家庭成员之间的义务：兄长有照管弟、妹的义务；子女在父母发生矛盾时有劝说的义务等。家庭成员之间不得搬弄是非，要和睦相处。这些规范说明普米族家庭比较注重伦理道德，明显受到了汉族文化

---

① 曲扎偏初、叶咏歧、刘娟、胡文明：《普米族传统习惯法法规条款概述》，《普米族研究文集》，云南民族出版社2002年版，第284页。

② 严汝娴、王树五在《普米族简史》中说：“普米族的婚姻以一夫一妻制为主。解放前统治阶级往往多妻，兰坪一带普遍纳妾。”（严汝娴、王树五：《普米族简史》，云南人民出版社1988年版，第106页。）

的影响。

下面就普米族社会中有关婚姻的规范进行以下简要的阐述：

1．“姑舅表婚优先”以及“姨表禁婚”① 的订婚原则。普米族实行“姑舅表婚优先”以及“姨表禁婚”的订婚原则。所谓“姑舅表婚优先”主要是指，在缔结婚姻的时候优先考虑姑姑或者舅舅的子女。“姨表禁婚”指两姐妹或者两兄弟的子女之间禁止结婚。这两个原则，在一定程度上反映了普米族母系氏族的历史遗迹。因为在母系氏族社会，两姐妹的子女就像亲兄妹，亲兄妹之间当然是禁止结婚的。同时，这也反映出舅舅在普米族家族中的地位，舅权与父母的权利同等。

2．退婚。“敬罐罐酒”（定亲酒）后，男女双方就算正式定亲了。如果悔婚，则主要由提出退婚的一方承担后果。这个后果包括订婚时所花费的财物以及聘金。例如：如果是男方悔婚，女方则不退还其在订婚时所花费的财物以及聘金；如果是女方悔婚，则要承担上述后果。从退婚的这个环节上看，男女双方家庭的权利义务还是比较对等的。

3．结婚及离婚。普米族关于结婚的规定比较复杂，主要规定了妇女在婚后要承担的贞洁义务，禁止妇女婚后与他人通奸。同时，丈夫拥有“夫权”，即如果丈夫怀疑妻子对自己不忠，可以通过各种手段，甚至用刑来逼迫妻子交代。根据普米族民事规范方面的规定，“妇女婚后不落夫家”，即结婚后，新娘回门，从此开始不落夫家，直至怀孕生下第一胎孩子后，才能回夫家居住。在这期间，她虽然可在节日、农忙等时候去夫家看望丈夫或者帮忙，但不能长住。新娘怀孕后，同族中老年妇女会对新娘进行审问，主要问其在回门期间是否与他人发生过性关系。丈夫可以根据自己拥有的“夫权”，采取各种手段“逼供”。根据普米族的规定，妇女长住夫家前与长住夫家期间，其处罚方式是不同的。长住夫家前，妇女与他人通奸，但未怀孕的，夫家如果不追究其责任，在其正式长住夫家后，娘家要受到加倍办理嫁妆的处罚；妇女婚后长住夫家期间，与他人通奸，如丈夫提出离婚，妻子应无条件答应（如果已有子女，离婚时女方只需退男方聘金；如无子女，女方则要退还聘金以及结婚时男方所花费用）。妇女婚后与他人通奸，还要看其通奸对象的异同而给予不同的处罚，如果通奸的对象

① 曲扎偏初、叶咏歧、刘娟、胡文明：《普米族传统习惯法法规条款概述》，《普米族研究文集》，云南民族出版社 2002 年版，第 281 页。

系本家族内的人，其处罚则较轻。① 同时，禁止妇女婚后因与他人通奸而产生私生子的。如有私生子，夫家会找私通男子“打冤家”，并要求其给付巨额的赔偿，否则，可以抄其家产。

对妇女与他人通奸的规定相当详细，相反，对男子在婚后与他人通奸的规定则较少，且对其的惩罚较轻。在这里，可以明显看出男女社会地位的不平等。例如：其中规定了男方如果与他人发生通奸行为，其妻子要求离婚的，在取得女方家庭谅解之后，女方可以放弃离婚。而对妇女来说类似的规定则是“无条件答应离婚”。对通奸男女的处罚除上述规定以外，还有一些具体的处罚措施，如：通奸时耳朵碰耳朵罚耳牌 12 对；……发生性关系则罚飞蛾油、蚊子血各 1 斤；等等。其处罚是相当严厉的。

当然，普米族关于婚姻的规定中也还有一些比较特别的地方。例如：“男子婚后性无能，妻子可离婚另嫁，由新夫承担退还原夫的聘金和结婚费用。”②这条看似简单的规定，在很大程度上保护了普米族妇女在婚姻关系中的权利，同时，我们也可以看出普米族法律制度及其法律文化的先进之处。

4.“转房婚”。这是普米族婚姻制度中的另外一个具有特色之处。其具体规定为：“丈夫死后，妻子要转嫁给丈夫的同胞兄弟，如同胞兄弟已有妻室或因其他原因不能娶，则转给近房（同一祖父）的兄弟，近房兄弟不成则可外嫁其他家族，前夫子女可随其走。”③这条规定跟普米族先民古羌人的习俗有关。《后汉书·西羌传》记载：“十二世后，相与婚姻，父没则妻后母，兄亡则纳嫂，故国无鳏寡，种类繁炽。”④ 因而，历史地看待这条规定也就不难理解了。看似不合理的规定，其实蕴含了历史的合理因素在里面。

（二）分家析产及财产继承

过去，在普米族社会中，家庭规模都比较大，几世同堂，弟兄一般都不分家。这种人口众多的大家庭可以较容易地使得家族内部更加团结、互助。如果要进行分家析产（主要指弟兄分家），首先必须要在父母做主的前提下，不论动产或不动产，一般均分，同时，优先照顾单立门户者。这种规定在一定程度上缓解了单立门户者的经济困难，使其在组建新的家庭的时候少些后顾之忧。另外一方面，由父母做主也能够在

①②③ 曲扎偏初、叶咏歧、刘娟、胡文明：《普米族传统习惯法法规条款概述》，《普米族研究文集》，云南民族出版社 2002 年版，第 282、282、283 页。

④ 范晔：《后汉书》卷八七，《西羌传》。

一定程度上保证大家庭的和睦共处，而不致弟兄因分家析产产生矛盾和纠纷。所以，这种制度建构的目的在于更好地促进大家庭的发展、繁荣。然而，在宁蒗地区，进行分家析产时，须征得土司、总伙头的许可，方才具备法律上的效力。① 这也说明过去在普米族社会的一些地区，公权力已经渗入了私权的领域之内，封建统治者可以干涉家族内部的一些事务。封建统治者对普通普米族人的统治是何等的严酷也可见一斑。

有关财产的继承主要涉及的是继承权问题。过去在普米族社会中，“女人没有继承权”。这条规定反映了过去在男尊女卑社会背景之下，普米族妇女的社会地位。

同时，在普米族的民事法律制度中又规定了绝嗣者的继承权问题。在其规定中，对绝嗣的分类非常详细，大体有以下几种情况：

1. “入赘继承”。绝嗣而有未婚女者，可招赘，入赘者拥有继承权。但是，入赘者在享有继承权的同时，必须承担其相应的义务。一方面要按照普米族习俗，在祖父母、父母等人去世后，必须“送老归山”②；另一方面，入赘者还必须承担偿还家庭债务以及家庭日常开支的义务。

2. “转房继承”③。即在绝嗣又无入赘者的情况之下，“遗产由同胞兄弟继承，无同胞兄弟的，由同祖父兄弟或远房家族继承”。

3. “过继继承”。即绝嗣者在没有子女的情况下，可以过继其兄弟姐妹的儿子，继承家产。

首先，其继承权问题主要是强调“女人无继承权”的原则，如“入赘继承”、“转房继承”以及“过继继承”等在一定程度上都是对这个原则的强化和补充。另外，从“入赘继承”——入赘者在享有继承权的同时，必须承担相当的义务来看，其规范还是相当严密和科学的，正所谓“权利与义务的对等”。继承权细分得如此严密，可见过去继承权在普米族人的心目中是相当重要的，当然也说明这些规范主要是封建

---

① 详见云南省编委会编：《基诺族普米族社会历史综合调查》，民族出版社 1990 年版，第 164—165 页。据其记载，“1942 年，黑二甸村（属宁蒗地区）郭弯多兄弟分家，财产平分，但须以家财总值之一半，作为向土司、官人、总伙头等送‘官礼’的礼物。结果，土司分到相当于一匹骡子价值的东西，总管得（价值）一匹马的东西，把事、总伙头、伙头分别得到（价值）一条牛的东西。”

② 所谓“送老归山”为著者所加，即按照普米族习俗，要对死者进行超度，并将其骨灰送入罐罐山。详见曲扎偏初、叶咏歧、刘娟、胡文明：《普米族传统习惯法法规条款概述》，《普米族研究文集》，云南民族出版社 2002 年版，第 283 页。

③ 此处所谓“转房继承”的称谓，是著者根据过去普米族社会存在的“转房婚”所加。同样，“入赘继承”、“过继继承”等标题也均为著者所加。

社会的历史产物。在封建社会时期，无论是汉族地区，还是少数民族地区，家产的继承问题都是一个家庭，甚至是整个家族的大事。

四、纠纷的解决

在普米族社会中（主要指清代的“改土归流”后），其纠纷解决的机制因地域的不同而异。如，在改土归流后的兰坪、丽江等地的普米族社会中，其纠纷的解决已与当时的汉族社会基本相同（兹不赘述）；另外，如在宁蒗地区，由于没有经历过改土归流，一般的纠纷与盗窃等案件由总伙头或者伙头出面进行调解，如果案件的性质或者情节较严重则由总管或土司裁决。① 土司、总管、总伙头等进行裁决的时候，一般会要求承担法律责任一方的当事人送“官礼”。② 在普米族社会的纠纷解决中，送“官礼”是非常普遍的。“官礼”的种类也是多种多样的，有诸如牛、羊、骡子等畜、禽，也有茶叶等物。“官礼”在存在的形式上是为了解决纠纷，但实质上是土司、总管、总伙头等对普米族百姓进行经济剥削的重要手段。其背后，体现的是普米族百姓在政治上遭受的重重压迫以及普米族社会森严的等级制度。

总体上来说，无论兰坪还是宁蒗地区，除开官府在纠纷解决中发挥了重要作用外，部分纠纷仍然是依靠普米族家族内部、家族与家族之间进行的民间调解来解决的。

以下分别提取在普米族纠纷解决机制中发挥主要作用的代表者述之。

1. 土司。如前述，土司系其所辖区域内最高的统治者，拥有最高的裁判权，一般较大的民事、刑事纠纷才会交由土司裁决。土司插足一些直接涉及其利益的民事纠纷的解决当中。这些民事纠纷主要指的是诸如分家析产，土地的转租、抵押等纠纷。在普米族百姓进行分家的时候，必须要取得土司的同意，并要向土司送上价值不菲的“官礼”，其分家析产的事实才会得到土司的认可，也才具备法律上的效力。当然，不可否认的是土司收受“官礼”的行为在一定程度上也变相地阻止了普米族百姓进行分家析产，进而凝聚了普米族社会中家族的力量，维护了家族传统的地位。因为，一旦

① 云南省编委会编：《基诺族普米族社会历史综合调查》，民族出版社 1990 年版，第 164 页。

② “官礼”即指土司、伙头等在解决纠纷时，向承担责任的当事人一方索取的礼物。

小家庭过多，势必会造成家族力量的分散，不利于团结。同时，由于土司是土地的所有者，百姓对土地进行转租、抵押等处分的时候，必然会直接牵涉到土地所有权人——土司的经济利益，因而，土司也会对这些纠纷进行解决。

一般情况下，影响较大的刑事纠纷，都会由土司出面进行解决。诸如涉及金额比较巨大的盗窃案件、放火烧毁他人房屋案、故意杀人案等都会由土司亲自裁决。在具体进行刑事纠纷解决的时候，土司拥有很大的自由裁量权，可以根据具体情况进行处罚，可以罚款、判处死刑，甚至有权决定是否将承担责任的一方当事人及其全家降为俾子。

2. 总伙头。总伙头类似于村长，作为普米族社会的“头人”，在普米族的纠纷解决机制中，居于重要的地位。在普米族社会中，由于总伙头直接同普通百姓打交道，一般的民事纠纷都是由其调解的。同时，他也可发挥其了解当地民情的优势，在进行具体民事纠纷调解的时候，可以较好地照顾到纠纷双方当事人的利益。因而，历史地看，总伙头对于普米族社会的稳定与发展是功不可没的。但是，到了封建社会末期，总伙头却逐渐地沦为土司压迫、剥削老百姓的工具，并直接参与了土司的利益分配过程，以各种名目、手段收取巨额的“官礼”，不再是普米族社会的代表了。

3. 长老。长老系普米族家族中德高望重者。对于一个威权性、伦理性的社会来讲，长老多是普米族家族道德上的楷模、榜样，他受到了家族内普遍的尊重。因而，在普米族家族内发生一般的家庭矛盾、纠纷时，都由其出面进行调解。例如，如果子女虐待父母，家族长老要出面进行干涉，限期改正，如果屡教不改，家族长辈可按族规对其用刑；又如，依照普米族民事规范的规定，兄长有照管弟、妹的义务，子女在父母发生矛盾时有劝说的义务等，一旦兄长不履行自己的义务，或者子女在父母发生矛盾时无礼介入纷争，包庇一方，长老就会出面进行调解、劝说。

综合上述，土司、总伙头、长老等在普米族的纠纷解决机制中都发挥着重要的作用，互相弥补，形成了一个比较统一的有机整体。在普米族的纠纷解决机制中，土司处于最高的地位，主要裁决一些较大的民事、刑事案件；总伙头则是普米族社会中村寨的“行政、司法首脑”，主要调解一般的民事纠纷；而长老则是普米族家族内的首领，主要调解的是家庭纠纷。

后记

此书是《中国少数民族法史通览》的云南部分。云南地处我国西南边疆地区，在这块红土地上生活着多个少数民族，这些少数民族具有各具特色的民族文化，少数民族法律文化是其中的重要组成部分。但由于诸多原因，这些丰富多彩的少数民族法律文化长期以来鲜为人知，研究的人很少。同时，云南多个少数民族在新中国成立前生产力和社会发展极不平衡，很多少数民族没有自己的文字，给研究工作带来巨大的困难。在张晋藩教授的关心和指导下，云南大学法学院民族法学博士点的师生接受了这个颇具挑战性的任务。经过数年的通力合作和努力，完成了现在的稿子。在写作过程中，得到了课题编写组，特别是张晋藩教授的悉心指导和云南大学法学院领导的积极支持，在此表示衷心感谢。由于这项研究是新开拓的领域，没有很多现成经验可以借鉴，加之我们水平有限，错误和不足肯定不少，希望能得到大家的批评指正。

本卷分工如下：

主编、统稿：方慧

第一章：方慧　罗家云　周芳

第二章：马雁　杨云鹏

第三章：龚战梅

第四章：谢波

第五章：佴澎

第六章：王军

方　慧

2010年7月12日于昆明